福建文艺发展基金项目

历史的季节

读史当明势

冯敏飞 著

华夏出版社
HUAXIA PUBLISHING HOUSE

图书在版编目（CIP）数据

历史的季节：读史当明势 / 冯敏飞著. --北京：华夏出版社，2019.9
ISBN 978-7-5080-9766-4

Ⅰ.①历…　Ⅱ.①冯…　Ⅲ.①中国历史－古代史－通俗读物　Ⅳ.①K220.9

中国版本图书馆CIP数据核字（2019）第135715号

历史的季节 —— 读史当明势

作　　者	冯敏飞
责任编辑	刘　伟
责任印制	顾瑞清
出版发行	华夏出版社
经　　销	新华书店
印　　装	北京汇林印务有限公司
版　　次	2019年9月北京第1版
	2019年9月北京第1次印刷
开　　本	710×1000　1/16
印　　张	25.5
字　　数	380千字
定　　价	58.00 元

华夏出版社　地址：北京市东直门外香河园北里4号　邮编：100028
网址：www.hxph.com.cn　电话：（010）64663331（转）
若发现本版图书有印装质量问题，请与我社营销中心联系调换。

序
历史的天花板，抑或喇叭口

2015年底，我曾为冯敏飞先生的大作《危世图存：中国历史上的15次中兴》作序，题为《走出兴盛衰亡的历史循环》，这部著作在某种意义上来说就是《旧制度与大革命》的中国版，或者说是中国例证、中国范式。今年年初，冯兄又寄来一部新著《历史的季节：读史当明势》样书，并邀我再给写几句。敏飞的勤奋令人敬佩，鉴于此前已知道他的史学立场和价值取向，因而欣然答应，只是忙于俗务，一拖再拖，差点耽误了出版良机，实在抱歉！

中国的历史传统格外久远，各种方式的历史言说是中国人获取知识的重要途径。我们谈历史总是随时随地可以找到与现实相映照相类似的往事。在中国人眼里，历史并不总是创新、创造，历史的相似性、因果关联让很多人感到历史就像春夏秋冬四季循环往复。春秋在古代代表一年四季，而史书记载的都是一年四季中发生的大事，因此"春秋"曾是史书的统称。相传鲁国《春秋》由孔子修订而流传后世，冯兄也将自己的接续力作命名为《历史的季节》。

冯敏飞先生说，李淳风《推背图》之类的历史预言他是不信的，但认为李淳风所言"欲知将来，当观已往"则具有永恒的历史意味。与《危世图存：中国历史上的15次中兴》不同，《历史的季节：读史当明势》聚焦中国14个长寿王朝，对这些朝代建国70年前后这一历史节点作切片式分析，别开生面地图解这些王朝兴盛衰亡之历史轨迹。

作者通过统计分析中国历史上的王朝样本，证实70年是王朝的"天花板"，抑或是"喇叭口"。大部分王朝都过不了这道"天花板"，少部分通过"天花板"的王朝则一般会延续很长时间。这类王朝将"天花板"打通成了"喇叭口"，因而打开了王朝的上升空间。

中国古代王朝建立70年之际，"硬币"两面的图景截然不同。以西汉为例，汉初奉行"无为而治"国策，开创了"文景之治"，但潜在的问题也越来越突出。一方面，对汉朝很少给予溢美之词的司马迁在《史记·平准书》中记载："至今上（汉武帝）即位数岁，汉兴七十余年之间，国家无事，非遇水旱之灾，民则人给家足，都鄙廪庾皆满，而府库余货财。京师之钱累巨万，贯朽而不可校。太仓之粟，陈陈相因，充溢露积于外，至腐败不可食。"

而董仲舒对此历史节点有另一种表达："今汉继秦之后，如朽木、粪墙矣，虽欲善治之，亡可奈何。法出而奸生，令下而诈起，如以汤止沸，抱薪救火，愈甚亡益也……当更张而不更张，虽有良工不能善调也；当更化而不更化，虽有大贤不能善治也。故汉得天下以来，常欲善治而至今不可善治者，失之于当更化而不更化也。"

司马迁、董仲舒为同时代的思想者，面对同一社会竟然得出如此不一样的观感，这到底哪面是真，哪面是假？对此，作者没有给予非此即彼的回答，而是借用千年之后宋代名臣范仲淹的一席话展开讨论。范仲淹说："历代之政，久皆有弊，弊而不救，祸乱必生"，而"我国家革五代之乱，富有四海，垂八十年，纲纪制度，日侵月削"，现在"不可不更张以救之"。范仲淹和董仲舒一样，都强调王朝即使处于兴盛期——"喇叭口"之外也要进行改革的必要性。

人类自产生以来似乎一直与风险相伴，总是在抵御着各种各样的风险。德国著名社会学家乌尔里希·贝克1986年出版了《风险社会》一书，他将后现代社会诠释为风险社会。贝克提出"风险社会"理论，根本目的是要以此为依据来批判和改造"简单现代性"，提出新的未来图景，因此他对于风险社会的出现并不悲观，而是认为这些新的风险具有政治反思性，能对制度变革产生推动。

改革开放以来，邓小平的一句名言"发展才是硬道理"已经家喻户晓，深入人心。然而，邓小平晚年对中国未来发展境遇所做的另一个判断却鲜为人知。1993年9月，邓小平在与其弟邓垦的谈话中不无忧虑地说："现在看，发展起来以后的问题不比不发展时少。"这个认识与贝克的"风险社会"核心理念异曲同工，二者出炉时间也相差无几。它等于是承认人类社会发展的内部张力一直都存在，现代社会涌现的问题更是层出不穷，而直面社会问题进行改革乃是常理。换言之，"喇叭口"之外仍然会有许多新的问题，蕴藏着诸多风险。

当前中国社会非常复杂，传统的前现代的东西、现代性的东西、后现代的东西加上全球化的因素，构成了一个万花筒般的纠缠体系。发展起来之后问题是多还是少难以简单回答，但我们都目睹了中国社会因物质交换、信息交换的几何级数增长而产生的各种社会摩擦递增的景象和趋势。内外环境越是复杂，我们近代以来经历痛苦沉沦和万般牺牲而探索得来的改革开放大旗就越要高举。

历史是一面镜子，故国不堪回首月明中。冯敏飞先生对每个长寿王朝所面临的重大问题作了深入思考，例如"史上的'贸易战'"，具有特别的意味。近代以来，中国面临"三千年未有之变局"的颠顶和怯懦让我们后人痛心疾首，特别是在闭关锁国这一焦点问题上。其实，开放本身也是一种改革，当然也是常理。

早在16世纪的明代中后期，西方传教士就进入中国与士大夫和老百姓交流。那时的中国与西方并没有发生激烈冲突，双方都能以一种学习的态度相对待。西洋的知识通过他们介绍进来，如利玛窦、徐光启合译的《几何原本》在很大程度上丰富了中国的知识体系。至于西方，当然也通过传教士获取了古老的东方智慧，我们读稍后启蒙思想家的作品，可以很清楚地感受到儒家人文主义、人本主义的影响。

明清之际的西学东渐与东学西传是人类历史上的重大事件。然而，一场政权更迭将这一切断送殆尽。满洲入主中原后，一些至今还不太明了的原因导致清帝国朝野各界对世界的认识远不如明末。作者在剖析中国人全球视野演化时，恰当引入明末清初朱舜水的观点："世人必口'古人高于今人，中国胜于外国'，此是眼界逼窄，作此三家村语"，令人记忆尤深！

在中西交流不畅的那段时间里，人类历史正发生着前所未有的巨变：传统王朝一个个倒台，民族国家纷纷建立，共和国、工业革命、全球殖民、海上霸权……历史的发展突然加速，中国在完全不了解的情况下，就被迫仓促卷入全球化进程。

历史总在不断重复，当然每一次重复并不意味着前事后事完全一致。今天的中美贸易失衡与18世纪中英贸易失衡具有极大的差异，但缘起、演变似乎也有很大的相似性。当前中美贸易失衡主要是因为中国市场巨大但购买力相对不足，同时中国的初级产品几乎垄断了包括美国在内的全球市场，这种情形与18世纪中英贸易困境如出一辙。那时的中国主要出口茶叶、丝绸、瓷器、大黄等初级产品，物美价廉，技术含量并不高，但对英国以及英商经营的其他市场来说格外重要。相应地，中国传统的士农工商四民社会结构极大地阻碍了市场发育，四民中的士与商人对英国的工业品有需求但量太少，而数量庞大的农工两个阶级收入低，消费力弱，甚至基本不消费工业品，因而中英贸易失衡愈演愈烈。至18世纪晚期，已到了非解决不可的程度，否则贸易将无法继续进行。

1793年马戛尔尼使团访华是中国走向世界、与工业革命同步共振的最佳时机。那时的中国资本充裕，富甲天下，而且有尚未开发的巨大市场，不论是接纳英国的工业品，还是开始中国自己的工业化进程，马戛尔尼使华都是一个千载难逢的历史节点，而且这时的乾隆皇帝是世界上为数不多、拥有至上权威的最高主政者。然而，马戛尔尼没能打开中国的大门，却在与中国朝野近距离接触后，真切地了解了中国的真相，洞悉了中国的软肋，这为后来的中英冲突提供了另一种可能。

关于马戛尔尼使团失败的原因，中外史家有非常细致的研究，主要归结为文明的冲突，即英国人不愿接受屈辱的三跪九叩礼节。这个因素当然重要。那时的中国统治者满脑子确实存在着想象中的朝贡体制，甚至试图将英国纳入这个体制之中。

其实，假如我们仔细阅读马戛尔尼来华史料，还可以发现中方之所以对英国使节前恭后倨，除了文化差异之外，可能还与四年前发生在巴黎的骚乱——后来演变为"法国大革命"有关，后者甚至是直接原因。

据《英使谒见乾隆纪实》记载，当马戛尔尼从避暑山庄返回北京后，曾有一位私人朋友来访，这位朋友"对中国朝廷的情况非常熟悉，也了解在广州经商的困难逐渐增加。他说，'中国人对于外国使节仅视为在国家重大节日送礼而来，节日过后即刻归国。中国很少有与他国缔结条约的观念。法国的动乱促使中国官方加紧提防。假如特使携带礼物在法国国内未发生暴乱以前来，遭遇到的困难要比现在少得多。英国人现在所受的压迫，将来总有解除的一天。中国政府对于任何一种新的事物最初总是抱着强烈反对态度，生怕自己上当吃亏。但等它对这个事物的新鲜感逐渐冲淡，习以为常之后，它未始不可以重新考虑加以采纳'"。

从历史的观点来看，乾隆朝防患于未然的谨慎在此后半个世纪也被证明并无大误。巴黎骚乱不仅让法国开始持续动荡的百年史——国王被杀，秩序紊乱，君主专制、君主立宪、共和国、帝国轮番登场，直至第三共和国方才平静下来。那时的中国不能理解法国的动荡、世界的动荡是一个新时代到来的先声，不知道这些动荡就是世界秩序的重新调整。中国为了自身的政治安全选择了置身事外，这让后来的中国付出了巨大代价。

中国的回避并没有解决中英贸易失衡问题，也没有回应英国资本家对中国市场的关切与期待。随着工业革命进一步深入，欧洲人民生活品质日益提升，对中国产的茶叶等需求量加大，中国对英出口量不是减少了而是增加了。与此同时，工业革命释放的产能依然无法进入中国，贸易失衡更为严重。然而，随着英国政府对东印度公司贸易垄断权的取消，贸易失衡渐渐地被"罪恶的鸦片贸易"所解决。

鸦片迅速让贸易失衡逆转，中英几度交涉无效，遂诉诸战争。这场战争，中国名之曰"鸦片战争"，英国则命名为"通商战争"。战争以中国失败而结束，中国的市场因此被打开，五口通商改变了先前广州一口通商的格局。对于中国人来说，失败并不可怕，先贤们也一直教诲中国人知耻而后勇，见贤思齐，三人行必有我师。那时的中国如果能发愤图强，自主改革，或者像林则徐、魏源讲的那样"师夷长技以制夷""睁眼看世界"就好了。但是清廷不这么想，他们觉得危机已经过去了，一切可以恢复正常。因此，从1842年到1860年第二次鸦片战争期间，中国错过了18年的发展机遇，没能主动向西方学习。

第二次鸦片战争后，清帝国终于迈出了第一步，开始向西方学习工业化。经过三十多年的发展，清帝国确实逆转了"后乾隆时代"长达百年的下滑趋势，中国的工业化获得了长足进展。但洋务新政貌似发展很快，其实非常脆弱。1894年，甲午战争只是一个局部的可控的战争，清朝竟然败了，而且败在中国人素来瞧不上的日本人手里。这让后来的中国人心里最难平衡。

千百年来，日本是学习中国文明的优等生，从遣唐使直至近代，日本都是纯粹的学生，只是比老师更善于学习。鸦片战争之后，魏源根据林则徐的《四洲志》编纂了《海国图志》，这是中国人睁眼看世界的必要行动。然而，这部凝聚林则徐、魏源等人智慧的巨著，在中国竟然没有多少阅读者。假如那时的中国人仔细研读魏源的《海国图志》，并按照魏源的提示实际操作，那么中国在鸦片战争之后绝对不是那样的格局。

而更让后人郁闷的是，中国人不看《海国图志》就算了，但此书传到东瀛却引起了日本人的极大兴趣。日本人从这部书以及中英交涉全过程中悟出一个新的思路，渐渐明白西方人东来的目的，也明白如何去与西方人打交道。中国的失败成为日本的经验，魏源为中国人写的这部著作成就了日本的后来。

如果一定要说中日两国现代化道路有什么不同的话，那么日本是全心全意学习西方，脱亚入欧转型向西，彻底地学；中国是经过鸦片战争打击之后，开放一点国门，象征性地学。因为中国是被打败之后学，所以就带有这样一种复仇心态，强调"师夷长技"就是为了"制夷"。这是中日两国在学习西方时最大的差别。这在 1860 年之后慢慢凸显：中国是"一定要守住"的状态，日本则是"一定要走出去"的状态。甲午战争证明，表面的、一时的强大并不说明问题，改革与开放力度过小，国家能力提升过慢，与列强的差距并没有实质性缩小的时候照样会挨打。

冯敏飞先生一直很谦虚，也很勤奋。他跟我说，他对自己非历史科班出身心底始终有挥之不去的虚怯，常自嘲"无知无畏"，努力以勤补拙，多下些笨功夫。我总是鼓励他："你是以作家身份去写史，人家不会用史学家的标准要求你！"他早年出版了几部小说，我读过他的历史小说《孔子浪漫史》，本来还想专门写篇文章，可惜一直抽不出时间。近十来年，他潜心于史，着重关注中国王朝的创世、盛世、危世、末世"历史四季"，先后出版了历史随笔《中国盛世》《家天下是如何倒掉的》《危世图存》，渐渐系列化。

从史学发展一般情形来看，大众历史写作一直是中国历史学的主流，晦涩深奥的历史写作相对来说比较少。大众历史的写作要注意篇章布局，注意结构，注意叙事，注意营造内在紧张，注意起承转合，让读者在阅读中找到愉悦，产生自然的阅读兴趣。冯敏飞先生新书《历史的季节：读史当明势》在确保基本史料引用准确的基础上，广泛引用百家观点，对中国社科院卜宪群总撰稿的《中国通史》、讲谈社《中国的历史》、《哈佛中国史》、台湾学者姚大中《姚著中国史》、芬纳《统治史》等大部头著作均有较深涉猎。正是在此基础上，作者对历史复杂性的冷峻思考、对中国古代政治兴衰和传统文化积弊的慎思与明辨才妙趣横生而又发人深省。下面撷取两例：

其一，读史如观荷，只问是否华丽转身。作者巧妙引用欧文·斯通《梵高传》内容作譬喻：艺术家的作品和他的私生活就像正在分娩的妇女和她的婴儿，你可以看她的孩子，但却不可以掀起她的内衣去看她是否沾满血污。王朝出生之状，要么是被遮掩的假相，要么是不忍直视的真相，这些不看也可以想象。我们还是着重看它们是否及时"洗礼"，华丽转身，不再制造新的血污。转身和改革是中国历史永恒的话题，历久弥新。

其二，读史明势比读史明智更重要。袁世凯能登上总统之位说明他并不是简单的草莽英雄，看他的字读他的书很容易了解到，他虽不是学富五车，不过至少知道"读史明智"，知道借鉴历史经验教训。但从后来的政治实践来看，袁世凯显然只是"明智"而不"明势"。其最后的失败，归根结底还是不太明了历史大势和世界潮流。

中国自来有文史不分的传统，冯敏飞先生充分发挥了文学叙事的优势，文笔晓畅，情感饱满，给人以阅读的愉悦。"通鉴"是为了"资治"，这是中国学人久远的传统。冯敏飞先生也没有背弃这个传统，他在这部书中除了讲述一个个新颖的故事之外，更重要的还是他对历史的思考。任何一个王朝的建立都有传之久远的期待，一世二世以至于万世，但是为什么那么多的王朝最后倒在"天花板"下？它们为什么没有将"天花板"变为"喇叭口"，为王朝打开另一个上升空间，而是一个接一个倒下成为"天花板"论断的证据呢？此外，国家上升到"喇叭口"之外又如何保持强韧的发展势头，走出兴盛衰亡的"历史周期率"呢？这是我读冯著久久无法释怀的深层原因！

是为序。

马勇
2019年7月9日星期二

自序
读史如观荷，只问是否华丽转身

"秦王扫六合，虎视何雄哉！挥剑决浮云，诸侯尽西来。"诗仙李白短短几句道尽了秦始皇的盖世武功，秦始皇死后犹威震殊俗。不料过后短短数年，秦崩而楚亡，只比秦始皇小三岁的刘邦手提三尺剑廓清寰海，创业垂基四百载。相比长寿的汉朝，秦朝如同一个强壮的小伙子暴病身亡，特别令人喟叹！

《剑桥中国秦汉史》有一节《崩溃的原因》，归纳了秦亡的5个原因：一是残暴和剥削严重；二是秦始皇及二世不愿纳谏，子婴则软弱；三是没能吸取历史教训；四是陈胜、吴广起义；五是好大喜功。而除此之外，是不是还有其他原因？

从盛世看末世

这些年来，笔者专注中国历代王朝兴衰问题，全面梳理历史上43个盛世（含治世、中兴），着重探究15个中兴，剖析了十余个长寿王朝建国70年，以及12个王朝的最后10年。这一系列看下来，有一个词逐渐浮现并明朗化，这就是"华丽转身"。

"华丽转身"是现代词，指从一种社会角色、形象转变为另一种社会角色、形象。"转身"指改变，"华丽"则强调这种改与变是朝着积极的、好的、公众认可或期望的方向。"华丽"引申到政治领域，就是古人所谓"皇道开明"、现代所谓"文明执政"。对一个帝王来说，这才是关键。

历史上没有几个王朝政权的取得来自于和平。夺权之后的行动，才分出统治者的高下。所以，我觉得读史如观荷，不必纠缠新政权出身多么泥浊，而应当着重看它是否及时华丽转身。有些帝王迅速华丽转身，尽量告别暴力，即使当时没有形成盛世，也为王朝打下了良好基础，二三代之后步入盛世。更多帝王迟迟不肯转身，一根筋走下去，王朝没亡在自己手里也坚持不了几代。汉光武帝刘秀、晋武帝司马炎、梁武帝萧衍、隋文帝杨坚、宋太祖赵匡胤、明太祖朱元璋，都是开国即盛世。周成王姬诵、宋文帝刘义隆、齐武帝萧赜、唐太宗李世民、后唐明宗李嗣源、清圣祖玄烨（康熙）等，二三代也开创盛世。所谓"中兴"，南宋人王观国评价为"王道衰而有能复兴者"，从前辈那里接过来的就是"王道衰"的底子，再不华丽转身就来不及了。

"开元盛世"如日中天，可就在这时爆发了"安史之乱"。日本讲谈社《中国的历史》中分析："安史之乱从根本上动摇了唐朝的统治根基，使得唐朝处于濒临灭亡的危机境地，然而在不知不觉中，唐王朝却又稳住了阵脚，竟然又延续了一个半世纪的命脉。究其原因，应该说与蕴含在唐朝内部的柔性结构所具有的强韧性有关。"这种蕴含在王朝内部柔性结构的"强韧性"，就是盛世的结晶。有了这种"强韧性"，唐朝能够承受意外打击。而秦统一中国虽然迅猛，但由于没有"强韧性"，看似无比坚硬，但其实很脆，一打就断。韧性的强度，或者说有没有盛世、稳定发展期长短决定一个王朝寿命的长短。

从暴君到明君

将一个人物简单标签化，很容易一叶障目。

面对春秋战国那礼崩乐坏、烽火连天的局势，许多有识之士挺身而出，所谓诸子百家都在积极寻求解救之道，只不过多数人都失败了。秦始皇收拾了那么大的乱局，应该说功莫大焉。

统一之后，秦始皇仍然励精图治。《史记》载："天下之事，无小大皆决于上。上至以衡石量书，日夜有呈，不中呈不得休息。"当时文件刻在竹简上，一石约为现代30公斤。我们虽然难以想象那一石文件相当于现在多少页A4纸，但看完肯定不会轻松。

《中国历史大事编年》记载了始皇帝的主要作为：公元前221年统一六国、定官制、改行郡县制、统一度量衡、收民间兵器铸乐器，前220年西巡、筑驰道，前219年东巡封禅、凿灵渠，前216年查核田亩，前215年伐匈奴，前214

年击南越、筑长城。柏杨"不为君王唱赞歌，只为苍生说人话"，却破例赞秦始皇"作出了几乎比此后两千年大多数帝王所作的总和还要多的事"。

但这一系列大事对于一个历经几百年战乱之后刚刚统一的国家来说，确实难以承受。史书描述其时"赭衣塞路，囹圄成市"，惨不忍睹。如果说伐匈奴、击南越、筑长城是出于无奈，那么造宫殿和骊山墓可以暂缓吧？超出实际能力的事，就难免用暴力强制实施了。最糟的是"焚书坑儒"，虽然"坑儒"存在很多争议，但就像《剑桥中国秦汉史》所说，"它使后世的文人对秦帝国产生了持久的反感"。

然而，秦始皇显然也有华丽转身。他认为"天下共苦战斗不休，以有侯王"，所以从体制上挖掉了诸侯混战的根源。统一度量衡、凿灵渠都关系经济民生，收兵器铸乐器则极富象征意义。深入历史，还可以找到些耐人寻味的细节。秦始皇聘有70位学者，授以"博士"官衔；又为博士招2000多名学生，称"诸生"，并"尊赐甚厚"。这"博"与"诸"说明没什么独尊。2002年湖南龙山里耶出土的秦简记载：公元前214年被调派服徭役的12名犯罪男子，每日工资8钱，除去伙食费可余6钱。一天收入扣除伙食费可余3/4，这并不残酷。公元前215年北巡时，秦始皇令李斯代撰《碣石门辞》，其中有句"男乐其畴，女修其业，事各有序"。即使这不是现实写照，但至少表明秦始皇有这样的理想，与儒家所追求的并不矛盾。可见秦始皇不是不想华丽转身，只不过没转成功，或者说没来得及转成功，就被贴上"暴君"的标签了。

从恩人变敌人

直到秦始皇去世，秦朝局势比此前此后许多政权变易之时看起来更平稳。公元前210年上半年，秦始皇东巡至云梦祭虞舜，到会稽山祭大禹，眺望南方战场，也许还想继续南下呢，哪有半点土崩瓦解的迹象？然而，正如孟德斯鸠所说，"这种稳定并不是太平，它只是缄默而已"。

就在这时，秦始皇病倒，局势也随之如山倒。大公子扶苏曾公然为儒生辩护，被秦始皇逐到边境督军，这是秦始皇犯的一个致命错误。但辞世前夕，秦始皇遗诏扶苏接班，说明他仍有转身之心。不想这重大时刻出了意外，大臣赵高与大将蒙恬之间有怨，赵高便篡改遗诏，赐扶苏与蒙恬死，而让另一个公子胡亥继位。至此，局势还不算最坏。胡亥少时跟赵高学法律，时年 23 岁。此时距陈胜揭竿而起还有整整一年时间，刘邦起兵更是在其后，胡亥仍有时间华丽转身。问题是胡亥根本没有此心。

在这里，姑且不抨击赵高、李斯之流，因为任何时候都有恶人；也不应抱怨六国后人复辟，给了你十几年时间，为什么还不能让他们"悦服"？如果没有陈胜带头，他们何曾有过反抗？关键是胡亥这不肖之子认贼为父，贪图享乐，像木偶一样任恶人摆布，一根筋错到底。

起义军势如破竹，火烧眉毛之际，胡亥、赵高、李斯之流还在那里内耗。直到赵高杀了李斯，胡亥才意识到危险，怒责赵高。赵高怕了，逼胡亥自杀，拥立其侄子婴。子婴不是傻瓜，赵高派人请子婴去受玺即位，子婴称病。赵高信以为真，前往探望，一进门便被杀。

子婴也许不凡，但为时已晚。继位第 46 天，刘邦的军队即入咸阳。子婴不愿再连累百姓，放弃抵抗，向刘邦投降。强大无比的秦帝国仅存在 15 年。

说到底，还得追究秦始皇。由于他没能及时华丽转身，虽然干了一堆大事，但人心尽失。想想后来的北魏文成帝拓跋濬当皇帝时年仅 12 岁，能有多少大智大勇，还不是靠左右大臣？可是，秦始皇遗诏被篡改之时，为什么没有其他人站出来阻止赵高、李斯？胡亥娱乐至死，继续横征暴敛修阿房宫，而将各地越来越猛烈的起义误以为鼠窃狗偷。直到战火烧到距咸阳仅 30 公里的戏水，胡亥才如梦初醒，慌忙赦免骊山修墓的数十万刑徒，发给武器，鼓动他们拼死抵抗。这之前，那么多文官武将干什么去了？别忘了，陈胜、吴广们大都只是没经过武装训练的农民，而官军十几年前曾横扫中原，军心民心都丢到哪里去了？

从折线转射线

如果将秦王朝的历史用线条描画出来，折线形最形象，上升线 11 年，下降线 4 年，飙升后如跳楼般坠落，如钢条戛然而断。

隋朝与之类似，但有所不同。581年杨坚受北周静帝"禅让"，589年结束南北朝乱局，随即华丽转身，开创了"开皇之治"。604年杨坚去世，儿子杨广继位，虽说是弑父篡权，但没有影响大局稳定。杨广完成大运河开发，完善科举制，拓展疆土，畅通"丝绸之路"，直到609年还一派升平景象。但随后发生突变，特别是三征高丽陷入泥沼，老天爷又雪上加霜，山东、河南严重水灾，各地纷纷造反，仅文献确认的反叛组织就有200多个，官军根本应付不过来，直到618年被唐取代。这说明仅有一个华丽转身的开国帝王还不够。

汉武帝刘彻曾为自己辩护："汉家庶事草创，加四夷侵陵中国，朕不变更制度，后世无法。"其实，历史上哪一个国家或者王朝不是"草创"？何况如范仲淹所说："历代之政，久皆有弊，弊而不救，祸乱必生。"即使盛世，也无不隐藏着或多或少的问题。因此，即使开局转身得够华丽，也不可一劳永逸，还需要一个又一个的华丽转身，才可能形成足以抵御各种意外打击的"强韧性"。

汉唐宋明清与秦、隋大不一样。唐朝前期有"贞观之治""永徽之治""武周之治""开元盛世"，好比一节节火箭助推卫星升入太空，一口气发展了130多年。"安史之乱"后，相继有"元和中兴""会昌中兴""大中中兴"，又延续了150余年。明朝与此类似，前期有"洪武之治""永乐之治""仁宣之治"三大盛世，后期因为"弘治中兴""隆庆之治""万历中兴"又延续了150多年。如果描绘它们的历史轨迹，一个盛世就是一个波峰，整个王朝有数个波峰。将这些波峰的高点用曲线连起来，大致呈一个上升的弧线。如果把椭圆形圆心放置在一个坐标系的原点上，王朝上升的弧线就像第二象限中的弧线。长寿王朝如同横放型椭圆第二象限的弧线，稍短一些的王朝如竖放型椭圆第二象限的弧线——它们都绝不是只有一个高点、冲高之后直接向下的折线。

谭宝信说历史上中国的疆界"像法国手风琴一样忽大忽小"，其实其他国家也一样。在亚欧大陆的历史丛林里，除了古埃及、西罗马和东罗马、奥斯曼和汉唐等帝国那样的大树，多数政权都是灌木或草丛。第二次世界大战之后不一样了。人类通过深刻反省，建立了一系列国际秩序与文明准则。从此，强国再也不能随意去灭一个穷弱小国。

正是基于此，笔者畅想今后一个国家的历史轨迹可望由椭圆形变成"射线"。

射线的特点一是只有一个端点和一个方向，二是不可度量。在世界总体和平的时代，只要保持执政定力，不断改革进取，可望让国家的历史在一个方向不可限量地、可持续地平稳发展。

（本文刊发于2018年2月5日中央党校《学习时报》，原题《强而无韧的秦王朝——秦朝二世而亡的教训》，略有改动）

目录

引言：读史明势 ………………………………………… 1

第一章
西周：王道微缺

美国传记作家欧文·斯通在《梵高传》一书中评论："艺术家的作品和他的私生活，就像正在分娩的妇女和她的婴儿。你可以看她的孩子，但却不可以掀起她的内衣去看她是否沾满血污。"王朝出生之状，要么是被遮掩的假相，要么是不忍直视的真相，这些不看也可以想象。我们还是着重看它们是否及时"洗礼"，华丽转身，不再制造新的血污。

开国风光：儒家最推崇的盛世 ………………………… 17
昭王南征兵败身亡 ……………………………………… 21
"穆天子"登基 …………………………………………… 24
此后十年一瞥：穆天子伐犬戎 ………………………… 27
千古之叹："孔子的笼子"1.0版 ……………………… 28

第二章
东周：浴火中的文明轴心时代

有学者认为，历史地看，春秋战国时期战事频繁也并不完全是坏事，因为各诸侯国之间激烈的竞争"迫使各个国家不断改革自己的政治、经济和军事制度，以应付多轮战争对国家资源和能力提出的要求"，从而促进了当时经济、政治、社会生活等方面的发展变化。在思想文化领域，"周衰文弊，诸子争鸣……思以其学易天下"，出现了百家争鸣的盛况，可以说这一时期是浴火中诞生的"文明轴心时代"。

植物人王朝：周王失控，诸侯纷争 ………… 37
春秋三小霸 ………… 41
  郑庄公：胆大包天射天子
  齐僖公：妹妹、儿女们更出名
  楚武王：第一个自立为王
此后十年一瞥：和氏璧见证历史 ………… 49
千古之叹："孔子的笼子" 2.0 版 ………… 52

第三章
西汉：内多欲而外饰以仁义

董仲舒特别卖力地推行"天人感应"的实践活动。高祖庙及其陵寝偏殿相继发生火灾，董仲舒还抱病起草一份奏章《灾异之记》，进一步阐释说：朝政有失，上天会降灾谴责帝王；如不自省，会出怪异现象警告；如果还不悔改，上天会改变授命。这显然是借火灾说上天已经对汉武帝不满。武帝震怒，董仲舒吓坏了！这好比想把老虎关进笼子，结果自己差点被老虎吃掉！

开国风光：厚积薄发开创新纪元 ………… 59
"自己人"成了烫手山芋 ………… 64
"丧家狗"们扬眉吐气 ………… 68

明显的货币经济时代	73
此后十年一瞥：久有凌云志	75
千古之叹："孔子的笼子" 3.0 版	77

第四章
东汉：光芒被西汉和北宋盖住了

河内太守曹褒救灾举措得当，中规中矩，然而事后却有人说他救灾不力，被免职。无独有偶。《孔子家语》卷二：子路在蒲地作县令，率民众修渠防灾，给民工每人发一箪饭一瓢水。孔子闻讯，立即派子贡去劝阻，责备说："你既然知道民众在挨饿，为何不向国君报告，请他来发放救济呢？你这样私自救济，就彰显国君没有美德了，还不快停止，会获罪的！"用现代话来说，你子路、曹褒抢领导的镜头了。孔子真有"远见"啊！

开国风光：没有存在感的盛世	87
最注重教化的朝代	91
以一敌国的孤胆英雄封侯	94
不乘胜追击就要被斩	96
官员救灾与国君救灾之争	97
此后十年一瞥：盛世之终	99
千古之叹：娃娃皇帝为何层出不穷	102

第五章
东晋：流亡政府惊魂未定

南迁的晋政府实质上是一个流亡政府，由一些在北方幸而没有被杀，又幸而逃到江南的士大夫组成，统治一个他们根本不了解的世界。稍久之后，流亡政府变为殖民政府，土著人士在政府中没有地位，且受到轻视。土著人士也用轻视来回报，称呼流亡客人为"伧人"，意思是没有教养的俗汉。主客互相仇恨，引起不断的摩擦，甚至流血……

流亡政府：曲水流觞与新亭对泣 …………………… 107
宫外无可用之官 …………………………………… 112
宫内无可用接班人 ………………………………… 115
此后十年一瞥：娱乐至死 ………………………… 116
千古之叹：隐士之多与少 ………………………… 118

第六章
北魏：血腥中的理性

"五胡"政权除了割据纷争、不同程度上汉化之外，还要争"中国"之正统。汉（前赵）开国皇帝匈奴人刘渊就公然说："夫帝王岂有常哉？大禹出自西戎，文王生于东夷，顾惟德所授耳。"他们居然也会"文斗"了！会利用"天命靡常"的儒家理论，跟他们的前辈判若两人。孝文帝拓跋宏明确北魏继承的是晋，并问大臣："你们希望朕远追商、周呢，还是想让朕连汉、晋都不如？"他们不认为自己只代表某一族，而直接以中华正统自居。

开国风光：与中原"零距离" …………………… 125
子贵母死 …………………………………………… 129
皇帝为被诬者担保 ………………………………… 131
不许"借外婆名义吃鸡" …………………………… 133
此后十年一瞥：冯太后保驾护航 ………………… 134
千古之叹：反思"汉化"与"胡化" ……………… 135

第七章
唐：僭于上而治于下

孔子去见卫灵公夫人南子，因为南子"作风问题"名声欠佳，子路有意见，孔子只得跺着脚发誓自己是清白的。《论语》记载，孔子曾骂卫灵公"无道"。可是《孔子家语》

又载，鲁哀公问晚年孔子："当今天下，你看哪位国君最贤？"孔子回答："最贤的我没见过，比较贤的应该算卫灵公吧！"哀公大吃一惊："听说灵公夫妇淫乱不堪，还比较好？"孔子说："臣语其朝廷行事，不论其私家之际也。"这就是说不以私生活否定政绩。由此可见，孔子有挺开明的一面，并没有将女人视为"祸水"。

开国风光：永远的回忆 …………………………………… 144

乾元殿改建明堂 …………………………………………… 148

杀人先堵住其口 …………………………………………… 151

自加尊号"圣母神皇" ……………………………………… 152

李家人站出来说"不" ……………………………………… 154

诗人劝阻战争 ……………………………………………… 156

此后十年一瞥：终圆女皇梦 ……………………………… 158

千古之叹：武则天那无字碑该补何字 …………………… 160

第八章
北宋：文人的乐园

　　一向很不谦虚的乾隆说他只佩服三个皇帝：一是他的祖父康熙，二是唐太宗李世民，第三个就是宋仁宗赵祯。王素劝赵祯不要亲近女色，赵祯说："近日，王德用确有美女进献，我很中意。"王素坚持说："臣今日进谏，正是怕陛下为女色所惑。"赵祯只好下令："王德用送来的女子，每人各赠钱300贯，马上送离宫。"王素慌忙说："不必如此匆忙！既然已经进宫，还是过一段时间再打发为妥。"赵祯笑道："朕虽为帝王，与平民一样重情。我怕久了，会不忍心送走。"

开国风光：现代人最向往的时代 …………………………… 167

四方来贺之辩 ………………………………………………… 174

皇帝还是想成仙 ……………………………………………… 178

科举取士与《鹤冲天》 ……………………………………… 179

比米还重要的盐 ……………………………………………… 182

文曲星闪耀时 ·· **184**
此后十年一瞥:"君子党""小人党"之争 ············ **187**
千古之叹:"妇人之仁"与"明主之仁" ·············· **189**

第九章
辽:忍不住赞赏的游牧民族政权

　　923年,耶律阿保机围攻沙陀失败,撤退之时又遭寒流袭击,平地积起很高的雪,粮草更加匮乏,逃出战场的人马大都饿死冻死在途中。后唐庄宗李存勖亲自率大军追击,追到幽州,竟然发现契丹军每一处营地都井然有序,根本看不到半点败逃的残迹,不由对身边人大发感慨:"蕃人法令如是,岂中国所及!"契丹"正处在一边遵守草原游牧国家的传统、一边适当引入中华的国家形式、摸索草原和中华相结合的国家形式和理想方式的最高潮阶段"。

开国风光:"一国两制"的卓越践行者 ············ **197**
讨伐女真战利品丰盛 ··································· **202**
党项变亲家 ··· **203**
对宋赢得扳头之战 ······································· **204**
此后十年一瞥:南北相峙 ······························ **206**
千古之叹:千古未有之大变局 ······················· **208**

第十章
金:从至贱者到小尧舜

　　北宋和金经过艰难谈判,终于达成联合灭辽的"海上盟约"。灭辽之后金军撤兵,童贯、蔡攸率员步入燕山府交接,大失所望,因为燕京的财物、官员和百姓全被金人卷走,只剩一座空城。金人声称这是宋帝的旨意:"只要土地,不要臣民。"这话太让人寒心了!冷静想想,悠悠数千年,"只要土地,不要臣民"的岂止宋帝?那些游牧民族往往倒是相反——只要臣民,不要土地。

开国风光:"夷狄中至贱者"的逆袭 …………………… 215
寻根,寻根 …………………………………………… 219
何以为"小尧舜"? …………………………………… 222
此后十年一瞥:"女真文化复兴运动"失败 ………… 224
千古之叹:两宋对外挑战何以一再失败 …………… 227

第十一章
南宋:理学的阴霾浮现,浮现

朱熹在服饰方面相当保守,批评"今世之服,大抵皆胡服",甚至认为"今上领衫与靴皆胡服",直接批评宋高宗赵构,主张"而今衣服未得复古,且要辨得华夷"。1938年版《福建通志》有一个细节:朱子主簿同安及守漳时,见妇女街中露面往来,示令出门须花巾兜面。民遵公训,名曰公兜。朱熹居然还要让中国女人出门蒙面!

王业偏安:接连四代太上皇 ………………………… 237
阻止理学的阴霾 ……………………………………… 243
生态环境保护早就有了 ……………………………… 249
盐场的反叛 …………………………………………… 251
此后十年一瞥:得不偿失的毁约 …………………… 253
千古之叹:"孔子的笼子"4.0版 …………………… 255

第十二章
元:旧制度改革与大革命赛跑

同北魏孝文帝激进的汉化改革不同,虽然汉族儒臣一直致力于把忽必烈塑造成传统的中国皇帝,可忽必烈的统治政策充满了折中主义色彩,在有条件地吸收汉文明的同时,又顽强地保持了游牧民族的多数传统,即所谓的"内北国而外中国,内北人而外南人"。其结果是，激进的汉人认定他的汉化程度远远不够，保守的蒙古人却认为他已走得太远。忽必烈的继承者们基本延续了他的这种摇摆政策。

开国风光：第一个统一中国的马上民族 ……………… 265

皇帝因改革无望而堕落 ……………………………… 271

两项最大开支用于民生该多好 ……………………… 274

天灾与造反 …………………………………………… 276

此后十年一瞥：病急乱投医 ………………………… 279

千古之叹：皇帝被后儒越宠越坏了 ………………… 281

第十三章
明：北虏南倭交相侵

据说，还在朱祁镇学说话的时候，父亲朱瞻基曾将他抱到膝上，问："他日为天子，能令天下太平乎？"

小朱祁镇应声答道："能。"

朱瞻基又问："有干国之纪者，敢亲总六师往征其罪乎？"

小朱祁镇回答说："敢。"

这则记载，对于朱祁镇后来的命运来说，真是一种讽刺。朱祁镇倒确实是敢亲率六师御驾亲征，但最后带来的不是成功，反而使自己成了俘虏。

开国风光：建构"儒教国家" ……………………… 289

"三杨"开泰 ………………………………………… 293

工匠用脚说话 ………………………………………… 295

第三条"家规"也破了 ……………………………… 297

此后十年一瞥：蔑视强胡，皇帝亲征被俘 ………… 301

千古之叹：史上的"贸易战" ……………………… 304

不能贸易只能抢

不想贸易只想贡
不敢贸易只敢礼

第十四章
清：不堪承受全球化之重

民谚曰"十年的鸡头赛砒霜"，就是说鸡越老，鸡头的毒性越大。我们有些传统文化就像老鸡头，越老毒性越大。老鸡头不会长智慧，不会新陈代谢，只会积储毒素。先秦儒家有些毒素但不大，到汉儒增大些，宋儒更大。清初思想家、教育家颜元慨然指出："误人才，败天下事者，宋人之学也。"《哈佛中国史》说："这些坚守一般儒家基本教义之积极人士反对任何制度的改变，包括工业化在内。"

开国风光：盛世的隐忧 …………………………… 323
皇帝推广自己培育的新稻种 ……………………… 328
禁毁小说淫词 ……………………………………… 330
反贪终于动些真格 ………………………………… 333
清官未必识时务 …………………………………… 335
此后十年一瞥：海禁仍摇摆不定 ………………… 337
千古之叹："狗脚朕"与"老鸡头" ……………… 339
  健忘的"貂皮帝国"
  拒绝成长
  比酱缸更糟

结语
历代兴衰的天时地利人和

16世纪地理大发现之后，西欧已经能远航来到中国。明朝万历年间，意大利传教士利玛窦的世界地图给中国带来极大震撼。葛兆光说这标志着"中国人才真正开始看到了

'世界'，在思想上出现了'天崩地裂'的预兆。越来越多读书人开始省悟，如明末瞿式谷认为自古以来的"天下""四夷"说是不成立的，而应当树立"东海西海，心同理同"、平等交往的观念。明末清初著名反清志士朱舜水说："世人必曰'古人高于今人，中国胜于外国'，此是眼界逼窄，作此三家村语。"

天时 ·· 349
  世界政治千古大气候
  中国政治千古大气候

地利 ·· 359
  游牧民族不利变有利
  中原有利变不利

人和 ·· 364
  帝王的"职业道德"
  百姓身边的官员

参考文献 ·· 373
面朝大海阅春秋（后记）·· 377

引言：读史明势

春天是播种的季节，秋天是收获的季节。春来秋去，草木开始了一次次生命轮回。春秋在古代代表一年四季，而史书记载的都是一年四季中发生的大事，因此"春秋"是史书的统称。《春秋》本指先秦时代各国的编年体史书，但后世不传，唯鲁国《春秋》留存，传说由孔子修订，以至于人们把东周前期这一段历史叫作春秋时期。后来还有以春秋代指历史的，如东晋史学家习凿齿的《汉晋春秋》。

中国古代长寿王朝可谓四季分明。春者，一年之始，阳光明媚，莺歌燕舞，有如一些王朝创立之初，政权稳定后就华丽转身，一心谋发展，生机勃勃。夏者，艳阳高照，碧空万里，如一些王朝文治武功，兴盛至极。秋者，西风烈烈，落叶纷纷，则如一些王朝隐患日显，矛盾渐多，亟待改革中兴。冬者，冰封大地，草木枯朽，如一些王朝之末，改革失败，只得告终。然后，一个新的王朝开始春夏秋冬轮回循环，形成一个难以摆脱的"历史周期率"。这是为什么？

让我们步入历史季节的深处，一木知春，一叶知秋……

盘点中国的长寿王朝

长寿是人类古往今来最普遍、最基本的愿望。鲁哀公请教治国之道时，孔子说"政之急也，莫大乎使民富且寿也"，并提出具体措施"省力役，薄赋敛，则民富矣；敦礼教，远罪疾，则民寿矣"。

作为万民之上的帝王，更是强烈地奢望长生不死。秦始皇、汉武帝等诸多帝王都极力追求仙药，有些帝王甚至落得因服所谓"仙丹"而死的下场。同时，几乎所有帝王也都强烈地奢望"家天下"千千万万年。只是鉴于此前从未有一人真正不死的残酷现实,秦始皇又不能不作好死亡的准备,亲自拟好一系列名称,自己称"始皇帝",儿子"二世皇帝",孙子"三世皇帝",以至"万万世皇帝",通过血脉延续实现秦国江山永恒的目的。他的传国玉玺就刻着"受命于天,既寿永昌"八个字。这玉玺在唐时更名为"受命宝",后辗转落到辽国皇帝耶律隆绪手里。耶律隆绪虽是地道的契丹人,但他的汉文化水平相当高,不仅能读汉书写汉字,还曾以契丹文翻译白居易《讽谏集》,并作诗500余首,其中之一就是《传国玺》:

> 一时制美宝,千载助兴王。
> 中原既失守,此宝归北方。
> 子孙皆宜守,世业当永昌。

这首诗是他在中京(今内蒙古宁城)获得古老的传国玉玺时所作,寄语子孙后代守好它。在北京朝阳门外神路街公交车站旁,迄今耸立一座高大的黄彩琉璃牌楼,三间四柱七顶,正间的南北两面各有一块石匾,北面字为"永延帝祚",南面字为"秩祀岱宗",相传为明代内阁首辅严嵩所书。"帝祚"即帝位、皇位。千古帝王,不论何姓何族何政体,与秦始皇无不同愿。尽管早有人哀叹"人生不满百"的残酷现实,人们还是一代代高呼"万岁",响彻云霄。

契丹,即辽的国名,含意是"镔铁"。后来金国从契丹独立出来的时候,完颜阿骨打对群臣说:"辽以镔铁为号,取其坚也。镔铁虽坚,终亦变坏,唯金不变不坏。"开国帝王的心迹昭然若揭。

古代埃及的国王更聪明,他们直接称"神",利用民众奢望长生的心理加强自己的统治。美国学者威廉·麦克尼尔《世界史》(第四版)写道:

> 埃及人宣称他们的国王就是神。国王不仅自己长生不老,而且能够把永生赐予他人。这是服从法老的一种强大动机,因为人们期望感恩的神王能慷慨地允许那些曾经在此生尽心侍奉过他的人作为永远忠实的奴仆,分享神的永生。

可惜，中外帝王的美好愿望无不落空，许多还是在自己手上成泡影。

据柏杨早些年统计，中国历史4643年间共有83个大小不同的政权，559位帝王。这组数据挺有意思。这样算来，平均每个政权56年，将近一甲子；平均每个帝王在位8.31年，跟现代领导人连任两届的时间差不多。当然，这样计算严格来说不科学，因为这83个政权及559位帝王在时间上好些是交叉重叠的。再说，柏杨这些数据仅一家之言。有些政权仅在史料上出现一次或数次，便石沉大海，所以中国历史上究竟有多少政权迄今是一笔糊涂账。比如两汉之际王莽的"新"朝，长达15年，跟秦朝一样长，多数历史学家却忽略不计。

中国历史上造反太多，太多人想当帝王。在新莽崩溃、刘秀称帝前后，还有十几个造反领袖称帝建立新政权。如蜀郡太守公孙述，属下李熊劝他称帝，说："蜀地沃野千里，战士不下百万。所谓用天因地，成功之资啊！"公孙述听了当然动心，可他心虚。这时，梦中有人对他说："八厶子系，十二为期。""八厶子系"显然是"公孙"二字，"十二为期"含意有分歧，应当指汉室12个帝王，意思是说汉室气数已尽，该由公孙述来替代，但也有说为期仅12年。所以公孙述梦醒之后又喜又悲，叹道："虽然可以贵为帝王，可是国运太短，怎么办？"他老婆倒比他想得开："孔夫子说'朝闻道夕死可矣'，何况有12年！"经这么一开导，公孙述不再犹豫，起兵反王莽，比刘秀早两个月称帝。历史上像公孙述这样的"帝王"数不胜数。

这里主要依据杜建民《中国历代帝王世系年表》，制作一个以统治范围较广、积年超过百年的王朝为核心的简表：

序号	朝代	时段	积年
1	西周	前1046—前771年	275
2	东周	前770—前256年	514
	秦15年		
3	西汉	前206—公元8年	214
	新莽15年、更始政权2年		

续表

序号	朝代	时段	积年
4	东汉	25—220年	195
	三国魏45年、蜀42年、吴58年,西晋52年		
5	东晋	317—420年	103
	汉(前赵)25年、成汉43年、前凉62年、后赵32年、前燕33年、前秦44年、后秦33年、后燕23年、西秦46年、后凉17年、南凉17年、南燕12年、西凉21年、夏24年、北燕29年、北凉38年,南朝宋59年、齐23年、梁55年、陈32年		
6	北魏	386—534年	148
	东魏16年、西魏23年、北齐27年、北周24年、隋37年		
7	唐	618—907年	289
	五代后梁16年、后唐13年、后晋10年、后汉3年、后周9年,十国吴35年、南唐38年、吴越71年、楚44年、闽36年、南汉54年、前蜀22年、后蜀31年、南平39年、北汉28年		
8	辽	916—1125年	209
9	北宋	960—1127年	167
	西夏189年		
10	金	1115—1234年	119
11	南宋	1127—1279年	152
12	元	1271—1368年	97
13	明	1368—1644年	276
14	清	1644—1911年	267

注:以上王朝共62个。夏、商历史资料较少,故不在统计范围之内。元朝虽然从1271年才作为国号正式出现,但一般把1260年忽必烈即位作为元朝的开始,因此其国祚也超过百年。

本书视点

黄仁宇一方面将中国上下数千年浓缩成一册《中国大历史》,另一方面则将1587年往深里挖掘成《万历十五年》。关于后者,黄仁宇写道:

当年(指万历十五年),在我国的朝廷上发生了若干为历史学家所易于忽视的事件。这些事件，表面看来虽似末端小节，但实质上却是以前发生大事的症结，也是将在以后掀起波澜的机缘。其间关系因果，恰为历史的重点。

我们到医院体检，不是抽几毫升血就可以鉴别全身血液状况吗？测骨密度也是仅取若干横截面，而非全身。既然通史有通史之长，断代史有断代史之长，那么选取某年某事深究之史也有其长。

本书考察长寿王朝建国立朝70周年特定历史时点的细节（由于王朝比较多，为了更准确描述王朝70年走向，没有完全一刀切，适当前后延伸了几年）。这是一个有特殊意义的节点。根据上表，试制一张"中国历史朝代积年分析图"：

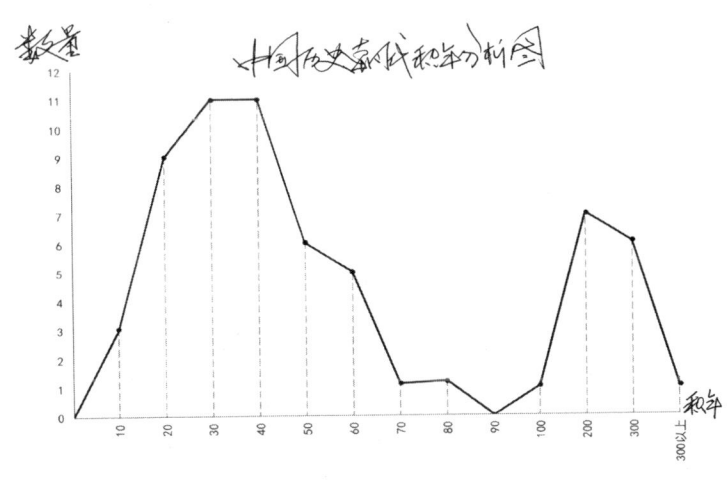

上图横坐标表示王朝积年数，纵坐标表示不同积年时段王朝的数量。总体看去，这张示意图很像字母M。

具体来看，总共62个王朝中，积年70以下的多达46个，占74%；其中10年以下的3个，10—19年9个，20—29年11个，30—39年11个，40—49年6个，50—59年5个，60—69年1个。超过70年的王朝仅16个，占26%；其中70—79年1个（五代十国吴越国），80—89年0个，90—99年1个（元朝），100—

199年7个，200—299年6个，300年以上仅东周一个。然而，东周时期又分"春秋"（前770—前476年）和"战国"（前475—前256年）两个时期，其实际上很早就名存实亡。

这个"M"形示意图，70—100年是它的底端。对于王朝而言，70—100年是它的"瓶颈"，通不过就是它的终点，顺利通过就如喇叭口，以外有很大的空间。换言之，70年节点对于短命王朝来说是绝望的天花板，而对于绝大多数长寿王朝来说"轻舟已过万重山"，发展前景广阔。

长寿王朝的韧性

关于隋朝，609年是它的一道分水岭，司马光称"隋世之盛，极于此矣"！《剑桥中国隋唐史》评述：

> 这一年前后标志着炀帝执政的政治基调发生了变化。在609年以前，炀帝似乎全力采取以下几项措施：进一步巩固从其父亲手中继承下来的帝国，促进帝国繁荣富强，获得其臣民的拥戴。609年以后，他全力贯注于对外扩张，对高丽的征服简直发展到着迷的程度，对国内问题则相对地放松，同时日益依赖他的核心顾问集团。

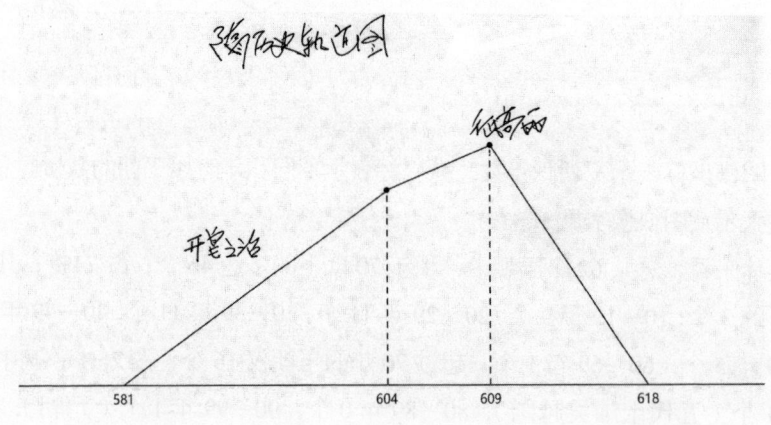

长寿王朝从兴起到衰亡都像椭圆上半部分,即多少有些缓慢转变的过程。这个跟"椭"字最相似的隋朝却像三角形。隋文帝"开皇之治"造就了开国即盛世的大好局面,604年隋炀帝继位,到609年仍能保持上升态势,几乎和隋文帝时期保持在同一条上扬直线水平上,不料短短几年掉下万丈深渊,总体上近似一个三角形。

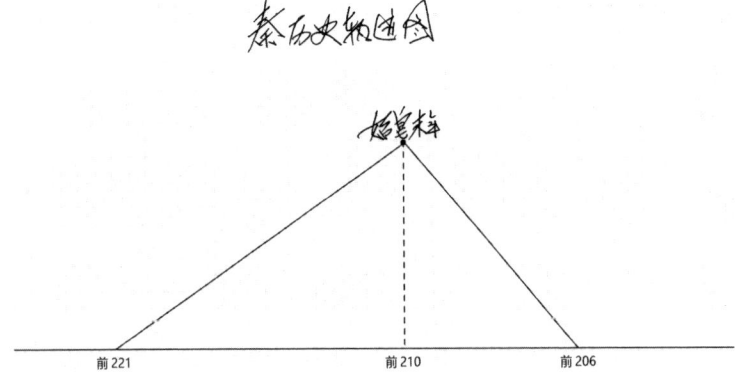

秦帝国更是如此,前210年秦始皇一死便急转直下,如同一路跑到楼顶便跳下,一点回旋的余地都没有。

《中国盛世》尝试系统梳理中国历史广义上的盛世,共43个,即盛世6个、治世22个、中兴15个。其中尧舜盛世、少康中兴、盘庚中兴、武丁中兴属于传说,东周宣威盛世则由于楚国建国无法考察具体时间,此处不计入。其余38个盛世当中,26个在建国立朝70周年之前,占64%;其中7个在开国帝王时期即步入盛世。这就是说他们一开国立朝就开始华丽转身,把工作的重点转移到社会经济文化建设上来,并迅速取得非凡成就,获得一个较长的平稳发展期。而秦帝国建国迅猛,但没有平稳的发展期,直上直下。

德国社会学家马克斯·韦伯有一个著名理论,统治的合法性分为三种类型:一是传统型,指一个规则被遵守被接受是因为它已行之多年,大家也就不再深究它合理与否;二是法理型,成员服从是因为认定此规则是合理的,其制定程序也是适当的,它的权威基础是众人接受的合理性;三是个人魅力型,也即克里斯玛

(charisma)型，其本义是神圣的天赋，引申为成员服从领袖人物的非凡魅力。韦伯分析了众多历史人物，认为造反人物往往过于迷信自己的"克里斯玛"，夺权之后仍然不停地折腾，而不懂适时转身。多才多艺、被认为功列南朝诸帝第一的梁武帝萧衍，落得被囚饿死的结局，直叹："自我得之，自我失之，亦复何恨！"王莽、李自成等都如此。平稳发展期的长短，或者说韧性的强度，决定一个王朝寿命的长短。

长寿王朝的"仙丹妙药"

汉初奉行"无为而治"国策，开创了"文景之治"，但潜在的问题也越来越突出。大儒董仲舒指出：

> 今汉继秦之后，如朽木、粪墙矣，虽欲善治之，亡可奈何。法出而奸生，令下而诈起，如以汤止沸，抱薪救火，愈甚亡益也。窃譬之琴瑟不调，甚者必解而更张之，乃可鼓也；为政而不行，甚者必变而更化之，乃可理也。当更张而不更张，虽有良工不能善调也；当更化而不更化，虽有大贤不能善治也。故汉得天下以来，常欲善治而至今不可善治者，失之于当更化而不更化也。

董仲舒还强调说："今临政而愿治七十余岁矣，不如退而更化；更化则可善治，善治则灾害日去，福禄日来。"他的这种"更化"思想，与年轻气盛的汉武帝刘彻不谋而合。刘彻的说法是："汉家庶事草创，加四夷侵陵中国，朕不变更制度，后世无法；不出师征伐，天下不安。"于是他大刀阔斧改革，"独尊儒术"，完善"大一统"体制，对中国影响深远。北宋开局也很好，相继开创"建隆之治""咸平之治""仁宗之治"一系列盛世，但也不免有隐患，仁宗时范仲淹指出："历代之政，久皆有弊，弊而不救，祸乱必生"，而"我国家革五代之乱，富有四海，垂八十年，纲纪制度，日侵月削"，现在"不可不更张以救之"。

长寿王朝在建国立朝 70 周年左右，对弊政都在改革或者准备进行较大的改革。而顽固不改的王朝，即使侥幸熬过 70 年，也熬不了更长时间。又如东周，陈雪良《春秋史》写道：

　　从公元前770年建立东周后的六十余年里，周王室依靠晋、郑等国的支撑，过了一段相对比较安稳的日子。

　　在这"相对比较安稳"的时期，周王朝却没有及时进行必要的改革，眼睁睁看着晋、郑等诸侯目无王室，礼崩乐坏，天下大乱，一乱数百年。东周虽然也参加本书这场"长寿宴"，但实际上名存实亡，好比病榻上的植物人罢了。

　　如果要说长寿王朝有什么"仙丹妙药"的话，那就是及时进行了正确的改革！

"历史循环论"属于历史

　　近些年有一股"读史热"。有些历史读物过于追求"古为今用"，往往变成"权谋术"；有些则仅仅是用非常通俗的方式复述历史事件，把历史兑得像白开水。从"孔子成《春秋》，而乱臣贼子惧"开始，到李世民"以史为镜"之类，史观都是实用主义。一般官吏、平民百姓读到"历史智慧"——"权谋术"后，用不到朝廷就用于身边的职场、商场、情场，恶化了社会环境。

　　现代我们不能幻想封建时代一些王朝长寿的因素百分百值得今天借鉴，否则刻舟求剑，误国误民。更何况，中华人民共和国与封建王朝有着本质上的区别，更需要着眼于创新！以"父母官"经验当今天的"公仆"，以"红顶商人"经验经营今天的市场经济，以"尊尊亲亲"之类的伦理处理今天"地球村"的人际关系，也许会有某些"成功"，但于社会发展何益？所以，我认为不能简单提倡"读史明智"，而应当提倡"读史明势"。我在《危世图存》中写道：

　　历史自然有实用性，对比历史上某人某事，我今天应当这样作某事而不应当那样作某事，挺长智慧。但我想这不够！更重要的是得"读史明势"，即千古历史怎么走来，又将很可能怎么走去。对于一个知识分子或者执政者来说，这点非常重要。只有"明势"才可能真正"明智",而不作逆历史潮流而动的傻事。

所谓"势"指事物的发展趋向。《推背图》之类我是不信的,但我信奉李淳风所说:"欲知将来,当观已往。"这实际上是司马迁"究天人之际,通古今之变"的翻版,也就是柳宗元《封建论》中所强调之"势"。那么,为什么说"欲知将来,当观已往"呢?

我想可以换个说法:应当从以往的角度对于将来之势的判断加以再次论证。因为将来发展之势在目前看来还是或然,或者说只是苗头,有些人看不出无可厚非,而已看出的人心里也不太踏实,这就需要换另一个角度——从以往来再看:

——看来势,即从近期发展态势看。比如民主政体从十七世纪的英国"光荣革命",到十八世纪的美国独立战争、法国大革命,到十九世纪的日本"明治维新",再到清末已不难看出越来越壮大之势。好比泉水叮咚,走过了山岗,穿过了草地,已汇聚到河流,就不难判断它的奔流之势是前往大江大海了。

——比较看,也即从过去的优劣看。比如"分封建国"这样一种在西周初曾发挥作用的制度,春秋战国时期却乱了大几百年,到秦汉时不难看出这种制度将被摒弃的趋向。

另一类人读史的结果则是:泉水叮咚,溪水潺潺,那是最美的景象,世界上不可能有更美的了,江河湖海之水该回流到高山峻岭去。

袁世凯有"袁书呆"之誉,能登上总统之位,说明他在"读史明智"方面无疑是优异的。然而,他在"读史明势"方面显然不及格,否则怎么会大开历史倒车?一失足成千古恨的远不止袁世凯。那位奉劝秦始皇恢复封建制的博士淳于越、受到朝野一片拥戴而相机篡汉的"新"朝皇帝王莽等人,哪个不是"读史明智"的佼佼者?又哪个不是"读史明势"的弱视者?文史哲通吃的王国维,不仅明中华千古之智,而且明西洋近代之智,只因为不明势,最终还是沦为殉葬品。当然,也有相反的情形,如力主削藩的晁错,李贽说他"可以说不善谋身,不可说不善谋国",换言之就是明历史之"势"而不明历史之"智"吧!这样的人物也数不胜数,比如从商鞅到秋瑾等无数的改革与革命者。这说明"明智"与"明势"有明显区别。

慈禧前期也是相当"明智"的。咸丰皇帝遗诏亲王载垣、端华及协办大学士、户部尚书肃顺等8人为"赞襄政务王大臣",共同执掌政权,她却联手慈安太后、恭亲王发动政变,斩肃顺,赐载垣、端华自尽,其余5名辅政大臣或革职或充军,变成"二宫垂帘,亲王议政"。慈安太后去世,她罢免恭亲王,独掌大权;归政光绪后,她又夺权,实际执政长达半个世纪。但她显然极不"明势",不仅残酷扼杀了"戊戌变法",还愚蠢地利用义和团向西方列强挑战,给国家造成了深重灾难。不过,她在狼狈的"西狩"中面壁思过,回京后命光绪发表一份《倡议直言》,深刻反省"误国家者在一私字,困天下者在一例字",对外与西方和解,对内重启"变法"。此后那些改革,我认为是有诚意的。对她"误国家者在一私字,困天下者在一例字"之说,我认为实属"明势"的至理名言。

王安石检讨他变法失败的原因:"庸人则安常习故而无所知,奸人则恶直丑正而有所忌。有所忌者倡之于前,而无所知者和之于后,虽有昭然独见,恐未及效功而为异论所胜。"这说明,"庸人"也很有必要清醒地认识自己是"逆势"还是"顺势"而动。

外国学者论中国史,常用"朝代循环"一词,狭义指朝代兴亡相继,广义则指与朝代兴亡有关的其他类似的循环现象。其实,中国人自己也爱用"朝代循环论",如孟子的"一治一乱"说,"五德终始"说,民间普遍信奉"分久必合,合久必分",最新版本则要数"历史周期率",等等。

"话说天下大势,分久必合,合久必分"这句话影响极大!因为它出自妇孺皆知的《三国演义》开头,更重要的是因为这句话既描述了三国之前千百年中国历史,又与三国之后千百年的中国历史基本相吻合,不能不令人叹服。查查数千年的世界历史,虽然有些帝国长达上千年,但同样是分分合合。每一个国家的历史,无不经历悲欢离合。然而,这是一种历史规律吗?我很是怀疑。

日本讲谈社《中国的历史》对此观点进行了深入剖析:

不过中国历史这种统一与分裂的循环只不过是一个偶然现象,从世界史上来看它并不存在普遍性。比如说面积大小和中国不相上下的欧洲，实际上一直处于分裂、或者说一直处于诸国共存的状态。统一分裂循环论甚至还不如"诸行无常，盛者必衰"有普遍性……那么是不是统一就意味着和平，分裂就意味着战乱呢？并不是，在分裂状态下保持了局部和平的例子举不胜举。所以说"分久必合，合久必分"的分裂统一循环论只不过是后人强加的一个观念性的结论。

逻辑上说，前天是的，昨天是的，今天是的，明天未必是。罗素曾经举过一个生动的例子：一个人养一只鸡，每天按时给这只鸡喂食，久而久之，小鸡习惯了这种喂养，所以每当一定的时候，只要看到这个人出现，它就会在习惯的指导下作出归纳推理，认为此人又在喂食，又可以美美地饱食一顿，哪知道此人今天来将鸡宰了端上餐桌！

这本书里说历史季节，只是一种比喻。比喻只是寻求两种事物的共同点，发现暗含的不为人所熟知的特征，以便对事物有一个不同于往常的认识，并不等于否认两者间的更多差异。帕斯卡说"人是一枝有思想的芦苇"，并不是说人与芦苇只有思想这一方面的差异。说有些历史阶段像春季，只是借以表示其良好的开端，较多明媚阳光，生机勃勃，但也有乍暖还寒之时，"倒春寒"还是冰冷刺骨的。

人类社会与大自然毕竟两码事，"天人感应"学说是荒谬的。董仲舒说"道之大原出于天，天不变，道亦不变"，实在是牵强附会。董仲舒之前已经变了多少？之后又变了多少？

一个个王朝的历史如春夏秋冬循环，但这跟"分久必合，合久必分"之说一样并不是一种必然，否则就变成一种"宿命论"了。

可望永恒

公共汽车上广播号召让座，说"尊老爱幼是中华民族的传统美德"，我认为不确。中国传统文化的真相是"崇老抑幼"，不仅"尊老"而且"崇老"，但"三纲五常"长期野蛮地压制幼小群体。

秦朝把孝敬老人写进了法律，汉朝规定给70岁以上的老人授以王杖，允许他们出入宫廷，有敢侮辱者以蔑视皇族论罪。公元59年十月，汉明帝刘庄亲自主持宴会宴请清一色古稀老人，并赠送酒肉谷米和一柄精美的鸠杖。"鸠杖"的扶手作成一只斑鸠鸟形状，传说鸠为不噎之鸟，刻鸠纹于杖头，希望老人进食防噎，长命百岁。1958年汉墓出土两柄鸠杖，虽然下部木制杖身早已炭化，但头部斑鸠雕像有漆膜保护，历经1800多年仍旧光亮如新。汉时一位官员殴打老人，老人手里的鸠杖掉地摔坏了，这位官员就被"弃市"。

而对幼小，"父叫子亡，子不亡则为不孝"与"君要臣死，臣不死是为不忠"相提并论，"埋儿奉母"之事居然大书特书。千百年间，民间溺婴成风，不幸没活过50岁的都算"夭亡"，不仅不让登上神龛享受后代祭祀，有的还要对"短命鬼"加以惩处——撒上大把芝麻，让他永远数不完，永远没有投胎重返人间之日。

"夭折"的王朝也该诅咒，因为它们白白耗费了改朝换代那沉重的社会成本，太让天下百姓失望了！

王朝兴盛之余的走向，可能如车祸断崖直接覆亡，但更多如人之生老病死，在死亡之前有机会治病康复，这便是改革中兴；改革中兴失败，再衰亡。人不大可能只病一次、康复一次，一般都有多次循环，王朝改革与中兴也大抵如此。

为此，我还绘有一张图：

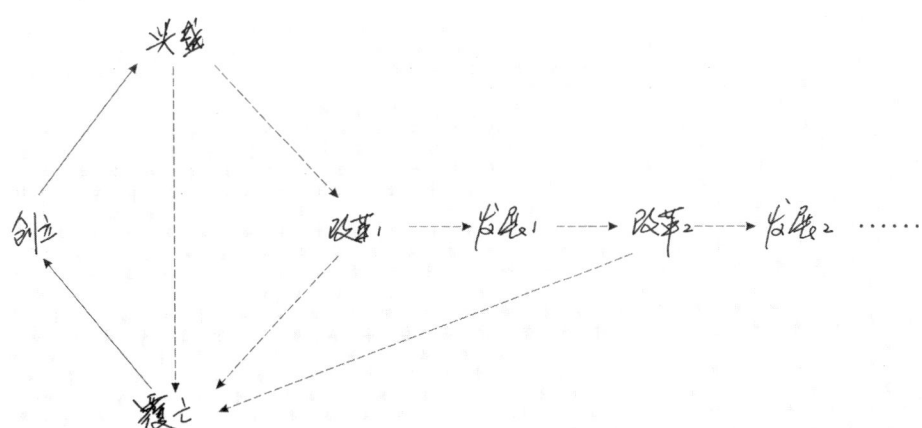

我认为人类的历史发展如图所示，只有通过改革积弊，才可能有中兴，从而延续政权寿命，否则便直接走向衰亡。中兴是中华民族历史上改革成功的典范，成功改革越多，政权延续越长。不断及时地深化改革，超越中兴，政权就可望不断地延续下去。

著名地质学家李四光年轻时曾经作过关于中国历史上治乱周期的分析，认为中国历史可分为以下数节：战争时期，土木工程时期，第一个安定时期，第二个安定时期，然后再回到战争时期。对此，台湾中国古代史研究学者劳干评论说："在两个安定朝代以后，建立第三个安定朝代，也的确有其困难。因为经过两代的长期太平以后，政治组织中的积习以及社会风气，都一定有陈腐之处，倘若不能作到有效的改革，也就真会积弊丛生，而使第三个朝代无法安定下去。"

然而，劳干更强调：中国历史的趋势是有一个大致的轨道，不过这种答案只有在专制的王朝才能适用。他认为："今后中国的历史将不会和前一周期一样，也就不能利用过去的历史记录来完全预测今后发生的事件。"

"历史循环论"当属于历史！

第一章

西周：王道微缺

美国传记作家欧文·斯通在《梵高传》一书中评论："艺术家的作品和他的私生活，就像正在分娩的妇女和她的婴儿。你可以看她的孩子，但却不可以掀起她的内衣去看她是否沾满血污。"王朝出生之状，要么是被遮掩的假相，要么是不忍直视的真相，这些不看也可以想象。我们还是着重看它们是否及时"洗礼"，华丽转身，不再制造新的血污。

采薇图

此卷画商末伯夷、叔齐不食周粟,在首阳山饿死的故事。图绘半山之腰,苍藤、古松之荫,伯夷与叔齐采摘薇蕨之余,正在休息对话的情景。

公元前1046年武王克商，建立周朝，定都于镐京（今陕西西安），至前770年平王东迁，共传12代。武王克商之后不久即去世，周公摄政，制礼作乐，开创了"成康之治"。前996年，周昭王继位，西周由盛而衰。前976年西周建国70周年之际，昭王南征兵败身亡，周穆王即闻名遐迩的"穆天子"继位，历经武王姬发、成王姬诵、康王姬钊、昭王姬瑕，至穆王姬满。

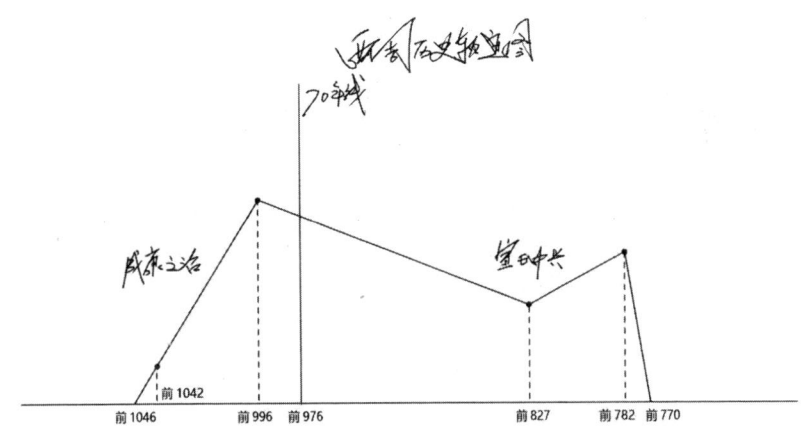

西周盛世简表

盛世名称	时段	积年	帝王（任）
成康之治	前1042—前996年	46	成王姬诵（2） 康王姬钊（3）
宣王中兴	前827—前782年	45	宣王姬静（11）

开国风光：

儒家最推崇的盛世

1996年国家启动"夏商周断代工程"，组织历史学、考古学、文献学、古文字学、历史地理学、天文学和测年技术学等9个学科12个专业200多名科学家联合攻关，希望能明确夏商周时期的具体年代。2000年基本完成，制定出《夏商周年表》，有些结论已被一些主流词典和教材采用，但仍然无法找到强有力的论据，中外专家学者存在较大争议，因此，夏商二代的事这里就不去硬着头皮说了。不过，武王克商与西周建立的时间可以确定为前1046年。

周武王很有雄心壮志，可惜天不假年，克商不久后就病死，太子姬诵即位，就是周成王，年仅十二三岁。而当时西周建国才几年时间，旧势力还没有完全清除，新政权脚跟还没站稳，继续生存下去都成问题，怎么开创盛世呢？多亏有个伟人——周公。

周公姓姬名旦，也称"叔旦"，是文王姬昌第4个儿子，武王的同胞弟弟，成王姬诵的亲叔叔。武王临终的时候，要把王位传给周公，还说这事不须占卜，可以就此决定。周公涕泣不止，不肯接受王位，但毅然挑起了治国的重担。他一方面吸取夏、商覆灭的教训，认为夏朝和商朝都因为道德沦丧才失去上天宠爱，周朝绝不能重蹈覆辙。因此，周公制礼作乐。谁要是违反居室、服饰、用具等方面的礼制，将会受到惩罚。比如天子死后埋那的土堆叫"陵"，平民百姓埋那的土堆叫"坟"，如果将百姓埋那的土堆叫成"陵"便是非礼僭越，将天子埋那的土堆叫成"坟"就是大逆不道。

另一方面，周公致力于创建一个"家天下"的制度：周天子是天下大宗，姬姓诸侯是小宗。这些诸侯在自己封国内是大宗，同姓卿大夫又是小宗。这样，形成一个宝塔形结构，顶端是周天子。这种宗法制，需要维护父尊子卑、兄尊弟卑、天子尊诸侯卑等级森严的礼法。反过来，礼法又起到巩固宗法制的作用，维护周天子统治。

周公其政绩《尚书大传》概括为："一年救乱，二年克殷，三年践奄，四年建侯卫，五年营成周，六年制礼作乐，七年致政成王。"这里不逐一展开。

且说周公摄政以周王的身份发号施令，引起了很大麻烦。谁相信你是代理成王，还是取代成王呢？当时嫡长制还没有确立，弟弟接哥哥的王位并不是不合法。问题是周公上面还有哥哥健在，即管叔鲜。管叔鲜对周公越过他继承武王的实权十分不满。不满憋在肚子里是会产生"病灶"的。这不，开始他还只是散布流言蜚语，第三年竟然联合另一个弟弟蔡叔度，并勾结商纣王的儿子武庚一起叛乱。响应这次叛乱的，还有东方的徐、奄、淮夷等几十个原来同殷商关系密切的大小方国。这对周政权形成直接威胁，生死存亡之际，周公亲自率师东征，经过

3年艰苦作战，不仅镇压叛乱，而且顺手牵羊征服东方50来个小国，收降大批商朝贵族。原来的周只是西部一个小国，灭商也只是打击商王朝的核心部分。经过这次东征，周的地盘扩大到东至东海，南至淮河流域，北至辽东。

我们至今常读到一句话："普天之下，莫非王土。率土之滨，莫非王臣。"这句话出自《诗经》，说是当时历史的写照。不过，这"写照"很夸张。有学者估算，在公元前1000年时期，国家控制的领域不超过当今各国领土面积的2%，在此之外的世界大多数人口居住之地还有采集狩猎者、自耕农和牧民等更分散的小型社群。

周公功高盖主，要当个名副其实的周王应该是信手拈来、水到渠成的事。然而，周公却还政于成王——这时成王已长大成人。还政后，周公再上朝就自觉改为面北坐臣位，把主要精力转向制礼作乐，完善各种典章制度。

周王重视民生，多有记载。刚攻克商都之时，武王就下令："发巨桥之粟，散鹿台之钱，以示民无私；出拘救罪，分财弃责（债），以振穷困。"巨桥是当时国家粮库之名，鹿台是商纣王的宫苑，意指国家财政。周公在《洛诰》中教育成王：要用宽裕之政治理民众。民众宽裕了，天下的人不论远近都会来附。周公在《康诰》一文中教导年幼的康王：要对民众施以惠爱，勉其顺从；只有像保护婴孩一样对待百姓，天下才能安康太平。当时百姓生活景象，我们可以从《诗经》窥豹一斑。如《载芟》中写道：

　　载芟载柞，其耕泽泽。
　　千耦其耘，徂隰徂畛。
　　侯主侯伯，侯亚侯旅，侯强侯以。
　　有嗿其馌，思媚其妇，有依其士。

这首诗描写春日天子示范性地耕田：除掉野草拔掉树根，一片片土壤被翻掘松散。成百上千的人并肩耕耘，从低的洼地到高的田垅。田里劳动的有君王，还有伯爵、大夫。美丽的妇人送饭来，慰劳她年轻的丈夫。

《史记》描述当时"民和睦，颂声兴"。《诗经·执竞》还写道：

> 执竞武王,无竞维烈。
> 不显成康,上帝是皇。
> 自彼成康,奄有四方,斤斤其明。

这诗意思说:征服了殷商的武王,没人比他更坚强。还有成王和康王,光耀四方。

天下讼息是古代圣人的理想世界,"成康之治"将此变为现实。战国时期魏国史官所著《竹书纪年》记载:"成康之际,天下安宁,刑措四十余年不用。"说刑律 40 余年不用,显然太夸张。孔子学生仲弓提问:"至政无所用刑,成康之世是也。信乎?"孔子明确回答说:"圣人之治也,必刑政相参焉。"连孔子都不相信。不过,当时社会治安应该相对好些。

前 976 年是西周建国 70 周年。这一年,周昭王南征兵败身亡,富有传奇色彩的周穆王即"穆天子"继位。

昭王南征兵败身亡

前996年，西周建国50周年之际，康王姬钊死，长子姬瑕继位，即周昭王。姬瑕"仪容恭美"，只是遗憾时运不济。

昭王姬瑕上任当年，东夷（今河南东部，山东、江苏西北部）发生叛乱。白懋父率师讨伐，部属竟然拒绝。白懋父应该是一位执掌征伐刑赏大权的人物，对部属处以罚款300锊（古代重量单位）。同年，巢国（大致今安徽巢湖一带）也发生叛乱。由此可见，康王留下的"盛世"并不太平，或者说原来那些被征服的地方几十年之后还没"悦服"，一点也不给新王面子。

不久发生更严重的事。四月初八，王城突然出现异象，河、井、泉、池的水同时泛滥，宫殿、民宅与山川大地都摇晃，夜里五色光气贯紫微星，遍于四方，然后转青红色，看不见二十八宿。当时人们认为，只有王道缺失才会招致这样多的异象。

当然，姬瑕不可能承认"王道微缺"。可是这一年七月，鲁国又发生政变，鲁侯之弟姬沸杀兄长姬宰夺位，自称魏公。这可是一个历史性的重大政变，"是可忍，孰不可忍"！与东夷、巢国那些本来就是"蛮夷"的地方不一样，鲁国是周的封国，而且是周公之子伯禽代父开国，姬宰与姬沸怎么就兄弟相残呢？不知出于什么缘故，愤怒归愤怒，姬瑕却没有兴师问罪。姬瑕这一软弱，姬沸夺位之变成为多米诺骨牌，从此越来越多诸侯国生变，无视中央权威，直至天下大乱。

更紧迫的是边患。楚人最早活动在黄河流域的中原地区，后来逐渐南迁至荆山附近的丘陵平原接合部，即河南新郑——桐柏山一带。成王时期（有的说康王时）封熊绎于楚，建都丹阳（今湖北秭归东南）。熊绎姓芈，前两年热门电视剧《芈月传》中的芈月就是其后人。楚人被中原视为蛮夷，同时又被蛮夷视为华夏，两头不靠，十分尴尬。等到东周春秋初年，楚国国君熊渠一生气自己也说："我蛮夷也，不与中国之号谥"，并自立为王。

其实楚文化灿烂辉煌，汉朝的服饰、舞蹈、音乐、文学、哲学等都直接继承自楚国。但西周王朝历来歧视南方（中原以南），视楚人为"南蛮"。诸侯分五等，即公、侯、伯、子、男，楚被封为子爵，属第四等。楚人便如后来孟子所说"君之视臣如土芥，则臣视君如寇雠"，武汉人迄今流行一句口头禅"不服周"。直接的原因，姬瑕经常亲自率兵征战四方，需要诸侯国出钱出力。楚国经济发达，控制了当时非常重要的战略物资——铜，却不爱向天子纳贡，经常"偷税漏税"。姬瑕只好出兵，大打出手。

周军沿汉水东岸南下，"汉阳诸姬"积极配合。姬瑕在楚国以北分封一批姬姓为主的诸侯，称"汉阳诸姬"，主要有随国——汉东大国，实力最强，为"汉阳诸姬"之首，此外还有唐国、申国、吕国、曾国、厉国、贰国、轸国、蓼国、江国、息国、弦国、黄国、蒋国等。这些诸侯国像一道屏障一样保卫周王，随时配合周王伐楚。这次战争初期进展顺利，接连攻占楚国汉北的几个据点，一口气打到长江边。这时大军产生异议，要不要过江？姬瑕说："我们的目的是铜矿。铜矿还在江南，怎能不打？"大臣顾虑地说："占铜山容易，可怎么守呢？我们的大军不可能长驻。大军一走，他们肯定卷土重来，怎么办？"姬瑕不听。结果，占领铜山比想象的还容易。楚军见"中央军"来势凶猛，主动撤到大山里去。姬瑕见他们给吓跑了，喜出望外，夺取了大量铜材，撤回主力，留下小部分驻守，实指望永久占有。不出所料，楚军反扑，很快夺回矿山。

姬瑕不甘罢休，第二次南征，再次占领铜山。班师途中，在唐国召开庆功大会，论功行赏。回到北方，又在寒国大赏战利品，让当地用这批铜材铸了一批青铜礼器，记载这次战功及赏赐，即"安州六器"。"安州六器"是北宋末年在安州出土的6件重要文物。

不久，事情再一次反复，姬瑕只得第三次南征。初期仍然幸运，不仅轻易占领铜山，还获得两件稀世之宝：一是上百斤的自然铜块，二是七八十斤重的孔雀石。姬瑕大喜，将这两块巨矿装到自己车上，生怕被人劫了。不想超重太多，过河时浮桥突然垮掉，姬瑕掉进水里淹死。传说姬瑕死后，周王军队一则怕动摇军心，二则怕楚军追击，秘不发丧，只说姬瑕落水受凉生病，回到镐京才宣布真实情况。

另一种传说是：汉水边的楚人痛恨周人侵扰，在他们征集渡船的时候，船的底板只用胶粘，船到水中胶溶板散，姬瑕和随从葬身鱼腹。楚军乘势反击，周人"丧六师于汉水"，全军覆没。

此外，还有其他一些说法。不管怎么说，这场征伐最终失败了，正统史家仅用"南征而不返"几个字一笔带过，对战争本身不肯多说，至今云里雾里。20世纪70年代，陕西出土一批微氏家族的青铜器，其中有"史墙盘"。史墙（周朝史官）对姬瑕南征大唱赞歌："弘鲁昭王，广批荆楚，唯狩南行"，即姬瑕大规模挞伐荆楚，巡狩到南方，完成了宏伟的事业，根本不见"南征不返"的狼狈。不仅辱称"南蛮"之类，还要将相关战争称之为打猎。这一年即前976年，正好是西周建国70周年之际。

此后，周王朝失去了对铜山的控制，国力日衰，此战成为其由盛而衰的转折点。楚国则从此日益强大，后来楚庄王还成为"春秋五霸"之一。

"穆天子"登基

前976年,昭王姬瑕死,太子姬满继位,即周穆王。传说姬满活了上百岁,在位50余年,是中国历史上最富传奇色彩的帝王之一,世称"穆天子"。

战国时期便有《穆天子传》传世,全书共6卷。前4卷记载周穆王驾八骏西巡天下,行程35000里,会见西王母。其巡游路线北渡黄河,逾太行,涉滹沱,出雁门,抵包头,过贺兰山,经祁连山,走天山北路至西王母之邦(今乌鲁木齐);又北行1900里,至"飞鸟之所解羽"的"西北大旷原"(今哈萨克斯坦);回程走天山南路。第5卷记载穆王两次向东的旅游经历,沿途与各民族频繁往来,如当地人"献白玉石……食马三百,牛羊二千",穆天子则赐"黄金环三五,朱带贝饰三十,工布之四"等。第6卷记载穆王因美人盛姬卒于途中而返葬。现代认为这是我国有文字记载的最早的旅行活动,周穆王也就是我国最早的旅行家。周穆王所驾八匹骏马,传说日行万里,成为千古佳话。汉族民间传统木雕、砖刻上常见八骏图案。徐悲鸿有著名的《八骏图》。

《穆天子传》是中国小说的鼻祖,里面的神话故事深受古代文人喜爱。小说《京城之恋》中有一段故事——苏东坡凭借《穆天子传》的故事创作慢词与已经过世的前辈柳永争锋:

在北宋中期一次名士风流聚会上,大家天南海北神侃,谈完女人谈诗书。苏东坡说最近读了《穆天子传》,周穆王驾骅骝骏马,千里迢迢与西王母宴饮酬酢——这故事与武夷幔亭宴传说差不多,让他神往不已。自古以来许多文人都从骨子里热望成仙,李白"五岳寻仙不辞远"不用说了,苏东坡他本人也十分向往。

张先对修仙没什么兴趣。他感兴趣的是当下过着神仙般的生活。

晚宴中间，歌妓登场，很自然先唱几首客人的词。苏东坡笑得合不拢嘴："你们哪来我这么多词！"

忽然，歌妓唱起柳永的《戚氏》（词牌名，又名"梦游仙"）。张先说："词也走过几百年了，已经有些僵化，是柳永在不断地冲破樊篱！他写的大都是慢词长调。长调之难，难在于语气贯串。可你看《戚氏》，这么长还通篇音律谐协，句法活泼，平仄韵位错落有致。再说这内容，上片写夕阳西下，中片写入夜时分，下片写深夜到拂晓，围绕一个独宿旅寓的行人，写他的所见、所思和所感，将羁旅情愁、身世之感写得淋漓尽致，入木三分。实际上，这是他晚年对自己一生的总括。要我说这词啊，我只想说一句：《离骚》寂寞千年后，《戚氏》凄凉一曲终！"

苏东坡这时大笑："老兄所言，也是也不是。说'《离骚》寂寞千年后'差不多，说'《戚氏》凄凉一曲终'恐怕过早吧！不信，小弟填首你看看！"

"你也喜欢慢词？"张先很是惊诧。

"试试吧！"苏东坡微微一笑，当即索笔墨。他握笔与众不同，只用拇指与食指，但他书写速度非常快，一口气填就新词《戚氏》，当中只涂改五六字。

苏东坡的《戚氏》以穆王西巡登昆仑与女神西王母相会为背景，酣畅淋漓地描绘西王母所居仙境的尊贵、华丽、高洁、奇幻，全篇充满浪漫主义的气氛和瑰丽奇谲的联想，毫不掩饰地抒发他对青春不衰、长生不老的向往。

不等张先开口，他主动出击："怎么样，我词比柳词如何？"

张先击节赞叹："老弟，原来你还留了一手啊！你平时不怎么写慢词，这么仓促间能一气呵成，为兄不由得不叹服！特别是第三片，数句一气贯注，这是最难学的……"

"只说我的词比柳词究竟如何？"苏东坡咄咄逼人。

"十分好！"张先故意拖长了语调。

"过奖！过奖！"苏东坡得意洋洋。

"我是说内容七分好，才艺三分好。"张先望着苏东坡诡异地笑。

苏东坡一阵难堪，脸红脖子粗追问："该是才艺七分吧？"

"不！才艺三分，我没说错！"张先一点不给面子，"这首词彰显你才学之富,灵气之高,撰句之隽,炼字之稳,令人咂舌。可是,咂舌之余,不免觉得你堆砌典故和前人诗文过多——掉书袋罢了!"

苏东坡怔了怔,不能不默认这一事实,但他不甘服输,强调:"他是他,我是我!我自成一家!"

"有人说,柳词只适合十七八岁的女郎,手拿红牙板,低唱'杨柳岸,晓风残月';而你的词,须由关西大汉,手拿铜琵琶、铁绰板,高歌'大江东去'。你说是不?"张先打趣道。

苏东坡沉思不语……

这个故事表现出苏东坡对前辈柳永生妒,借穆天子西巡故事写《戚氏》长调斗才,颇有情趣,由此也可见《穆天子传》在历史上的影响。

此后十年一警：

穆天子伐犬戎

周穆王姬满上任之初，改变其父周昭王的作法，不再征伐四方，全力解决国内问题。他为官员制定行政规范，又作《吕刑》，制定墨、劓、膑、宫、大辟五刑，细则多达3000余条，是中国流传下来最早的法典。

国内安定后，姬满开始对外扩张。犬戎是北部的游牧民族，有学者说他们与羌、昆夷、鬼方、猃狁等古籍中的民族实际上是同一族，只不过有着时间、地点、音译、诬称以及个别支派不同罢了。犬戎与周的关系时好时坏。周初他们曾参与武王"翦商"战争，属于"荒服"即3000里内的方国，只要经常向周王室进贡方物特产即可。但现阶段关系恶化，主要是姬满对犬戎采取主动攻势。大臣祭公谋父反对，主张实行文王时"耀德不观兵"的国策，姬满不同意，执意亲征。前964年春，姬满率军进击阳纡，战争经过不详，仅"得四白狼四白鹿以归"。结果，"自始荒服者不至"，即边远方国不再朝见周王，周王朝在外族中失去了威信。卜宪群《中国通史》评述：

周穆王西征之后，戎狄部落反而更加强大，反过来不断侵扰周朝，出现了"戎狄交侵，暴虐中国"的局面，周人深以为苦。周穆王死后，依次即位的是共王、懿王、孝王、夷王，他们被称为中期四王。中期四王仅能守成，周王朝的对外政策由主动进攻，变为以防御为主。

千古之叹：

"孔子的笼子"1.0 版

最早的笼子，至少可追溯到庄子的《天地》："夫得者困，可以为得乎？则鸠鸮之在于笼也，亦可以为得矣。"今天南方农村还到处可见庄子所说的笼子，北方就不一定。

好在作笼子的材料不限于竹。同样是上古，还可以用藤用木，只不过统归写成竹字头的"笼"。至于笼子的功能，不限于囚鸟囚兽，还可以囚人。囚兽用竹笼肯定没用，而囚人用木笼也可能不济事。万一碰上子路、张飞那样的汉子，会像现在小年轻吃炸薯条一样给掰了。

再说，即使铁笼也只能囚人的肉身，囚不了人的精神。虽然将人锁进铁笼，可他如果还要高喊反动口号怎么办？像武则天时期那样用木塞堵犯人咽喉毕竟太不人道。如果有一种笼子能够囚人的精神就好了——尽管没用铁笼木笼竹笼，面对恩赐的白绫、利剑或者鸩酒，他还会扑通一声跪下去叩谢皇恩浩荡。

精神笼子的首创之功也许当归儒家，孔子们指的是"礼"制作的笼子。为突出这一特点，将儒家泛称为"孔子的笼子"。

"君权神授"

儒家尊崇尧、舜、禹、汤、文、武、周公为先贤圣人。有学者认为尧、舜的故事"大半是在孔子时代之后发展起来的"，也就是说很可能是孔子创造的。禹、汤属于"半信史时代"，记载很粗陋。

夏、商、周三个朝代，与一般常说相连的朝代不同。许海山《古中国简史》说它们"在势力强弱的浮沉方面，表现为前仆后继的朝代继承关系，而三者的文明进展方面，又是'平行并进式'的。周的社会发展，早先基本走的是土著化发

展之路,与中原夏商相比,毫无疑问显得晚迟和弱小",但后来居上,周取代商。著名学者许倬云《西周史》评价:

> 周人以蕞尔小邦,人力物力及文化水平都远逊商代,其能克商而建立新的政治权威,由于周人善于运用战略,能结合与国,一步一步地构成对商人的大包抄,终于在商人疲于外战时,一举得胜。

许老先生谦谦君子,说话客气。什么叫"在商人疲于外战时"?

当时周作为商的属邦,为自己与商的共同利益与戎狄作战。商王常派兵增援并加赏赐,甲骨文中常见"保周"之辞。周发展壮大了,却暗中谋划"翦商"。商纣王觉察,将其头目姬昌即后来被追封的周文王抓捕。一般流传说周人献了美女与财宝,纣王大喜,将姬昌放虎归山。但最近上海博物馆发表的楚简透露,姬昌出狱是因为陕西中北部的九邦发生叛乱,姬昌表示愿意立功赎罪,请求出征平叛。纣王认为燃眉之急要紧,便答应了。姬昌出狱后,一边平叛,一边继续扩大自己的地盘,很快对商都形成包围之势。姬昌死后,他儿子姬发即周武王趁商军主力在东南与外敌作战、王城空虚的时候,率领八百多家诸侯联军,一举攻占商都,取而代之。著名学者李零强调最新出土的简帛文献的重要性:

> 过去,古人讲周人灭商,总是以文王、武王并举,一个行恩,一个威武,好像双璧。他们确实是密不可分的一对人物。我们可以说,没有文王平九邦,就没有武王克殷。

李零老师也写得挺克制。国难当头,诸侯不是真心实意与君王共赴国难,而是耍奸计,趁火打劫,犯上作乱,弑君篡国。美国传记作家欧文·斯通在《梵高传》一书中评论:"艺术家的作品和他的私生活,就像正在分娩的妇女和她的婴儿。你可以看她的孩子,但却不可以掀起她的内衣去看她是否沾满血污。"王朝出生之状,要么是被遮掩的假相,要么是不忍直视的真相,这些不看也可以想象。我们还是着重看它们是否及时"洗礼",华丽转身,不再制造新的血污。从这个角度来说，周人是作得不错的。

古人很早就注意到权力来源的"合法性"问题。商人的说辞是"君权神授"，上天授予我统治权。

周人不服，并夺取统治权成功了，以属代主，以臣代君，算不算逆天？该怎么向世人交代？许倬云写道：

这一意料不到的历史发展，刺激周人追寻历史性的解释，遂结合可能确曾有过的事实（如周人生活比较勤劳认真，殷人比较耽于逸乐）以及商人中知识分子已萌生的若干新观念，合而发展为一套天命靡常、唯德是亲的历史观及政治观。

周人偷换概念，对"君权神授"予以新的解释：王权是来自于神授，但可以改授，即"天命靡常"。那么，上天怎么改授？答曰"唯德是亲"，即谁无德上天就剥夺谁的权，谁有德上天就将权改授谁。"德"的概念也被偷换。日本讲谈社《中国的历史》说："所谓德，在商代原本是指佑助征伐的灵力。"到周人这里又不同了。郭沫若说："从《周书》和'周彝'看来，德字不仅包括主观方面的修养，同时也包括客观方面的规模——后人所谓的'礼'。"中国思想史研究专家杨向奎进而说："'德'字在西周是一个新字，它能代表的也是一种新的思想意识。"

周公著有《多士》一文，强调商革夏命是由于夏人"大淫泆，上天废元命，降致罚"。商王"明德恤祀"的时候，上天"保乂有殷"。可是到纣王，"诞淫厥泆"，于是"上帝不保，降若兹大丧"，使殷命终止。《诗经·皇矣》生动地描述：上帝对商王失望，举目四顾，逡巡几圈，最后向西望，决定将王权改授给周人。周人宣称："革殷，受天明命。"他们夺权不是犯上作乱，而是奉天之命，昭昭大义，国人必须服从这一新的神授之命。

不过，有人认为纣王被严重污名化。孔子得意门生子贡就说："纣之不善，不如是之甚也。是以君子恶居下流，天下之恶皆归焉。"在以后几千年中国历史舞台上，我们一次又一次看到这类把戏重演：以丑化前朝来掩盖自己夺权之不义。奥威尔说"谁控制过去就控制未来，谁控制现在就控制过去"，前半句不一定对，后半句可以在中国历史上找到无数例证。

欧洲历史上也讲"君权神授",但关键有一点不同:怎么授?教皇是上帝在人间的化身,不仅与王权分开,而且权力高于国王。教会发明一个"笼子":教皇好比太阳,国王好比月亮,后者的光是向前者借来的,因此国王的宝剑非经教皇许可不能佩带。没有教皇的认可,国王是不合法的。所以欧洲人很少造反,即使造反也不敢幻想称帝。中国的宗教没有这种职能与地位,神权与王权集于帝王一身,所谓"君权神授"实际上是帝王自授,谁夺得君权谁也就当上帝,也就最有德即有资格去领导道德建设。难怪连《水浒》中的李逵也想"杀去东京,夺了鸟位",李逵没干成的事小和尚朱元璋们干成了。从第一次揭竿而起的农民陈胜、吴广到篡汉的贵族王莽,从成为第一位女皇的村姑陈硕真到砸了孔子牌位掀起太平天国运动的读书人洪秀全,无不用"神授"作幌子。这一点,周公很可能没想到。

"以德治国"

上帝会改授权,人更是善变。叔本华在《论女人》一文中写道:

> 印度教"圣城"贝拿勒斯(即瓦拉纳西)的神猿,这只猴子当它知道自己被视为神圣而挂上"禁止杀伤"的招牌时,他便为所欲为地横行起来。女人的横行与任性似乎犹有过之。

这话用来嘲谑女人有失厚道,如果用来揭示人类普遍的本性倒非常贴切。周公不可能读过叔本华这么有趣的话,但他对商纣王的言行肯定很熟悉。纣王的个人素质挺不错,《史记》写他"资辨捷疾,闻见甚敏;材力过人,手格猛兽"。然而,一旦他独揽大权,再没有人可以监督约束他的时候,"他便为所欲为地横行起来",很快陷于"小民方兴,相为敌仇"的境地。商朝因为道德沦丧才失去上天宠爱,周朝不能重蹈覆辙,必须接受道德即"礼"的约束。

芬纳《统治史》中写道:"'礼不下庶人,刑不上大夫',这里的'礼'是'社会约制'——接受是非标准后所形成的约束力。"

李零《我们的中国》更生动地阐释：

"礼"就是古人的一大发明。"礼"是用来约束人的，让人听话，让人守规矩。所谓"教化"，其实就是人对人的驯化。古人的想法是，牲口都要驯，何况人乎……礼的本质是把人分三六九等，要人循规蹈矩，遵守这样的秩序。

古代"礼"维持社会、政治秩序，巩固等级制度，实际上还有"法"的因素。

西周初"封邦建国"，"封建"的目的，首先是"分赃"需要，当时帝王的如意算盘是：将王城四周的地方分封出去，有危险时从各诸侯国调兵保卫，平时从各地抽税，节日里前来朝拜一下即可。周武王克商后第一次分封主要有：封纣王的儿子武庚在殷都，管理商的遗民；在殷的附近分封自己三个弟弟，监视武庚，史称"三监"。西周后又分封大批亲属和功臣，与此同时确立"父死子继"制度，并且"尚德不尚年"，稍后具体细化为"立嫡以长不以贤，立子以贵不以长"，把继承人的资格限定在一个人。

不仅如此，更重要的还有宗法与礼制。"封邦建国"并不是周人的发明，商人就这么作。商王朝是一种"复合制国家"，在它的中心周围有许多不同部族的诸侯邦国。所谓复合制国家是指由几个国家或若干个相对独立的政治实体，通过一定的协议联合组成的统一国家或国家联盟，它的特点是邦国与王朝之间是一种相对松散的政治关系，而不是绝对的统属关系。周就不同了，他们创造性地将血缘关系引入政治，分封制与宗法制有机结合在一起，缔造出一种"家国同构"的政治结构。在这样一种政治结构当中，封国与王朝的关系就不再松散了，而是儿子与父亲、孙子与爷爷之类的紧密关系，属于绝对统属的关系。如果将分封制与宗法制比喻为电脑硬件的话，那么周人还发明"礼"这样一种"软件"与之相匹配，确保硬件能够发挥其作用。所以，人们说中国古代几千年当中，政治制度只有两次大变革，首先是从商到周，再就是从周到秦，秦之后至清都是因袭秦制。

美国作家诺曼·梅勒的小说《裸者与死者》中，少将师长说："军队要治理得好，像梯子那样一级畏惧一级必不可少；一定要把军队里的每一个人都纳入这样一把梯子。"西周封建制就是这样一把梯子,天子处于梯子最高级,诸侯大臣们处于二三四五等级,奴隶最下级,结果全社会"每一个人都纳入这样一把梯子"了,等级森严,不容错位。但因为越上一级好处越多,每一个下级都会受往上蹿的诱惑,需要防患于未然。

少将师长所谓"一级畏惧一级"是一种心理,需要一种精神之笼。没有精神之笼,再好的梯子也可能混乱,也不可能安全。而有了精神之笼,好比在村头架上高音喇叭,无时无刻不广播着:安心作你的诸侯,不要想作天子;安心在你所处等级,不要身处四五级想蹿到二三级;安心你庶子、幼子的地位,不要想嫡子、长子的继承权……为此,还对不同等级的称呼、着装等方面都规定死。如此,社会显然稳定,王权更稳定。"梯子"是他们根本利益所在,是目的,"笼子"只是手段。不用礼的方式,还可以用别的方式维护"梯子"的秩序,但"笼子"是德、是文明的手段。

如果说"梯子"是硬件,那么"笼子"就是软件。周公对于古代中国的意义,卸载你的电脑软件试一下便可感知。一代又一代帝王之所以愿意屈尊拜伏在周公、孔子等所谓圣人塑像下,最根本的奥秘应该就在于此吧!

第二章 东周：浴火中的文明轴心时代

有学者认为，历史地看，春秋战国时期战事频繁也并不完全是坏事，因为各诸侯国之间激烈的竞争"迫使各个国家不断改革自己的政治、经济和军事制度，以应付多轮战争对国家资源和能力提出的要求"，从而促进了当时经济、政治、社会生活等方面的发展变化。在思想文化领域，"周衰文弊，诸子争鸣……思以其学易天下"，出现了百家争鸣的盛况，可以说这一时期是浴火中诞生的"文明轴心时代"。

人物御龙图

此图 1973 年出土于湖南长沙子弹库一号战国楚墓,是一幅描绘墓主人御龙升天的铭旌。

公元前770年，周幽王太子姬宜臼东迁洛邑（今河南洛阳），即周平王。如同后来的西汉东汉，因都城一西一东，史称"东周"。至前256年被秦所灭，共传25王，历时514年。

前743年，春秋初年率先崛起的郑庄公即位标志着"春秋小三霸"登上历史舞台。前707年，周郑交战，郑庄公率军大败周桓王的多国联军，并射中周桓王肩膀。前704年，楚国国君熊通漠视周天子的存在，公然自立为王。前700年是东周建国70周年，历经平王姬宜臼至桓王姬林。

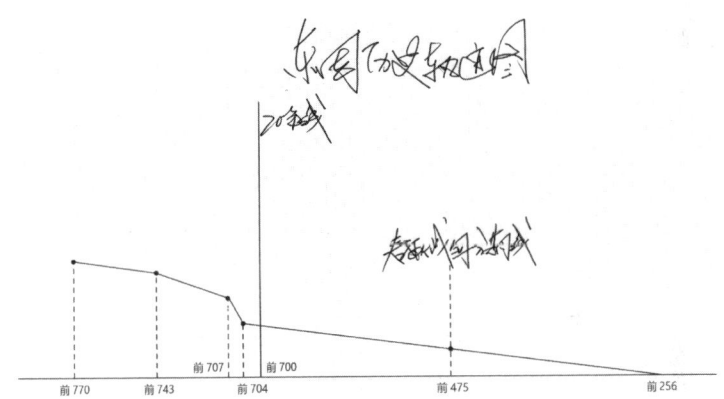

植物人王朝：

周王失控，诸侯纷争

东周分"春秋"（前770—前476年）与"战国"（前475—前221年）两个时期，其实前256年东周已被秦国直接消灭。这个王朝之长寿其实徒有虚名，如同在病床躺过百岁的植物人罢了。人们记忆中更多的是齐桓公、晋文公、楚庄王、吴王夫差、越王勾践，很难想起东周25个帝王当中哪一个。

西周前841年，"国人暴动"，周厉王逃出王宫"出奔于彘"，由召公与周公行政，史称"共和行政"。从这一年开始，中国历史进入了完全信史时代。前828年，厉王死于彘，诸位大臣拥立太子姬静，是为周宣王。周宣王前期励精图治，创造了"宣王中兴"。但他晚年对外用兵接连遭受失败，不纳忠言、滥杀大臣，中兴遂成昙花一现，也为西周在其子周幽王时期灭亡埋下伏笔。

西周末代帝王幽王好色本来无可厚非，古今中外无数男人都有此癖。近年微信朋友圈热传一条网文，竟然说《比经济危机更可怕的是：男人都不追女生了》，有些逆天。幽王与常人不同的是"爱美人不爱江山"，不仅制造了"烽火戏诸侯"的闹剧，还将原配申后废掉，改立他宠爱的褒姒为后，甚至还要将申后所生的太子宜臼贬为平民，改立新欢所生的儿子伯服为太子。宜臼只好逃奔母亲娘家申国。为此，太史叹道："祸成矣，无可奈何！"

其实，如果就此罢手，太史之叹也许多余。稍后的卫灵公也干过此类事，逼得太子行刺而逃，但没追杀，国事基本没受什么影响，还受到孔子的表扬。幽王却连自己儿子都想斩草除根，要求申国杀掉逃亡在那里的宜臼。申国国君不忍心杀外甥，拒不执行命令。

在这种情况下，幽王又召集各诸侯开会，宣布废除申国的封号，并下令征伐申国。申国坚持正义，拒不投降，联合附近的缯国、犬戎等武力抵抗，并向镐京发起反攻。镐京很快被攻下，幽王和他心爱的褒姒逃到骊山被杀（有的说被掳）。随后，晋、郑、卫、秦等诸侯联军又将犬戎打败，拥立宜臼为周王。宜臼东迁洛邑，是为周平王。

天下并没有随着幽王死、平王东迁而太平，却如同潘多拉的盒子被打开，开启了一个更加动乱的时代。

现在常见"封建社会""奴隶社会"之类社会形态的划分，其实经不起推敲。现代学者一般认为中国的封建社会实际上只是西周一朝，秦始皇统一天下之后是"皇权官僚专制时代"，与"封土建国"正相反。本书尽量不用"封建社会"一词。

据记载，西周初分封的诸侯国多达1773个。到春秋时期，见于史书记载的大大小小诸侯国还有140多个，但司马迁《十二诸侯年表》记载的诸侯国仅13个，即鲁、齐、晋、秦、楚、宋、卫、陈、蔡、曹、郑、燕、吴。战国最后秦始皇一统天下，可想那数百年间你死我活相互吞并多么惨烈！塞缪尔·芬纳说："中国在战争艺术方面算不上有名，但这一时期却是个例外。"

与此同时，周王的权威日益衰弱，王城的地盘不断被侵蚀。到前256年，周王自己的地盘仅剩洛阳周围地区。加拿大史学大家卜正民主编的《哈佛中国史》说:"中央集权与地方割据势力之争是中国历史上反复出现的主题",只不过地方割据势力在东周时称诸侯国,且以这时期为最。

孔子曰:"天下有道,则礼乐征伐自天子出;天下无道,则礼乐征伐自诸侯出。自诸侯出,盖十世希不失矣;自大夫出,五世希不失矣;陪臣执国命,三世希不失矣。天下有道,则政不在大夫。天下有道,则庶人不议。"纵观春秋时代的整体局势,就可以感受到孔子痛心疾首的论述中饱含着对周朝礼乐制度丧失的无奈与叹息。这个论断无疑是十分精辟的,它确实把握住了春秋时期时代的发展与新兴观念的诞生、整个社会的变动与无序的状态。

有学者认为,历史地看,春秋战国时期战事频繁也并不完全是坏事,因为各诸侯国之间激烈的竞争"迫使各个国家不断改革自己的政治、经济和军事制度,以应付多轮战争对国家资源和能力提出的要求",从而促进了当时经济、政治、社会生活等方面的发展变化。晋、楚、齐等国政治家提倡"三事"——正德、利用、厚生,换言之为现代所谓道德、科技与民生。在思想文化领域,"周衰文弊,诸子争鸣……思以其学易天下",出现了百家争鸣的盛况。

1949年,德国哲学家雅斯贝尔斯在其著作《历史的起源与目标》中,提出了"轴心时代"的理论。雅斯贝尔斯认为在前800至前200年之间,尤其是公元前600至公元前300年间是人类文明的"轴心时代",其地区大概在北纬30度上下,或北纬25度至35度之间。这段时期是人类文明精神的重大突破时期。在"轴心时代",各个文明都发生了非常伟大的文化事件,出现了伟大的精神导师,最终形成了希腊、印度、中国三大古典文化中心。这些轴心时代所产生的文化一直延续到今天,影响着人类的生活。雅斯贝尔斯所指的中国的轴心时代,就是春秋战国时期。这一时期,涌现出孔子、孟子、老子、庄子、墨子等一大批杰出的思想家。

对此,不敢苟同!站在人文的立场看,需要死人的战争完全是坏事,任何战争不例外,不是加个什么褒义词就能改变这一实质的。促进经济、政治、社会生活等方面发展变化的方式方法很多,为什么一定要用战争这种最糟的方式?客观上有这方面的作用,并不等于其事就好。好比长城在今天看是美景,并不等于建长城是美差。

前 700 年是东周东迁建国 70 周年。周桓王姬林于此前 19 年（前 719 年）继位，此后 3 年（前 697 年）去世。

春秋三小霸

东周前60年周王室在晋、郑等诸侯国的大力支持下还比较安稳。随后，郑国、楚国等都不支持，天下就开始大乱了。

陈雪良《春秋史》写道，春秋争霸"开始兼并和争霸的国家为数众多，后来逐步收缩到少数几个霸权国家"。以争霸舞台为视点，可将这时期分为这样三个重要时段：首先是华夏之争，主角齐与晋；接下来南北之争，主角楚与晋；再次东部之争，主角吴与越。

"霸"本意指人，即伯，音转为霸，又称州伯、方伯，即诸侯之长。其名义上为会诸侯、朝天子，实际上为挟天子以令诸侯。古人云："大霸不过五，小霸不过三。""春秋五霸"耳熟能详，"春秋小三霸"则不大为人所知，其兴起正处于东周建国70周年前后这一时期。三小霸有多种说法，一般指郑庄公、齐僖公、楚武王三位霸主。

郑庄公：胆大包天射天子

郑国（前806—前375年），最初在今陕西凤翔一带，后迁今河南新郑一带，地处当时"天下"的中心，具有民主色彩的"子产不毁乡校"就出在郑国。郑国音乐深受民众喜爱，与庄严而沉闷的"雅乐"形成鲜明对比，被孔子斥为"郑声淫"，儒家千百年呼吁"弃郑声"。具体可以去读读《诗经》中的《郑风》，我想你很可能会喜欢。

郑国国君与周天子原本一家，都姓姬。第一任国君郑桓公姓姬名友，是西周厉王之少子，周宣王之弟。因为姬友在同外族入侵者作战中屡建战功，被周王封作郑公。前771年，犬戎攻陷镐京，郑桓公与周幽王一同遇害，儿子姬掘突继位,是为郑武公。

郑国有扶助之功,周平王常念叨"我周之东迁,晋、郑焉依"。为了表示感恩,周平王给功劳最大的晋、郑、卫、秦加封土地。郑武公老谋深算,说:"如今天子土地所剩不多,我就不再要封地了,只希望让我继续为天子效力!"周平王听了很感动,让郑武公兼任周室卿士,后人世袭。卿士是王朝的执政官,权力很大。

郑武公死后,儿子郑庄公(前743—前701年在位)继位,同时,按照惯例又继任了周王朝的卿士。郑庄公作为《左传》中首位登场的政治人物,他通过各种手段,利用自己在周朝的地位,借天子的名义去讨伐那些对郑国发展构成威胁或障碍的国家,使西周末期才立国的小小郑国,在春秋初年率先崛起,有"郑庄小霸"之誉。

随着周王朝的日益衰败和郑国的日益强盛,周、郑之间的控制与反控制的斗争也愈演愈烈。这场斗争大致可以分为由"周郑交质"到"周郑交恶",再到"周郑交战"的三个阶段,最后则以周王朝的惨遭失败和郑国的大获全胜而告终。

从郑桓公到郑武公到郑庄公,一连三代都作周王朝的卿士,总掌周朝大权,与周王朝并无二心。只是到了周平王的晚年,面对日益强大的郑国,周平王才感到有些担心,于是产生了要削弱郑庄公的权力、借以钳制郑国称霸的想法。周平王也封虢公为卿士,让他与郑庄公平起平坐。周平王有所顾虑,没正式发布任命,可郑庄公还是很快知道了内幕,怒气冲冲找上门,直接质问:"为什么要削弱我的权力?"周平王不敢承认有这么回事,急不择言,竟然主动说:"如果你不相信,咱们交换人质!"史称"周郑交质"。周平王与郑庄公是君臣关系啊,竟然互相交换儿子为人质!从此,二者之间的控制与反控制的斗争拉开了序幕。

公元前720年周平王去世,周桓王新官上任三把火,第一把火便想教训一下郑庄公,偏要任虢公为卿士。于是,周郑之间的矛盾更加激化。可当时周室连办平王葬礼都感到囊中羞涩,派人到鲁国求助,鲁公不大慷慨。郑庄公瞄准时机,派军队抢收了王室的麦子,"四月,郑祭足帅师取温之麦;秋,又取成周之禾。周郑交恶。"这下周王室可惨了,连吃饭都成问题了!周公在天之灵如有闻,不后悔"分封制"才怪!

周桓王咽不下这口气,正式任命虢公为卿士,并削去原属郑国的一些田地。

前707年，桓王进而宣布解除郑庄公在朝中的任职，郑庄公则宣布不再朝觐。桓王先发制人，亲率周军及陈、蔡、虢、卫四国联军讨伐郑国。郑庄公也不客气，亲率大军迎战，在繻葛列"鱼丽阵"，战车前冲，步卒后随，先击败实力最弱的陈军。蔡军、卫军见状吓坏了，仓皇而退，周师大败，桓王本人也被郑将祝聃射中肩膀，忍痛而逃。祝聃要追去活捉桓王，郑庄公制止说："君子不逼人太甚，何况他毕竟是天子呢！咱们自卫，能不受欺就行了！"当晚，郑庄公派员去慰问周桓王。

这样一来，周桓王不得不心服口服，当年恢复郑庄公的卿士之职，其他诸侯国纷纷趋炎附势。前701年春，东周建国69年之际，郑庄公与齐、卫、宋等国结盟，以霸主自居。这一年五月，郑庄公病逝。他在位长达42年，可谓周王至高权威时代的终结者与诸侯争霸时代的开启者。

然而，诸多英明帝王对外能平天下，对内却处理不好接班人问题。郑庄公有11个儿子，立忽为太子，但偏爱另一个儿子突。突是宋国宠臣雍氏女儿所生，聪明能干，不甘居人之下。为了维护内部稳定，他特地让突移居宋国。这些年来他们兄弟还算和睦。不过，这种局面他死后还能维持下去吗？回光返照之时，郑庄公冷静想了想，感到不安，叹道："郑国自此多事矣！"果不其然，内乱紧接着郑庄公葬礼爆发。这一乱近30年，郑国霸业戛然而止。

齐僖公：妹妹、儿女们更出名

齐国是武王伐纣的首席功臣姜子牙（即姜太公姜尚）的封国。齐的初封之地孤悬于异质文化族群的包围之中，立国艰难。《史记·鲁周公世家》载，姜太公到达封地五个月，就向周公汇报封地治理的情况："吾简其君臣礼，从其俗为也。"周公的儿子伯禽封在鲁地，很迟才陈报政绩。周公因此担心鲁国将来会不如齐国强大，叹曰："呜呼，鲁后世其北面事齐矣！"

经历了姜太公初封后300多年的积累，前731年齐僖公即位，他曾几次主持多国会盟，平息宋、卫争端，讨伐不肯朝觐周天子的宋、郕，帮助平定许、宋内乱，与郑联手败狄戎，在国际舞台上大显身手。

如果说汉时美女多出窦家，那么春秋时美女多出姜家。历史上有记载的美女本来就少，齐国却美女成堆，比如齐僖公的妹妹庄姜，齐僖公长女宣姜、次女文姜。她们不仅高贵美丽，而且很有才华，各诸侯国君侯、世子们纷纷借故访齐，攀扯关系，讨好齐僖公。不过，有一年北戎侵齐，齐僖公向郑求援。郑国派太子忽率军援救，大败戎军。齐僖公非常高兴，要将女儿嫁给忽，忽却答复"齐大非偶"，意思说郑国小齐国大，门不当户不对，谢绝这门婚事，让他们父女好扫兴。

前709年，文姜嫁给鲁桓公。女儿是父亲的小棉袄，女儿出嫁父亲总是最不高兴的。齐僖公是远古之人，又高高在上，但此情此理相通。按当时礼制，公室女子出嫁到同等国家，如果是国君的姐妹，由上卿护送，以表示对前代国君的尊敬；如果是国君的女儿，由下卿护送。如果出嫁到大国，即使国君的女儿也由上卿护送。嫁给周天子，由全体大臣护送，但国君不亲自送。嫁到小国，由上大夫护送。文姜嫁到鲁国，按礼制由大臣送就行了，齐僖公却亲自送了一程又一程，让人笑话不知礼，可他不在乎。那种难舍难分的父女之情，令人动容。

在这之前，齐僖公的妹妹庄姜嫁给卫庄公。庄姜是中国历史上第一位有依据的美人，详情见《诗经·硕人》：

> 硕人其颀，衣锦褧衣。
> 齐侯之子，卫侯之妻。
> 东宫之妹，邢侯之姨，
> 谭公维私。手如柔荑，
> 肤如凝脂，领如蝤蛴，
> 齿如瓠犀，螓首蛾眉，
> 巧笑倩兮，美目盼兮。

这首诗写的就是庄姜！不仅如此，连朱熹在《监本诗经》中也承认庄姜是中国历史上第一位女诗人，《诗经》中有四五首是她的作品，如：

> 燕燕于飞，差池其羽。

之子于归,远送于野。

瞻望弗及,泣涕如雨。

为妹妹远嫁送行,燕子飞去又飞来,可是妹妹何时能回?一咏三叹,泪如雨下。就是这样一位出身高贵、才貌双全的佳人,却因为没有生育被打入冷宫,卫庄公好不识风流!

卫宣公姬晋(前718—前700年在位)和父亲卫庄公的姬妾夷姜私通,生下儿子公子伋寄养在民间。姬晋很喜欢夷姜,也很喜欢公子伋,继位后将他接回宫,并立为太子。公子伋长大成人,卫宣公为他娶齐僖公的女儿宣姜为妻。还没过门,听说宣姜非常漂亮,这位准公爹竟然动心,在黄河边新筑楼台,将她拦截在那里,娶为自己的新妻。《诗经·新台》写的就是这桩丑闻。

因为有了新欢宣姜,夷姜失宠,还给逼得自缢。宣姜生了两个儿子:公子寿和公子朔。这几个同父异母兄弟倒是特讲亲情。因为不喜欢夷姜,进而厌恶太子伋,卫宣公想改立公子朔,便派伋出使齐国,暗地里指使人去伏杀。公子寿听闻,毅然相救,出发前夕将伋灌醉,然后在自己船上插他的旗号,让杀手误杀。可是伋听闻,依然前往,怒斥杀手:"你们要杀的是我!"结果他也被杀,卫宣公只好改立公子朔为太子。公子寿与伋两个同父异母兄弟舍身争死,千古绝唱,宣姜怀念不已,《诗经·二子乘舟》记载了她这一心情。

太子朔于前700年顺利继位,是为卫惠公(前700—前696年、前688—前669年两次在位)。公元前696年,左、右公子怨恨卫惠公诽谤杀害太子伋而取代他继位,于是起兵作乱,进攻卫惠公,将他驱逐出国门,改立太子伋同母弟公子黔牟为君。鲁庄公联合齐、宋、陈、蔡四国攻卫,诛杀左、右公子,黔牟逃奔周朝都城,卫惠公回国复位。后来,还因为收容黔牟,卫惠公与南燕国联手攻打周王城,迫使周惠王逃亡,并改立其弟为王。由此可见,周王室有多狼狈。

宣姜也很风流,后来与卫宣公的庶子顽私通,生了三个儿子两个女儿。这两个女儿可了不得,一是宋桓公夫人,二是许穆公夫人。不久,卫惠公之子卫懿公继位,终日只知奢侈淫乐,竟然给鹤赐官位和俸禄,遭臣民怨恨。赤狄趁机攻打卫国,卫懿公兵败被杀。这时候,许穆公夫人挺身而出。

许穆公夫人是卫懿公的堂妹,她听到卫国国破君亡的噩耗,痛彻肺腑,请求许穆公援救。许穆公胆小如鼠,怕引火烧身,不肯出兵。许穆公夫人便带着当初随嫁的几位姐妹,亲自赶赴漕邑,与逃难在那里的卫国宫室及刚被拥立的戴公(许穆公夫人的哥哥)相会,共谋救国大业。不久,戴公病殁,许穆公夫人又从齐国迎回公子毁(她另一个哥哥),并得到齐桓公的支持,宋、许等国也襄助。在国际联盟的援助下终于打退狄兵,收复失地,重建卫国。为此,许穆公夫人写了《诗经·载驰》:

> 载驰载驱,归唁卫侯。
> 驱马悠悠,言至于漕。
> 大夫跋涉,我心则忧。

这首诗大意说:我快马加鞭,赶去卫国吊唁卫侯。我赶着马车,长途远行到了漕邑,许国的大夫跋山涉水追来,我心里感到烦恼。尽管你们都不赞同,我也不能掉头。

那个时代的女人啊,倾城倾国、救国吟诗都少不了她们!

前699年二月,齐僖公联合宋、卫、燕攻打鲁国,结果却是联军兵败。齐僖公很不甘心,迁怒于郑国不参战。前698年冬,齐僖公便联合宋、卫、蔡、陈袭击郑国。郑国毫无准备,败得一塌糊涂。就在这年年末,齐僖公去世。

齐僖公的未竟事业由他儿子完成。此后13年(前685年)他的儿子齐桓公姜小白即位。齐桓公打出"尊王攘夷"的旗号,"九合诸侯,一匡天下",北击山戎,南伐楚国,成为"春秋五霸"之首。

楚武王:第一个自立为王

楚国开国之君熊绎受周成王册封时只不过是子爵,他参加周天子召集的诸侯盟会时,因为爵位低而不让坐正席。受此奇耻大辱之后,熊绎奋发图强,带领楚人"筚路蓝缕,以启山林",国力渐渐强大。西周时期,楚人"不服周",让周昭王有来无回。

数百年后的东周，他们仍然"不服周"，让周天子更头疼。公元前741年，熊通自立为楚国国君，是为楚武王（前740—前690年在位）。熊通是第一个称王的楚国国君。

这之前还有一个插曲：西周时期楚国第六任君主熊渠离经叛道，自己不敢称王，他就半开玩笑半公开地把三个儿子都封为王。周厉王继位后，以暴虐著称，熊渠担心受到周朝讨伐，便取消他们的王号。这次主要是熊渠的儿子封王，而不是熊渠自己称王，因此不能算楚国国君称王，但给熊通称王作了准备。

楚武王继位后，奉行铁腕政策，敢作敢为，给楚国留下清朗而安宁的江汉平原和一套初具规模的国家机器，楚国由此强盛，并开始对外扩张。

公元前738年，位于今湖北荆门的权国成为他的第一个目标。这场战争乏善可陈，可是战后设置"县"成为千古之功。西周就有"县"，但那只是泛指郊外地区，不是一级行政区。熊通将县设为一级行政区，从此每灭一国便把那里的贵族迁到楚国的后方，而将该国故地通常设为县，因俗以治。县制的创立削弱了世袭贵族的势力，楚王可以直接掌控县的赋税、调动县的军队，增强了楚国争霸战争的实力。我们今天的"县"就由此而来。

楚人一向"不服周"，之前在子爵位置上已经隐忍了300多年，现在熊通忍无可忍了。前706年，楚伐随。随国虽小，但属于姬姓诸侯国，担负着镇守南方的重任。随曰："我无罪。"楚曰："我蛮夷也。今诸侯皆为叛相侵，或相杀。我有敝甲，欲以观中国之政，请王室尊吾号。"

熊通出兵入侵，随侯吓得求饶。熊通说："我可以不讨伐你，但你得替我说些公道话。如今中原大乱，诸侯都背叛天子，互相侵夺。我是蛮夷，但也有些不像样的兵，也想到中原为王室尽些力，请你帮我到周王那里说说话，给我个适合的名号。想当年翦商，我们老祖宗也是出过力的，结果只落个末等爵，实在让我没脸面。"随侯照办。

然而，前704年，随侯回话说周桓王不肯提升楚国的爵位，熊通听了大怒。于是，熊通遍招江汉诸侯至沈鹿（今湖北钟祥）会盟，在会上自称为"王"，与会者听了目瞪口呆：从来只有周天子一个王，你一个诸侯竟然也敢称"王"？然而迫于楚国压力不敢吭声,只得承认。有学者将熊通称王这一年定为"春秋"元年,预示着周王朝分裂了,最显著的标志是"礼崩乐坏"。

前701年,楚武王令大将屈瑕率军东进,准备与贰国、轸国结盟。与贰、轸相邻的郧国担心往后形势对自己更不利,趁他们这次孤军深入,联合随、绞、州、蓼国围剿。屈瑕先发制人,趁随、绞、州、蓼四国联军未到,以锐师奇袭郧军,大败之。联军见大势已去,不战而退。楚军完成与贰、轸两国的结盟凯旋。

前700年冬,为报复上年联军敌对行为,楚武王亲自率大军讨伐绞国。绞军闭城坚守,楚军强攻不下,相持一个多月。楚武王采纳屈瑕的计谋,派士兵扮樵人到绞城附近砍柴,诱绞军出城掠夺,并让他们俘去30人。绞军胆子变大,争相出北门,追逐楚兵。楚军一边坚守北门断其归路,一边在山下伏击。结果,绞军大败,被迫与楚军签约结盟。这就是成语"城下之盟"的出处。

第二年即前699年,楚武王命屈瑕率军伐罗国。大臣给屈瑕送行,回去路上却说:"屈瑕此战会失败!我看他走路把脚抬得很高,表明他心神不宁。"于是进见武王,建议增派军队,不想被拒绝。结果,屈瑕果然十分轻敌,毫不防备,一入罗境真的大败。屈瑕丢不起面子,吊死在荒谷。其他将领逃回,等待处罚。楚武王倒是不错,自责说:"这是我的罪过。"将他们赦免。

公元前690年,高龄的楚武王在亲征随国的途中去世,其子熊赀继位,是为楚文王。楚文王继位后,从丹阳迁都郢,开始逐鹿中原。楚武王之孙楚成王成为与齐桓公、晋文公争锋的一方霸主,楚成王之孙楚庄王成为名副其实的"春秋五霸"之一。

此后十年一瞥：

和氏璧见证历史

楚国人卞和在荆山中拾到一块璞玉，进献给楚厉王。楚厉王让人鉴定，玉匠说是普通石头，厉王大怒，砍掉卞和的左脚。楚武王继位后，卞和又进献那块玉，没想到玉匠仍然说是石头，武王大怒，砍掉了他的右脚。楚文王继位后，卞和抱着那块璞玉在荆山下痛哭，连哭三天三夜，泪干流血。楚文王听闻，派人询问。卞和说："我不伤心两脚被砍，而是悲伤把宝玉当石头，把忠贞的人当作骗子啊！"楚文王命玉匠加工这块玉璞，果然是一块宝玉。

由此可见，楚文王比武王、厉王更具慧眼。文王很小的时候，楚武王就特地从申国请来老师葆申，专门教导他，他也挺温顺地听从老师。楚文王继位后有所放纵，有一次意外得到当时名闻遐迩的茹黄之狗和宛地之箭，非常高兴，随即到云梦泽打猎。在那里，他迷上一个美女，一发不可收拾，居然3个月不回，回来也一年不上朝。他老师看不下去了，直言进谏道："按照楚室法规，您要受鞭刑！"

文王清楚后果，但没想过真有人要执法。他不想狡辩，只是说："不是说'刑不上大夫'吗？我从小位列诸侯，请换一种处罚，不要鞭打。"

葆申说："我受先王之命，不敢擅自更改。您不受鞭刑，是让我弃先王之命。我宁可获罪于您，也不能获罪于先王。"

文王只好说："那我遵命吧！"

于是，葆申拉过席子，让文王伏在上面。葆申把50根细荆条捆在一起，跪着放在文王的背上，拿起来再放，反复两次，然后说："请您起来吧！"

文王却说："我已经背上受鞭刑的恶名了，你索性真打一顿吧！"

葆申说："君子让他心里感到羞耻就行了，小人才要让他皮开肉绽。"葆申说着，快步离开，自行流放到河边，请求文王治以死罪。

文王说:"确实是我错了,你有什么罪?"于是,杀死茹黄狗,折断宛地箭,把美女也驱走,励精图治,先后兼并39个诸侯国,使楚国日益强盛。

当然,楚文王不可能百战百胜。有一次,楚文王打了败仗,狼狈逃回郢都,守城士兵居然不开城门。他大怒,正要发作,忽然想起一个让他敬畏的人。前些年,他要杀蔡侯,大臣鬻拳却反对,竟然拿起武器相迫,文王只好妥协。鬻拳说:"我用武器威胁国君,罪莫大焉。"于是自断一足。楚文王感其忠义,让他负责守城门。

这回鬻拳在城门上见文王,居高临下问胜败。楚文王坦言此战失利。鬻拳说:"自武王以来,楚军战无不胜。小小巴国,大王亲征却失败,岂不让人耻笑?"鬻拳接着说:"黄国与巴国同罪,如果能击败黄国,也算是对宗庙有个交代。"文王知道他的个性,硬闯不得,只好转身,攻克黄国才回师。对此,《左传》评论:"鬻拳可谓爱君矣,谏以自纳于刑,刑犹不忘纳君于善。"

那个时代的君臣坦然如此!这是后来2000多年再也看不到的历史风景。

且说楚文王得和氏璧后,将它列为国宝,不肯轻易示人。他总是说:"祖先筚路蓝缕,以启山林,创业不易,我们不仅要守好这份家业,而且一定要发扬光大。"后来,楚国向赵国求婚,为了表示诚意,特地献上这块传家宝。

再后来,秦王听说和氏璧之宝贵,提议用十五座城交换。当时,秦强赵弱,赵国不敢怠慢,但又不甘愿,便派蔺相如携和氏璧出使秦国。秦国的名声始终不好,早年就因为"诸侯卑秦,丑莫大焉",所以才请商鞅改革,秦国开始崛起并积极扩张。

秦国声名狼藉,蔺相如机警权变,及时发现秦王有诈,当即使计把和氏璧夺回自己手中,说:"我看大王不想给十五座城,所以只好要回来。如果要抢,我的头就跟和氏璧一起撞碎在柱子上!"秦王请他不要冲动,并重申要给城池。最后蔺相如"完璧归赵",秦国没有给赵国城池,赵国也没给秦国和氏璧。

然而,秦国用欺诈没能得到的后来用武力得到了。秦灭赵,还是夺得和氏璧。秦始皇命人将和氏璧打造为传国玉玺,刻上"受命于天,既寿永昌"八个字,期望和氏璧与秦国江山万世永传……

历代统治者极力宣扬获得传国玉玺是"天命所归""祥瑞之兆"。秦末战乱时，刘邦率兵先入咸阳。秦王子婴将"天子玺"献给刘邦。西汉末王莽篡权之时，皇帝年仅两岁，玉玺由孝元太后王政君掌管。王莽命王舜逼太后交出玉玺，遭太后怒斥，太后掷玉玺于地时玉玺被摔掉一角，后以金补之，从此留下瑕痕。

传国玉玺顺利地从秦传到两汉再传到魏晋。待传到东晋十六国时期，在冉魏灭亡的时候，东晋、燕、后秦各得到了一块，都自称是真的，其中东晋的这一块一直传到五代后唐末帝李从珂自焚为止。

再后来的传国玉玺在王朝更替中就真真假假、假假真真往下传，直至中华民国十三年（1924年）11月，末代皇帝溥仪被冯玉祥驱逐出宫，传国玉玺再也不见踪影。和氏璧若能言，它肯定会更详尽地讲述两千多年来亲身经历的惊心动魄的故事。

千古之叹：
"孔子的笼子" 2.0 版

礼崩乐坏

周公原创版"笼子"虽然设计完美，但因为缺乏某种更重要的材料，实际效果显然很有限。周公还没死，"三监"就蹿出"笼子"，公然勾结前朝残余叛乱。成王死后其子姬钊继位，即康王，两人总共统治40多年时间，被誉为"成康之治"，受到儒家千古推崇。可是，成王、康王就不太愿受"礼"的约束。陈雪良《春秋史》写道：

周公旦还政于成王以后，成王到了新建成的洛邑城，它比起陈旧的丰镐来当然是另一番景象。成王从洛邑回都后，不谈民生，不谈治国方略，而大谈洛邑风光如何绮丽，美女如何妖艳，饮食如何可口。

周康王晚年也不愿受约束。《诗经》第一首也是知名度最高的《关雎》，大家觉得尽善尽美，殊不知这是"批判现实主义文学"，批评的正是康王。康王后期像商纣王一样沉湎女色，疏于朝政，盛世不再。这不是个案，明君难终几乎是所有王朝的痼疾。再说康王绝不是最糟，此后的周王无不更糟，一个个为所欲为地横行，导致"国人"造反，将厉王赶到一个养猪的地方去了，幽王则直接被杀。

天子都不愿受"笼子"的约束，诸侯会愿意吗？儒家经典只有鲁国保存比较完整，但鲁国并非"理想国"。世人所谓"周礼尽在鲁矣"，如果仅指周礼之典籍是不错，但想象鲁国人行周礼尽是君子，那就大谬了。鲁武公曾带两个儿子朝拜周宣王，宣王很喜欢其幼子姬戏，要立为鲁国太子。大臣反对，说废长立幼不合礼。宣王坚持立姬戏。后来姬戏（鲁懿公）继位，他哥哥的儿子不满，起兵弑君篡位，宣王又将其杀了，改立懿公之弟。从此，诸侯国弑君的事时有发生。鲁国后来也侵略成性，陆续吞并周边多个小国。

天子不愿自律，诸侯闯出天子的"笼子"，家臣也不愿老老实实蹲在诸侯的"笼子"里。成语"庆父不死，鲁难未已"说的也是鲁国。庆父姓姬，正宗的"国姓爷"，官至上卿，却与其嫂鲁庄公夫人哀姜私通。哀姜无子，他密谋立哀姜妹妹之子为鲁公继承人，引发一系列内乱。庆父终究会死，不追杀也终有死的一天，鲁难却迟迟未已，天下之乱没完没了……

春秋战国时的诸侯，宛如一群调皮的男孩，整天打闹。受欺负的诸侯到周天子那里哭诉，可是周天子瘫痪在床，一脸无奈："这些孩子我也管不了啦！你看我自己家里也给他们弄得乱七八糟！"

既然家长管不了，顽童们自己变着花样玩。张三无理取闹，李四王五几个结成盟友，共同对付张三；李四也变得不讲理了，张三王五几个又结盟对付李四……这时，刚好文字开始普及，于是出现"盟书"。盟书内容不限于政治军事，涉及诸侯国方方面面。那么，盟书的效果如何呢？

你孩提时代发的誓，几回当真过？柏杨讥讽道：那些"盟誓文字太美了，美得像一首诗，所以不能在实际政治中实行"。盟书跟礼制一样约束不了诸侯们的野心，"梯子"上大大小小、上上下下的都蹿出"笼子"，搅得烽火连天，血流成河。于是，儒家、法家、道家、墨家等纷纷登场，谋划新的对策，百家争鸣……

克己复礼

孔子给这个乱世开具的药方是"克己复礼"——只要统治者自律，恢复周公时候的礼制，天下就会太平。换言之，只要大家都回各自的"笼子"，"梯子"就会井然有序。

孔子多次强调要充分发挥"笼子"的重要作用。季桓子准备侵略别国时，孔子严厉责备身为季氏家臣的两位学生："虎兕出于柙，龟玉毁于椟中，是谁之过与？"他明确主张对权力"约之以礼"，并提出"非礼勿视，非礼勿听，非礼勿言，非礼勿动"的具体要求。孔子非常有信心，公然声称："苟有用我者，期月而已可也，三年有成。"一年初见成效，三年就将礼崩乐坏的现实变成周公时代那样的盛世，像现代官员竞选演说一样振奋人心。

鲁公曾经采纳孔子的政见。礼制规定大夫的城墙不得超过标准尺寸，可是三桓都超过了，孔子命令将超出部分堕了，他们居然武力抵抗，引发内战。鲁公失望得很，只好让孔子走人。孔子不甘失败，到国外去寻求实现理想抱负之地，可是一连十几年走了十来个诸侯国，落得跟"丧家狗"一样狼狈。不得已，他只好回家编书直到去世，将伟大理想托付后人。

孔子失败的根本原因，在于权力不愿回礼的"笼子"。孔子到卫国最多，卫灵公及其美丽的夫人南子对他最好。因为南子风流名声欠佳，公子蒯聩弑母。灵公去世，本当由蒯聩继位，因他逃亡在外，只好由他的儿子辄继承。孔子却建议说：灵公去世，蒯聩是卫国公室里的长辈，君臣父子这名分不可颠倒。辄直接继承祖父的君位，在礼制上说不过去。所以，当务之急是请蒯聩回来为君，辄退回太子之位。假如你是卫出公辄，你会采纳孔子这建议吗？后来的李隆基、赵构们作了回答。

孔子生前最大的成功是培养了一批好学生。孔子逝世后，学生不仅为他守墓，回忆整理《论语》，更重要的是继承他未竟的事业。学生们冷静检讨老师失败的原因，认为时过境迁，再像孔老师那样对周礼"述而不作"显然不行。孟子晚孔子近两百年出生，他继承和发展了孔子的"仁政"思想，并像孔子一样游历列国20多年，推销不出去便回家讲学。后人将他称为"亚圣"，与孔子并称"孔孟"。

但实际上他们的思想有好些不同。孔子仁政的出发点是君王，强调"君君臣臣"；孟子的着眼点是民，强调"民贵君轻"。这就是说孟子试图对"梯子"的排序规则加以改革，许多帝王对此恨得咬牙切齿，朱元璋忍无可忍将孟子"鞭尸"。黄仁宇在《中国大历史》一书中写道："从个人说辩能力和长久的功效两方面讲，孟子在传统政治上的地位要超过孔子……威利在他的杰作《中国古代的三种思想》中即以孟子代表儒家，和道家与法家对立。"

日本讲谈社《中国的历史》说："原本孔子这个贤人只在战国时代齐国等一部分国家受到大肆赞扬，而在其他国家而言多是讽刺或部分褒扬。"齐国第一个称王的齐威王，他的祖先田氏曾经与孔子一起编过《春秋》，为了抬举田氏，将孔子"定义为天下第一圣人，然后借孔子之口讲述历史的规律并预言未来的王者"。到了汉代，孔子地位飙升，但仍然次于周公，常以"周孔"并称。再后来，孔子地位就超越周公了。

尽管儒家享尽盛誉，却没能挽救春秋战国持续500余年的乱局，最后是信奉法家的秦始皇收拾了烂摊子。秦国人既不指望那些美丽的外交盟书，也不迷信古老的"周政"，而是选择法家，全力改革自己，不断创新。美国圣母大学政治学系许田波著有《战争与国家形成——春秋战国与近代早期欧洲之比较》一书，研究为什么中国出现一个强制性的普世帝国，而欧洲却一直保持多国的均势状态，结果认为：

秦能统一中国，是因为它实施了全面的"自强性改革"，采取各个击破策略和不择手段的计谋；与此形成鲜明对比的是，欧洲的争霸国相续失败，因为它们采取的是"自弱型权宜措施"而非"自强型改革"。

富有戏剧性的是，最后六强国面临秦国带来的灭顶之灾，他们的对策自然是联盟，可仍然搁不下眼前私利，面和心不和，竞相叛盟贿敌，而不能真正团结一心抗秦，终被各个击破，无一幸免。周王室挣扎到前256年，最后一任周王姬延面对秦军入侵，亲自号召组织国际联军，没想到只有五六千人响应，又缺粮饷，根本没法上阵，不得已自行解散。因为国人纷纷索债，姬延躲到一个高台上不敢露面，最后让秦兵捉拿，彻底灭了周王朝。

秦与周原来都在今陕西，后来各分东西，500年后又合在了一起。据《史记》记载，这是道家太史儋早就预见的奇迹，他曾对秦献公说："周故与秦国合而别，别五百岁复合，合十七岁而霸王出。"当然，这只能付诸笑谈。

第二章

西汉：内多欲而外饰以仁义

董仲舒特别卖力地推行"天人感应"的实践活动。高祖庙及其陵寝偏殿相继发生火灾，董仲舒还抱病起草一份奏章《灾异之记》，进一步阐释说：朝政有失，上天会降灾谴责帝王；如不自省，会出怪异现象警告；如果还不悔改，上天会改变授命。这显然是借火灾说上天已经对汉武帝不满。武帝震怒，董仲舒吓坏了！这好比想把老虎关进笼子，结果自己差点被老虎吃掉！

汉殿论功图

此图取材于"汉殿论功"的典故。汉高祖刘邦初立,功臣在殿上争功邀赏,致拔剑砍殿柱。叔孙通乃说高祖召鲁地诸生,规定朝仪,高祖大喜,以为如此始知皇帝之尊。

公元前206年十月，秦末起义军主要首领之一刘邦接受秦王子婴的投降，标志着秦王朝灭亡。汉王朝建立，定都长安（今陕西西安）。汉纪年刘邦在位12年，包括"楚汉战争"4年。至公元8年王莽篡汉自立，共传13帝（含吕后称制），历时214年。至前136年建国70周年，历经高祖刘邦、惠帝刘盈、吕后吕雉、文帝刘恒、景帝刘启，至武帝刘彻。

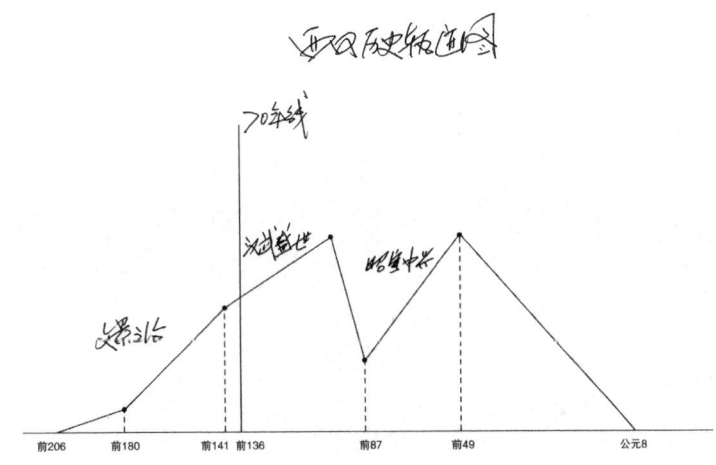

西汉盛世简表

盛世名称	时段	积年	帝王（任）
文景之治	前180—141年	39	文帝刘恒（4） 景帝刘启（5）
汉武盛世	前141—87年	54	武帝刘彻（6）
昭宣中兴	前87—49年	38	昭帝刘弗陵（7） 宣帝刘询（8）

开国风光：

厚积薄发开创新纪元

提起汉朝，我们身上深深地打上了她的烙印。绝大多数中国人常说"汉语"，写"汉字"。英国著名历史学家汤因比评论：

人类历史上最有远见、对后世影响最大的两位政治人物，一位是开创罗马帝国的恺撒，另一位便是创建大汉文明的刘邦。恺撒未能目睹罗马帝国的建立以及文明的兴起，便不幸遇刺身亡，而刘邦却亲手缔造了一个昌盛的时期，并以其极富远见的领导才能，为人类历史开创了新纪元！

《哈佛中国史》指出：从战国到汉朝出现了"国家在概念上的转变：从一个古老的、基于祖先崇拜的、贵族统治的神权国家，变为以君权为绝对中心的、划分疆域的国家，再变成一个以经典文献为基础的、面向世界的帝国"。维克多·瑞布里克认为：汉朝"就其发展水平而言中国已经远远超过了罗马帝国"，"以人口数量而论，汉帝国是古代世界中最大的国家"。

不过，有一点千万不可忽略："庶事草创"的汉王朝制度基本上承袭秦制，这点是中外史家公认的。问题是，《哈佛中国史》指出："汉朝一方面吸取了秦的作法，另一方面又在批判它，这就构成了一个基本的矛盾。为了解决这个矛盾，汉朝放弃了对秦国制度的批判，而采取了对秦始皇本人的丑化"，"考古学和文献材料证明，这些批评都属于服务于汉朝利益的政治宣传，与秦的政策或它的灭亡没有关系"。

李零还风趣地说，汉初"人心涣散，怎么收拾？一是让六国人民出气，把气撒在秦始皇身上；二是让知识分子出气，气也撒在秦始皇身上。秦始皇是个出气筒"。

其实，历代官修史书只能将信将疑，切不可以为"野史"不可信而官史才可信。鲁迅甚至说：读经不如读史，读史不如读野史。自古以来，无数学者做了大量辨伪工作，但仍然远不能说今天所看到的历史完全真实了，也不能说历史造假没人干了。南怀瑾也抱怨："光读正面的历史是不够的，还要看小说。所谓历史，常常人名、地名、时间都是真的，内容不太靠得住；而小说，是人名、地点、时间都是假的，但那个故事却往往是真的。"这话绝非戏言。

且说刘邦原本是个粗人，当上皇帝难免得意忘形，但他有一个帝王非常难得的优点：虚心。陆贾是个书生，像孔子当年一样进言礼乐治国，刘邦不屑一顾骂道："老子骑在马上打下的江山，跟诗书有个屁关系！"陆贾的口才显然比孔子好，反驳道："如果秦统一天下后行仁义，陛下您怎么能够得天下？"刘邦一下怔住了。接着，陆贾写了一系列建言，重点总结秦始皇所作所为的教训：

蒙恬讨乱于外，李斯法治于内，事逾烦天下逾乱，法逾滋而奸逾炽，兵马益设而敌人逾多。秦非不欲治也，然失之者，乃举措太众、刑罚太极故也。

在总结秦始皇"有为"之害的基础上，陆贾推销"黄老思想"。黄老之学始于战国，尊崇黄帝和老子的思想，并兼采阴阳、儒、法、墨等诸家观点，认为君主应"无为而治"，"省苛事，薄赋敛，毋夺民时"。陆贾描绘"无为"的前景：

夫道莫大于无为，行莫大于谨敬。何以言之？昔虞舜治天下，弹五弦之琴，歌南风之诗，寂若无治国之意，漠若无忧民之心，然天下治……君子之为治也，块然若无事，寂然若无声，官府若无吏，亭落若无民。闾里不讼于巷，老幼不愁于庭。近者无所议，远者无所听。邮无夜行之卒，乡无夜召之征。犬不夜吠，鸡不夜鸣。耆老甘味于堂，丁男耕耘于野。

陆贾这些话说到刘邦心坎里去了，他随即接受"黄老思想"，采纳"无为而治"国策。当时主要大臣如萧何、曹参、陈平等，也都"好黄老之术"。刘邦死后，他的妻子、儿子们都不错，萧规曹随，继续奉行"无为而治"国策。

刘邦儿子刘盈继位，即惠帝。刘盈有父亲那批能臣辅佐，继续推行与民休养生息政策。刘邦后期，为对内平定叛乱，对外迎击匈奴，增加了一些赋税。现在内外已平定，刘盈便取消增加的赋税，恢复十五税一。鼓励农民耕作，对于耕田能手还免除其徭役。为增加人口，督促民间女子及早出嫁，如果到15岁还不出嫁，要征收5倍的算赋（即"人头税"）。秦时除了官府之外民间一律禁止藏书，刘邦基本上继承秦制，包括"挟书律"。刘盈废除这一法令，使长期受压抑的儒家和其他思想都开始活跃。可惜，刘盈在位仅7年便早逝。

刘盈死后，吕雉立刘盈的儿子刘恭为少帝。吕雉是刘邦的正妻，她虽为女人却很有谋略，早年为刘邦造反夺取天下立下汗马功劳。刘邦驾崩，刘盈继位后尊吕后为皇太后。因刘盈仁弱，实际朝政由吕雉执掌。刘盈儿子刘恭因生母被吕雉所杀，颇有怨言。吕雉便杀刘恭，立刘义为帝，但"号令皆出太后"，以致《史记》竟然不设惠帝本纪，而设"吕太后本纪"。

吕雉先后掌权达16年，她认真贯彻执行刘邦的遗嘱，相继重用萧何、曹参、王陵、陈平、周勃等开国功臣，继续奉行"无为而治"国策，在政治、经济和思想文化各方面均取得进一步发展，为"文景之治"奠定了坚实的基础。

文帝刘恒和景帝刘启当政时期，税赋很低，刑制由野蛮转入文明，被誉为"文景之治"。刘启后期，尽管人口成倍增加，有的地区增长四五倍，各郡县粮仓还是满满的，只好露天堆放，中央粮库多得发霉。皇家马苑的马多达30万匹，百姓的马满大街小巷都是，如果骑母马出去聚会还会觉得丢脸。国库存钱太多，以致串钱的绳子烂了，散钱多得无法计算。

然而，世上没有十全十美的事物，盛世并不是没有隐患。

秦朝末年，北方游牧民族匈奴由分散的氏族、部落联盟向统一的奴隶制政权过渡，统治面积比当时中原还大。他们时常南侵，宣称是夏王朝的后裔，因而也拥有中原的股份。在那冷兵器时代，与游牧民族相比，农耕地区的战斗力处于天然劣势，只能被动地筑长城。能消灭六个诸侯强国的秦始皇，却不能灭匈奴。战胜暴秦和项羽的刘邦咽不下这口气，亲自统兵30万迎敌，没想到中计，被匈奴大军包围——东面一色青马，西面一色白马，北面一色黑马，南面则一色红马，十分壮观，但刘邦无心欣赏，望而生畏。汉军被围7天，饥渴难耐，且不适应北方气候，手指头被冻掉十之二三，弓都没法拉。刘邦只好重金收买匈奴单于的妻子，乞求放一条生路，捡回一条老命。从此，汉朝对匈奴采取"和亲"政策，将敌人变亲戚，60年间嫁过去7位公主，还有无数的粮食和丝帛等嫁妆。如此把一个又一个大美女往草原里送，而不能像特洛伊一样为美女不惜血战10年，其实那是挺无奈的。

汉文帝刘恒与匈奴单于和解，称兄道弟，派使者互访，签订条约明确长城以北为单于的"引弓之国"，长城以南为刘恒的"冠带之室"，随后又3次和亲。但好景不长。匈奴反复无常，和亲换来的和平是不稳固的。如前148年匈奴入侵燕地，前144年又入侵雁门、上郡，汉军战死2000人。上郡太守李广率百骑出击，遭遇匈奴数千骑，巧使一计才将敌击退。如何才能永久和平呢？

汉武帝刘彻叹道："汉家庶事草创，加四夷侵陵中国，朕不变更制度，后世无法；不出师征伐，天下不安。"他看到了盛世中的隐患，"和亲"中的威胁，决心大改革，为后世留一个更好的基础。他干得惊天动地，鬼哭神泣。千古帝王从来没人用过自己的"年号"，他一来就开创"建元"年号，让后世皇帝为年号绞尽了脑汁。

刘彻击败了匈奴，奠定了中华疆域版图，被誉为"汉武盛世"。他耗空了"文景之治"的成果，但晚年以"罪己诏"华丽转身，为下任改革中兴铺平了道路。继任的昭帝刘弗陵、宣帝刘询更是努力缓和社会矛盾，平定西域，又创造"昭宣中兴"。三个盛世紧相连，千古少有。

前136年是西汉立国70周年。这一年是"建元五年"，倒是风平浪静的样子，以致《资治通鉴》上只留下这么两行："五年，春，罢三铢钱，行半两钱。置五经博士。夏五月，大蝗。"总共才20来个字。但这如同浮在海面上的冰山，水深处还大得很呢！刘彻于此前5年（前141年）继位，现年20岁，此后49年（前87年）去世。

"自己人"成了烫手山芋

春秋战国那么乱糟糟,根子显然在分封制上。所以,孟子就主张"定于一",也就是说只有一统天下才能安定。秦始皇将天下定于一,是符合时代潮流的。其实,秦始皇也很重视文化教育,他明说:"吾前收天下书,不中用者尽去之,悉召文学方术士甚众,欲以兴太平。"当时聘有70位学者,授以"博士"官衔;又为博士召2000名学生,称"诸生"。请注意:"博"是广众,"诸"是各种各类,并没有"独尊"什么的意思。当时"博士"不是指学位,而指秦汉时一种官名,掌管书籍文典,通晓史事。秦始皇给博士待遇非常优厚,对诸生也"尊赐甚厚"。如果能长此以往,秦代历史肯定得改写。可是,有位叫淳于越的博士却反对,说:

殷周之王千余岁,封子弟功臣,自为枝辅。今陛下有四海,而子弟为匹夫,卒有田常、六卿之臣,何以相救?事不师古而能久长者,非所闻也。

这话意思说:商、周之所以长达一千多年,得益于分封子孙和功臣。如今皇上拥有天下,您子孙却沦为平民,万一有人发起叛乱,谁来相救?不效仿古人而能长治久安的事,从没听说过。

淳于博士这一席话显然迂腐,所以秦始皇大怒,导致"焚书坑儒"——不过,这种说法值得商榷。《剑桥中国秦汉史》写道:

有充分的根据把它看作虚构(颇为耸人听闻的虚构)的资料,而不是历史。总之,似乎可以合理地断定,在司马迁用来撰写《史记》卷六的秦原始记载中并无坑儒之说。他或者是从其他半杜撰的史料中取此说,并不加说明地把它与《史记》的主要史料（秦的编年史）结合起来，或者更可能的是，司马迁死后一个不知其名的窜改者有目的地把它加进了《史记》。

秦始皇禁一些书、杀一些儒生（包括以长生术骗他的"方士"）肯定是有的，只不过被夸大。禁书、镇压知识分子之类的事情，什么时候都必须反对，但不等于他改革分封制是错的。

然而，历史的发展并非直线型，往往都会有诸多曲折、反复。秦朝空前强大，却匆匆暴亡，似乎证明淳于博士的话是对的。汉高祖刘邦在总结秦亡教训的时候，不能不注意这一点。

因此，他来个折中：一方面保留秦的郡县制，另一方面适当恢复分封制，即皇族子弟封王，非皇族的功臣封侯。因为"封王"拥有他们自己的政权和军队，刘邦不免担心，特地与众臣订立"白马之盟"："非刘氏而王者，天下共击之；若无功上所不置而侯者，天下共诛之。"意思两层：一是无论你功劳如何，只要不姓刘就不能称王；二是没有刘姓皇帝的批准，非刘姓的人没有大功是不能被封侯的。

刘邦疏忽的一点是让封国掌握军队，自治权过大，诸王势力迅速膨胀。刘姓诸王日益骄纵，处处与朝廷对抗，甚至公开叛乱。公元前177年，也即汉开国仅仅29年，济北王刘兴居就发动叛乱，首开同姓王武装反抗汉廷之先例。3年后，淮南王刘长又举叛旗。为此，博士贾谊上《陈政事疏》（又名《治安策》），大声疾呼：我看天下形势，可以为之痛哭的有一个问题，可以为之流涕的有两个问题，可以为之长叹的有六个问题。他形象地说：把火放在柴堆之下，自己睡在柴堆上，只是火还没燃烧起来，就自欺欺人说平安无事。当今形势，同这有什么两样？危害王朝政治安定的首要因素，是诸王企图叛乱。为此建议：在原有诸王的封地上分封更多诸侯，削弱他们的实力。

汉文帝刘恒十分欣赏贾谊的建议，但他当时的主要精力在稳定政局，恢复发展社会经济。皇权和王权的矛盾，或者说中央与地方的矛盾没解决，危机继续发展。接着，汉景帝刘启继位后，御史大夫晁错又上《削藩策》，指出："今削之亦反，不削亦反。削之，其反亟，祸小。不削，其反迟，祸大。"刘启采纳晁错这一建议，以各种罪名先后削去楚王的东海郡、赵王的常山郡和胶西王的6个县。

这一改革引起极大震动。那些早就想反叛的诸王非常不满，尤其是刘邦之侄吴王刘濞。刘启还是太子的时候，曾因小事纷争用棋盘打死吴王的儿子，他早就怀恨在心。公元前154年正月，他发动同姓王大叛乱，参与的有7个王，所以史称"七王之乱"。刘濞发兵20万，号称50万，同时又派人与匈奴、东越、闽越贵族勾结，用"清君侧，诛晁错"的名义进军京城，想取代刘启。3个月后这次叛乱被平定，刘启又借机削减诸王领地，把诸王任免官吏的权力收回。柏杨评论：

七国之乱是一个重大的转换点，如果七国胜利，中国势必回到战国时代的割据局面，互相吞并，战争不休。七国失败，使西汉王朝顺利地通过瓶颈，统一形势更加坚固。刘启乘机收回各封国的行政权和军权，在封国掌握大权的不再是"封王"，而是"国相"（封国的宰相），国相由中央政府派遣。中央政府遂成为真正的大一统政府，有能力作更多的贡献。

从此诸侯王只是名义上的封君，再没有政权，但那些诸侯王仍然在伺机而动。如何才能让诸王不再谋反呢？在西汉建国70周年之时，我们目睹到这一改革的进一步深化。

汉武帝刘彻继位时仍有26个封国，并仍然为非作歹，只是没公开反叛而已。正如大臣主父偃所说："今诸侯或连城数十，地方千里，缓则骄奢易为淫乱，急则阻其强而合从以逆京师。今以法割削之，则逆节萌起，前日晁错是也。"所以，必须彻底消除封国的隐患。

古今中外贵族大都骄奢淫逸！莫扎特根据法国作家博马舍喜剧《费加罗的婚礼》改编的歌剧，前几年还在北京国家大剧院上演。剧中费加罗对他贵族主人抱怨：

因为你是一个了不起的贵族，所以你就觉得自己是个了不起的天才。事实上，你除了花过一点力气出生以外，什么都没有作。

如果一定要说诸侯王出生之后还花过一点力气作过什么的话,那主要就是吃喝玩乐,一不高兴还可能叛乱篡权。如果说刘邦没看到这一点的话,刘彻是看得很透彻了。只因毕竟是"自己人",刘彻及后来的帝王在这方面的改革都不可能彻底,它还是常常酿成"家天下"覆亡的重要原因。

"丧家狗"们扬眉吐气

春秋战国时期,诸子百家都想以其学易天下,到处奔走游说。孔子周游列国,常常不被待见。有一次在郑国他和弟子们走散了,一个人仓皇地东张西望,被看到的郑人形容为"丧家之犬"。子贡把郑人的话如实告诉孔子,孔子答曰:"然哉!然哉!"和孔子一样,孟子也带着他的弟子们周游列国,宣传他的仁政主张。但和孔子困厄陈、蔡,惶惶如丧家之犬不同,孟子在各国都受到了统治者的厚待。

在诸子百家当中,以孔子、孟子为代表的儒家不走极端,讲究仁义礼乐,追求天下和谐的秩序,怀有救济苍生的远大理想。然而在春秋战国礼崩乐坏、战争频繁的时代,孟子和孔子一样,虽然周游列国,不惮艰险以发扬儒家学说,但终究不能致用,晚年也选择了教学著述之路。

《论语·雍也》记载:"子谓子夏曰:'汝为君子儒,无为小人儒!'"儒者有大小之分,大者称"君子儒",小者称"小人儒"。对此解释,历来有些争议。清时学者刘宝楠《论语正义》提出:"君子儒能识大而可大受,小人儒则但务卑近而已。君子小人以广狭异,不以邪正分。"更简洁、通俗些说,君子儒是有思想的,而小人儒仅通些礼仪。孔子年少时在乡里为红白喜事吹唢呐之类,应该也属于"小人儒",但他不满足于此,终成"君子儒"。所以,他教导学生子夏说:"你应当要争取作君子儒,不要满足于作小人儒!"

汉高祖刘邦也重儒,但他重的只不过是"小人儒",满足于宫廷礼仪好显摆作皇帝的威风,至于国家意识形态方面还是倾向于道家的"黄老思想"。这种思想统治了近70年,即从汉开国直至汉武帝刘彻继位之后一两年。对此,梁启超非常精到地剖析:

当时百家，莫不自思以易天下，何为不一于他而独一于孔？是亦有故。周末大家，足与孔并者，无逾老、墨。然墨氏主平等，大不利于专制；老氏主放任，亦不利于干涉：与霸者所持之术，固已异矣。唯孔学则严等差，贵秩序，而措而施之者，归结于君权；虽有大同之义，太平之制，而密勿微言，闻者盖寡；其所以干七十二君、授三千弟子者，大率上天下泽之大义，扶阳抑阴之庸言，于帝王驭民最为适合，故霸者窃取而利用之以宰制天下。汉高在马上，取儒冠以资溲溺；及既定大业，则适鲁而以太牢祀矣。盖前此则孔学可以为之阻力，后此则孔学可以为之奥援也。

由此可见，天下大定之后儒学取代黄老学说是不得不然的趋势。何况刘彻当太子时身边有几位儒门子弟，如他的老师卫绾、王臧等，他不能不深受影响。

汉朝建国立朝70年了，老一辈的忠臣能臣差不多死光了，人才问题越来越突出。刘彻继位第二年迫不及待诏"举贤良方正能言直谏之士"，面向全国公开选拔人才。名义上是皇帝亲自考试，实际由卫绾代为主持。

董仲舒埋头苦读到"三年不窥园"的地步。他早已取得博士资格，但是属于闲职。这时，他觉得时运到了，机不可失，便三次上书应对。董仲舒着重推"大一统"理论，即一切一统于天子，并建议"罢黜百家，独尊儒术"。其理论在随后详述。对此，卫绾非常满意，将董仲舒取为第一，并推荐给刘彻。同时卫绾还提出，各地推荐来的人才中，有赞同申不害、韩非、苏秦、张仪学说的，一律罢黜。申不害、韩非是法家思想代表，苏秦、张仪是纵横家代表。对此建议，刘彻基本同意。

窦太后听说新录用一批儒生，大发雷霆。刘彻还得看她的脸色，便将卫绾撤职，将董仲舒安排到江都易王刘非那里任国相，但同时任用另一批儒者：窦婴为丞相，田蚡为太尉，赵绾为御史大夫，王臧为郎中令，申公为太中大夫。其中窦婴是窦太后堂侄，赵绾是研究《诗经》的学者，申公是他的老师。这样的任免，应该是考虑某种平衡吧！

赵绾、王臧为卫绾抱不平，建议刘彻今后自作主张，不必事事请示太后。窦太后得知了又动怒，说："赵绾和王臧想当第二个新垣平啊！"新垣平是汉文帝刘恒时期一个巫师，说是望气能见文帝，因为长安东北有五彩神气，因此得宠。后来有人揭露那是胡说八道，便被治以"参夷"（诛灭三族）之罪。窦太后显然指赵绾和王臧也是欺诈之言，并要求像对新垣平那样治罪。她还派员查到赵绾、王臧以权谋私的证据。刘彻无奈，只好将赵绾、王臧下狱。他们害怕真像新垣平那样株连三族，连忙自杀。另外，窦婴、田蚡和申公也被免职，改任信奉黄老思想的许昌为相，又达到某种平衡。

这样，儒道相对平静了几年。前138年九月，诏选天下博学而有才的人，突出者破格重用。那么，这次重用了些什么样的人呢？

——严助。即庄助，著名辞赋家，任中大夫——类似现代议员。有天陪侍闲谈，刘彻问严助在老家会稽时情况，严助说："家里很穷，连一个朋友的女婿都敢侮辱我。"刘彻问："那么，你现在最想要什么？"严助说："我想当会稽太守，衣锦还乡，荣归故里！"刘彻马上任命他为会稽太守。但几年过去，没什么政绩。刘彻赐书责问："怎么一直听不到你的政绩？"严助连忙上书谢罪，表示希望入京侍奉皇上。于是被调回中央，专门写歌功颂德的文章，写了几十篇。后来因为与淮南王刘安私交甚密，刘安谋反，受牵连而诛。

——朱买臣。名气很大。家贫好学，《三字经》中"如负薪"典故说的就是他。因老乡严助推荐，也拜中大夫、会稽太守，后位列九卿。东越多次反叛，朱买臣献计献策，并主持平叛有功。但他在历史上留名是因为休妻。未得志之时，妻子崔氏嫌他没出息，闹改嫁，要他写休书。他请妻子忍一忍，等时来运转。崔氏却说即使他将来作了高官，自己沦为乞丐，也不会去求他。他只好写了。没承想他果然升官发财，她又悔又恨，便蓬头垢面到他面前，哀求允许回朱家。他骑在高头大马上不动，叫人端来一盆水泼在马前，说："你如果能将泼在地上的水收回盆中，我就同意你回我家！"她听了羞愧难当，自尽而死。后朱买臣被贬，又因卷入淮南王刘安谋反案被斩，只留下一个"覆水难收"的典故。

——吾丘寿王。因棋艺出众被召为"待诏"（随时听候皇帝的诏命），后有提拔，但也因犯法被杀。留有《吾丘寿王赋》15篇。

——司马相如。名气更大。鲁迅《汉文学史纲要》说："武帝时文人，赋莫若司马相如，文莫若司马迁。"其代表作为《子虚赋》，后人称之为"赋圣"和"辞宗"。他原来买了个官职，但刘启不喜欢辞赋，他因病退职。刘彻读到《子虚赋》拍案叫绝，以为是古人之作，叹不能与作者同时代。身边人便介绍司马相如，刘彻马上召他进京。司马相如说："《子虚赋》写诸侯王打猎，格局太小，请允许我再写一篇天子出猎的文章。"这就是《上林赋》，更富文采，开创汉代大赋的一个基本主题。此赋一出，司马相如被重用为官，后又因受贿及病被免。他与卓文君私奔的爱情故事也流芳千古。

——东方朔。名气也挺大。刘彻征四方士人的号令一出，他上书自荐，诏拜为郎官等职。他言辞敏捷，滑稽多智，常在刘彻面前谈笑取乐，也谈政治得失、强国之计，但刘彻始终把他当戏子看待，不予重用。东方朔留有《答客难》等名篇。

——枚皋。辞赋家枚乘之子，他子承父业，17岁就斗胆上书梁共王刘买，被召为郎官，后来获罪流亡长安。刘彻听说，召他当面试赋，重新入官，长期做文学侍从。班固说他"为文疾，受诏则成，故所赋者多"，所作之赋有名的就有120多篇。

——终军。著名的政治家、外交家，被选为博士弟子时仅18岁，受刘彻赏识，升至谏大夫。他先后出使匈奴、南越，不辱使命。当时，南越宣布脱离汉朝，自立皇帝，侵扰汉边，刘彻要委派使者去恢复关系。终军挺身而出，表示："愿受长缨，必羁南越王而致之阙下。"终军到那里，不想丞相发动兵变，杀南越王及汉使者。终军被杀时年仅20余岁，世人称"终童"，"请缨"一词则成为为国勇担重任的代用语，沿用迄今。

这批人的确都是那个时代的风流人物，但显然跟后世所理解的"儒"差异很大，没一个是典型的儒士。再一点请注意：这批刘彻亲自选拔的人才，几乎大多没有善终，凸显当时官场生存环境之险恶。

本年（前136年）又置"五经博士"，这是尊儒的又一重大举措。"五经"指儒家5部主要的经典：《诗》《书》《礼》《易》《春秋》，没包括《论语》《孟子》。博士制度秦朝时开设，没有限制是儒家还是法家。刘彻首开历史先河的是只限于儒家经典，以后历代如此。儒学从此成为国学、官学。有人说这就是"罢黜百家，独尊儒术"的实际意义，但这并不意味着其他学说被禁，只不过没被列入国学、官学而已。

　　对此,窦太后反应如何不得而知。也许她重病在床,根本没听说,或者说刘彻根本不用看她的脸色行事了。

明显的货币经济时代

刘彻继承"文景之治"丰厚家底，用现代话来说就是"不差钱"。当然，经济方面不免也有些问题，其一是疏于对金融的管理。

秦始皇倒是重视，统一政权也统一钱币，将原来各国那些五花八门的刀币、布币、蚁鼻钱之类统一为我们现代在文物市场还能常见的铜币——半两钱，并由中央政府统一制造。这种钱圆形方孔，每个重8克（秦制半两=8克）。刘邦沿用秦代货币制度，黄金与铜钱并行，并仍称半两钱，但"以为秦钱重难用，更令民铸荚钱"。所谓"荚钱"，指那钱的形状像榆荚。刘邦奉行"无为而治"，与民休息，固然很好，可是把铸币权也下放民间，未免失之过宽。因为铜钱轻重和成色不一，造成混乱，给民众带来诸多不便。

为此，早在前192年，刘盈就明令禁止民间私铸钱。前144年刘启又禁止民间私铸货币，只准郡国铸。郡国直属中央，由中央委派官吏管理，初步控制铸币权。

刘彻上台第二年初就进行货币改革，发行三铢钱。铢是古代一种重量单位，1/24两为一铢，三铢非常轻。但本年又停用三铢钱，改行半两钱。钱文曰"半两"，重12铢。实际上，这种钱秦时就通行，西汉初年所铸钱重量虽陆续减轻，但仍称半两。

前118年，刘彻废除半两钱，发行五铢钱，币重与名称相符。前113年，刘彻下令取消郡国铸币权，货币由上林三官统一铸造，第一次将铸币权控制在中央手中，货币自此稳定下来。

此后，刘彻还进行了多次钱币改革。后期的改革，主要目的是以通货贬值弥补财政亏空。从此直到唐代，中间五铢钱沿用长达700年。据统计，此后120年共铸造货币280亿钱，平均每年约2亿多钱的货币量。钱穆在他《中国经济史》

一书中介绍当时：

  由于屡改钱币，钱益轻薄而物价日益昂贵。商贾遂囤积货物而逐利，且民间盗铸之风大盛。依法盗铸钱币者死，但盗铸者多而不能尽诛，五年之间，因盗铸而受死刑者已达数十万人。赦罪者亦有100余万人，数量可谓惊人。

  但同时，刘彻也禁地方铸钱，因此民间盗铸钱犯罪总体越来越少，币制逐步走上了正轨，使中国的币制得到空前统一。所以，钱穆又为刘彻辩护：

  历史的演变，往往在一件新兴事物的兴起，历经苦痛之后，始得善策。则武帝一朝以钱币之纷乱，而社会生命经济遭受了大劫难，良可慨叹。但由于人类智慧之所限，经过困顿而后思变，实亦不宜深责政府有关之财经大臣。

  为此，日本讲谈社《中国的历史》甚至称："汉代是明显的货币经济时代。"

此后十年一瞥：

久有凌云志

前135年五月西汉建国71周年之际，窦太后去世，刘彻彻底摆脱了她的约束，便甩开膀子大干他想干的一切。

内政方面。这年六月，刘彻即以"坐丧事不办"为由将许昌免职，提拔田蚡为丞相。同时，将信奉道学、直言切谏的汲黯提拔为主爵都尉，列于九卿，主要负责诸侯王及其子孙封爵夺爵等事宜。第二年五月，刘彻又一次亲自面试各郡国推荐出来的人才，并发表重要讲话：

朕闻昔在唐虞，画象而民不犯，日月所烛，莫不率俾。周之成康，刑错不用，德及鸟兽，教通四海；海外肃慎，北发渠搜，氐羌徕服；星辰不孛，日月不蚀，山陵不崩，川谷不塞，麟凤在郊薮，河洛出图书。呜乎，何施而臻此与？今朕获奉宗庙，夙兴以求，夜寐以思，若涉渊水，未知所济。猗与伟与！何行而可以章先帝之洪业休德，上参尧舜，下配三王？朕之不敏，不能远德，此子大夫之所睹闻也。贤良明于古今王事之体，受策察问，咸以书对，著之于篇，朕亲览焉。

刘彻在这里大谈治国理想，一是立志学尧、舜，社会发展目标是"成康之治"，不用刑法而把国家治理得"德及鸟兽，教通四海"；二是要实现"天人合一"，社会与自然和谐，使"星辰不孛，日月不蚀，山陵不崩，川谷不塞"，让祥瑞并出，河洛出书；三是要让肃慎、氐羌等夷狄臣服，四方来贺。要求应试者围绕这三大目标，谈谈自己的意见建议，写成文章，他将亲自审阅。

董仲舒再次应试，他没有辜负刘彻的期望，系统深入地谈论关于"大一统""天人感应""独尊儒术"三大理论。对此，刘彻是满意的。然而，由于某些意外的原因，对于这次应对的百余人"皆请罢"，包括董仲舒只是回江都相之位，而没能留在中央机关。

关于董仲舒"罢黜百家，独尊儒术"，刘彻实际上没有全部采纳。实际情况是：在尊儒前提下，"悉延百端"。其尊儒活动主要是前136年至前124年这12年时间，一是以儒学取代黄老之学，二是设五经博士，三是从太学中选用人才。前124年之后的刘彻所作所为越来越像法家。司马光对他的评价有两点，一是称他"有亡秦之失而免亡秦之祸"；二是称他"知所统守，受忠直之言""好贤不倦"，应该是很中肯的。

对外方面。前135年对匈奴还是"友好"的，所以他们又派人前来请求和亲，刘彻交由大臣们讨论。大行令王恢建议汉武帝拒绝和亲，他说："过去朝廷同匈奴和亲，匈奴老是不守盟约，侵犯边界，我们应该发兵打击他们一下才好。"御史大夫韩安国则说："派兵去千里之外，不易取胜。现在匈奴马草充足，很难控制。我们占了它也不能算开疆拓土，虏了其民也不能算强大。况且强弩之末不能穿鲁缟，强风到最后连雁毛也卷不起，等它衰竭了再用兵为好。目前，还是继续和亲为宜。"群臣多数附和韩安国，刘彻只好同意再次和亲。

然而，刘彻心里很不甘愿，这从当年他刚继位不久就招募勇士出使西域就能看出端倪。为了提高战争胜算，刘彻在积极备战的同时，也在外交方面多方谋划。其方略之一，就是把臣服匈奴的西域诸国拉拢过来，"断匈奴之右臂"。正是基于这样的战略思想，早在前138年就派张骞出使西域。

前133年，雁门马邑（今山西朔州）豪族聂壹通过大臣王恢上言，建议诱歼匈奴。这一次，武帝坚定地站在了主战派一边。汉朝调集三十万大军，埋伏在马邑山谷。聂壹诱匈奴十万骑前往马邑，距马邑百余里时，单于看到牛羊遍野，却无人放牧，不禁心中生疑。他抓获一个汉军吏，从他口中得知武帝的计划，立即杀死聂壹，掉头撤退。"马邑之谋"拉开了汉匈战争的大幕。前129年，匈奴入侵上谷郡。武帝令汉军分四路出击，每路一万骑，围剿匈奴。汉匈战争正式开始。直到前87年刘彻去世，这年冬匈奴还入侵朔方，杀掠吏民。总之，刘彻出了几口恶气，取得了对匈奴的战略优势，但并未制伏匈奴。

千古之叹：
"孔子的笼子" 3.0 版

董仲舒之贡献

《春秋》是鲁国史书，从鲁隐公记述到鲁哀公，历12代君主，计244年，相传是孔子所作，是中国编年史之祖。孔子在这部史书当中，一改"述而不作"的原则，而采用"春秋笔法"，即为了让今后那些"乱臣贼子惧"，便"微言大义"，也就是在叙述当中对历史人物予以含而不露的褒贬。

当时书写不方便，一些书并不是铸在鼎上，也没在刻在竹简上，而是最原始地以口相传。《春秋》最初也如此。口头相传很容易走样，《春秋》也就变得非常难"读"。后人看到的《春秋》，全文仅16000余字，每一条都是孤立的，有的事件只有一个字，最长也不过40余字，记载零乱，语言晦涩，不着边际，不知所云，所以被宋朝大儒王安石讥为"断烂朝报"。

然而，一沾上孔子之名，《春秋》再不堪卒读也得啃。对《春秋》进行解释和说明，称之为"传"。为《春秋》作传者主要有5家，其中左丘明《春秋左氏传》、公羊高《春秋公羊传》与穀梁赤《春秋穀梁传》合称"春秋三传"，列入儒家经典。其中《公羊传》是孔子后期学生子夏一脉传下来的，可信度也许较高。

让我们试读一篇。《春秋》原文第一句："隐公元年，春，王正月。"就这么8个文字，当中"微言"了什么大义？我们现代人如果不借助史籍，根本读不懂，其实2000年前的古人一般也读不懂。为此，《春秋公羊传》阐释一篇文章，第一段为：

春王正月，元年者何？君之始年也。春者何？岁之始也。王者孰谓？谓文王也。曷为先言王而后言正月？王正月也。何言乎王正月？大一统也。

这几句古文翻译成现代文，大意说：元年是什么意思？指君王登位的第一年。春是什么意思？是一年开始的季节。王指谁？指周文王。为什么先说王，再说正月？因为指的是周王确立的正月。为什么要说周王的正月？是为了表明"大一统"，天下都实行周王的政令。紧接还有一大段文字，大意是：为什么不说隐公登位呢？因为要成全隐公的心愿。为什么要成全隐公的心愿呢？因为隐公想要把国家治好，然后把政权还给桓公。那么，隐公为什么要把政权还给桓公呢？因为桓公年幼而尊贵，隐公年长而卑贱。他们兄弟身份尊卑区别较小，国人不大了解。只因为隐公年长而贤明，诸大夫就拥戴他为国君。这时如果隐公辞让，桓公能否顺利登位并没有把握。即使桓公能登位，大夫们能否辅佐他也是个问题。所以，隐公登位全是替桓公着想。那么，隐公年长又贤明，为什么不立为国君呢？因为立夫人所生的嫡子为国君，只凭年长，不凭贤明；立媵妾所生的儿子为国君，只凭尊贵，不凭年长。桓公为什么尊贵？因为他的母亲尊贵。母亲尊贵，儿子也就尊贵吗？是的。儿子因母亲而尊贵，母亲又因儿子而尊贵。瞧，简简单单8个字，隐含了这么一通史实与大道理，无异于天书吧？

实际上，古代许多著述都是借着圣人文字表达自己的思想。所谓"我注六经，六经注我"，说的就是这个意思。《公羊传》流传几百年来，到西汉终于迎来飞跃发展，一个弟子胡毋生将《公羊传》破天荒书上竹帛，再一个发扬光大的弟子就数董仲舒了。

西汉开国那班文官武将死得差不多了，汉武帝刘彻亟待起用一批新的人才。为此，刘彻上台第二年就轰轰烈烈开展"举贤良"活动。刘彻在诏书中明确宣告说：朕继承了先帝极尊之位、至美之德，将来还要传之千秋万代，深感责任重大，寝食不安，不敢偷闲安乐，深思万事之头绪，生怕有失误。现在，请各郡国公开选拔推荐德才兼备之士，朕要听他们论说大道之要、高论之极。中国社科院研究员马勇在《帝国设计师董仲舒》一书当中写道：

作为杰出的政治家，青少年时代的汉武帝确实出手不凡。我们从他对董仲舒的三次提问中，完全可以感觉到他不仅拥有非同寻常的政治智慧，而且具有相当的学问。他的那些问题，与其说是提问，不如说是证实。也就是说，他所关心、所思考的那些问题实际上在他心目中已有较为明晰的答案，只不过是要那些受问者进行哲学层面的证立而已。

董仲舒对刘彻的问题都作出了明确的回答。董仲舒疾声呼吁改革——

> 今汉继秦之后，如朽木、粪墙矣，虽欲善治之，亡可奈何。法出而奸生，令下而诈起，如以汤止沸，抱薪救火，愈甚亡益也。窃譬之琴瑟不调，甚者必解而更张之，乃可鼓也；为政而不行，甚者必变而更化之，乃可理也。当更张而不更张，虽有良工不能善调也；当更化而不更化，虽有大贤不能善治也。故汉得天下以来，常欲善治而至今不可善治者，失之于当更化而不更化也。

由此可见，董仲舒的忧患意识极强。他给现实开具的药方只有一个，那就是"更化"。只有更化才可善治，不更化只有灭亡。那么，具体如何改革呢？

董仲舒首先强调"大一统"，指出"唯天子受命于天，天下受命于天子，一国则受命于君"，甚至说"古之造文者，三画而连其中，谓之王。三画者，天地与人也。而连其中者，通其道也"，从古人造汉字来考证，"王"是通天地的。为此，"屈民而伸君，屈君而伸天，《春秋》之大义也"。这些话语，显然很合刘彻的心思。

其实，董仲舒《天人三策》中一些言论，与贾谊等相关说法相比，简直如出一辙。只不过当时皇帝的想法跟刘彻不一样。遗憾的是，马勇说"这次诏贤良的记载既缺又乱，许多问题已不太清楚"。

董仲舒不忘"孔子的笼子"原旨。"天人感应"也不是董仲舒首创的，而是两汉社会的普遍观念。马勇指出：董仲舒的相关主张"不仅在思想观点上与老子、庄子有相通之处，即使在语言风格上也有明显具有模仿的痕迹"。然而，董仲舒要建立的是一套更严密的天人理论体系，"企图用一个虚构的超自然的物或实体来约束人世间处于至尊地位的君王"。只要"揭开它的宗教帷幕，我们就会

发现董仲舒真实用意在于人事而不是神事","天学即人学,天论即人论"。他甚至明说:

> 天子不能奉天之命,则废而称公,王者之后是也;公侯不能奉天子之命,则名绝而不得就位,卫侯朔是也;子不奉父命,则有伯讨之罪,卫世子蒯聩是也;臣不奉君命,虽善,以叛言,晋赵鞅入于晋阳以叛是也;妾不奉君之命,则媵女先至者是也;妻不奉夫之命,则绝夫不言及是也;曰不奉顺于天者,其罪如此。

"天子不能奉天之命,则废",这话太明确不过了。千百年来,几人敢如此赤裸裸地威胁帝王?

所以,董仲舒特别卖力地推行"天人感应"的实践活动,在江都大搞"祈雨"又搞"祈晴",把巫术搞得有板有眼,还撰写了《求雨》《止雨》等文章。高祖庙及其陵寝偏殿相继发生火灾,董仲舒还抱病起草一份奏章《灾异之记》,进一步阐释说:朝政有失,上天会降灾谴责帝王;如不自省,会出怪异现象警告;如果还不悔改,上天会改变授命。这显然是借火灾说上天已经对刘彻不满。写完,也许董仲舒自己也吓一跳,觉得太敏感,犹豫了还没有上奏。不想有个官员来他家里作客,居然把这草稿偷走呈交刘彻。刘彻大怒,要将董仲舒处斩,随后怜悯他才赦免,但还是罢了他的官职。

我有点替董仲舒抱不平,但又不能不怨他"傻"。"天人感应"其实就是"天命靡常"的翻版。周人识别上帝的表态主要通过问卜,巫师的嘴说了算,可以操纵。"天人感应"则全由天"说"了算,洪、旱、火、蝗、地震之类天灾几乎年年难免,岂不是说皇帝工作年年没作好?刘彻怎能上这种当?

这好比想把老虎关进笼子,结果自己差点被老虎吃掉。董仲舒真吓坏了!刘彻复他官职,他以病相辞。至此,我倒觉得董仲舒这个"人物"活了,可爱了。理论上,他顶天立地,睥睨千古,回到生活实际他简直变得猥琐油腻了。马勇说"他贡献出值得人们再三玩味的宝贵思想,而自己却过着单调、乏味的平凡生活",这评论很到位。

然而,汉时还有其他儒生继续致力于将权力关进"笼子"的伟大事业,前仆后继。秦始皇曾经到会稽郡视察，并在那里的石上留下了文字，当地便刻了秦始皇的木像，与大禹一起庙祀。经学家王朗到任后，说秦始皇是"无德之君"，将秦始皇的木像扔出，不许民众祭祀。如果说王朗是打死老虎，那么博士夏侯胜反对汉宣帝刘询为其曾祖父刘彻立庙作乐，就不能算是打死老虎了。夏侯胜勇敢站出来说：刘彻虽有"攘夷狄、广土斥境之功"，但代价是"多杀士众，竭民财力，奢侈无度，天下虚耗，百姓流离"，"无德泽于民，不宜为立庙"。请注意夏侯胜区分明君与暴君的标准：是否"德泽于民"。此后，陆续还有这类英勇的儒生。

霸王道杂之

董仲舒版"孔子的笼子"以"大一统"论为中心，"天人感应""独尊儒术"为两翼，不失时机地推销给了汉武帝刘彻。在第三次面试的时候，董仲舒建议说：

《春秋》大一统者，天地之常经，古今之通谊也。今师异道，人异论，百家殊方，指意不同，是以上亡以持一统；法制数变，下不知所守。臣愚以为诸不在六艺之科孔子之术者，皆绝其道，勿使并进。邪辟之说灭息，然后统纪可一而法度可明，民知所从矣。

这就是"罢黜百家，独尊儒术"的最初说法。对此，刘彻非常赞赏并采纳了。然而，刘彻嘴上"独尊儒术"，实际上我行我素，杀戮还特别重。

他执政55年战争50年，奠定中华疆域版图，功不可没。有两点不可忽略：一是有些战争显然是非正义的，如为"汗血宝马"一再讨伐大宛；二是战争代价太大，如前119年征匈奴，出塞14万军马，回来不到3万，很快变得"海内虚耗，人口减半"。

法律方面则"文书盈于几阁，典者不能遍睹"。更大的问题还在于搞"春秋决狱"。为了说明刑罚的必要性，董仲舒拿大自然来打比方，"霜者天之所杀也，刑者君之所罚也"。他反复强调"大德而小刑""厚其德而简其行"，并直接向刘彻建言:"虐政用于下,而欲德教之被四海,故难成也"。董仲舒编写《春秋决狱》,收录232个经典案例,用《春秋》经义注释刑罚。通俗地说,就是用孔子的思想来对犯罪事实进行分析、定罪。凡与儒家经义相悖的法律,要以儒家经义为准。再换言之,着重追究犯罪动机,动机好的一般从轻,甚至免罪;如果动机邪恶,即使有好的结果也要受到严厉的惩罚,犯罪未遂也要按已遂处罚。有时一句语录可使无罪者祸及三族,又可使有罪者无罪释放。此外,刘彻常根据自己的意愿制定新法律。

当时便有大臣批评刘彻"内多欲而外饰以仁义"。北京师范大学李春青教授评价说,刘彻时期"儒学看上去很兴旺,但实际上儒学并未真正成为有效的社会意识形态","半个世纪后,到了西汉后期,孔子学说、儒家正统思想也还是受到来自那些实干的政治家们的严重质疑","盐铁会议"激烈争论的"核心就是儒家思想究竟对富国强兵有没用的问题"。甚至有人怀疑董仲舒关于"罢黜百家,独尊儒术"的建议,刘彻到底采纳了没有?诏令何在?至今是一笔糊涂账。

刘彻的后人们也大致如此。宣帝刘询时期,太子刘奭对他提意见:"您持刑太深,应当多用儒生!"刘询一听立时变脸,斥责道:"汉家自有制度,本以霸王道杂之,奈何纯任德教,用周政乎?"这句话可谓一语道破天机。"霸道"指法家,"王道"指儒家。"霸王道杂之"两层意思:一是王霸结合,即儒法结合,礼法、德刑结合;二是对道、墨、名、阴阳等凡是有利于大一统与长治久安的思想,都"杂"而采之,兼而用之。

实际上,从来就没有什么"纯任德教",或是"纯任法家"。"成康之治"说是"四十余年刑措不用",并不等于没有刑法。孔子非常强调"仁",但也相当重视刑。子贡上任信阳宰的时候,孔子教导他为官之道:"知为吏者,奉法以利民;不知为吏者,枉法以侵民。"另一位学生仲弓请问法令该禁哪些时,孔子还具体指导说:

巧言破律,遁名改作,执左道与乱政者,杀。作淫声,造异服,设伎奇器以荡上心者,杀。行伪而坚,言诈而辩,学非而博,顺非而泽,以惑众者,杀。假于鬼神,时日卜筮,以疑众者,杀。此四诛者不以听。

这四类死刑，连审理都不需要！如此杀气腾腾，即使出自《孔子家语》，我还不敢相信是出自孔子之口。中国历史上从来不曾缺过惩民之法，奇缺的是约束权力之法以及保护庶民利益之法。只因为儒家被过度美化而法家被过度丑化，人们常将儒家与法家截然分开，标签化，泾渭分明，但这不符合实际，实属误导。著名学者吴思在仔细揣摩一些历史人物和事件之后，发现支配中国专制统治集团的东西，常常与他们宣称遵循的那些原则相去甚远，"对于这个擅长舞文弄墨的集团，要撇开它的自我吹嘘和堂皇表白，才能发现其本来面目"。所谓"外儒内法""内圣外王"，也属于吴思所说的"潜规则"吧，在中国潜行数千年。

儒家也是一个统称。粗略地分，如先秦儒、汉儒、宋儒等等。先秦儒主要指孔孟等，汉儒主要指董仲舒等。有学者认为：一是从思想内涵来看，汉儒将阴阳家、黄老之学、法家的思想纳入自己的理论体系，发展与改造了先秦儒学。二是从与当政者的关系而言，先秦儒学批判暴政而致力于建立理想化的社会政治秩序；汉儒则退而求其次，承认现实社会政治秩序的合理性（如皇权专制），即从批判时政转为维护现实统治。有人指责汉儒背离了先秦儒学的民本思想，转而向专制统治妥协。但也有学者认为这种妥协是必要的，因为只有这样才可能给帝王一些约束。好比将老虎关进笼子，汉儒认为不能强行，只能用些鲜活的肉诱使它进去，并把笼子尽可能作得金碧辉煌，以便让它尽量舒适温柔地待在笼子里。

不管怎么说，"孔子的笼子"终于或多或少有些作用了！面对天灾人祸，更多帝王下"罪己诏"，主动检讨自己不够尽责的地方加以改正，百姓获益。不久，出现"异端"即唯物主义哲学家王充，猛烈抨击"天人感应"理论的虚妄性与欺骗性，但他对董仲舒求雨之类作法却赞不绝口，重申如果久旱不雨，君王必须举行雩祭，以示"惠愍恻隐之恩"，"慰民之望（怨）"，抚慰百姓。显然，王充也是想发挥"孔子的笼子"的作用。

"天人感应"的笼子确实有些用处。比如清朝时杨光先等人上书，攻讦德国传教士汤若望等勾结澳门葡萄牙人，图谋颠覆清廷。鳌拜听信，将汤若望等人下狱，分别判处凌迟、斩首、流徙。幸好北京发生强烈地震，人心恐慌，认为这是因为刑狱不公，上天示警，所以康熙祖母孝庄太后出面干预，汤若望等传教士才幸免于难。如果没有这号"笼子"，孝庄太后恐怕也救不了汤若望。

不过，这"笼子"也常囚了不该囚的人和事。如715年春夏，山东蝗灾严重，宰相姚崇请求派御史到各州县去组织捕杀蝗虫，大臣却认为没有用，唐玄宗李隆基也犹豫不决。姚崇说："如今山东、河南、河北百姓都快逃光了，怎么还坐视不救！即使除之不尽，也比看着不救好！"李隆基这才准奏。可是，以廉洁而敢言著称的另一位宰相卢怀慎却表示担心："杀蝗太多，恐伤天和。"姚崇急得直跺脚："想想从前，楚庄吞蛭而愈疾，孙叔杀蛇而致福，你怎么偏偏怜悯蝗虫而忍心看百姓饿死呢？如果杀蝗有祸，请让我以身担当！"结果，捕杀了好多蝗虫，救了一些庄稼，饥荒不太严重。

没想到，第二年春夏蝗灾又在山东大起。汴州刺史振振有词说："蝗乃天灾，非人力所及，应该努力提高人们的思想道德素养，才能消除。你们忘了吗？刘聪治蝗埋杀，结果出一大堆乱象。"刘聪是十六国时汉（前赵）昭武帝，遇蝗灾时命人埋覆，结果传说哭声闻十余里，蝗虫钻土飞出，不仅蝗食黍豆，还出现犬与豕交于相国府门之类怪事。因此，这位刺史斗胆拒绝中央派出的督查团，坐等人们提高道德水平及上天悲悯。姚崇连忙给那位刺史写信，严正驳斥说："刘聪伪主，德不胜妖；今日圣朝，妖不胜德。说什么自古有好官的地方蝗不入境，如果修德可使蝗不入境，那些地方官难道都是缺德之人？"照此逻辑，汴州闹蝗灾，汴州的刺史就不是好官，而当今皇上不也……刺史这才怕了，遵从中央御史督促杀蝗工作，没造成大饥荒。"卫道士"之害，可见一斑。

第四章

东汉：光芒被西汉和北宋盖住了

　　河内太守曹褒救灾举措得当，中规中矩，然而事后却有人说他救灾不力，被免职。无独有偶。《孔子家语》卷二：子路在蒲地作县令，率民众修渠防灾，给民工每人发一箪饭一瓢水。孔子闻讯，立即派子贡去劝阻，责备说："你既然知道民众在挨饿，为何不向国君报告，请他来发放救济呢？你这样私自救济，就彰显国君没有美德了，还不快停止，会获罪的！"用现代话来说，你子路、曹褒抢领导的镜头了。孔子真有"远见"啊！

牛车、马车图

1992年内蒙古鄂托克旗凤凰山1号墓出土。在院门外,有牛车、马车各一乘,从大门前经过。左侧为一白牛牵引的黑舆车,车内坐两人,均着淡黄色右衽衣,戴黑帽,帽侧插翎,前面的一位怀内抱鞭,两人似在交谈。右侧为一乘由枣红马牵引的黑舆、黑伞盖轺车,御者黑衣,头戴宽沿黑帽,手执鞭坐于车内。

公元 25 年六月刘秀称帝，定都洛阳，后人称此为"东汉"。至 220 年被三国中的魏国取代，共传 13 帝，历时 195 年。公元 95 年是东汉建国 70 周年，历经光武帝刘秀、明帝刘庄、章帝刘炟，至和帝刘肇。

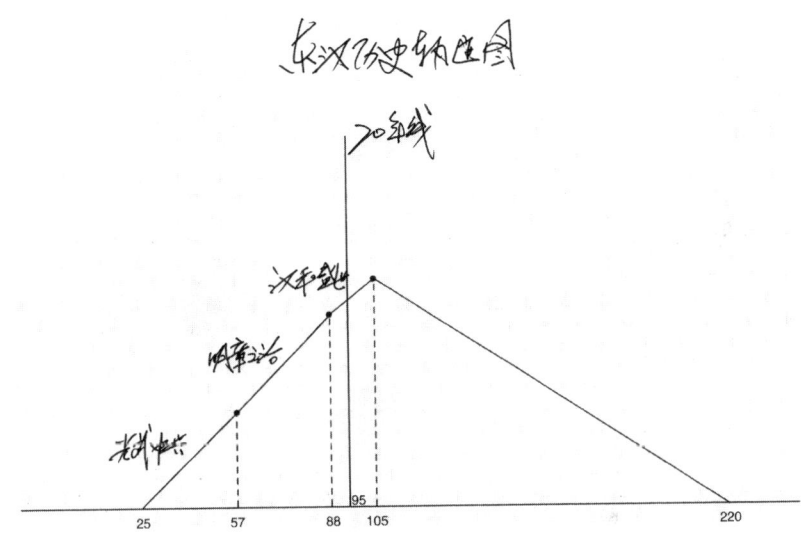

东汉盛世简表

盛世名称	时段	积年	帝王（任）
光武中兴	25—57 年	32	光武帝刘秀（1）
明章之治	57—88 年	31	明帝刘庄（2） 章帝刘炟（3）
汉和盛世	88—105 年	17	和帝刘肇（4）

开国风光：

没有存在感的盛世

东汉常常被人们忽略，它夹在超级 IP 西汉和三国之间，曝光度很低。要从记忆中搜寻起来，印象最深的恐怕是外戚和宦官专权，感觉很不好。东汉是独立的王朝，又是西汉的延续。在中国历史上，复活前朝的案例并不少见。西周之后有东周，西晋之后有东晋，北宋之后有南宋。然而既能复活前朝，又能发扬光大者，唯有东汉。

东汉创建者光武帝刘秀是个很优秀的政治家，他所创立的东汉王朝以厚重儒雅之姿悬布在历史的星空中。"新"朝王莽想全盘用"周政"，结果法禁还特别严。刘秀明确要抛弃他那一套，宣布"吾理天下，亦欲以柔行之""解莽之繁密，还汉世轻法"，恢复汉初"黄老之术"，只不过不叫"无为而治"，自己另称"柔道之术"。但又不是全盘照搬刘邦，比如"退功臣进文吏"，对开国功臣就不杀戮，赵匡胤"杯酒释兵权"很大程度上就是学刘秀。

"退功臣进文吏"是刘秀最核心的人事政策。"退功臣"，可以保护功臣，更有助于杜绝权臣。"进文吏"，便于把优秀人才吸引到官僚队伍中，更便于皇帝总揽权纲，统御臣工。刘秀通过这一项措施，最终实现了向文治的转变，确立了一整套以文官为中心的体制。

如何安置开国功臣，是每一个新兴王朝都必须面对的问题。刘秀采取了截然不同的作法。重量级的开国元勋，得到了高爵、厚赏，还有特进、朝请之类的荣誉性特权。但是除邓禹、李通、贾复三人可以参议国家大事之外，其他人基本上退出了国家权力中枢，不再参与国家管理。在中国历史上，能够像光武帝刘秀这样优容功臣而君臣相安者，大概只有宋太祖赵匡胤了。故王夫之赞叹说，"三代以下，君臣交尽其美，唯东汉为盛"。

刘秀死后，其子汉明帝刘庄追思前朝元勋，命人把邓禹、吴汉、贾复等追随刘秀南征北战、为东汉王朝的创建立下赫赫战功的二十八位将帅的肖像绘在南宫云台，随时瞻仰。这就是流传后世的"云台二十八将"。

东汉建国之初，外部侵扰同样不断，这跟刘秀个人选择有关。刘秀比刘邦转身更华丽，战火还没熄灭，一登帝位便高高举起"天地之性人为贵"的大旗。他"每发一兵，头须为白"，尽量少用兵、不用兵。匈奴虽然被刘彻重创，但是像蚊子一样经常入塞骚扰，一赶就跑，不赶又来。公元48年，匈奴王死，分裂为北匈奴和南匈奴，南匈奴入汉称臣。北匈奴继续与汉为敌，时值连年旱蝗，赤地千里，人畜饥疫，死耗过半。两位雄心勃勃的老臣臧宫、马武要求再次上阵，趁机剿灭北匈奴，彻底安定北边。请战书写得义正词严：

匈奴贪利，无有礼信，穷则稽首，安则侵盗。虏今人畜疫死，旱蝗赤地，疲困之力，不当中国一郡，万里死命，悬在陛下。福不再来，时或易失，岂宜固守文德而堕武事乎！今命将临塞，厚悬购赏，喻告高句骊、乌桓、鲜卑攻其左，发河西四郡、天水、陇西羌胡击其右，如此，北虏之灭，不过数年。

刘秀却不同意。纵观整个东汉，经常有大臣反对用兵。比如和帝时期，任隗就认为匈奴已不构成威胁了，继续派兵到荒漠去服苦役是愚蠢之举，浪费国家资源，所以他先后十几次上奏建议召回窦宪的部队。为此，《剑桥中国秦汉史》批评：

在此时刻，光武帝犯了他在位时期最大的错误，这个错误也属于中国历史中最坏的一个。他本应与南匈奴联合，攻击北匈奴的联合体。公元51年中国的将领们极力主张这场征战，而征战肯定会取得胜利。南单于就可以作为匈奴唯一的统治者返回戈壁之北的土地，而中国人就可以收复西北边陲的几个郡。之所以丧失这个机会，并不是因为它有军事风险，而是因为光武帝没有认识到它的有利条件……中国人为此付出了很高的代价。

殊不知刘秀惜民惜兵。于是，北匈奴也来贡裘马求和亲，刘秀则赐以缯帛和弓矢，似乎永远和平了。实际上匈奴本性难改，仍然常骚扰边境。北方还有游牧民族乌桓、鲜卑，西部山岳民族西羌及绿洲城市国家群西域，西南少数民族如所谓南蛮、西南夷，都经常制造麻烦。只有东部沿海（东夷）比较安定。这种比较消极的御外之策等到下一代明帝时期才开始变更。

刘秀以"柔道"治国，却以铁腕治吏。无论是掌权的尚书，还是虚位的三公，一旦有过错或者不合皇帝心意，往往会受到严惩。官员经常被拖到皇帝面前捶扑鞭打，毫无体面可言。朝廷选拔的临民之官，也多为行政风格苛严之人。史书上说，"光武承王莽之余，颇以严猛为政"。

《后汉书·酷吏传》中记载的董宣、樊晔、李章，都是光武帝时有名的酷吏。开国之初就任用酷吏，这样的现象历代少见。这些酷吏多数都能够善始善终，同样是罕见的事情。光武帝刚猛治吏的政治风格，一直延续到后来的明帝、章帝时期，前后数十年，开创了东汉历史上最值得称道的吏治清明时代。

对于光武帝刘秀的中兴业绩，司马光评价很高："偃武修文，崇德报功，勤政治，养黎民，兴礼乐，宣教化，表行义，励风俗。继以明章，守而不失，于是东汉之风，忠信廉耻及于三代矣。"

刘秀时期，本着"天地之性人为贵"的原则，大力解决奴婢和土地兼并等历史遗留问题，农业劳动生产率及人口数量迅速恢复，被誉为"光武中兴"。其后明帝刘庄、章帝刘炟时期，恢复对西域的统治，将儒学系统化，完善历法，引进佛教，被誉为"明章之治"。紧接的和帝刘肇也干得不错，外御四敌，内压外戚势力，刑律"务从宽恕"，特别是他在位时科技、文化有很大发展，蔡伦改进造纸术，班固、班昭写出《汉书》，窦宪灭北匈奴在世界历史上也是一件大事，因此又有"汉和盛世"之誉。跟西汉初一样，也是三个盛世紧相连。

东汉前三位皇帝光武帝、明帝、章帝都是传统王朝少有的明主，却远远不及西汉汉高祖刘邦及创造"文景之治"的文帝、景帝出名。更重要的是，在发展势头上东汉开国接连三个盛世，看似西汉却不似西汉。东汉从第四代皇帝和帝开始，娃娃皇帝层出不穷，外戚和宦官交替专权，把东汉政治引向黑暗的深渊，直至灭亡。而西汉"文景之治"之后还有武帝盛世和"昭宣中兴"。

东汉开国70周年（95年）是第四代皇帝和帝统治时期。汉和帝刘肇于此前7年（88年）继位，现年16岁，此后一年窦太后死才亲政，此后10年（105年）去世。

最注重教化的朝代

儒学虽然被刘彻"独尊",但落到实处并不多,直到西汉末才上升到主导地位,东汉光武帝刘秀时期开始真正成为官学。公元 29 年,光武帝建太学,置博士,传授诸经,不过实际上也没有从中选取儒生到朝廷重要的岗位上来。刘秀巡视鲁地时遣大司空祭祀孔子,封孔子第 17 代孙孔志为褒成侯,开历史之先河。对于王莽时期隐居不仕的官僚、名士加以礼聘,表彰他们忠于汉室的高风亮节,培养重名的社会风气。

汉明帝刘庄更进一步,令皇太子、诸侯王及大臣、功臣子弟都要读经。他特别重视孝,决心"以孝治天下",令军人都要背诵孝经。但用人还是务实,如公元 66 年"令司隶校尉、部刺史岁上墨绶长吏视事三岁以上、理状尤异者各一人",条件两个:一是"视事三岁"即任职三年以上,强调资历;二是"理状尤异"指政绩特别突出。

汉章帝刘炟时期就比较务虚了。他东巡到阙里祭祀,演奏古乐,会见孔家后裔 62 人。刘炟问孔僖:"今天举行这么隆重的活动,你们家族是不是感到很荣耀?"孔僖连忙叩谢皇恩浩荡,万分激动地说:"当然当然!臣听说,圣君明主没有不尊师重道的。如今陛下屈尊光临我们卑微乡里,这是崇敬先师,发扬君王的圣德,不只是微臣家族私有荣耀!"这马屁拍得恰到好处,刘炟听了大笑:"如果不是圣人子孙,怎么可能说出这么好的话!"当即提拔孔僖为郎中。

经过任城时,刘炟到在野名人郑均家看望。郑均自小喜欢老子。他哥哥当县吏,经常收受别人馈赠,郑均多次劝谏不听。于是,郑均外出打工,赚钱回来给哥哥,说:"东西没了通过劳动可以重新获得,而人的名誉一旦毁掉终身难以挽回。"他哥哥很感动,变成一个廉官。郑均推恩好让,善化一方,美名四扬,朝廷多次召他为官被推辞。现在刘炟路过,赐他"尚书"称号,俸禄终身。这事传开,人们称他为"白衣尚书"。白衣本指平民,这里指离职去官。后来,人们以"白衣尚书"比喻虽已不作官但仍领俸禄的人。

刘炟到东平祭祀献王刘苍。刘苍是刘秀之子,封东平公17年,晋爵为王。刘苍是个美男子,留有须髯,但他自幼好读经书,雅有智思。朝中修礼乐定制度,常请他主持。现在,刘炟缅怀先辈,伤感不已。他对刘苍儿孙叹道:"朕常常思念他啊!现在,我来到他故地,他的房屋还在,人却归天……"说着,泪流满襟。意犹未尽,又用牛、羊、猪三牲祭祀。其间听说骠骑府吏丁牧、周栩侍奉过刘苍祖孙三代,忠心耿耿,至今不肯离去,刘炟又很感动,立即提拔他们当议郎。由此可见,刘炟用人重表面且随意。

汉和帝刘肇继承这一方针。本年(95年)四月初一,刘肇召见公卿,奏议机密事,然后强调:"天子不英明,感化流俗没有上策,政事不得民心,上天会谴责的。"于是,决定学祖上"举孝廉"。此事需上溯到公元前134年。汉武帝刘彻根据董仲舒的建议,诏郡国推荐"孝廉"各一人。所谓"孝廉"是刘彻任用官员的一种科目,即"孝顺亲长、廉能正直"之意,明清以此雅称举人。为此,柏杨说:

东汉王朝再仿效西汉王朝,命高级官员和地方政府推荐"茂才""孝廉"人士,于是政府中非贵族血统的官员,即士大夫人数,更形增加,而终于凝聚成为一种力量。

以"举孝廉"为主要途径选拔官吏的儒学过分强调所谓思想品质,很快出现副作用。早在战国时代,孟子就抱怨当时人们将儒术作为"敲门砖",一旦升官就抛弃。荀子指责更严厉,说太多儒生只是贵族的食客和走狗,骗吃骗喝。到东汉,这种情况更严重,时谚曰:"举秀才,不知书。察孝廉,父别居。寒清素白浊如泥,高第良将怯如鸡。"

当时有个人,葬亲后在墓旁挖地洞住着,服孝20多年,地方官争颂他的孝行,纷纷向朝廷推荐。新太守陈蕃凡事较真,得悉他其间生了5个儿子,便责问:"你竟然在守孝中有儿女情,岂不是欺世惑众,亵渎鬼神?"陈蕃不仅不予提拔,反而将这伪君子法办。陈蕃这样的官员太少了,导致沽名钓誉者多,真才实学者少。从此千年,伪君子也越来越多。

陈蕃年少时,曾经独处一个庭院习读诗书。一天,其父的一位老朋友薛勤来看他,看到院里杂草丛生、秽物满地,就对陈蕃说:"孺子何不洒扫以待宾客?"陈蕃当即回答:"大丈夫处世,当扫除天下,安事一室乎!"

以一敌国的孤胆英雄封侯

东汉班家可不一般！史学家班彪及其儿子班固、女儿班昭一家三文豪，另一个儿子班超的文才可能相对逊色，但他口才与武功超好。班超出道只是替官府抄写文书，稍后也只是兰台令史，掌管奏章和文书，因过失被免职，只好从军，很快脱颖而出。他率兵进攻伊吾（今新疆哈密），在蒲类海（今新疆巴里坤湖）与北匈奴交战，立大功。公元73年，汉明帝刘庄派他以军司马之职率员出使西域。

这一年二月，班超率36名随从到鄯善。鄯善王对班超等人开始比较友好，没几天突然变冷淡。班超估计北匈奴也派人来了，便找一个侍者问："匈奴使者来几天了，今天在哪？"那侍者只好照实说。班超立即把36人召集起来，边喝酒边说："我们到这偏远的鬼地方来，目的是立大功，求富贵。可现在匈奴一来，鄯善王态度大变。如果把我们抓了送匈奴，骨头都回不了家，怎么办？"众人一听，纷纷表示愿听从班超。这天天刚黑，班超率将士直奔匈奴使者驻地，10人拿鼓，其余人持刀枪弓弩埋伏在门两边，然后顺风纵火，前后鼓噪，声势喧天。匈奴人乱作一团，被杀30多人，其余葬身火海。第二天班超请来鄯善王，把匈奴使者的首级给他看，好言抚慰，晓之以理。鄯善王只好表示愿意归附汉朝，送王子做人质。

不久，班超到于阗。当时已有北匈奴使者驻于阗，名为监护，实际掌握于阗大权。班超到来，于阗王很冷淡。神巫对于阗王说："为什么要向汉呢？神已经发怒。汉使有骏马，快让他们牵来给我祭祀天神！"于阗王派人向班超讨马。班超爽快答应，但要求神巫自己来牵。等神巫到来，班超不由分说一刀将他杀了，把首级送还于阗王。于阗王惶恐得很，当即下令杀匈奴使者，归附汉朝。

北匈奴扶持的龟兹王，仗势横行，派兵攻打疏勒，另立龟兹人兜题为疏勒王，掌握实权。班超到疏勒，在90里外落脚，派手下田虑去招降。班超交代说：

"兜题不是疏勒人,疏勒人肯定不会卖命。如果不马上投降,你可以抓他!"果不其然,兜题见田虑一个人来,根本没降意。田虑乘其不备劫持他,上马疾驰而回。这时班超率众进城,将疏勒文武官员集中起来,宣布兜题种种不良行径,改立原来被杀掉的国王的侄儿忠为王。

就这样,东汉与那一带50多个小国建立了友好关系,逐步恢复对西域的统治。史书多说班超"出使",实际上可谓"出征"。30多个人就能降伏一个又一个小国,历史上真实的班超跟好莱坞大片的孤胆英雄相比毫不逊色。

东汉开国70周年即公元95年之时,汉和帝刘肇颁诏说:"先帝以黎民百姓生命为重,不想大动干戈,所以派遣班超出使西域诸国。班超越葱岭,到达县度山(今克什米尔),出入22年。班超改立各国国王,安抚其民。不惊动中央,不派遣军队,而使远夷和睦,异族同心,洗雪旧耻,功莫大焉。为此,现封班超为定远侯,食邑千户。"

不乘胜追击就要被斩

邓鸿是东汉开国大将邓禹的小儿子,史书说他"好筹策",就是善于谋划的意思。公元89年,他曾以度辽将军之职与大将军窦宪、征西将军耿秉等,率军击败北匈奴。

94年夏,南匈奴单于师子继位后,有五六百投降的北匈奴人乘夜袭击师子。随后,之前已投降的北匈奴15个部落20余万人叛乱,另立北匈奴单于,劫杀官吏百姓,焚烧邮亭和庐帐,准备穿越大漠北去。九月,汉和帝刘肇命邓鸿代理车骑将军之职,与越骑校尉冯柱、代理度辽将军朱徽率左右羽林军、北军五校的士兵和郡国士兵,乌桓校尉任尚率领乌桓、鲜卑的部队,共计4万人,再次大败北匈奴,前后杀敌17000多人。北匈奴的残余西逃而去,再也无法威胁中原。

这可是了不起的胜利!西去的匈奴引起连锁反应,像一股狂风刮倒一棵大树,大树将强大的西罗马帝国压垮。

然而,本年(95年)正月,汉军班师回朝,邓鸿被指控有逗留不进、坐失军机之罪,依军法下狱处死。有没有冤屈?没发现答案。

同年,辽东鲜卑叛乱,太守祭参不追剿,也被下狱诛死。

官员救灾与国君救灾之争

中国历史上自然灾害严重的情形，可以从大禹治水三过家门而不入的传说中窥豹一斑。史书大事记中常见，但一般寥寥几个字，读不出感觉。如《资治通鉴》记本年（公元95年）："九月，地震。"这地震多严重？有没有造成生命财产损失？如何救灾？一概给省略了。所幸从《后汉书》人物传中摘到数语：

（曹褒）出为河内太守。时春夏大旱，粮谷踊贵。褒到，乃省吏并职，退去奸残，澍雨数降。其秋大孰，百姓给足，流冗皆还。

曹褒，"少笃志，有大度……博雅疏通，尤好礼事，常感朝廷制度未备"。后来举孝廉，任圉县令。曾有邻郡盗徒5人入圉，被抓获，太守要杀。曹褒说："夫绝人命者，天亦绝之。皋陶不为盗制死刑，管仲遇盗而升诸公。今承旨而杀之，是逆天心，顺府意也，其罚重矣。如得全此人命而身坐之，吾所愿也。"结果抗命不杀，被批软弱，免官归郡，为功曹。后来汉章帝征拜曹褒为博士，命其制定新礼。汉和帝即位后擢褒"监羽林左骑"，后升"射声校尉"。他志在像周公那样制礼作乐，继续编纂《汉礼》，不想有人告他"破乱圣术，宜加刑诛"。汉和帝虽然网开一面，不予加罪，但《汉礼》就不能施行了。

本年曹褒出任河内太守，遇旱灾，粮价飞涨，他便精减政府职员。结果这年秋季大丰收，流离失所的人全都返乡。

邓云特（邓拓）《中国救荒史》有"消极之救灾"与"积极之预防"之说。关于灾后补救，包括"安辑""蠲缓""放贷"与"节约"。该书写道：

灾荒饥馑之后，粮食不足，经济困窘，非节约自无以度难关。故历代有节约之义。虽然古人之论节约者,多有虑暴殄天物,致重伤时和,故其倡节约也。犹寓有禳弭之意于其中。然就大体言之,古人对于荒年,节省物力、财力之重要作用,亦颇不乏正确之认识。

可见,曹褒举措得当,中规中矩。然而,事后却有人说他救灾不力,又被免职。不久有人替他做证,说他够尽力,才复职。曹褒这官也当得真累!

那人怎么说曹褒救灾不力呢?原文仅简略一语:"后坐上灾害不实免。有顷征,再迁,复为侍中。"详情无考。无独有偶。《孔子家语》卷二:子路在蒲地作县令,率民众修渠防灾,给民工每人发一箪饭一瓢水。孔子闻讯,立即派子贡去劝阻,责备说:"你既然知道民众在挨饿,为何不向国君报告,请他来发放救济呢?你这样私自救济,就彰显国君没有美德了,还不快停止,会获罪的!"用现代话来说,你子路、曹褒抢领导的镜头了。孔子真有"远见"啊!看来,曹褒读了一辈子儒书,还是没读到位!

此后十年一瞥：

盛世之终

汉和帝刘肇公元89年即位时才10岁，只好由养母窦太后执政。风水轮流转，东周时期美女多出姜家，两汉时期美女多出窦家。前有西汉景帝的母亲窦太后，后有东汉和帝的养母窦太后。

汉和帝时期，窦太后临朝后大谋私利，尊母沘阳公主为长公主，封邑3000户，兄窦宪和弟窦笃、窦景都提拔掌实权。有道是"举贤不避亲"，如果这些皇亲国戚德才兼备的话未尝不可，问题是皇亲国戚往往不争气。

窦宪以前被汉章帝刘炟压制，现在咸鱼翻身，好像要把前些年忍气吞声补偿回来似的，越发胆大妄为。窦宪的祖父和父亲均因枉法被杀，其中父亲案是韩纡审的。现在窦宪为报私仇，派人杀韩纡的儿子，拿人头到父亲坟前祭奠。都乡侯刘畅进京吊丧，经常进宫私会太后。窦宪担心刘畅说他坏话，也派人杀他。太后下令调查，查出幕后主使窦宪，而杀宗室是死罪。窦宪为免于一死，才抓住朝廷对外用兵的机会自请出征匈奴赎罪。窦宪在战争中立大功。然而他旧病复发，更加跋扈恣肆，竟然欲谋叛逆。幸好汉和帝刘肇已初长成人。公元92年闰三月，窦宪班师回京，刘肇一面派大鸿胪持节到郊外迎接，另一面亲临北宫，关闭城门，将窦宪的死党全都逮捕，下狱诛死。同时收回窦宪的大将军印绶，改封为冠军侯，要求他回封地。窦宪回封地后，被迫自杀。

公元97年，窦太后崩，还没下葬就有几位大臣上书，要求贬太后尊号，很多官员附和，由此也可见窦氏一家多么不得人心！

在那个时代，子以母贵，母也以子贵，身为皇后而不能生子的后果是令人恐惧的。不育活生生将当年的窦皇后逼得丧心病狂。本来，章帝后宫中宋贵人生有皇子叫刘庆，并已立为太子。窦太后学刘彻那一套，诬宋贵人利用巫术诅咒皇上，宋贵人被迫自杀，刘庆也被废。刘肇的生母是梁贵人，窦太后又诬她的母亲有罪，逼得她忧愤而死，幼小的刘肇则由窦太后抚养。这些内幕没几个人知道，知道的也不敢说，刘肇一直被蒙在鼓里。

直到窦太后去世，梁贵人的族人将真相揭露出来，朝野震惊，三公联名上疏：依刘秀贬黜吕太后的先例，剥夺窦太后的尊号，不让她与先帝合葬。刘肇却平静地说："虽然窦宪等人横行不法，但太后本人这些年还是深明大义，生活俭朴，勤劳国事。我跟她生活了十多年，十分清楚，你们就不必多说了！"结果，窦太后待遇一切不变，同时追尊梁贵人为皇太后，并封赏梁氏族人。从这件事看，刘肇是非常理性的，顾全大局；也可见窦太后在"汉和盛世"中功不可没。

同一年即公元97年王充死，101年贾逵死，102年班超死……

——王充是唯物主义哲学家，以道家的自然无为为立论宗旨，以"天"为天道观的最高范畴，与"天人感应"论对立。王充主张生死自然、力倡薄葬，反对神化儒学。其代表作《论衡》一书85篇，20多万字，其中《订鬼》收入现行中学课文。虽然反对"天人感应"论，但王充对董仲舒个人评价很高："虽无鼎足之位，知在公卿之上"，"文王之文在孔子，孔子之文在仲舒"，对其祈雨作法仍然表示赞赏。

——贾逵是当时著名经学家、天文学家，所撰经传义诂等儒家著作百余万言，又作诗、颂、诔多篇，被称为"通儒"。代表作《春秋左氏传解诂》等。他还首次提出用黄道坐标测算日月运行轨道，并指出月球的运行速度为不等速，在天文学上作出了不可磨灭的贡献。

关于班超，前文有述。

更重要的是105年和帝刘肇去世了，"汉和盛世"终结了，东汉开始走向黑暗的深渊。

刘肇曾经生育多个皇子，但大都夭折。他认为是宦官、外戚在谋害，便将剩余的皇子藏到民间抚养。不想，长子刘胜自幼生怪病，多年不愈，显然不适合作皇帝。最后只好选出生仅100多天的刘隆继位，皇太后邓绥临朝听政。第二年八月刘隆又死了，成为中国帝王中即位年龄最小、寿命最短的皇帝，被史家称为"八月皇帝"或"百日皇帝"。

更令人不敢相信的是，娃娃皇帝从此好像成了一种常规。东汉13帝，除光武帝刘秀称帝时 30 岁、明帝刘庄继位时 29 岁、章帝继位时 18 岁以外，其余 10 个继位年龄全在 18 岁以下，10 岁以下的也不在少数。

个别娃娃皇帝在优秀的皇太后及大臣们辅佐下，王朝保持良好态势是完全可能的。可是一连串娃娃皇帝呢？你能保证皇太后及辅政大臣个个都优秀吗？

千古之叹:
娃娃皇帝为何层出不穷

所谓"亲戚",族内之人为亲,族外之人为戚。帝王无法无天,在挥霍臣民生命财产的同时,也挥霍自己的生命,所以许多帝王都短命,且死时儿子幼小,甚至没有儿子——需要交权给兄弟或侄儿等族人。三五岁甚至更小的婴孩肩负统治全国的重任,在现代来说绝对是笑话,可是在中国历史上却时不时发生。

早在西周初,幼小的成王需要周公辅佐;最迟1912年,宣统皇帝退位时还是个需要大人抱着的娃娃。这种情况下往往需要小皇帝的母亲抱着他坐金銮殿,更需要母亲代理"最高指示"。而那样的母亲,或曰前任的皇后现任的皇太后,也是突然被从深宫推到风口浪尖,她能依靠谁呢?只能依靠她的兄弟等亲人,也就是外戚,这就形成另一种皇族势力。

外戚是政治暴发户,很容易招致朝野的不满,引起权力斗争。这种现象早在刘邦死时就发生了。他夫人吕雉以皇太后之尊,独揽大权。不仅如此,刘邦生前立下的非刘姓不能封王的条律形同虚设,吕后大封吕氏兄弟侄儿。等到她终于死了,刘姓皇族反扑,吕姓戚族全部被杀。刘彻吸取血的教训,在太子7岁时,意识到自己将死,便先把太子生母钩弋夫人杀掉。他解释说:"我不能让吕雉的悲剧重演!"然而,这种悲剧还是一再重演,到东汉更甚,外戚与士大夫、宦官相互争权夺利。

东汉初期对外戚限制很严。汉明帝刘庄明令后妃之家不得封侯参政,对外戚功臣也多加防范,如以挂画的方式隆重表彰二十八将,自己岳父却排除在外。刘庄在位时,他舅舅们位不过九卿。馆陶公主想替儿子求个郎官,刘庄宁可送1000万钱也不送官。大臣阎章才学出众,政绩显著,只因为有两个妹妹是后宫嫔妃,刘庄硬不给提拔。他母亲阴丽华的弟弟阴就的儿子、驸马阴丰杀了公主,刘庄不徇私情,将阴丰处死,逼阴就夫妇自杀。东汉13帝只有刘庄对外戚的限制最严,戚宦没有弄权的机会。

汉章帝刘炟前期也严格抑制外戚。窦宪是刘炟大舅子，仗势欺人，嚣张到连公主也敢欺负。他用低价强买沁水公主的园田，而公主畏惧其势焰不敢相争。刘炟偶然经过，指着那园田询问。窦宪不敢回答，并暗暗禁止身边的人吭声。后来刘炟了解到真相，怒火中烧，招来窦宪，狠批一通："你连公主都敢枉夺，何况百姓！"窦皇后出面求情，并降低服饰等级以示自责谢罪，刘炟饶他一条命，但不予重用。

可惜，刘炟晚年对外戚过于宽容。他宠爱皇后窦氏，重用窦宪，又优待宦官，使外戚和宦官这两股恶势力同时登台。东汉的开明政治从此结束，转入腐败和黑暗，汉家天下也开始由盛世走向衰退。

然而，外戚政治并没有随窦氏入葬而结束，而似乎才开头。汉和帝刘肇薄命，接他位的刘隆还没断奶，更少不了太后垂帘听政。东汉13帝当中有7个不是前任的儿子，除刘秀、刘庄和刘炟前三任皇帝之外全都有外戚势力干政。柏杨剖析道：

皇帝既然小，当母亲的皇太后自然成为权力中心。在儒家学派意识形态和多妻的宫廷制度下，皇后很少跟别的男人接触，仓促间掌握全国最高的权力，面临着她必须对十分陌生的政治行动，作最后决定，她的能力和心理状态，都无法适应。犹如赤身露体忽然被抛到街上一样，她恐慌而孤单，唯一可靠的人物不是朝中的大臣，因为她根本不认识他们，而是她平日可以常常见到的家属，她没有选择，只有这些人她才相信能够帮助她解决问题。

柏杨还说：外戚们大多数不知道珍惜权力，而只知道滥用权力，只知道贪污暴虐，一味追求物质享受。

其实，外戚大都只知道滥用权力而追求享受是小事，皇族内亲们也如此，更可恶的是他们为此故意制造娃娃皇帝。汉和帝刘肇有能力治世，也没能力交好班。邓太后还干得不错，政治上以"柔道"治天下，经济上也改革了一些弊端，注重节俭与劝农。殇帝刘隆去世后，清河孝王刘庆的儿子刘祜继位，刚满13岁。

刘祜在位 19 年又死了，这时太子刘保已 11 岁。然而，皇后阎姬为了掌控皇帝，却废刘保，而改立刘祜一个出生仅 8 个月的堂弟刘懿，结果血溅宫中，政治日益黑暗，大步走向没落。令人感慨的是：外戚之祸早在西汉初已现，刘秀们也采取了一系列防范措施，却没有一种制度去约束，眼看着越来越严重，直至覆亡。

人们谴责东汉的外戚，可是南宋末呢？当时蒙古人大举入侵，南宋面临灭顶之灾，本当拥立一个更优秀的皇帝，却一而再再而三选择娃娃皇帝，直至让大臣背着跳入大海。人们不厌其烦地歌颂那些跟着跳海的宋人多忠，为什么不反思一再选娃娃皇帝那"正统"之误？同样，清末面临三千年未有之大变局，更应该选择壮王，却重蹈覆辙，偏偏选择黄口小儿，同治、光绪、溥仪一连三个娃娃皇帝，坐待王朝覆灭！

第五章 东晋：流亡政府惊魂未定

南迁的晋政府实质上是一个流亡政府，由一些在北方幸而没有被杀，又幸而逃到江南的士大夫组成，统治一个他们根本不了解的世界。稍久之后，流亡政府变为殖民政府，土著人士在政府中没有地位，且受到轻视。土著人士也用轻视来回报，称呼流亡客人为"伧人"，意思是没有教养的俗汉。主客互相仇恨，引起不断的摩擦，甚至流血……

临戴进谢安东山图（局部）

　　成语"东山再起"，说的是东晋谢安辞职归隐东山（今浙江上虞境内），其后复职为相的故事。此图表现的是谢安东山携伎外出郊游的情景。戴进原作已佚，此画是沈周在参考了戴进作品后精心绘制的。

317年三月，司马睿称晋王，次年称帝，定都建康（今江苏南京）。至420年被南朝的宋取代，共传11帝，历时103年。东晋长期偏安东南，门阀政治当道，皇权受到很大限制。383年，生死攸关的淝水之战爆发，谢安坐镇指挥北府兵大败前秦，然后乘机北上，整个黄河以南地区重新归入东晋版图。东晋鼎盛时期充其量只有383—403年，姑且称之"谢安时代"。387年建国70周年之际，历经元帝司马睿、明帝司马绍、成帝司马衍、康帝司马岳、穆帝司马聃、哀帝司马丕、海西公司马奕、简文帝司马昱，至孝武帝司马曜。

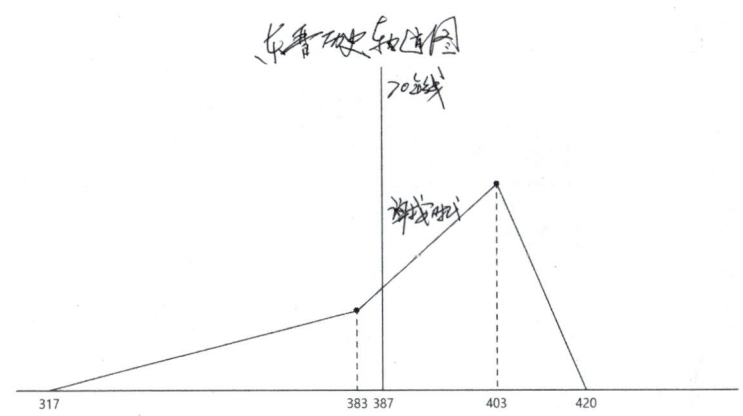

流亡政府：

曲水流觞与新亭对泣

东汉之末，有如从西周步入东周，又开始一个长期混乱的时代。据统计，从220年到420年，即三国、西晋、东晋十六国时期，称帝者有90人，平均两年多一些出一个皇帝（不少是同时在任），其中被杀、被废、被俘61人，占2/3强。然而，尽管那个时代的帝王没几个为现代读者熟知，但当时的文人雅士却让一代又一代人欣羡和膜拜。

晋穆帝永和九年（353年）三月三，"书圣"王羲之与41位军政高官，在山阴（今浙江绍兴）兰亭"修禊"，曲水中漂着酒杯，流到谁面前谁就端起一饮而尽，即兴吟诗一首。然后，将这些诗汇编成册，由王羲之作序并亲笔书写：

永和九年，岁在癸丑，暮春之初，会于会稽山阴之兰亭，修禊事也。群贤毕至，少长咸集。此地有崇山峻岭，茂林修竹，又有清流激湍，映带左右，引以为流觞曲水，列坐其次。虽无丝竹管弦之盛，一觞一咏，亦足以畅叙幽情……

这就是著名的《兰亭集序》开篇，曲水流觞的故事千百年来不知让多少人如痴如醉，心驰神往。此时，东晋政权已经安顿下来了，一片祥和。

回望三十多年前，经历"八王之乱"的西晋再经历内迁各族的一波波冲击，"永嘉之乱"悲剧上演，匈奴刘汉集团攻破晋都、俘虏晋帝，最终使西晋灭亡。此间，中国历史上发生了第一次"衣冠南渡"。

这是一次改变中国历史的大迁徙。其中有平头百姓，也有世家大族，甚至还有皇室宗亲。这些来自北方的迁徙大军中有两个与众不同的人，一个是琅邪王司马睿，另外一个是北方世家大族的领袖王导，正是由于他们的南渡，改变了中国历史。他们共同建立的政权，开启了中国历史上一个特殊的政治模式——东晋门阀政治。

317年，司马睿承制改元，即晋王位（尚未称帝），改元建武，东晋建立，史称东晋。318年，晋愍帝司马邺死于匈奴刘汉（前赵）的讣告传到建康。王导知道现在已经无家可回，于是他说服了堂兄王敦，与其他大臣共同劝进，43岁的司马睿终于正式登基为帝，改元太兴，是为晋元帝，东晋历史从此拉开帷幕。柏杨评述：

南迁的晋政府实质上是一个流亡政府，由一些在北方幸而没有被杀，又幸而逃到江南的士大夫组成，统治一个他们根本不了解的世界。稍久之后，流亡政府变为殖民政府，土著人士在政府中没有地位，且受到轻视。土著人士也用轻视来回报，称呼流亡客人为"伧人"，意思是没有教养的俗汉。主客互相仇恨，引起不断的摩擦，甚至流血……

一个没有民众基础，而又不停内斗的流亡政府，像用火柴搭起来的亭台楼阁，能维持现状，已是老天爷保佑了。

对于初到江东的北方世家大族来说，最迫切的是要解决生计问题，而生计的关键就是土地。江南虽然沃野千里，但自东吴以来即为南方世家大族占据。初渡江的司马睿就曾说过："寄人国土，心常怀惭。"

因此，南迁不久，文官武将都希望能收复北方。只要北国没有"遂宁"，他们就不可能真"乐安"。《世说新语》载：

过江诸人，每至美日，辄相邀新亭，藉卉饮宴。周侯中坐而叹曰："风景不殊，正自有山河之异！"皆相视流泪。唯王丞相愀然变色曰："当共戮力王室，克复神州，何至作楚囚相对？"

这些流亡人士，风和日丽，喝着美酒，饱享江南美景，但一想到北方，天地黯然失色，不免潸然泪下。从此，汉语多了"风景不殊""新亭对泣"两条成语，悲叹国土破碎或沦亡。可是，当一些人真要北伐时，又会遭到阻止。这是因为，一方面国力有限，另一方面也因为第二三代已经适应南方的气候和习俗，北国倒成了陌生的异乡。

祖逖（266—321年）素有远大抱负，"闻鸡起舞"故事的主角就是他和好友刘琨。他跟晋元帝司马睿毛遂自荐："晋室败落到今天这地步，并不是君主无道导致臣下叛乱，而是由于宗室争权夺利自相残杀，使外敌趁机入侵，祸及中原。现在晋朝遗民都不甘，大王您如果下令，派我这样的人统军去收复中原，一定会有很多人望风响应！"司马睿看了这自荐书，左右为难，只好任命祖逖为豫州刺史，给1000人的口粮，3000匹布，但不给武器，让他自己去募集。祖逖满腔热血，不在乎司马睿冷淡，带着私家兵100多人北渡长江。在江中，他还敲打着船桨发誓："我如果不能恢复中原而要再渡江回来的话，就像这江水一样流去！"祖逖驻扎淮阴（今属江苏），制造兵器，招募2000多人，然后继续前进。他曾一度收复黄河以南大片土地，但挽救不了大势。

刘琨（271—318年），年轻时曾为"金谷二十四友"之一。永嘉之乱后，刘琨据守晋阳近十年，抵御前赵石勒。但刘琨承平时代并未得志，世乱才识忠贞，在豪族中是少数中的少数。刘琨最终在独力奋斗的环境中，反被撤退到江南的豪族主流派陷害而牺牲。曾经的金谷园浪荡子刘琨慷慨赴国难，留下千古绝唱"何意百炼刚，化为绕指柔"！

国运往往不可思议。像秦、隋那样强悍的汉子，呼啸而起，转眼间又倏然而落，而像东晋这样一个"流亡政府"，却能够"长命百岁"，好像老天不公。东晋政治实际上也是有其长处的。门阀政治下的世家大族与皇权是一种互相支撑、互相依存的关系，这种关系的具体表现就是：皇权要向世家大族作出让步，世家大族在皇权需要时支持皇权。

司马睿"恭俭有余而明断不足"，虽然算是个好人，但没有能力治天下。他之所以侥幸为皇帝，完全靠地方权臣拥立，他只是司马家族的代表而已。名门望族的王导，具有真知灼见，很早就开始扶助他。司马睿没忘恩，曾主动挪出半个御床说："王爱卿，请过来，朕要与你同坐。"吓得王导慌忙推辞，但大政要事，还是会请王导等人拿捏。

339年，王导去世，实权落入庾翼手中，晋室实际上仍然与大臣"共天下"。所幸庾翼也颇能干，他是晋明帝皇后之弟，书法家，有"庾小征西"之誉，345年病逝。庾翼临终时请求重用其子，辅政大臣却举荐了晋明帝的驸马桓温。

这更是一个传奇人物，据说未满周岁时便得到名士温峤的赞赏，因此取"温"为名。15岁那年，其父被叛军与县令江播等人所杀，桓温枕戈泣血，誓报父仇。几年后江播去世，其三子守丧，特地在丧庐内备兵器，以防桓温。桓温却还是假扮吊客，杀了这三兄弟。他有一句名言："如果不能流芳百世，还不能遗臭万年吗！"这句话反映了他要作一件对后世产生巨大影响的大事的心态。野心犹如一粒种子，在权力和威望的催生下开始生根发芽，桓温谋权篡位的野心不断膨胀着。在皇权岌岌可危之际，另一个世家大族的代表站了出来，他就是谢安。

372年，桓温也已经60岁了。因为疾病缠身，桓温加快了篡位的步伐，要求新即位的孝武帝司马曜给他举行加九锡礼。加九锡是权臣篡位前的最后一道工序。但是谢安、王坦之等人以九锡礼的策命之文写得不合格为借口，让执笔者一遍又一遍地修改，一直修改了八九个月，直到桓温一命呜呼还没有修改好。谢安通过高超的政治智慧和斗争艺术，挫败了桓温打破皇权与世家大族之间平衡的企图。

东晋门阀政治以王谢为首，前有王导，后有谢安，他们开创、维系的门阀政治，在中原大乱时保证了东晋的百年偏安，促进了江南长江流域的开发，为北方难民和南方人民赢得了稳定的生存空间。皇权与贵族共治天下，是先秦贵族政治的回光返照，在某种程度上限制了专制皇权，实现了一定程度的权力平衡，从而激发了魏晋士人自由的个性与思想，成为魏晋风度的滋生土壤。同时，由于高标郡望，门风优美，也促进了文学与艺术的高度繁荣。东晋虽非中国历史上政权强盛的时期，却成为文学、艺术极兴盛的时代。

387年东晋建国70周年之际，《中国历史大事编年》选编大事多达11条，都发生在乱成一锅粥的北方。这么多"大事"没一条关涉东晋。《资治通鉴》倒是记载了4条，两条宫外消息，两条宫内消息。此时是晋孝武帝司马曜（372—396年在位）太元年间。此前四年（383年），发生了著名的淝水之战。

宫外无可用之官

先说两条宫外消息。第一条是这一年正月,东晋任命朱序为青、兖二州刺史镇守淮阴,谢玄为会稽内史。第二条是这一年五月,征召隐士戴逵,不应。

谢安于此前两年去世,朱序还在历史舞台上忙乎。

遥想当年,前秦是强大的。朱序镇襄阳时,前秦大军十余万攻襄阳。朱序固守一年,多次出城作战,屡破前秦军,但部将却开城投降,他也被擒。前秦皇帝苻坚不计前嫌,重用朱序,淝水之战前夕,委派朱序前往晋营劝降。

朱序身在前秦,心在东晋。这次好不容易回到晋营,在分析双方虚实后建议:"前秦百万大军,我军才十分之一,根本不可抵挡。我们应当趁他们大军未集结之时,速战速决。如果重挫敌人前锋,那么我们就得救了!"东晋大将谢石觉得有理,采纳了这个建议。

东晋遣使到前秦军下战书说:"两军隔河相对是持久之战。如果你们想速战速决,就请后退一步,让我们渡河来决战。"苻坚充满信心,下令说:"不妨将计就计!我军只要退一点点。等他们渡河一半,突然袭击,轻而易举把他们全歼!"没想到前秦军多半是乌合之众,一退就乱。朱序在那乱军当中趁机大喊:"秦军败了!秦军败了!"前秦士兵听了争相逃命,自相践踏,不可收拾。晋军乘势追击。结果,前秦不仅大败,而且分裂成诸多小国。虽然现代有史学家认为"淝水之战即使不是一个彻头彻尾的神话,至少在其重要性上也被极大地夸大了",但如果没有朱序速战速决的战略思想,或是没有他在前秦军小退之时制造战败的恐慌,恐怕淝水之战失败的百分之百是东晋。

淝水之战后,朱序被授龙骧将军、豫州刺史等职,屯兵洛阳。此前一年,丁零首领翟辽叛乱,朱序调兵遣将讨伐,又立新功。因此,本年伊始,任命朱序为监兖、青二州诸军事,兖、青二州刺史,军政两担子一肩挑。朱序认为彭城远离京都建康，支援不接，请求改镇淮阴，得到准允。不久，翟辽派其子翟钊进犯东晋陈留、颍川二郡，朱序将他们击退。

可以说朱序是东晋的中流砥柱。然而，他的身心疲惫了，不久便说年老多病，一再请求辞职。在这内忧外患之时，朝廷当然不肯。可最后，朱序竟然擅自离任。司法官要治他罪，朝廷念他有功，宽赦不究。

无独有偶。谢玄出身名门，叔父就是谢安，从小聪慧。有次，谢安问他最喜欢《诗经》中哪句，他回答"昔我往矣，杨柳依依；今我来思，雨雪霏霏"，人们因此认为他是性情中人。朝廷征召良将，谢安用人不避亲，推荐他为建武将军、兖州刺史，领广陵相，监江北诸军事。他不负使命，招募北方归附民众中的骁勇之士，组建精锐部队"北府兵"。在淝水之战中，北府兵成为主力。之后，乘胜进军中原，先后收复今河南、山东、陕西南部等地区。然而，他也病了。这年初，改任会稽内史——相当于地方太守。年底，他进而请求病退。第二年病逝，年仅46岁。

那么，没病的呢？

在那个门阀时代，戴逵出身士族官僚家庭，祖父、父亲都在东晋朝廷里作过大官，兄长戴逯屡立战功，被封为广信侯，后升至大司农。史称他"少博学，好谈论，善属文，能鼓瑟，工书画，其余巧艺靡不毕综"。父亲让他师从著名学者范宣，范宣十分器重他，希望他能读好经学，将来治国平天下，并把侄女许配给他为妻。然而，范宣虽然博学多识，尤善"三礼"，却一身傲骨，不慕荣华，不满朝廷黑暗，一再拒绝朝廷征召。无心插柳柳成荫！在范宣潜移默化影响下，戴逵不知不觉也变得厌恶官场。

武陵王司马晞是司马睿第四子，"无学术而有武干"，官至太宰。听说戴逵琴艺绝佳，便附庸风雅，要请他到王府演奏。戴逵讨厌司马晞，予以拒绝。司马晞委托戴逵一个朋友再请，并送上厚礼。戴逵觉得受辱，取出琴当着那位朋友的面摔得粉碎，怒道："我戴安道非王门艺人，休得再来纠缠！"那朋友难堪极了，带着礼品灰溜溜走人。戴逵决定终身不仕，举家到会稽剡县隐居。在剡山中，他读书、作画、雕刻，不问政事，与当时名士郗超、刘炎、谢安、王徽之等遍游名山大川，纵论古今书画雕刻艺术，被世人称之为"通隐"，即十分旷达的隐士。

本年五月,朝廷又委派官员带着厚礼到剡山征戴逵为官,要封他为散骑常侍、国子博士。戴逵说:"老父有病,气息奄奄,不知道还有几日在人世,我尽孝时日苦短,望皇上垂怜,收回成命。"朝中知道这是推辞,也没勉强。

后来,戴逵的父亲西归,再征戴逵为国子祭酒,加散骑常侍,他仍然推辞。他醉心于艺术,首创中国式佛像,并创造了夹纻漆像的作法,把漆工艺的技术运用到雕塑上,是脱胎漆器的创始者。

宫内无可用接班人

另外两条消息是宫中的。四月尊封母亲李氏为皇太妃,八月立司马德宗为皇太子。两条主语都省略了,但不难明白是同一个晋孝武帝司马曜。

李氏除了生育司马曜,好像没干过什么好事,也没干过什么坏事。然而,李氏生司马曜还是有些传奇,不说可惜。

我们读史常感慨帝王妻妾如云,却常苦于没人接班。司马曜的父亲司马昱当太子时本来生有5子,但当时医学不发达婴孩死亡率高,皇宫也难免,结果4子夭折,一子遭废,诸姬绝孕将近十年。随着年岁增添,司马昱日益愁苦,便令人占卜。相面人先相其妻妾,失望地说她们都不是生皇子的命,转而看宫中奴婢。李陵容是个作针线活的下人,大寨铁姑娘样的五大三粗不算,脸面还黑,外号"昆仑"。相面人偏偏相中此女!司马昱的心情我们很容易想象,可是为了后继有人,只得忍了,果然生下司马曜。从此诸运也好转,司马昱即简文帝,司马曜为皇太子后接班。司马曜尊母亲李陵容为淑妃,后晋为贵人、夫人,本年又升为皇太妃,仪礼服饰完全与皇太后相同。后来还升为皇太后,享尽荣华富贵。

司马曜确实比较侥幸。不仅因为他侥幸生在帝王家,侥幸为太子,侥幸老爹没长寿,侥幸皇位暂无争议,老爹死的当天便继位,更侥幸的是:老爹丧事刚办完,忽然卢悚率几百人杀入朝堂,声称要奉海西公司马奕回宫复位,被禁卫军镇压。不久,桓温率军入都,又满朝震惊,怕他前来夺皇位,但没过多久,桓温病死,皇宫又躲过一场危机。

司马曜有两个儿子,长子司马德宗,智商明显有问题,连冬夏都区分不了;次子司马德文,年幼时残忍急躁,曾以射马为乐,有人劝道:"马是国姓,你却杀它,不吉利啊!"司马德文听了,立即改邪归正。由此可见,他的智商应该还算正常。然而,本年八月,司马曜还是死板地按儒家传统立长子做继承人。

此后十年一瞥：

娱乐至死

宫外无可用之官，宫内无可用之接班人，这显然是一种危机四伏的景象，你看了都着急吧？可是司马曜不急。说"皇帝不急太监急"吧，当时的太监也不急。那帮太监急的是怎么让司马曜娱乐得更开心些。

虽然两个儿子都不怎样，但司马曜堪称才子。《晋书》说司马曜"幼称聪悟"，《世说新语》还将他列于"夙慧"之类。他贪杯好色，似乎除了工作什么娱乐都喜欢。他嗜酒如命，常为"长夜之饮"，曾经举杯仰天说："长星，劝尔一杯酒！自古何时有万岁天子？"很怀疑李白举杯邀明月是向司马曜学的。他连漂亮的尼姑也宠爱，不惜让她们玩弄权柄，最著名是支妙音，她"权倾一朝，威行内外"。

更要命的还在于，司马曜与司马道子同乐而不同心。司马道子是司马曜的弟弟，皇室血缘最近，司马曜不信任他信任谁？司马曜将朝政全权委托于司马道子，自己全心全意娱乐去。平心而论，皇帝几乎是可有可无的，只要重臣得力，照样能国泰民安。这种现象史上并不少见。问题是司马道子也沉湎酒色，任用小人，兄弟二人一同娱乐但又争权夺利，朝政日趋昏暗。

嗜酒不能说大错，但《晋书》说他"醒日既少"，这就过了！此后第9年即396年九月一天夜里，司马曜与张贵人一起饮酒，硬要她对饮。张贵人难以再饮，极力辞谢。他面露愠色，开玩笑说："你今天如敢违抗君命，拒不陪饮，我就治你的罪！"张贵人生气了，顶撞说："妾偏偏不饮，看陛下定我什么罪！"

司马曜冷笑一声道："你不要嘴硬！你年近30了，我年轻貌美的女人多的是，还怕少你一个？"说着又大口呕吐，喷得张贵人满身都是。左右慌忙将他扶入卧室，让他上床去睡。可是张贵人怒气难消，顿起杀心。她招来心腹宫女，偷偷溜进卧室，用被子蒙住他脸面，再搬重物压到他身上，将他活活闷死。

如果仅这样，司马曜还不能算历史之最，因为被杀的帝王远不止他一个。令人大跌眼镜的是，他不仅冤死，而且后来皇帝竟然没有惩罚凶手。第二天一早，张贵人谎称司马曜梦中"魇崩"，用重金贿赂左右，竟然瞒天过海。太子司马德宗继位，也没有任何怀疑。不久，张贵人逃之夭夭。史学家吕思勉怀疑司马曜以酒后戏言而被张贵人所弑乃真凶散布的谣言，但他被宫人弑杀应属无疑，也就是说司马曜之死很可能是司马道子党羽策划的阴谋。

可是司马道子得逞之后也不珍惜权力，他沉溺于酒色无所事事，面对一系列政变无所作为，最后被流放以至被毒酒所害，死时年仅 39 岁。

晋安帝司马德宗继位后如同稻草人，而军阀势焰日盛。403 年，大将桓玄改国号为"楚"，自称皇帝，贬司马德宗为平固王。不久，另一位大将刘裕起兵伐桓玄，桓玄挟司马德宗逃江陵。后来桓玄被杀，司马德宗复位。刘裕逐步战胜竞争对手后，独掌大权，419 年又缢死或毒死司马德宗，改立司马德文，是为晋恭帝。司马德文虽然心智正常，还能吟诗作赋，可是刘裕势力太大了，回天无力。第二年，刘裕逼司马德文禅让，自己即位，改国号"宋"（史称"刘宋"），彻底葬送东晋。

这不仅是南朝历史的重要节点，也是中国历史的重要节点。从此，寒族开始冲击世族统治，这标志着东晋门阀政治的正式结束。门阀贵族的风流余韵，终将被雨打风吹去。"朱雀桥边野草花，乌衣巷口夕阳斜。旧时王谢堂前燕，飞入寻常百姓家。"南京的乌衣巷，现代的人们再也见不到昔日的风流，只能在文献上寻觅王、谢的旧时踪迹。门阀政治终于烟消云散，中国开始回归传统皇权政治的常态。

千古之叹：

隐士之多与少

魏晋南北朝那个乱世，给历史留下的主要文化遗产是"名士"。网上曾有个热门帖子《我最愿意生活的十个朝代》，竟然将东晋列为其一。"书圣"王羲之的儿子王徽之居山阴，突然想念友人戴逵，便冒雪连夜乘船前往。天亮到戴家门前，却连门都没敲，转身就走。王徽之说："吾乘兴而来，兴尽而去，何必见戴？"那帖子写道："这就是名士风度，以心照不宣为特征。在人际关系复杂化的今天，我有理由怀念这个时代。"原来如此！

我印象比王徽之、戴逵更深的是诗人与音乐家嵇康。嵇康是"竹林七贤"领袖人物，也是玄学代表人物之一。然而，天妒英才。他娶曹操曾孙女长乐亭主为妻，并在曹氏政权当过官。司马昭想拉拢他，他不给面子。司马昭的心腹钟会想结交他，也是热脸贴冷屁股。友人被诬不孝，他却出面辩护。于是，司马昭顺手将他扯到那友人的案子当中，并处斩。刑场上，三千太学生请求赦免，当局拒绝。他本人泰然若素，唯索一架琴，在高高的刑台上，面对成千上万前来为他送行的人们，最后弹奏一曲《广陵散》。弹毕，从容引首就戮，年仅39岁。仅从嵇康临刑弹《广陵散》这个细节看，我觉得司马氏们不算最黑暗。

萨特说"他人即地狱"。其实中国人领悟此理更早得多，自古就有人不愿为官，包括帝王这种职位。早在"尧舜盛世"，传说那么美好的时代，尧却连王位都差点"禅让"不下去。西汉末乡下十几岁又没文化的刘盆子，只因为姓刘血统可利用，被赤眉军拥为皇帝，可他没当几天，当众跪下哭着求情："请各位饶了我吧，我实在不想作这皇帝了！"

孔子是不赞赏隐逸的。在那丧家犬一般狼狈的流浪途中，他遇过几个隐士。有的隐士嘲讽他，有的边敲盘子边高歌："考槃在涧，硕人之宽。独寐寤言，永矢弗谖。"意即隐士逍遥自在，发誓永远不走出山窝，也不透露山里有多快乐。孔子明确说：有些人躲在山里跟鸟兽往来，我孔某作不到！那些隐士，国泰民安的时候，我可以跟他们作朋友，但现在不能。我不能像他们那样！正因为天下太乱，需要匡济，我不能躲避！我知道这天命太重了，可我还要硬着头皮去担当，这就是我跟他们的区别！

后世儒家却为什么千百年歌颂隐士，引以为荣呢？比如那位自诩"先天下之忧而忧，后天下之乐而乐"的范仲淹，他对严子陵非常崇拜。严子陵即严光，年轻时就有名望，与刘秀、侯霸等人同学。王莽称帝后，多次征召严子陵为官。他不为所动，改名换姓避居乡间。刘秀击败王莽后，为了培养重名节的社会风气，对于王莽时期隐居不仕的官僚、名士加以礼聘，表彰他们忠于汉室、不仕二姓的高风亮节。刘秀派人到处寻找严子陵，得知他披着羊皮隐居江边钓鱼，即派员带着厚礼去邀请。一连三次，严子陵推诿不过才到京城。然而，当他看到侯霸那样无德之辈居然也当上丞相，便不肯同流合污，不辞而别，悄然隐居于桐庐。范仲淹因废后之争受贬到睦州，路经严子陵钓鱼处严陵滩，感慨不已，当即写一首绝句："光为功名隐，我为功名来。羞见先生面，黄昏过钓台。"范仲淹虽然觉得无颜见严先生，但还是组织在此建祠，并撰写碑文《严先生祠堂记》，最后一句："云山苍苍，江水泱泱。先生之风，山高水长！"

讴歌隐士，说透了是为自己鸣哀。北宋寇准平步青云，官至宰相，春风得意时不太可能在意隐逸。后来一贬再贬，途中写一首《题驿亭》："沙堤筑处迎丞相，驿吏催时送逐臣。到底输他林下客，无荣无辱自由身。"至此，寇准才惊讶于自己不如那些隐士。最后，他病死于贬所雷州，其妻宋氏奏乞归葬故里，仁宗虽然准奏，但所拨经费有限，灵柩运至中途就用完，只得寄埋河南巩县。从这点来看，最终还是不如那些隐士！

古人称颂圣明之世，常说"野无遗贤"。如《尚书·大禹谟》："嘉言罔攸伏，野无遗贤，万邦咸宁。"蒋星煜在其《中国隐士与中国文化》一书中认为：隐士"是中国社会的特产"，特征是"清高孤介，洁身自爱，知命达理，视富贵如浮云"，其风格和意境"决非欧美人所能了解"。但他也不赞赏隐逸，书的结束语旗帜鲜明："勇敢地生活，不作隐士。"它从正史统计分布于嵩山、武夷山、天台山等地著名的隐士218名，其中先秦6人、汉6人、三国2人、晋22人、南北朝

15人、隋6人、唐52人、五代14人、宋56人、金6人、元15人、明13人、清5人。令人瞠目结舌的是：唐宋多达50余人，而清朝仅5人，不足1/10！按理说，随着宋朝之后总人口及读书人大增，隐士也应相增多。以"野无遗贤"的标准衡量，岂不是说清朝比唐宋更圣明？如果再考量一下人口猛增的因素，以百分比计算，清朝的隐士更显得微不足道。

唐朝那么灿烂辉煌，首先取决于她博大的胸怀。到中期，她还能容忍李白。你知道李白多不"自量"吗？他到处放肆地喝酒，杜甫说他"天子呼来不上船，自称臣是酒中仙"。权臣更不在话下，像高力士那样的实权人物，李白胆敢假装酒醉要高公公帮他脱鞋。"安史之乱"时他真是醉糊涂了，居然站队到造反的永王李璘那里去了，但结果也只是流放夜郎，而且途中就被赦还。

只是到末世，大唐才变得小肚鸡肠。朱温，唐朝皇帝赐名朱全忠，灭唐前一年的一天，西北方出现彗星，占卜的说："君臣有难，当诛杀祭天。"当然要杀臣保君，而不是相反。朝中大臣、豪门贵胄、文人学子和名节人士30余人被押到黄河边，一夜杀尽。朱全忠的谋臣李振曾经多次名落孙山，对科举出身的人嫉恨得要死，将那些尸体扔进黄河，咬牙切齿说："这些人自诩'清流'，现在让他们变浊流！"就是这个朱全忠最后灭了唐朝取而代之，多么讽刺！

不能说有作隐士自由的时代都是好时代，但是连作隐士自由都没有的时代肯定不是好时代。朱元璋夺取政权后，征召读书人出来作官作花瓶，不去的绑着、抬着也得去。江西贵溪的夏伯启被征，但他实在不愿意，便把自己左手的大拇指砍掉。因为残疾人不能作官，他想钻个空子，可惜逃不过。朱元璋大怒，将他五花大绑到京城，亲自审讯。朱元璋怒斥："想想你当年到处逃命，命若悬丝。如今恬然安逸，过上幸福生活，靠什么？靠的是君！我就是你的再生父母。对再生父母，你却把手指砍掉，不想为他所用，留你这样的人干什么？我要斩了你！"这话原文在《大诰三编》。

后来，朱元璋还撰写过一篇《严光论》，说严光即严子陵们从不想一下，如果没有君王的恩典，怎么可能享受安宁！假使刘秀没有平定赤眉、王郎、刘盆子那些人，天下大乱，严光之流能上哪里去垂钓！朱元璋怒斥："朕观当时之罪人，罪人大者，莫如严光之徒！可不恨欤！"幸好严光没活在明朝，否则他能寿终正寝，并让皇上赐钱谷安葬吗？幸好范仲淹没活到明朝，他要是活到明朝，还敢为"严光之徒"建祠写碑文吗？敢大呼"宁鸣而生，不默而死"吗？

朱元璋为自己辩护："率土之滨，莫非王臣。寰中士大夫不为君用，是自外其教者，诛其身而没其家，不为之过。"他的逻辑：你不忠效于我，我杀你理所当然。难怪明朝的隐士比魏晋还少。

那么，明朝的隐士为什么会比清朝多些呢？我家乡福建泰宁旧县志《隐逸传》明朝8人，其中5人是因为改朝换代。比如举人邱嘉彩，清军入闽后携家眷隐居于金湖边的肖岩，题联曰："尺地可安，幸妻孥能偕隐；高天堪问，与日月以争光"，长达20余年。附近还有他的师友肖士骏、李向奎，非着明时衣冠不往来。而清亡后，连辜鸿铭那样的"遗老"也没隐居。从这个角度说，"野无遗贤"是有道理的。

清朝在全盘继承朱元璋知识分子政策基础上，更进一步，三管齐下——

一是强迫你作花瓶，不许隐居山林。如受聘于三立书院的傅山，明亡后出家为道。为泯灭亡明遗老的反清意识，也为了体现"野无遗贤"之盛世，康熙诏令三品以上官员推荐"学行兼优、文词卓越之人"。当地举荐傅山，他推辞不就。地方官将他强行推上轿子抬到北京，他割静脉自杀未遂继续称病，拒绝入宫。康熙则特别免他入场考试，直接授官"内阁中书"。

二是诱惑你作鹰犬，鼓励读书作官。越来越多读书人唯求早日入官，甚至不惜铤而走险，由提着脑袋反清复明转为削尖脑袋投送清廷怀抱，考场舞弊成风，读书人作弊是很耻辱的事，真难以想象清朝怎么会有那么多科场舞弊案。清朝的知识分子都入仕了，都去研究字形字义一撇一捺怎么写，都忙着从统治者那里分点残羹冷炙光宗耀祖，而不再清心寡欲，不再追求独立的人格，不再穷究真理，也不再为民请命。

三是严禁你不同调，否则身败名裂。隐士与山民有着质的不同，一肚子诗书，可以自绝于富贵，难以不吟风咏月，清朝时士人风花雪月却也可能惹杀身之祸。钱名世只因为曾经赠送同学年羹尧8首诗而受株连。雍正免他死罪，革职逐返，却创造性发明一招：亲书"名教罪人"匾额悬挂在他家大门上，要求常州知府、武进知县每月初一、十五去他家检查该牌匾是否悬挂，又命385位文臣前往参观，要求写诗著文声讨他的"劣迹罪行"。这些诗和文章经雍正亲自审核通过后，汇编成《名教罪人诗》一书，用上好的宣纸刻印，刊行全国，让钱名世生不如死，让大家接受深刻的教训。

专制之下的知识分子是最痛苦的，心没黑得说昧心话，不是哑巴得装哑巴，睁了两眼得装着没看见，想躲也躲不开，死了还可能遭鞭尸……

如此，能剩几个隐士？

原来，隐士少比隐士多更悲哀！

孟子倡导读书人的理想是"达则兼济天下，穷则独善其身"。其实，在那几千年当中，除帝王之外任何人都不可能"兼济天下"，但往往有可能"独善其身"。而到明清时连作个隐士"独善其身"也不大可能了。相对应的朝廷之上亦如是。北宋范仲淹一生践行"宁鸣而死，不默而生"的理念，清时最受宠的汉族儒官张廷玉人生信条却变成"万言万当，不如一默"。呜呼！

俗话说"惹不过，躲得过"。躲也躲不过，那只有绝望。

不过，隐士之多少实际还得考虑用人制度的因素。宋之前以推荐为主，隋唐虽开科举但推荐色彩还较浓，有些人就以种种手段制造美名，所谓"终南捷径"就指唐朝通过隐逸炒作引起官场注意。北宋开始科举制日益完善，以考试为主，让"朝为田舍郎，暮登天子堂"成为现实。而这些读书人如明崇祯皇帝所揭露"居官有同贸易"，非常讲求现实，一般不再忠于理想。古人说"大隐隐于市，小隐隐于山"。白居易又发现最好是"中隐"，就是作个地方官，或者在朝中作个清闲的散官，边官边隐，似出世非出世，若即若离，既有世俗的享乐，又有隐逸的妙趣。官场"中隐"多了，山里"小隐"自然减少，这又是怎样一种悲哀？

第六章

北魏：血腥中的理性

"五胡"政权除了割据纷争、不同程度上汉化之外，还要争"中国"之正统。汉（前赵）开国皇帝匈奴人刘渊就公然说："夫帝王岂有常哉？大禹出自西戎，文王生于东夷，顾惟德所授耳。"他们居然也会"文斗"了！会利用"天命靡常"的儒家理论，跟他们的前辈判若两人。孝文帝拓跋宏明确北魏继承的是晋，并问大臣："你们希望朕远追商、周呢，还是想让朕连汉、晋都不如？"他们不认为自己只代表某一族，而直接以中华正统自居。

大同云冈石窟

386年三月，拓跋珪建国，北魏先后定都云中（今内蒙古托克托东北）、盛乐（今内蒙古和林格尔）、平城（今山西大同）和洛阳。至534年分裂为东魏与西魏，北魏共传14帝，历时148年。至456年建国70周年，历经道武帝拓跋珪、明元帝拓跋嗣、太武帝拓跋焘、南安王拓跋余，至文成帝拓跋濬。

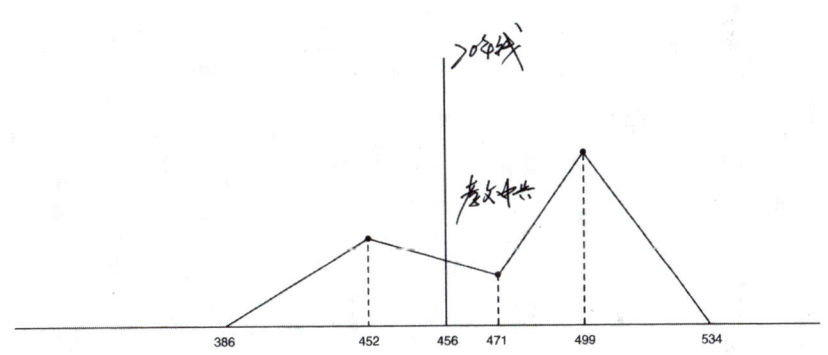

北魏盛世简表

盛世名称	时段	积年	帝王（任）
孝文中兴	471—499年	28	孝文帝元宏（7）

开国风光：

与中原"零距离"

北魏是北方鲜卑族拓跋氏建立的政权，统治华北地区长达一个半世纪之久。日本讲谈社《中国的历史》说："它可与欧洲历史上的法兰克帝国相比拟，亦是后来北朝各代以及隋唐帝国的母胎。"这个王朝留给人印象最深的是一个字：游。这是一个"游"的民族，也是一个"游"的政权。

鲜卑族先民是商代东胡族的一支。秦汉时，被匈奴打败，一部分逃入乌桓山,被称为乌桓人;另一部分逃入大兴安岭,被称为鲜卑人。公元91年东汉和南匈奴联合对北匈奴予以致命打击,北匈奴西迁。鲜卑趁势占据漠北地区,留在那里的十余万匈奴人并入鲜卑族,鲜卑从此强盛起来。他们主要在长城以外,从东到西整个蒙古草原。《敕勒歌》:"敕勒川,阴山下,天似穹庐,笼盖四野。天苍苍,野茫茫,风吹草低见牛羊。"是其生动的历史写照。

258年,三国的历史已经进入尾声,拓跋族二十万人马在首领拓跋力微的带领下,已经到达了定襄之盛乐(今内蒙古和林格尔)。西晋永嘉四年(310年),拓跋猗卢又在此定都。338年,拓跋什翼犍建立代国,376年被前秦攻灭。

386年,已经被前秦灭亡的拓跋族的代国,乘淝水之战后北方大乱之际在盛乐重新建国。开国皇帝是道武帝拓跋珪。重建后的代国,不久又改国号魏,史称北魏。

409年,拓跋珪被儿子拓跋绍杀死,然后拓跋绍又被他兄长拓跋嗣杀了,拓跋嗣继位,是为明元帝。423年拓跋嗣去世之后,其子太武帝拓跋焘继位。拓跋焘先后攻灭夏、北燕、北凉,征伐山胡,降伏鄯善、粟特等西域诸国,西逐吐谷浑,攻取刘宋的河南重镇,统一了中国北方;讨伐柔然,使得柔然仓皇逃窜;反攻刘宋,实现"饮马长江"之志。拓跋焘得到了对手的敬畏,刘宋王朝评价他"英图武略,事驾前古",骁勇程度超过了冒顿、檀石槐。

拓跋焘是历史上第一个灭佛的皇帝。北魏本来是崇佛的,仅洛阳就有寺院1400所,僧尼数万。1500多年后的今天,到洛阳龙门石窟看看,崖面雕满大大小小、神态各异的佛像,不难想象他们对佛教虔诚到何种地步。然而,这是个内忧外患时期,此起彼伏的造反成了拓跋焘最头疼的事。偏偏446年三月,拓跋焘率兵到长安镇压盖吴民军的时候,竟然在佛寺发现藏有兵器,又查出酿酒用具及当地贪官匿藏的财物,甚至还密藏女人淫乱。于是,拓跋焘下诏诛杀长安佛门,并下令全国废佛教。史称"三武一宗"四次灭佛,这是其中第一次,另外三次是北周武帝宇文邕、唐武宗李炎、后周世宗柴荣灭佛。各次禁佛的原因不一,北魏这次主要原因是拓跋焘和崔浩两人改信道教。

崔浩长相如美女,自比张良,是拓跋焘重要谋臣。拓跋焘曾指着崔浩,对归降的高车酋长说:"你们别看他纤弱不堪,手无缚鸡之力,他胸中远胜百万甲兵。

每当我犹豫不决时，都是他帮我下决心，大获全胜。"拓跋焘还曾召集众尚书，宣布："日后凡属军国大计，你们不能决定的，都应先征询崔浩的意见！"拓跋焘常到崔浩家中请教，崔浩进宫见驾可以出入卧室。

《战国策》评商鞅"极身无二虑，尽公不顾私"，李贽评晁错"可以说不善谋身，不可说不善谋国"。历史上常有为了国家利益而不顾个人安危的人，崔浩也是个典型。他屡建奇功，屡受厚宠，惹人嫉妒，又公然灭佛，怨声载道。崔浩还试图按汉人世家大族的传统思想，整理北魏氏族，直接伤害到一些鲜卑贵族。后来，拓跋焘命组织续修国史，崔浩又秉笔直书，如实写拓跋氏一些不光彩的历史。正如奥威尔揭露极权主义："它的丑陋，是其存在的一部分，因为它正在宣称的就是：'是的，我很丑，但你不敢嘲笑我。'"鲜卑贵族无不愤怒，纷纷到拓跋焘那里指控崔浩暴扬"国恶"。拓跋焘亲自审讯，崔浩有口难辩。450年崔浩被杀。在送往城南行刑时，"卫士数十人溲（撒尿）其上，呼声嗷嗷，闻于行路"。崔浩同族无论远近，包括姻亲范阳卢氏、太原郭氏、河东柳氏都受连坐灭族，史称"国史之狱"。

452年拓跋焘被太监宗爱杀死后，其子拓跋余继位。拓跋余是第六子，除了上年意外死的太子，还有四个兄长，按长幼顺序本来轮不到他，只因他平时跟专权的太监宗爱亲近而被选中，为此还杀了些大臣。拓跋余心虚得很，想用金钱收买人心，上台一个月就将国库挥霍一空。他沉溺于吃喝玩乐，连边境告急也不派兵。20多年前，南朝刘宋发生一次政变：人臣谢晦等人将昏君刘义符杀了，改立他的弟弟刘义隆。刘义隆上台后过河拆桥，将谢晦等人杀了，报杀兄弑君之仇。拓跋余或许也有此心，只因宗爱高居相位，专权跋扈，朝廷内外都畏惧，他不能不佯装胸无大志，暗中谋划夺权。宗爱觉察后大怒，先下手为强，当年十月将拓跋余杀了，然后改立拓跋濬，即文成帝。

拓跋濬即位时年仅12岁。对于少年天子的传奇故事，如康熙智擒鳌拜之类，我一向质疑。拓跋濬上台之初，史书没有明说哪位能臣或"能后"（强力太后）辅佐，但有个故事：他5岁时随祖父拓跋焘北巡，逢酋帅押解一名奴隶，要施以刑罚。拓跋濬擅自说："这奴隶今天碰到了我，你应该把他放掉！"酋帅遵命。拓跋焘欣慰说："这孩子年龄虽小，却俨然把自己当作天子。"这故事我同样认为太夸张。

  这年十月,拓跋濬在大臣源贺等人拥立下登上皇位,立即杀宗爱个措手不及,并动用五刑,灭其三族。紧接着拨乱反正,同年十二月就改变禁佛国策,第二年下令造云冈石窟。拓跋濬在位期间奉行和平外交,与南朝刘宋及北方各国互通商贾,息兵养民,民心逐渐安定。

  456年是北魏建国70周年。拓跋濬于此前4年(452年)继位,现年16岁,此后9年(465年)去世。

子贵母死

众所周知皇宫当中有"母以子贵"之说,殊不知还有"母以子害"之事。"母以子贵"语出《春秋公羊传》,"母以子害"则肇自前88年,汉武帝刘彻为防止自己死后主少母壮,吕后之事重演,将太子刘弗陵生母钩弋夫人赵氏赐死。

少数民族社会文化较落后,多向汉族学习,但常常将汉文化的糟粕也学了去。道武帝拓跋珪汉文化水平不浅,熟读儒家经典。在对待太子问题上他学刘彻,规定凡后妃所生之子被立为储君,生母都要赐死。本年(456年)一月,拓跋濬立3岁的皇子拓跋弘为太子,并将其母李贵人赐死,太子改由冯皇后养育。随后,献文皇帝拓跋弘的儿子拓跋宏一岁半的时候,其母也被赐死。

外戚之祸是早早给堵住了,但不等于杜绝了内斗之祸,谋权夺位的事仍然接连不断。拓跋珪开国后积极扩张疆土,励精图治,晚年却迷恋求仙,服食"寒食散",刚愎自用,猜忌多疑,常因一点不满就要杀人,有一天居然要杀贺夫人。贺夫人是他母亲献明皇后贺氏的妹妹,也就是他的姨妈。只因贺夫人长得非常漂亮,拓跋珪硬要纳她为妾,生子拓跋绍。这一年(409年)拓跋绍已16岁,贺夫人则色衰爱弛。当时,拓跋珪已下达斩杀令,只因天色已黑暂未执行。拓跋绍获悉,连忙与帐下几位武士、宦官密谋。有人劝道:"不会跟你老爹好好谈谈吗?"拓跋绍说:"你忘了吗?我老爹那个人要学汉武帝,我哥一立太子,就把他生母杀了。这样的人,谈得了吗?"于是,他们先下手,连夜冲进宫将拓跋珪杀了。但拓跋绍的兄长拓跋嗣很快又把拓跋绍杀了。此类悲剧没完没了。

446年,太武帝拓跋焘下诏灭佛,太子拓跋晃则多次劝阻。劝阻无效,他只好设法将发诏的时间拖延,让远近寺院闻知,和尚趁机纷纷逃走。拓跋焘当然很生气,但只好忍了。

450年末，拓跋焘率大军抵达长江边上的瓜步山，南朝宋的都城建康已隐约可见。他正准备新年正月初一发起进攻时，却传来留守在国都平城的拓跋晃突然去世的噩耗。拓跋焘放声痛哭，立即撤军北归，四天后将太子下葬。然而，此事很蹊跷。日本讲谈社《中国的历史》注意到：在现已亡佚的《宋略》残篇中，说拓跋晃趁机谋反，拓跋焘闻讯派人给平城送信，谎称在南征途中驾崩，并在太子前来迎接灵柩时将其擒拿。该书写道：

如果我们了解到如上所述的太武帝和皇太子之间的路线之争等因素，尽管现在不可能再现皇太子之死的细节，但在南伐军突然回师北归的背后必定是因为国都平城出现突发事件或太武帝接到类似急报——这种推断恐怕更有说服力。

很可能又因为政见不同父子相残了！

在那个时代，解决不同政见似乎没有比从肉体上消灭对方更好的方式。哪怕是父子、母子之间也不例外。像赵武灵王那样开明的君主，对反对派耐心说服是极少的。

鉴于纣王众叛亲离，西周就建立了宗法制，提出"亲亲尊尊"的原则。"亲亲"要求"父慈、子孝、兄友、弟恭"，互相爱护；"尊尊"不仅要求在家庭内部执行，贵族之间、贵族与平民之间、君臣之间都要讲尊卑关系，讲秩序和等级。不想为了权力，亲人之间也常发生相杀之事。汉人宫中如此，北魏宫中如此，后来的辽、金、元等宫中也如此，何时才能让亲人之间不再敌对相残呢？

皇帝为被诬者担保

源贺是南凉国的皇子，原名挺拗口，叫秃发破羌，鲜卑名贺豆跋。南凉灭亡后，他随家人先逃西秦，后转北凉，最后到北魏，来历复杂。然而，明元帝拓跋嗣很赏识他的才华，赐姓源氏，视为宗室。

太武帝拓跋焘即位后，他随军出征平息了白龙胡、吐京胡等部落的叛乱；进攻北凉时，他说服祖父的鲜卑旧部投降北魏，顺利取胜；出征柔然与匈奴时，他都冲锋陷阵，屡立战功，被提升为尚书，并且赐名贺。452 年中常侍宗爱发动政变，连杀两帝，源贺等人发起兵变，杀了宗爱，扶持拓跋濬登基。

拓跋濬非常感激，把他带到国库，说："我真不知道该怎么奖赏你！你要什么财宝，尽管拿！"源贺却说："眼下对付刘宋、柔然还需要很多钱，我不能要任何财物！"拓跋濬一定要给奖赏，他便要了一匹战马，并建议说："如今，南北威胁严重，我们应当大力加强边防。除了谋逆和杀人犯，其余死刑犯都应当赦免，将他们发配到边疆充军。这样，既让他们得到新生，又可以让百姓减轻徭役负担。"拓跋濬当即表示赞赏，颁诏实施。

几年后，拓跋濬对众位大臣说："我采纳源贺的建议，每年救活了不少人，又加强了边防。如果多几个像源贺这样的人，朕还有什么不放心的呢？"群臣说："不是忠臣不会提这样的建议，不是圣明之君也不会接受这样的建议。"这话虽有两头拍马屁之嫌，但也是实情。

本年（456 年）十一月，源贺调任冀州刺史。冀州自古为"九州之首"，战略位置十分重要。源贺清廉勤政，却不料武邑有个叫石华的人告发源贺谋反。用现代话来说，源贺出身不好，来历不清，而且有前嫌——他四哥秃发保周曾经叛变，源贺那次未参与。对于这样的举报，有关部门不能不重视，连忙上呈。拓跋濬听了，根本不信。他说："源贺是忠心耿耿的，朕可以替他担保！"一查，果然发现是石华诬告，将他斩了。为此，拓跋濬还对大臣们大发感慨："源贺这样的忠臣都难免被人诬陷，你们不如他，更得小心谨慎啊！"

不许"借外婆名义吃鸡"

"借外婆名义吃鸡"是我老家一句俚语。外婆是很尊贵的客人,来了得杀鸡宰鸭丰盛招待,自己也可以趁机美食一餐。之所以要用这句俚语,我觉得没有更好的语言表达我对下面这个故事的感受。

许宗之是个"官二代"。他父亲许彦小时候很穷,但很喜欢读书,北魏开国初被征召入宫,从事卜卦工作,据说挺灵验,所以常在皇帝左右。然而,他"在州受纳,多违法度,诏书切让之"。"切让"是严厉责备的意思,就是说他贪污受贿,受到皇帝严肃批评。但因为他平时会作人,官官相护,没被问罪,寿终正寝。

且说许宗之本人,得父亲庇荫官至刺史,他曾经率军征讨丁零,有功。然而,他跟父亲一样贪财,"求取不节",贪得无厌。有个叫马超的人举报,许宗之非常愤怒,杀了他。本年(456年)十二月,马家人越级上访中央,许宗之则"上超谤讪朝政",意思说这个叫马超的人诽谤中央方针政策,该杀。

拓跋濬看了许宗之的答辩状,不信他一面之词,说:"肯定是许宗之怕了,诬陷马超!"派人一查,果然如此。轮到拓跋濬大怒了,他将许宗之斩于市。许宗之"扣帽子"的阴谋没有得逞。

从以上这两件事看,拓跋濬还真算是个明君,不像后来一些帝王喜欢上纲上线,常让奸臣误导,滥杀无辜。

此后十年一瞥：

冯太后保驾护航

拓跋濬励精图治。他一方面对外战和有度，积极抵御侵略；一方面对内实施改革，如因士民饮酒斗殴成风，458年设酒禁，凡酿、酤、饮者皆杀。同年增设内外侯官，监察百官过失，凡贪赃布帛2丈以上处以死刑。百官无禄，中书令高允家贫，只好让诸子打柴自给。拓跋濬听闻过意不去，连忙赐帛500匹、粟千斛，并命其长子为长乐太守。

465年，25岁的拓跋濬病死，继位的献文帝拓跋弘年仅11岁。拓跋弘尊奉嫡母皇后冯氏为皇太后。大将军乙浑欺拓跋弘年少，矫令排斥异己，步步夺权，在丞相位还伺机发动宫廷政变。466年，冯太后果断镇压了乙浑，然后临朝听政，处理所有军政事务。471年，拓跋弘不念情于世务，经常有出世之心，禅让予太子拓跋宏，即著名的孝文帝，继位时仅4岁。这么小的皇帝，生活都没法完全自理，怎么执掌国政？

如同西周初有周公，西汉中期有霍光，北魏这时幸而有冯太后。跟周公开创"成康之治"、霍光开创"昭宣中兴"一样，冯太后辅佐拓跋宏开创了"孝文中兴"。史称："事无巨细，一禀于太后。太后多智略，猜忍，能行大事，生杀赏罚，决之俄顷，多有不关帝者。是以威福兼作，震动内外。"

我们还可以进一步思考：如果拓跋弘之母李贵人、刘弗陵之母钩弋夫人辅政，就一定很糟吗？

千古之叹：

反思"汉化"与"胡化"

草原游牧文明遭遇崇尚礼仪的中原农耕文明，自然产生了激烈而痛苦的文化碰撞与融合。经过了一个多世纪的文化激荡，拓跋鲜卑最终深深扎根在中原这片土地上，但这条民族融合之路走得异常艰辛。

"改革开放"是一个现代词。其实，历史上的"汉化"与"胡化"，换言之就是改革开放。各民族都有所长有所短，少数民族向汉族学习，汉族也向少数民族学习，这在历史上是常见的事，不改革开放才不正常。俄罗斯学者维克多·瑞布里克在他《世界古代文明史》一书中写道：

许多民族一直处于原始社会，直至19世纪，如澳大利亚土著和非洲土著，只是在被更加"发达"的民族征服后，他们才改变了自己的生活方式。因此我们不能说原始社会总是要发展成为文明，文明不是必然，而是一种奢侈品。

儒家热衷于"华夷之辨"，要放下面子虚心向少数民族学点东西十分不易。汉服峨冠博带坐轿子显得高贵，可是骑马就成问题了。钱穆说汉服一上马就露膝盖，就要受冻，到北方根本吃不消。所以，战国时赵武灵王引进胡服遭受强烈反对。武灵王的叔叔公子成说：

臣闻中国者，盖聪明徇智之所居也，万物财用之所聚也，贤圣之所教也，仁义之所施也，诗书礼乐之所用也，异敏技能之所试也，远方之所观赴也，蛮夷之所义行也。今王舍此而袭远方之服，变古之教，易古之道，逆人之心，而怫学者，离中国，故臣愿王图之也。

说了一通大道理，扣了一堆大帽子，没一点实质性东西。赵武灵王倒是有耐心，开导诸臣说："循法之功，不足以高世；法古之学，不足以制今"，他坚定实行胡服骑射改革，提高军队战斗力，成功抵御北方威胁。可是直到南宋，朱熹还批评"今上（皇帝）领衫与靴皆胡服"，主张"要辨得华夷"。

汉文化曾经长期在东亚遥遥领先，这是显而易见的。游牧民族"汉化"，一方面是发展强大的必由之路，因为汉族文化总体先进一两千年；另一方面则是发展强大之后的生存之道。

比如蒙古，《哈佛中国史》说："他们所处的草原比中国中南部的稻田更易于蒙古骑兵策马驰骋。相较于易受攻击的中亚诸国，南宋幅员辽阔，因此仅靠杀戮和暴力是无法征服南宋的。"汉人幕僚便建议蒙古人以结束宋、金分裂局面为功，一统中国，国名汉化为"大元"，还创编全国性的地方志书《大元一统志》。又如女真，《哈佛中国史》说："北宋的北方领土于1127年落入金的手中后，区区百万女真人成了掌握权力的少数民族。除了在政治上和文化上向其周围大约2000万汉人臣民妥协之外，他们别无选择。"

但少数民族要学习汉族也是阻力重重。鲜卑拓跋部曾与曹操友好。261年，首领拓跋力微派遣拓跋沙漠汗到魏国进贡，魏国将拓跋沙漠汗留下作为人质。后来，代魏的晋武帝司马炎好心让沙漠汗回去，酋长们高高兴兴入塞迎接。没想到物是人非，沙漠汗不知不觉已汉化，这引起酋长们担心："太子说话穿衣都不一样了，将来作大酋长，肯定要改变我们的传统，怎么办？"商量结果是把沙漠汗就地杀了，鲜卑族第一次汉化就这样夭折。

北魏386年开国，398年把都城从盛乐（今内蒙古和林格尔）迁到平城（今山西大同）。初入中原，拓跋鲜卑成功地实施了"一国两制"。胡汉分治，这个创始于十六国时期的治国手段，成功缓解了鲜卑与汉族的矛盾，使这个新兴王朝在这片土地上站住了脚。同时，朝廷开始任用汉族官员，北魏形成了由鲜卑贵族和汉族共同执政的政权。

太武帝拓跋焘统一北方后，重用汉族谋臣崔浩，明确宣布："日后凡属军国大计，你们不能决定的，都应先征询崔浩的意见！"可是崔浩按汉族世家传统整理北魏氏族，并按史家"秉笔直书"原则续修北魏国史时，鲜卑贵族就受不了了，纷纷指责他暴扬"国恶",以致他本人被杀不算,同族远近都受连坐,汉化又一次失败。

自从北魏开国,拓跋贵族们基本上是通过战争掠夺财富或通过立功获得巨额赏赐,汉族官僚们的物质生活则十分拮据。直到开国近百年的孝文帝(471—499年在位)时期官吏还没工资,得依赖贪污、掠夺和皇帝随意奖赏养家糊口。随着政权稳定,战事减少,掠夺的机会也少,问题越来越突出。

冯太后主导的"太和改制"的第一项就是恢复中原实行的百官俸禄制,在原来户调之外每户增调3匹、谷2.9斛,内外百官以品级高低定俸禄等次。从此,再贪绢一匹即处以死刑,这立竿见影,官风民风大为好转。

官员的俸禄归根到底来源于农民,农民的衣食之本则为土地。东汉以后,户籍分为士族与庶民。庶民要向官府缴纳60%的租税,士族与荫户可以不缴。问题是还有人冒充荫户,租税流失严重。于是北魏颁布"均田令",不论官民,平摊赋税。此令限制了土地兼并,让自耕农比较稳定地占有土地。国学大师钱穆评论:"此乃魏孝文帝根据中国读书人而改革经济制度,故寓独特的历史文化精神,与西洋不同。"均田令历经北齐、北周到隋唐,实行约300年。

北魏虽然是鲜卑族建立的少数民族政权,却对中华文明贡献不小。迄今有益的,除前文所说云冈石窟,还有"魏碑"书法等。黄仁宇说:"出人意料,对重造中国帝制体系最有实质性贡献的,却是所谓的胡人夷人。"黄仁宇这话指的主要就是鲜卑人,并主要指冯太后主导的两大改革成果:

485年之均田令,在中国历史上是最划时代的里程碑,以后只有详细数目字的出入,其原则经后继各朝代所抄袭,下及隋唐,施行迄至8世纪下半期,连亘约三百年。同时北魏的民兵称为府兵制者,也成为以后各朝类似组织的初创规模。

北魏建国后,利用宗主管理地方。宗主是一些大大小小的割据势力,显然不是长久之计。建国100年(486年)之际,创建"三长制",5家为邻,设一邻长;5邻为里,设一里长;5里为党,设一党长。三长制与均田制相辅而行。从此,中央政府的管理到达基层。后来,三长制成为北齐、隋、唐时期乡里组织。黄仁宇说,孝文帝拓跋宏"在中国历史上最大的贡献为:重新创造一个均匀的农村组织,非如此则大帝国的基础无法立足"。

孝文帝改革还取决于一个特殊因素:冯太后本身是汉族。冯太后与拓跋宏还可能有难言之隐。日本讲谈社《中国的历史》用了相当篇幅分析他们可能是母子,也就是说拓跋宏可能按本族风俗续娶了父亲之妻,这在儒家看来是不文明的,因此拓跋宏全面汉化的个人动因,是"希望将自己从过去的愚昧黑暗中解放出来",并奢望能当"中华皇帝"。

这就难怪冯太后去世之后,拓跋宏仍然不遗余力地深化改革,扩大开放。北魏开国之初将都城南迁到平城(今山西大同),已经很接近中原了,可他觉得不够,亲政后第一件事就是再南迁到洛阳,与汉族"零距离"。光有"硬件"不够,还得有"软件",拓跋宏紧接着全面摒弃鲜卑旧俗,照搬照套汉族的生活方式和典章制度,如禁止鲜卑贵族、官员及家属着胡服,改穿汉服;禁止鲜卑贵族讲鲜卑语,改说汉语;将鲜卑族姓氏改为汉族姓氏;采用汉族官制、律令;学习汉族的礼法,尊崇孔子,以孝治国;等等。

此外,"五胡"政权除了割据纷争、不种程度上汉化之外,还要争"中国"之正统。十六国时期汉(前赵)开国皇帝匈奴人刘渊就公然说:"夫帝王岂有常哉?大禹出自西戎,文王生于东夷,顾惟德所授耳。"他们居然也会"文斗"了!会利用"天命靡常"的儒家理论,跟他们的前辈判若两人。孝文帝拓跋宏明确北魏继承的是晋,并问大臣:"你们希望朕远追商、周呢,还是想让朕连汉、晋都不如?"他们不认为自己只代表某一族,而直接以中华正统自居,比流亡的东晋更能代表中国。这是一种崭新的趋势,方兴未艾,千余年后至清至高潮。

五胡十六国时期,氐族建立的前秦是第一个统一北方的游牧民族政权。他们知道中原"民心思晋",便努力汉化,要求官吏"学通一经,才成一艺",恢复太学,等等。不过,王仲荦《魏晋南北朝史》指出:"前秦在多民族组成的国家其实没有作出融合的措施……"结果,淝水之战后,原先归附前秦的其他民族纷纷反叛,北方重陷分裂。

正是吸取前秦的经验教训,北魏全面汉化,力争鲜卑民族与汉族一体化。然而，孝文帝连儒家的糟粕也生吞活剥！冯太后临终时特地吩咐自己下葬后儿孙即脱去丧服，不必拘泥古礼。拓跋宏却说："中古时未实行守孝三年制度，是因为君主更换太频繁。皇太后那样说，是担心我们误了国家大事。如今朕不敢荒废朝政，只打算继续穿着丧服上朝。"拓跋宏还将正在被历史抛弃的汉族士大夫门第制度强行搬到鲜卑社会，生硬地制造出新的门第：第一等门第，三世中出过三个"三公"……第六等门第，三世中出过侍郎。汉人都不得不弃之如敝履的东西，他也要捡去当宝贝。

499年，拓跋宏去世，太子元恪继位，即宣武帝。元恪一上任就忙于扩建新都洛阳，再忙南伐，等他注意力从外部转向内部时，才发现民众强烈不满。北部六镇聚集了大批军功赫赫的人才，但由于用人只讲门第，他们升迁无望，又不适应汉族语言与习俗，纷纷反叛。奉命平叛的大将元颢是拓跋弘之孙、元宏之侄，根正苗红，他自己却叛逃，并在南梁支持下称帝，反戈一击，敲响北魏的丧钟。孝文中兴有巨大成功，但由于未能继续深化改革，超越中兴，也变成回光返照的代名词。芬纳在《统治史》中评论：

> 北魏王朝为我们提供了一个关于游牧部落彻底、快速接受华夏文明的经典例证。到公元534年北魏王朝终结之时，它已经变成了一个事实上的汉族国家。事实上，这也是它垮台的原因。

类似的，随后还有"金以儒亡"，即史家认为金朝也因为汉化而亡。后人以北魏、金国等为鉴，但没能奏效。台湾中国古代史研究学者劳干指出：

> 清代皇帝（尤其是乾隆）误会了北魏汉化而亡，尽量地保存满洲人的满洲特质，后来特质并未能保存下去，可是满汉的界限却是造成清朝亡国的一个主要原因。

这就有如前秦了。既要统治汉人，又不能搞好民族和睦，怎么可能长治久安？前秦因汉化不足而亡，北魏汉化过头也亡，为什么？

日本首相吉田茂是日本战后最有影响力的政治人物之一。他在《激荡的百年史》——记录日本明治维新以来 100 年间的简明历史中提出:"受倡导的文明原本是一个统一体,很难只单单采用它的科学文明技术。"日本正是抱着这样一种认识进行"明治维新",可谓"全盘西化"。可是直到今天,我们还流行说"看唐朝要去日本"。日本前首相鸠山由纪夫曾公开说:"中国古典文化在日本更加广为流传",而日本本民族的文明也可见于大街小巷。看来,日本迄今并未"全盘西化",而是汉化、西化恰到好处!

对外开放,向外学习,本意是作宏观意义上的数学加法,争取达到 $1+1>1$ 的效果。拓跋宏将自己本族文明不分好歹连姓氏、语言等根底全部摒弃,而将儒家文明不分好歹拿来,结果变成以儒家文明取代鲜卑文明,实质是作减法了:$1-1<1$。而日本为确保 $1+1>1$ 之功,实际上作了 $1+2$ 的努力,即本土文明 + 中华文明 + 西方文明。

汉化也好,胡化也罢,首先要力争 $1+1>1$,而避免 $1-1<1$。这是个关乎国运的大问题。孝文中兴留给我们的教训太深刻了!对于我们今天来说,"+1"还是"−1"仍是个历久弥新的课题。

第七章

唐：僭于上而治于下

孔子去见卫灵公夫人南子，因为南子"作风问题"名声欠佳，子路有意见，孔子只得跷着脚发誓自己是清白的。《论语》记载，孔子曾骂卫灵公"无道"。可是《孔子家语》又载，鲁哀公问晚年孔子："当今天下，你看哪位国君最贤？"孔子回答："最贤的我没见过，比较贤的应该算卫灵公吧！"哀公大吃一惊："听说灵公夫妇淫乱不堪，还比较好？"孔子说："臣语其朝廷行事，不论其私家之际也。"这就是说不以私生活否定政绩。由此可见，孔子有挺开明的一面，并没有将女人视为"祸水"。

白虎、人物图

　　1987年山西省太原市焦化厂唐墓出土。墓顶上层一奔跑的白虎,旁有弯月、星象、宝相花、流云。墓壁下层有屏风画三框格,分别绘画三幅"树下老人"。在棺床以外的最左侧,站立一名手持衣叉的侍女。

公元618年五月，李渊称帝，定都长安。至907年为五代后梁灭亡，共传22帝，历时289年。其间690—705年，武则天改国号为"周"，一般计入唐朝。至688年建国70周年之际，历经高祖李渊、太宗李世民、高宗李治，恰巧到武则天统治时期。

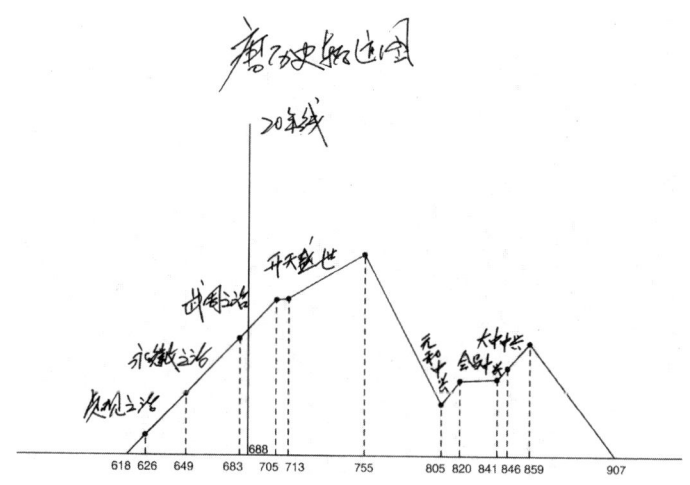

唐朝盛世简表

盛世名称	时段	积年	帝王（任）
贞观之治	626—649年	23	太宗李世民（2）
永徽之治	649—683年	34	高宗李治（3）
武周之治	683—705年	22	则天皇帝武瞾（6）
开天盛世	712—755年	43	玄宗李隆基（8）
元和中兴	805—820年	15	宪宗李纯（13）
会昌中兴	841—846年	5	武宗李炎（17）
大中中兴	846—859年	13	宣宗李忱（18）

注：1. 唐中宗李显和唐睿宗李旦都曾经复位，他们在位任数以前一次计算，即在武则天之前。

2. 开天盛世包括开元、天宝两个时期。根据最新研究成果，天宝年间经济文化更加繁华，最后一年爆发"安史之乱"才打破了这种局面。

开国风光：

永远的回忆

说起大唐，不由让人心潮澎湃。我曾困惑：英国历史学家汤因比为什么愿意活在中国的宋朝，而不选择唐朝？唐朝像个活泼的少女，在明媚的阳光下起舞，到处开满鲜花，芬芳四溢，充满欢快的旋律。唐朝的男人女人都敢爱，且爱在阳光下，比如武则天作了李世民的才人又作他儿子的妻子，李隆基则将儿媳杨玉环封为自己的贵妃。而宋朝则晓风残月，多半凄凄惨惨戚戚，宋徽宗赵佶迷恋名妓李师师只能偷偷摸摸，晏殊等大腕写了"艳词"不敢认账，真不爽快！大唐近300年中，先后有7个盛世，总计达155年，有无数美丽的诗篇，流芳后世。

大唐辉煌不是天上掉下来的。对内，结束了动荡；对外，制伏了侵略者。

公元6世纪突厥汗国崛起于漠北，势力迅速扩展到蒙古高原，有数十万精锐骑兵，北方草原的众多部族都归附其下。北齐、北周对峙时，双方都争相拉拢突厥，每年送给突厥大量丝绸等物资，试图以此换取其帮助，突厥自然乐得坐山观虎斗。

突厥的佗钵可汗曾得意地说："我南边的这两个儿子这么孝顺，我还愁物资缺乏吗？"他说的这两个儿子指的就是北周和北齐，可见他的骄横之态。不过，随着北周平定北齐统一北方之后，突厥就不可能再通过操纵中原内战来获取巨大的经济利益了，特别是杨坚建立隋朝以后，对突厥采取了更强硬的政策，史书记载就是"待之甚薄"。这样一来，突厥就对隋朝十分怨恨，不断地派兵南下侵扰。

583年，因隋分化离间外加兵威，突厥分裂为东突厥、西突厥。584年东突厥一度臣服隋朝。隋末年间，中原大乱，突厥势力趁机发展壮大，东突厥"控弦且百万，戎狄炽强，古未有也"，契丹、室韦、吐谷浑、高昌皆役属于突厥，窦建德、薛举、刘武周、梁师都、李轨、王世充等割据势力也臣属于突厥。李渊在晋阳起兵，进军长安时为了防止突厥袭击后方，也结好突厥。

唐朝初年，东突厥又趁唐尚未壮大的时机，连年侵扰掠夺。626年李世民刚即位，东突厥20万大军直逼长安，距长安城仅40里地。李世民与他们隔着渭河对话，许诺赠予金帛财物，他们才退兵。曾经战功盖世的"天策上将"李世民哪容得下这口气？经过3年准备，他命李靖统兵10万，分道出击，以奇制胜，连他们的可汗也给逮住了，东突厥从此灭亡。慑于大唐天威，西北诸藩纷纷臣服。

东部原来也是一团乱麻。朝鲜半岛上的高句丽、百济、新罗3国，长期相互争斗，7世纪进入白热化。其间，中国多次介入。新罗与唐联合先后灭百济、高句丽。这时，矛盾转化。原来，唐朝在高句丽、百济旧址设总督府、州、县，在平壤设安东都护府，派部属将领任各级官吏，并分别带兵驻守，实行直接统治。新罗对此不满，鼓动百济、高句丽拥立原来王室旧族反唐。676年新罗收复百济旧地和高句丽在朝鲜半岛旧地的一部分，唐安东都护府撤到辽东。

张宏杰认为："唐代之所以如此被今天的中国人推崇，一个重要原因是它的'现代气质'"，"盛唐是中国人永远的回忆，也是中国历史不可超越的顶峰。那是中国人最自信、最放松、最自由的如同鲜花着锦的一段时光，不但绝后，而且空前"。网上《我最愿意生活的十个时代》帖子，居然选了一般人所批评的晚唐，令人匪夷所思：

"落魄江湖载酒行，楚腰纤细掌中轻。十年一觉扬州梦，赢得青楼薄幸名。"生在晚唐，盛唐国威不再，北方正是军阀割据，朝廷里两派又斗得不可开交，所以我们一起去扬州过过舒心日子。中国就是这样，衰落的年代，反倒美女如云，而且善解人意，婉鸾可喜，不像杨贵妃和虢国夫人那样骄横跋扈。这是一个小家碧玉的时代，扬州就是代表。还在早些时候，徐凝就在诗里写道："天下三分明月夜，二分无赖是扬州。"无赖，就是天然的可爱。现在看看杜牧怎么说："二十四桥明月夜，玉人何处教吹箫。"不必如南宋姜夔那样"唤起玉人"，仅这诗句就已让人心醉了。有人说，这是亡国之音，可那些道貌岸然的兴亡说教，和我们又有什么相干呢？顾炎武固然说过"天下兴亡，匹夫有责"，可如果人家连这个责都不让你负呢？还是回来吧，回到这个精神上温柔的家园。

谈论唐朝很容易犯一个错误，如芬纳在《统治史》中分析，"唐帝国的寿命长达300年，其统治存在一个明显问题：王朝末期的统治体系和初期是不一样的。因此，选取某个特定年代或统治时期来代表整个唐王朝的统治无异会误导读者。"

不仅如此，前期不同皇帝治下，也有所不同。

日本学者气贺泽保规在讲谈社《中国的历史》中写道：

刚刚开始致力于推行新政的太宗统治时期于贞观二十三年（649）宣告终结。这时的唐朝在经济力量方面还很弱，与隋代的最盛时期相比有很大差距。此外，当时在政治领域里也还存在着很多悬而未决的课题。因此我以为，后世人们所津津乐道的"贞观之治"形象，与当时的现实未必一致。

明君难终定律再次发挥作用。时间稍久，魏徵一死，他就变得跟杨广差不多了。他固执地征伐高丽，劳民伤财，后来后悔说："假如魏徵还在，应当不至于如此。"对内，接班人问题举棋不定，本来已立李承乾为太子，可他又宠爱魏王李泰，导致两人相争，大臣只好建议改立第九子李治，进而改变了唐朝的整个历史。《哈佛中国史》甚至认为：李世民"及时薨逝使他免于重蹈上一位入侵朝鲜半岛的皇帝隋炀帝的覆辙"，"在中国他最被称道的原因与其说是他在位时的表现，不如说是因为唐朝之后的历史"。

继位的李治是个谨小慎微的人。他小时读《孝经》，李世民考问："《孝经》说什么最重要？"李治回答："孝，开始事奉双亲，长大后事奉君王，最终是修身。君子事奉皇上，要上朝想着尽忠，退朝回家想着弥补皇上的过错。"李世民听了大喜，说："你如果能这样行事，完全能够事奉好父兄，作好臣子！"然而，正是他干了比李承乾、李泰更"大逆不道"的事：在李世民的病床前，与父皇宠爱的"媚娘"武则天勾搭成奸！

本来，李治已有皇后王氏，可惜王氏未能生育，他便宠爱有子的萧淑妃。女人受冷落是可怕的。为了报复萧淑妃，王氏特地将已经按规矩送出宫的武则天重新引入宫，并且同意他们的关系公开化。

武则天从皇后到皇帝之难，绝不亚于从平民到皇后。李治体弱多病，他想让位给儿子，并想废武后。这样，她主攻的目标转移到丈夫和儿子方面。长子李弘为太子，性情仁厚，李治想禅位于他。675年五月李弘却突然死了，人们认为这是武后干的。同年六月立22岁的次子李贤为太子，并令太子监国，宫中平静了两三年。680年李贤又被废为平民，另立三子李显为太子。3年后，李治去世，李显即位，但他只当了55天皇帝就被武后废了，并禁于深宫。684年另立22岁的四子李旦为帝，但也被软禁，不得参与朝政。从此，大小事均由武后掌握，史称"武后称制"，但尚未称帝。大唐建国70周年之时，就处于这样的形势，武则天忙得很，忙着两年后正式登基的准备工作。

688年是唐朝建国70周年。武则天现年65岁，此后两年改元为"周"，17年后（705年）去世。

乾元殿改建明堂

许多专制统治者都喜欢大兴土木,借以流芳千古。有些目的达到了,更多的则是劳民伤财罢了。此前杨广,一即位便着手兴建洛阳宫苑。他嘴上说"今所营构,务从节俭",实际恰恰相反。张玄素曾在洛阳督建乾阳殿,他描述从江西采运木材的情形:

臣又尝见隋室初造此殿,楹栋宏壮,大木非随近所有,多从豫章采来。二千人曳一柱,其下施毂,皆以生铁为之,中间若用木轮,动即火出。铁毂既生,行一二里即有破坏,仍数百人别赍铁毂以随之,终日不过进三二十里。略计一柱,已用数十万功。

可是建成没几年,那数十万人的心血——宏伟的宫殿就被战火焚为灰烬。
乾阳殿的残垣断壁引起了李治的兴趣,656年在原基重建,改名"乾元殿"。据说,乾元殿与现存明清故宫太和殿的高度十分接近,但其面广与进深是太和殿的1.5倍,不难想象多么巍峨。竣工之时,"初唐四杰"之一王勃作《乾元殿颂》,一连20首,还有一篇很长的序。试摘一段序文:

我大唐鸡浑指极,树神宰而制山河;鹤谶裁仪,辟太虚而有天地。黄精吐瑞,潜龙苞象帝之基;紫气徵祥,鸣凤呈真王之表。高祖太武皇帝虹星湛色,开宝胄于金壶;蛟电凝阴,发皇明于石纽。白蛇宵断,行移海岳之符;苍兕晨驱,坐遘云雷之业。属东邻委驭,扇虐政于丛祠;北拱隳尊,紊皇图于宝极。蜚鸿集野,瞻乌鲜投足之因;青犊啸风,群鹿无择音之所。天街五裂,截鲸浦而飞芒;地纽三分,触鳌山而按节。元虬在御,扫圻甸而廓星都;黄鸟分麾,动扶摇而骇云阵。

王勃这篇诗文4600多字,罕见巨制,气势磅礴。没多久,武则天又看中这块风水宝地,本年(688年)二月在乾元殿基础上修建明堂,即万象神宫。

明堂是中国历史上最著名的礼制建筑,凡祭祀、朝会、庆赏、选士等大礼均在此举行。早在李世民、李治时代就很想建,一次次讨论,可是究竟怎么建才符合儒家规范,越争论越没谱,只好一搁再搁。

武则天吸取教训,只与"北门学士"商议。她很有心计,早在20多年之前,便以修撰为名把一些文章高手召为翰林院待诏,编写一批署武则天之名的著作,如《列女传》《臣轨》等等。名义上修撰著作,实际上是她的智囊团,密令他们参与朝政,以分宰相之权。正是在他们的协助下,她一步一步从皇后、天后登上皇帝宝座。因为他们常从皇宫的北门出入,所以称"北门学士"。他们对于武则天的话心领神会,但第一方案也被否定。他们提议建在都城南郊居中之地,三里以外,七里以内。武则天认为那里太远,决定拆了乾元殿,在原址新建明堂。

同时,武则天任命僧人怀义监造。这得多说几句。这名叫怀义的僧人可不一般,俗姓冯,名小宝,更俗一些说是武则天的"面首"。他原来在洛阳街头小巷卖狗皮膏药,只因"伟形神,有膂力",偶然认识李渊之女千金公主,转而介绍给武则天,进而成为她的近侍。为了便于出入宫中,才让他剃度,法名怀义,又改姓薛。不过,这个人工作能力也挺强。武则天认为他有巧思,令他入宫主持土木营造。白马寺就是他建议重修并亲自监修的。现在建明堂,大屋3层,高30丈,拖一根巨木就得上千人。圆顶上铸 凤,高 丈,镀金。御史工求礼上节批评:"古代明堂用茅草还不加修剪,用柞木作柱不加削砍。如今明堂却用珠宝玉石装饰,纣王的琼台与夏王的瑶室也没它豪华!"武则天置之不理。现代专家认为这是唐代建筑艺术的巅峰巨作,惊世骇俗。

怀义因修明堂之功,被提拔为大将军、梁国公,曾率师抵御突厥入侵,并以"佛"的名义对武则天当女皇作预言,为她改朝换代鸣锣开道,但最后失宠被杀。

还有必要一说:在此前一月,武则天建"崇先庙",祭祀武氏祖先。男人造反夺权成功后"分赃",鸡犬升天,女人同样要光宗耀祖一番。对于武则天来说,这才开始呢!稍后几年正式称帝,神都洛阳建武氏七庙,立武氏子侄为王及郡王,武氏诸姑姊为长公主,全国武氏均免税役,天下女人都扬眉吐气。

不过事情并不顺利。儒家的等级制度是要通过一系列礼节的数目来体现的。在讨论崇先庙中的室数时，博士周悰建议七室，并减唐太庙为五室。侍郎贾大隐反对，说："礼，天子七庙，诸侯五庙，百王不易之义。今周悰别引浮议，广述异文，直崇临朝权仪，不依国家常度。皇太后亲承顾托，光显大猷，其崇先庙室应如诸侯之数，国家宗庙不应辄有移变。"武则天是推崇周礼的，不能不忍了，让崇先庙享受诸侯级别。

这年底，明堂建成，紧接着在其北造"天堂"，高达五层，置大佛像，在三楼就可以俯视明堂。

杀人先堵住其口

武则天是位美丽出众的女人，但绝不是善良的女人。为了帝王宝座，她杀了一大批反对她的人及其家属与族人，包括她亲生的两个儿子和嫡亲孙儿。她建立特务系统，大搞"铜匦"（检举箱）和诏狱，重用一批酷吏，如周兴、丘神勣、来俊臣等等。这些酷吏创造了多种酷刑，滥杀无辜。"仙人献果"四个字让人产生美妙的想象，在武则天治下指的却是令犯人赤裸跪在瓦砾上，双手捧枷，举过头顶。"玉女登梯"是令犯人爬上高高的梯子，用绳子系着脖子，向背后牵引，或窒息而死，或跌下摔死。"定百脉""喘不得"等十号大枷，使囚犯望而"战栗流汗，望风自诬"，冤假错案由此产生。来俊臣编写的《罗织经》，被称为人类有史以来第一部制造冤狱的经典。我的小说《兵部尚书佚事》写明朝特务组织锦衣卫的残酷时，感慨"好像大明的智慧全都要体现在酷刑上"，这话完全可以用来说武则天治下的大唐。

李治时期的宰相郝处俊，极力反对唐高宗李治禅位于武则天。他在此前7年死了，曾有书生预言："葬压龙角，其棺必斫。"果不其然。本年四月，他的孙子郝象贤被其仆人诬告谋反，周兴一审，罪名成立，全家灭门，并掘郝处俊的坟鞭尸。押赴刑场的路上，郝象贤大骂武则天，并揭发宫中隐恶，武则天及所涉官员非常难堪。从此，每次行刑，都要用木头堵住犯人的嘴，禁止骂出声来，沿袭至武则天下台，与嵇康刑场索琴弹《广陵散》形成天壤之别。

自加尊号"圣母神皇"

古人也重视执政"合法性"问题,但他们重视的不是臣民意愿,而是"君权神授"。不仅帝王常这么干,那些造反的草根也这么干。此前30来年,睦州乡村妇女陈硕真,说她在深山得到太上老君的神谕,收了很多弟子,率众起事,仿照唐官制建立政权,称"文佳皇帝"。著名历史学家翦伯赞称陈硕真是中国历史上第一位女皇帝。虽然很快失败,但留下不可磨灭的影响。当地传说,就在官兵一拥而上的时刻,天边飘来一朵彩云,一只巨大的凤凰降落,吓退官兵,载着陈硕真腾空而去。

还有一个传说,650年三月一天,京城一班纨绔子弟到城郊感业寺踏青,见一位漂亮小尼,垂涎三尺,上前调戏。慧觉老尼发觉,棍随声出,打得那帮小子落荒而逃。这老尼是陈硕真,小尼便是后来的武则天。她们结为姐妹,但人各有志,武则天返尘,陈硕真继续在那里孤灯青影。这传说显然不可信,但我斗胆推测:武则天称帝,很难说没受陈硕真的影响。

武则天跟陈硕真跟许多帝王那样,也注重利用神怪。688年五月,武则天的侄儿、礼部尚书武承嗣命人在一块白石上刻文:"圣母临人,永昌帝业。"他谎称是从洛水中捞出的,献到朝廷。

相传上古时,洛阳东北的黄河中浮出龙马,背负着"河图",献给伏羲。伏羲据此而演成八卦,后为《周易》。又传大禹时,洛水中浮出神龟,背驮"洛书",献给大禹。大禹依此治水成功,划天下为九州。因此,《易·系辞上》写道:"河出图,洛出书,圣人则之。"现在洛水出现的这块宝石称"圣母",显然指武则天。所以她非常高兴,命名为"宝图",下诏准备去祭拜洛水,接受"宝图",告谢天地。她给自己加尊号"圣母神皇",要求各地方官与宗亲届时到神都洛阳集中。

同年六月，作神皇三玺。七月，将"宝图"改名为"天授圣图"；将洛水改名为"永昌洛水"，祭祀规格比照长江、淮河、黄河、济水（古水名），并将嵩山改名为神岳。八月，接受"天授圣图"大典在洛阳举行，隆重程度创唐朝开国以来之最。一件荒诞不经的事，表演得有板有眼。这事与建明堂一样，不过是为武则天正式登基鸣锣开道。

关于这份宝图，《剑桥中国隋唐史》写道："所有史料一致认为它是武后之侄武承嗣所伪造，此人是她篡位的最坚定的支持者。甚至像司马光等敌视她的史学家也没有假设武后本人曾参与此事"。

李家人站出来说"不"

在"家天下"时代,不仅皇位不许传给异姓,连给异姓封王都十分罕见。刘邦马不停蹄消灭异姓王之后,再也不肯给异姓功臣封王了。皇位偶然不小心落在异姓家,也像不义之财一样烫手。比如北宋末年,金兵将皇袍强加到张邦昌身上,他不敢接受,主动奉还赵家,宁愿虚位以待,后来还是免不了被赵家赐死。刘家、赵家、李家当中实在找不到像样的人,宁可把重担压在一个个吃奶的娃娃肩上,也不肯交给一个有能力的异姓。如今,武则天虽然是皇太后,可毕竟不姓李,而且还是女流之辈,怎么可能拱手让她抢了李氏天下?开国大臣长孙无忌等人进行了抵抗,英国公李勣之孙徐敬业还曾举兵匡复。然而,日本讲谈社《中国的历史》写道:

总的来说,所有的抵抗和反对行动大都是零星或分散的,最终都被各个击破。在武后的铁腕及谋略面前,反对者们只能忙于招架,毫无还手之力。唐朝体制的软肋通过这件事情也暴露无遗。

该书还说:"唐朝是这样一个时代,即具有最终容忍武后这种人物存在下去的客观环境","倘若当时的整个时代充斥着坚决排挤她的气氛的话,即使她本人再能干再厉害也是无济于事的"。当然,武则天的破天荒之举注定不可能顺利。

武则天篡权意图越来越明显了,绛州刺史韩王李元嘉、青州刺史霍王李元轨、邢州刺史鲁王李灵夔、豫州刺史越王李贞、李元嘉之子通州刺史黄国公李譔、李元轨之子金州刺史江都王李绪、虢王李凤之子申州刺史东莞公李融、李灵夔之子范阳王李蔼、李贞之子博州刺史琅琊王李冲等皇室宗亲深感不安,密谋挽救。连常乐公主也说:"李氏皇室已经快灭亡了,诸王是先帝的儿子,还等什么呢？大丈夫死当作忠义之鬼，不能窝囊地等死！"

本年八月，武则天召集宗室子弟一起到明堂朝拜，迎接"天授圣图"，社会上却流传武则天要借此将李氏宗亲一网打尽的小道消息。于是，他们先发制人。李譔伪造诏书，令各地亲王分别起兵，匡复李唐。他们商议起兵时间，还没最后敲定，李冲募集到5000兵就忍不住了，率先进军武水（今山东聊城），用火攻城，不料风向逆转，反而使自己的士兵慌乱逃散。李冲逃回博州，被守门人杀死。李贞也募兵5000，仓促响应李冲，没几天也失败，自杀了结。其他诸王见此，不再敢动了。

事后，武则天要将诸王全部捕杀，令监察御史苏珦去办。苏珦心软，不忍用酷刑，没取得证据。武则天派员责问，他还为他们辩护。武则天将他撤了，改派周兴，强行收捕李元嘉、李灵夔、李譔和常乐公主，押送洛阳，逼他们自尽。其他同党及亲属数百家被杀。受李贞牵连的有六七百家5000余人，幸好时值大名鼎鼎的狄仁杰在那当刺史，他秘密上书武则天，说："这些人其实都是无辜的！我想公开说明，怕有人说我为叛贼辩护。可是如果不说实话，我又怕有违圣上您的仁爱之心。"武则天看了这封密疏，只得特赦这批人，流放到丰州（今福建泉州）。

第二年，武则天废除所有李氏宗室子弟的族籍，为她登基扫平最后一段路。

诗人劝阻战争

唐朝诗人群星璀璨，天河里随便一捞就捞到一颗亮晶晶的星星。这次捞到的是骆宾王。684年，他不仅卷入徐敬业造反，而且拟写《为徐敬业讨武曌檄》，列数武则天"杀姊屠兄，弑君鸩母"等罪行，号召大家响应起义。这檄文写得非常精彩，以致武则天读到"一抔之土未干，六尺之孤安在？""请观今日之域中，竟是谁家之天下"等语时，不禁反省："有如此才华，却没能招到朝廷来用，这是宰相的过错啊！"

唐朝建国70周年之时，天河里一捞，又捞到一颗亮晶晶的星星——陈子昂。陈子昂让我佩服得五体投地的是他那首《登幽州台歌》，将人生之孤独写到了极致。不过，他在历史上产生实际作用的不是诗，而是谏文。

吐蕃在青藏高原地区，跟唐朝同一年建国，也曾延续200多年。他们跟中原汉族政权的关系时好时坏。此前40余年，唐曾经嫁去著名的文成公主。武则天也是好战的，这年底下诏，征发梁州、凤州等地的百姓，从雅州开出一条大路，准备出击西羌，讨伐吐蕃。

陈子昂生性耿直，曾因其文"历抵群公"被排挤，但不改其志。唐高宗李治病逝于洛阳，议迁梓宫归葬乾陵，陈子昂谏阻。武则天看了，叹其有才，才授"麟台正字"之职。麟台即原来的秘书省，武则天改名。正字与校书郎同掌校雠典籍，订正讹误。总之，只不过区区文职人员而已，谈不上什么官职。可他闻讯武则天发布这道战争令之后，马上进谏：

雅州边羌，自国初以来未尝为盗。今一旦无罪戮之，其怨必甚；且惧诛灭，必蜂起为盗。西山盗起，则蜀之边邑不得不连兵备守，兵久不解，臣愚以为西蜀之祸，自此结矣。臣闻吐蕃爱蜀富饶，欲盗之久矣，徒以山川阻绝，障隘不通，势不能动。今国家乃乱边羌，开隘道，使其收奔亡之种，为乡导以攻边，是借寇兵而为贼除道，举全蜀以遗之也。蜀者国家之宝库，可以兼济中国。今执事者乃图侥幸之利以事西羌，得其地不足以稼穑，财不足以富国，徒为糜费，无益圣德，况其成败未可知哉！夫蜀之所恃者险也，人之所以安者无役也；今国家乃开其险，役其人，险开则便寇，人役则伤财，臣恐未见羌戎，已有奸盗在其中矣。且蜀人尪劣，不习兵战，山川阻旷，去中夏远，今无故生西羌、吐蕃之患，臣见其不及百年，蜀为戎矣。国家近废安北，拔单于，弃龟兹，放疏勒，天下翕然谓之盛德者，盖以陛下务在养人，不在广地也。今山东饥，关陇弊，而徇贪夫之议，谋动甲兵，兴大役。自古国亡家败，未尝不由黩兵。愿陛下熟计之。

"无罪戮之，其怨必甚""自古国亡家败，未尝不由黩兵"，这些直言不讳的话让武则天感到振聋发聩。是啊，比《孙子兵法》更久远的《司马法》指出"国虽大，好战必亡。天下虽安，忘战必危"。武则天不得不中止这场战争。她没有为难陈子昂，随后还提拔为右拾遗。这是一种议政官员，意思是捡起皇帝的遗漏（政策失误），相当于现代的监察官，正八品官职。后来他被奸人陷害冤死狱中，另当别论。从骆宾王和陈子昂等人际遇看，武则天这人对知识分子还是有肚量的，比众多男帝王好一大筹。

然而，武则天贪战功之心并未就此泯灭。第二年七月，她又令大将韦待价率兵讨伐吐蕃，结果大败，狼狈退回。武则天大怒，将韦待价流放绣州，并斩了他的副职。由此可见陈子昂先见之明。

此后十年一瞥:

终圆女皇梦

第二年(689年)二月武则天追尊其父为周忠孝太皇,其母为忠孝太后。十一月开始用周正,改本月为正月,十二月为腊月,明年正月为一月;同时改革12个汉字,其中"照"改为"曌",武则天以此为名。

同时,加紧清除反对势力。689年四月杀汝南王、鄱阳公主等12名宗室。周兴等诬故相魏玄同曾经发过牢骚:"太后老矣,不若奉嗣君为耐久。"武则天听了大怒,赐魏玄同死,另有多名内外大臣坐死或流贬。690年八月又杀南安王等宗室12人,鞭杀故太子李贤的两个儿子。

690年七月僧法明等撰《大云经》4卷,称武则天为弥勒佛下世,当代唐为天下主,制颁行天下。九月初三,关中耆老900余人自发赶到洛阳叩拜宫门,说是"请革命,改帝氏为武"。值班大臣傅游艺连忙上表。武则天深知"禅让"规矩,三劝才行,所以不允,但是将傅游艺从七品御史擢升为正五品给事中。初八日,又有耆老、四方蛮夷、道士、和尚1200余人诣阙,请神皇登正位,武则天仍未许。初九,远近百姓、四夷酋长、沙门道士、文武百官、李唐宗室5万余人"守阙固请"。这时李旦也上表自请赐武姓,武则天这才登宫城正南的则天门,宣布"建大周之统历,革旧唐之遗号。在宥天下,咸与维新",为前无古人、后无来者的惊天之举画上一个圆圆满满的句号。

女皇梦圆之后,武则天铁腕开始收敛。正式登基第二年即691年二月,有人举报周兴与另一名酷吏丘神勣谋反,丘神勣被处斩。来俊臣请周兴吃饭,问:"囚犯如果不认罪,该怎么办?"周兴笑道:"这好办!只要把犯人放到瓮里,然后四周烧起火,还怕他不招吗?"来俊臣脸色一变,立即命人抬来一口大瓮,烧起火来,然后说:"来某奉旨审查你,现在请君入瓮吧!"周兴连忙磕头求饶,表示招认。这就是成语"请君入瓮"的来历。武则天赦周兴免死,改判流放,结果他在路上被仇家所杀。次年七月，武则天还命监察御史严善思复查历史案件，对于因告密不实而被诛的850余人予以平反。大臣上书反映酷吏之害，她听取采纳，从此制狱稍衰。

705年正月，张柬之等发动政变，武则天被夺权，唐室恢复。

千古之叹：

武则天那无字碑该补何字

我总觉得，后儒必须向女人道个歉！因为在漫长的历史当中，他们伙同官府对女性越来越压制。宋儒司马光主张：女子6岁开始学妇人行为规范，7岁读《孝经》《论语》，9岁读《列女传》《女诫》，但不许她们吟唱、作诗和弹琴。朱熹更甚，他"主簿同安及守漳时，见妇女街中露面往来，示令出门须花巾兜面。民遵公训，名曰公兜"。如果哪个帝王推广了司马光、朱熹们这类举措，女人都不歌舞，出门戴面纱，手不露腕行不动裙，那样的中国会可爱吗？如此，必然也或多或少影响帝王们的审美，难怪他们不肯推广。但是，"三纲五常"之类还是越来越受他们重视，欠下了中国女人一代又一代滔天的血泪账。

其实，孔子本人可能并不轻视女人。尽管他说过"唯女子与小人难养也"的胡话。我不想为其字面意思狡辩，但我想任何话的语言环境不可忽略。

中国历史上不允许女人参政，可是中国政治常常得靠女人挽救。那么多娃娃皇帝，如果皇太后们再不干政，更不知多少动乱。李零说："古书常以女祸贬低妇女，但各朝的开国之君往往都得益于妻族和母姓。"孔子列举治世能臣十人，第一位便是"文母"，即周文王之妃。

后来西周王道衰落，前841年竟然发生"国人暴动"，周厉王被从国都镐京（今陕西西安）驱逐到一个养猪的地方去。14年后，大臣召公开一件惊人的秘密：当年"国人"围攻王宫时，他把幼小的太子静藏在家里，让人们杀的是他自己的儿子。现在还政太子静，即周宣王。

姬静死里逃生，偶然成为周王，可他并不珍惜，沉湎后宫，疏于朝政。幸好他有个好妻子姜氏，深明大义，摘掉耳环簪子请罪，说她让周宣王起了淫逸之心，将导致天下大乱。宣王听后大为感动，从此勤于朝政，开创"宣王中兴"，并留下一个"姜后脱簪"典故。可后来，或许红颜易老之故吧，姜后魅力不再，宣王的"妻管严"痊愈，他又变得贪图享乐，过于好战，朝政重现危机，他死后十余年西周便亡国。

还值得一说的是南子。孔子去见卫灵公夫人南子，因为南子"作风问题"名声欠佳，子路有意见，孔子只得跺着脚发誓自己是清白的。《论语》记载，孔子曾骂卫灵公"无道"。可是《孔子家语》又载，鲁哀公问晚年孔子："当今天下，你看哪位国君最贤？"孔子回答："最贤的我没见过，比较贤的应该算卫灵公吧！"哀公大吃一惊："听说灵公夫妇淫乱不堪，还比较好？"孔子说："臣语其朝廷行事，不论其私家之际也。"这就是说不以私生活否定政绩。由此可见，孔子有挺开明的一面，并没有将女人视为"祸水"。

后来，仍然时不时出现女中豪杰。如刘邦夫人吕后，在刘邦发迹之前及死后，都发挥了重要作用，还有窦太后、冯太后及萧太后等等，武则天则登峰造极。

日本讲谈社《中国的历史》认为："以辉煌的大唐帝国之名而闻名于世的这个漫长的时代，实际上决非一马平川的坦途。在这种曲折蔓延的起伏当中，其前半段值得大书特书的乃是武后这位女性的出现。"大唐近300年，武则天实际执政近50年。武则天辅政与称帝期间，敢想敢干，掀起了一场"武周革命"：

——生活上，唐开国前3个皇帝中有2个成为她的丈夫，其后18个皇帝都是她的子孙。此外，她还敢几乎公开地享有"面首"。

——政治上，她敢于"革唐命"而开创一个"周朝"（她说武姓源于周文王），并模仿周朝的官职称号、建筑、典礼和历法。她直接称皇帝，长达15年之久。但没有两汉后期那种可怖的外戚之患，塞缪尔·芬纳《统治史》说"武则天发挥了平衡作用，她利用反对派力量来抵制武氏家族的政治野心"。她的政见与王莽非常相似，但比王莽成功多了！

——文化上，她首创"殿试"，即将举子召到御座前，由她亲自策问。有个叫员半千的考中进士，迟迟没等到官位，便越级上访，以责备口吻说："陛下何惜阶前方寸地，请召天下才子三五千，只要一人在臣先，陛下斩臣头，粉臣骨，悬于都市，以谢天下才子。"这家伙想当官想疯了，胆敢请武则天选几千才子来挑战，无异于骂她不识才。如果在其他朝代，砍他三个头也嫌少。武则天却召他入宫作凤阁舍人，专门起草中央文件。一个女人的胸怀豁达如此！

——经济上，钱穆在《中国经济史》中写道："盛唐时代之富足太平，自唐太宗贞观到唐玄宗开元年间，历时100余年，有一番蓬勃光昌的气运……此后虽衰落，但藩镇之殷实富厚，仍是远非后世所及。"

——军事上，隋朝征伐4次、李世民征伐3次的高丽，终于在她手上被灭国。这样，唐代版图增至最大，东起朝鲜半岛，西临咸海（一说里海），北至贝加尔湖，南至越南横山，大约维持了32年。

之前有"贞观之治"，之后有"开元盛世"，武则天承上启下，被誉为"武周之治"。黄仁宇评论："武后的革命不能与我们今日所谓的革命相比拟……迄至武则天御驾归西之日，她的帝国没有面临到任何真实的危机。"

历史上，如当时文豪李白、明朝思想家李贽、清朝史学家赵翼等，都对武则天予以高度评价。

当然，抨击她的人肯定更多。历史上攻击女强人最常用的一个词"牝鸡司晨"，语出《尚书·牧誓》，够悠久！从此，哪个皇后涉足政事，哪家婆娘嗓门大了些，都要被骂"牝鸡司晨"。明代学者胡应麟甚至连武则天时代都骂成"牝朝"。最大问题，无非是女人不该当政。至于武则天的具体"罪状"，无非两条：

——乱臣贼子。北宋名臣鲁宗道说她："唐之罪人也，几危社稷。"在那几千年当中，有哪一个开国帝王来源干净"合法"？为什么苛求她呢？实际上，"她的帝国没有面临到任何真实的危机"，表明当时朝野并不太在乎谁当皇帝。这点很可能出乎现代人的想象，但这是无可辩驳的事实。王莽改制成功也充分说明这一点，以后失败另当别论。其实，宋之前的中国人并不太保守。

——专制残忍。她确实一度曾任用酷吏，鼓励告密，等等，在当时看也太过了些，但并没有超越"霸王道杂之"的范畴，只不过五十步笑百步而已。还有一点不可忽略，其间年号改了16次，每次都有大赦。

《哈佛中国史》认为"关于武后的活动我们只掌握了很少的可靠且有用的资料"，其原因在于"这一时期的记录都是男人编著的，他们不仅是其政敌且将其政治生涯视为对自然的扭曲"。《剑桥中国隋唐史》在全面分析武则天作为之后指出：

中国传统史学家称684—710年为"武韦之祸",是"欠公道的"。因为首先,它忽略了武后篡位前所取得的成就的意义。其次,没有确凿证据能说明在她执政最后几年以前,政府受其统治作风的危害。第三,武后时期农民生活比史学家经常断言的更为良好。在人民中间,她可能是得人心的。只有很少的中国统治者,其生日能像武后那样在农村节日中被人纪念至今。本书认为,武则天之受谴责,原因在于她的许多行为不符合儒家准则,如沉溺于佛教,延长服母丧期以提高妇女地位,派武延秀至突厥与默啜可汗之女结婚等。

这里所说武则天被人纪念,指"女儿节"。中国"女儿节"不少,最著名是武则天出生地——今四川广元,唐代晚期形成一种民俗,女性在武则天生日那天华服出游。1988年广元市人民政府恢复这一民间节日,定名"女儿节",日期为公历9月1日。此外,还传说武则天九月初八出生于今陕西省西安市未央区感业寺一带,后来又于九月初八出该寺回宫。那一带,自古有九月初八女儿节活动,人们带着女儿来祈福。这至少说明:两地的百姓千百年来以武则天为荣。吴晗曾具体辩护:

不说别的,单就她在位时期,文献上还没有发现大规模农民起义的记载这一点来看,和历史上任何王朝,任何封建统治者统治时期是有所区别的。这一点说明当时的人民是支持她、爱戴她的。宋朝人修的《新唐书》骂她骂得很厉害,但是,宋祁在大骂之后,也还是不能不说一句公道话,"僭于上而治于下"。从今天来说,僭不僭不干我们的事,"治于下"三个字却是武则天的定评。我看,评论武则天要从这一点出发,也就是从政治出发。从她当时对老百姓是作好事还是作坏事出发,她对生产的作用是推进还是阻碍出发。

所谓"僭于上而治于下",就是说尽管武则天朝中血泪飞溅,朝外还是太平安宁。这种现象并非偶然,史上常见娃娃皇帝或是庸君治下出盛世。有人说明嘉靖皇帝朱厚熜唯一的爱好是女人,最大的优点是无能,显然太过,但不能不承认他不是一个称职的皇帝,唯一值得肯定的是没将贤臣能臣赶光杀光。朱厚熜死后，其子朱载坖继位。隆庆皇帝朱载坖也不是一个好皇帝，最大特点一是懒惰二是好色，年纪轻轻沉湎春药，上任短短6年就倒在美女怀里起不来，年仅36岁。但因为他父皇留下的张居正、戚继光、俞大猷等能臣发挥了作用，其间还是被誉为"隆庆之治"。紧接着万历皇帝朱翊钧，与其父朱载坖惊人地相似，更糟的是他上台才9岁，在位48年有30年"隐"于深宫连大臣面都不见，但因为有张居正主导一系列大刀阔斧的改革，也被誉为"万历中兴"。所以，我常觉得贤臣能臣比帝王还重要。帝王的关键是要能用人，或者说像娃娃皇帝那样放手让别人去干正事。

在武则天死之时，肯定就有争议。虽然被安排与李治合葬于乾陵，墓前两块碑，一块是李治的，上有武则天的题词——她的书法挺好哦！另一块是武则天的，碑上却无一字。为什么要给她立一块无字碑呢？历来争论不休。我觉得这处理相当高明，立碑本身就是标功，大音稀声，大象无形，大功则无字。

不过，这碑也是无声的抗议。正如《剑桥中国隋唐史》所说："儒家反对女性统治这一禁令的严厉性意味着她的地位永远不能被人接受。"

最后还得说说陈子昂。他比武则天迟40来年出生，却比她早死3年，看似擦肩而过，其实有缘。现在，我忽发奇想，如果要给武则天那无字碑补上文字，该写什么呢？

我想还是刻上陈子昂那首《登幽州台歌》：

前不见古人，后不见来者。
念天地之悠悠，独怆然而涕下。

第八章

北宋：文人的乐园

一向很不谦虚的乾隆说他只佩服三个皇帝：一是他的祖父康熙，二是唐太宗李世民，第三个就是宋仁宗赵祯。王素劝赵祯不要亲近女色，赵祯说："近日，王德用确有美女进献，我很中意。"王素坚持说："臣今日进谏，正是怕陛下为女色所惑。"赵祯只好下令："王德用送来的女子，每人各赠钱300贯，马上送离宫。"王素慌忙说："不必如此匆忙！既然已经进宫，还是过一段时间再打发为妥。"赵祯笑道："朕虽为帝王，与平民一样重情。我怕久了，会不忍心送走。"

西园雅集图

　　西园为北宋驸马都尉王诜的宅第,当时的文人墨客多雅集于此。元丰初,王诜曾邀苏轼、苏辙、黄庭坚、米芾、蔡肇、李之仪、李公麟、晁补之、张耒、秦观、刘泾、陈景元、王钦臣、郑嘉会、圆通大师十六人游园。

公元960年，赵匡胤称帝，国号"大宋"，定都开封（也称东京、汴梁等）。至1127年被金所灭，共传9帝，历时167年。如同西汉、东汉之分，因为不久在南方恢复宋室，此前史称北宋，此后称南宋。至1030年开国70周年之际，北宋历经太祖赵匡胤、太宗赵光义、真宗赵恒，至仁宗赵祯。

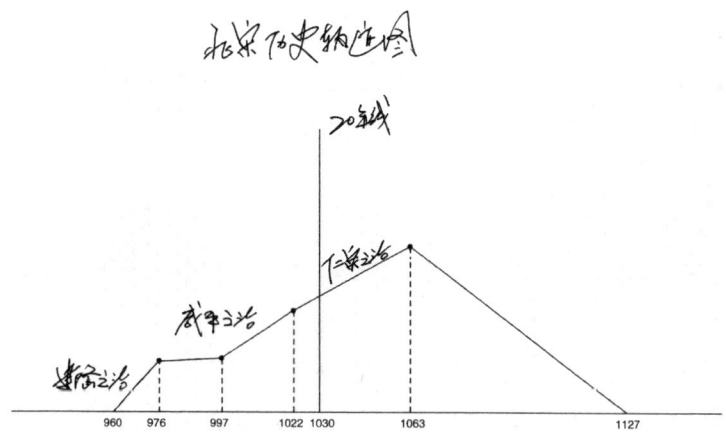

北宋盛世简表

盛世名称	时段	积年	帝王（任）
建隆之治	960—976年	16	太祖赵匡胤（1）
咸平之治	997—1022年	25	真宗赵恒（3）
仁宗之治	1022—1063年	41	仁宗赵祯（4）

开国风光：

现代人最向往的时代

终于可以写宋了！

有一天，我似乎琢磨透汤因比选宋而不选唐的原因：唐虽然可爱，但是像柳永《小镇西犯》一词所写，少女宛如天仙，洋溢着青春的欢娱，却可望不可即。宋是可亲的，像女人的胸怀，或像母亲那样让我们温馨，或像情人那样让我们销魂。唐是贵族社会，生活在那样的社会得侥幸出生于豪门。宋则是个平民社会，即使生在平民之家，也可以金榜题名，一朝选在君王侧，连高雅的诗也以词的形式更生动地走向街头巷尾的水井边。

不知汤因比是否这样想，反正我更喜欢宋朝了。早不想写李隆基与杨玉环那档子事了，只想写"白衣卿相"柳永——《京城之恋》封底特别声明："不想写什么才子佳人的风流韵事，甚至不想为什么显赫闻达的人物树碑立传，而只想逼近本真地再现一个普通男人那不愿被束缚的灵魂。"

当然，远不止我偏爱宋朝。人们所好评的宋朝一般泛指北宋和南宋的前、中期。当时的人们就很热爱自己的时代，比如著名理学家"二程"之一程颐总结："本朝超越古今者五事"，一是"百年无内乱"，二是开国后的四位皇帝都比较开明，三是改朝换代不流血不扰民，四是"百年未尝诛杀大臣"，五是"至诚以待夷狄"。文明只竞争不流血，流血是野蛮冲突。现代史学家对此也普遍好评。陈寅恪说："华夏民族之文化，历数千年之演进，造极于赵宋之世。"从张择端《清明上河图》中我们可以生动地看到当时繁荣景象，但黄仁宇说其"经济发展之最高点且在这张图之一个半世纪之后，实际上其繁华可能超过图上之描绘远甚"。连现在网民都赞不绝口，向往不已。网上那个热门帖子《我最愿意生活的十个时代》将北宋列为第一志愿，写道：

这个时代之所以高居榜首，我的想法很简单，是因为这一百年里，五个姓赵的皇帝竟不曾砍过一个文人的脑袋。我是文人，这个标准虽低，对我却极具诱惑力。这得托宋太祖的福。他曾对儿孙立下两条死规矩：一，言者无罪；二，不杀大臣。难得他在十一世纪的五个继任者都特别听话。于是文人都被惯成了傻大胆，地位也空前地高。想想吧，如果我有点才学，就不用担心怀才不遇，因为欧阳修那老头特别有当伯乐的瘾；如果我喜欢辩论，可以找苏东坡去打机锋，我不愁赢不了他，他文章好，但禅道不行，却又偏偏乐此不疲；如果我是保守派，可以投奔司马光，甚至帮他抄抄《资治通鉴》；如果我思想新，那么王安石一定高兴得不得了，他可是古往今来最有魄力的改革家；如果我觉得学问还没到家，那就去听程颢讲课好了，体会一下什么叫"如坐春风"。当然，首先得过日子。没有电视看，没有电脑用，不过都没什么关系。我只想作《清明上河图》里的一个画中人，又悠闲，又热闹，而且不用担心社会治安……高衙内和牛二要到下个世纪才出来。至于这一百年，还有包青天呢。

这段风趣的文字写出了我的心里话，我十分赞同。

外国历史学家也盛赞宋朝。《哈佛中国史》对宋朝简直到了崇拜的地步："早在1000多年前，宋朝就作为世界上最先进的文明国家出现了。""就繁荣程度而言，宋朝却是中国历史上最具有人文精神、最有教养、最有思想的朝代之一，甚至可能在世界历史上也是如此。""相较于中国历史上的其他朝代，宋朝无疑是最接近儒家治世理想的王朝"。更重要的，该书还认为：

宋代中国既不是一个专制的社会，也不是一个极权的社会。这个社会的行政效率和经济效能并不是通过对所有社会活动进行控制和监视，也不是用刑罚威胁或地主的恐吓来实现的，而是通过营造一种充满信赖、负责任，尤其是务实精神的氛围而实现的。

北宋前期几位皇帝是中国最好的帝王。他们显然比李世民更好。至于尧舜，只是传说人物，不可比。"五个姓赵的皇帝竟不曾砍过一个文人的脑袋"，这在中国是空前的——但愿不绝后！对开国功臣既不是像刘邦那样大开杀戒，也不让他们用战争的思维去指挥建设，而是"杯酒释兵权"，发给大笔钱财，劝他们多买些良田，多建些好房子，多买些美女，多享点清福。他们也讲诚信，果真让这批难兄难弟得以善终。他们"与民同乐"，努力让所有官吏和天下百姓都幸福快乐，而不是只让一部分人先乐起来。人生几何，享福要紧。至于那些拓展不了的江山，不硬打了，不强求用臣民的生命财产换来自己的功名。至于儒家那套说教，在不影响国人幸福的前提下听听也罢。

不过，宋朝对于官员要求很严。赵匡胤在每个衙府门口立一块石碑，上书16个大字，警示官员说："尔俸尔禄，民脂民膏。下民易虐，上天难欺。"前两句无比正确：你们领的工资并不是皇帝的恩赐，而是百姓的血汗钱，不可欺压百姓！官员有试用期，期满转正要有若干正式官员保举。如果后来犯贪污罪，那么他上司和荐举他的官员都要负连带责任。同时建有官员档案，并规定此类官员不得随意更改姓名。允许在职官员参加科举考试，考中者可提前转正或越级提拔，但犯有贪污罪的不许参考。不论朝野官民之家一切服饰玩物不得以金为饰。另一方面又很优渥，给外任官职田，并免税。文武官员工资灵活支付，以实物折钱，如果愿意取实物也行。

每逢节庆日，帝王一般都会赐臣僚宴饮，外朝一般官员也有资格参加。并馈赠礼物，如赐春盘、端午粽子、伏日蜜沙冰、重阳糕与酒等等，三伏则五日一冰。此外增加官员休假，连为政府服役的工匠也可享受。当时福建属于新开发区，路途险恶，便特别对在那里山路负责运送官物的军士给旬假。官员退休俸禄给半，鼓励自愿退休。官员出差可以享受公费歌舞，只要别上床别影响家庭婚姻就行。

中国历史上的城市比欧洲更发达。史家认为：北宋首都开封有 26 万户人家，人口可能超过 100 万，而当时伦敦人口仅 1.8 万。南宋时罗马人口 3.5 万，一个世纪之后的巴黎仍不到 6 万。宋以前管理很严，不许居民向街道开门，且实行夜禁。宋改变了这一点，不仅允许百姓家的大门朝街开，还允许沿街买卖，包括皇家御街，夜生活非常丰富。至于乡村，《哈佛极简中国史》描述：

随着贵族日益没落，难以插手地方政务，县官的权威日益增加，成为皇家权威在基层社会的唯一代表。但每个县下辖很多村庄，县官无暇管理所有村庄的内部事务。只要保证税收及时缴纳、社会秩序井然，村庄的行政事务就交由本村的精英自行处理。因此，宋代的农民不仅更自由、更富裕，也享有高度的自治。

可以说，宋朝是个皆大欢喜的时代。

然而，日本讲谈社《中国的历史》让我对宋的推崇之心颇受打击。杉山正明认为"北宋和南宋时期格外喜好虚谈名分"，直言不讳写道：

将北宋捧为文化国家，其心情很可以理解，但作者不想无条件苟同。仅举一例，可说明北宋时期还是相当野蛮残酷的。所谓将犯人从四肢到每一根指头一块块地切刮、肢解杀死的"凌迟"刑……在北宋时期很盛行。然而,《唐律》中并无"凌迟"之刑。即使是叛乱的大罪,也只是立即执行斩刑。就是在后来的蒙古时代,"凌迟"什么的也是不可能的。岂止如此,本来就很少判死罪。指责蒙古的统治野蛮、不文明,基本上是在19世纪以后的事。

清代钱大昕考证:这种酷刑在"真宗以后实际上已经很普遍","也就是说,在一般被赞誉为文化国家的北宋的'全盛期',一直在实施着这种极刑"。

此外,赵匡胤对开国功臣"杯酒释兵权"并非空前,近一千年前的东汉光武帝刘秀就有"退功臣进文吏"的类似操作。同样,赵匡胤"黄袍加身"也不是首创,他很明显是模仿十年前他的大领导——郭威。

948年后汉皇帝刘知远去世,其子刘承祐继位。刘承祐治国无方,听信谗言,滥杀无辜,企图一举铲除前朝旧势力。950年大将郭威被追杀时反叛,举家被杀,但他"清君侧"之举得到热烈响应,后汉军大败,刘承祐也在出逃途中被杀。郭威带兵入京,让太后临朝听政,拥立刘氏宗室刘赟为帝。忽报辽兵南下,郭威率军北上抵御。行至澶州(今河南濮阳)时,将士们突然将黄袍披到郭威身上,拥立他为皇帝,山呼万岁。郭威只得笑纳,返京贬刘赟为湘阴公,逼太后任他为"监国"。第二年正月正式称帝,改国号周,史称"后周"。

所幸郭威挺不错!他重用文臣,力图改变后梁以来军人政权的丑陋形象。他说:"我穷人出身,侥幸为帝,岂敢厚自俸养以病百姓乎?"他禁止各地进奉美食珍宝,并将宫中珍玩宝器及豪华用具当众打碎。他去曲阜拜孔子墓,命葺孔子祠,表示尊崇圣人,以儒教治天下。可惜他命薄,954年初病逝。

因为郭威亲生的儿子都被杀了,养子柴荣继位。所幸柴荣也是难得的明君。他不信佛,下令减寺院和僧尼,不许受戒出家,将铜佛像收归作铸铁原料。他说:"佛教讲利众生,愿意舍自己的生命布施别人,为什么舍不得铜像?如果施舍我的身体可以利民,我也不会吝惜。"他用木头刻一个农夫和一个蚕妇像放在宫中,提醒自己时刻不忘百姓。他在位只有6年,39岁病逝,继承人是年方7岁的柴宗训。这个历史关头显然又需要一位周公,然而周公不再。

960年正月初一,后周欢欢喜喜庆元旦的时候,忽报契丹与北汉联兵南侵,宰相不明真相，慌忙命赵匡胤率禁军前去抵御。赵匡胤当时职务是"殿前都点检"，禁军最高统帅。

初二日，部分将士先出发。京城开始传言："将军出之日，策点检为天子。"这么看要改朝换代了，士民恐慌，争相出逃，只有深居宫中的柴宗训蒙在鼓里。

初三日，赵匡胤率大军出发。军士观测天象，说："日下复有一日，黑光磨荡，此天命也。"当晚行至陈桥驿（开封城北20里），赵匡胤之弟赵匡义、掌书记赵普等军官连夜策划兵变，说："当今皇上那么小，我们在外卖命他知道什么？不如先立点检为天子，然后北征。"并派人连夜回京城，告知赵匡胤的心腹石守信等人，准备内应。

初四日，一大早，赵匡义、赵普等文武官齐立庭院高喊："诸军无主，愿策太尉为天子！"赵匡胤没来得及答话，黄袍就披到了他身上，众人下拜，高呼万岁。赵匡胤装出一副很生气、很无奈的样子，斥责："你们贪图富贵，要我来出头当天子。如果你们能听从我也罢，如果不听从我不干！"众人表示"惟命是听"。赵匡胤进一步要求："回京后，对太后和小皇帝不得侵犯，对公卿不得侵凌，对朝市府库不得侵掠，服从命令者有赏，违反命令者族诛，行不行？"众人又纷纷应诺，赵匡胤这才上马，率众回京。先遣人员已经联系相关大臣，个别抗拒的当即被杀。赵匡胤直接入崇元殿，翰林学士陶谷拿出早准备好的禅代诏书，逼柴宗训行禅代礼，赵匡胤即位皇帝，史称宋太祖。

初五日，改元"建隆"。因为赵匡胤所镇归德军在宋州之故，诏定国号为"宋"。

鉴于此前几十年乱糟糟的历史，赵匡胤实行重大改革，重文轻武，将防止军人干政列为首要。现代世界，那些军人干政的也没一个国家不乱，而稳定的国家无不是文官政府。《哈佛中国史》写道：

中国历史上很少有朝代像宋朝那样愿意去重塑和改革整个社会。有些历史学家甚至把宋代称作开启现代性曙光的中国的"文艺复兴"时代。

该书还称："'改革'是理解11世纪宋代政治的关键词。"我想这显然也是一个改革失败的朝代,因为一说及改革失败,人们很容易想到王安石,何况还有此前的范仲淹,此后的贾似道。如果王安石、范仲淹、贾似道们的改革能成功的话,北宋、南宋以至整个中国后期的历史都得改写。

1030年是北宋建国70周年。宋仁宗赵祯于此前8年(1022年)继位,本年20岁,仍由刘太后摄政,此后3年(1033年)刘太后死才开始亲政,此后33年(1063年)去世。

四方来贺之辩

赵匡胤时期不容辽在宋的卧榻之侧鼾睡，可是当时无可奈何。一是地缘政治制约；二是北宋刚立国时国力尚不允许。

936年，后唐皇帝李从珂调他姐夫河东节度使石敬瑭到郓州任节度使，石敬瑭不仅像李从珂当年一样起兵叛乱，而且向塞外的辽国求援，承诺以割让燕云十六州为报酬。

燕云十六州包括：幽（今北京）、蓟（今天津蓟县）、瀛（今河北河间）、莫（今河北任丘）、涿（今河北涿州）、檀（今北京密云）、顺（今北京顺义）、新（今河北涿鹿）、妫（今河北怀来）、儒（今北京延庆）、武（今河北宣化）、蔚（今河北蔚县）、云（今山西大同）、应（今山西应县）、寰（今山西朔州东）、朔（今山西朔州）。东西绵延约600公里，南北约200公里，面积约12万平方公里，相当于3个台湾岛。

历史上，这一地区不仅是中原农耕文明和草原游牧文明的自然分界线，也是中原政权抵御北方游牧民族入侵的军事分界线。万里长城横亘其间，胡汉长期互为出入。谁控制这一地区，谁就取得了战略上的主动权。石敬瑭的所作所为，就连他的"佐命功臣"刘知远也看不过去，认为："称臣可矣，以父事之太过。厚以金帛赂之，自足致其兵，不必许以土田，恐异日大为中国之患，悔之无及。"

辽喜出望外，耶律德光亲率大军出击，击溃李从珂，让石敬瑭接任。石敬瑭当权后，不仅称比他小十岁的辽帝为父皇，还真割让燕云十六州。这样，长城对中原没了意义，辽到北宋都城一马平川，没有任何要塞可挡，敌骑很容易直抵开封城下。看看历史地图，你就会体谅北宋生存与发展的外部条件多么艰难。所以，吴稼祥认为，在当时"北宋不是主要国家，而是次要国家"，"至于南宋，则几乎称不上是政治意义上的'中国'"。这种格局历经辽、金、元三朝，一直未曾改变。

从此，燕云十六州成为中原一大心病。955年夏，东平人王朴就向后周世宗献了一篇《平边策》，首先提出了"先易后难"的统一策略。他说："攻取之道，从易者始。"主张先向南唐开刀，因为南唐与后周的边界线最长，易于实施骚扰，使对方疲于奔命、民困财竭，同时也可以侦察对方兵力的虚实、防备的强弱。等到对方疲敝已极，再趁机进攻，迅速夺取江北各州。占领江北后，攻取江南之地就易如反掌了。南唐既平，则南汉、后蜀可传檄而定。南方地区统一之后，燕云各州就会望风归顺。后周世宗对王朴的统一方略大为赞赏，不但将王朴倚为干城，而且在此后的军事行动中基本遵循了这一战略方针。

当然，后周世宗也没有完全实施王朴《平边策》中提出的战略方针。959年四月，周世宗征南唐胜利后，国力骤增，随即转身北伐，大举进攻辽国三关，即益津关、瓦桥关和淤口关。辽国守将一个个投降，不战而败，举国震惊，大臣劝辽穆宗耶律璟快收复失地，他却说那些地方本来就是汉人的，没什么可惜，没一点志气。不幸周世宗在这次战争中突然病死，后周只得退兵，否则很可能收复燕云十六州。

宋太祖即位之初，中国分裂割据的局面仍在延续着。北宋从后周政权继承过来的地盘，只是黄河中下游地区以及淮河流域各地。当年后周世宗以统一天下为己任。世宗领导的历次对外军事行动，赵匡胤都是亲身参与了的。赵匡胤随世宗征战多年，有着相当丰富的军事和政治经验。他得出"当今劲敌，唯在契丹"的结论。因此，在牢牢控制住原先后周的统治区域后，他也想把世宗开创的统一事业继续进行下去。

从乾德元年（963年）正月起，宋太祖开始了统一天下的大业：同年二、三月，先后戡定荆南、湖南；乾德三年（965年），削平后蜀；开宝四年（971年），征服南汉；开宝八年（975年），平定江南。宋太祖用13年的时间，基本结束了五代十国的分裂局面，基本实现了国家的统一。然而就在这历史关键时刻，赵匡胤在斧声烛影中突然驾崩，时年仅50岁。他弟弟赵光义继位。

赵光义继承他的遗志，979年北上亲征，最终消灭了北汉政权。至此，五代十国的分裂局面彻底终结。此后，他先后对劲敌辽国发动三次北伐，两次惨败，一次半途而废。此后,辽国占据战略主动权,经常南下侵袭宋朝,双方互有规模不大的攻防战。到他儿子宋真宗赵恒时期,依然"剪不断,理还乱"。

1004年,辽军大举南侵,大有吞并北宋之势。辽军主力三面包围开封屏障澶州,距离开封不到100里。辽国统军萧挞凛不把北宋守军放在眼里,仅率数十轻骑直驱澶州城下,被强弩伏击毙命。为此,辽国萧太后等人痛哭不已,辍朝五日。赵恒则登上澶州北城门楼以示督战,诸军高呼万岁,声闻数十里,士气大振。在这种情况下,双方都感到吃不了对方,多数大臣主张见好就收。于是双方议和,主要内容:一是宋辽约为兄弟,辽帝年幼,称赵恒为兄,后世仍以此论;二是以白沟河为界,双方撤兵;三是宋每年向辽提供助军旅之费银10万两、绢20万匹;四是双方在边境设置榷场,开展互市贸易。

对于习惯四方来贺的中原来说,"澶渊之盟"显得屈辱。但冷静想想,自赵光义979年北伐开始,宋辽之战25年间,损兵折将,生灵涂炭。当时宋财政年收入1亿,而一场中等规模战事所耗费就达3000万,相较之下这些银绢微不足道。而且辽比宋更讲信用。赵恒封禅泰山时,特地派孙奭出使辽,带去大量礼物。辽却谢绝礼物,说收取岁币以外的礼物违反盟约。赵恒高兴说:"异域常能固守信誓,良可嘉也。"100多年后撕毁盟约的却是宋人。

比金钱更重要的是,长年重兵戍边造成过量徭役和赋税,而此后百姓享受到100多年和平。台湾学者蒋复璁说澶渊之盟"影响了中国思想界及中国整个历史"。澶渊之盟后,宋辽双方都获得和平的国际环境,集中精力于国内社会经济,都开创了盛世,即宋"咸平之治"(也称"真宗之治")、辽"景圣中兴"。

1030年北宋建国70周年之时,澶渊之盟已缔结20多年。北宋不仅与辽处于友好时期,与其他邻里关系也挺好:

——高丽。与中原关系时好时坏,隋唐时期多次征战,但李世民对他们也无奈。这时期则友好,本年入贡。

——占城。又称"林邑",今越南中部,秦汉时为中原地,东汉末独立,284年开始经常向中国纳贡。那是个富饶之地。占城稻又称早禾或占禾,属于早籼稻,原产越南中南部,北宋初年传入福建。占城稻有不少优点,一是耐旱;二是适应性强,不择地而生;三是生长期短,从种至收仅50余天。1012年江淮两浙大旱，赵恒遣使福建，取占城稻种 3 万斛，分给那些灾区播种，获得成功。不久，今河南、河北一带也种上占城稻。南宋时期，占城稻遍布各地，成为早稻主要品种，并成为我国主要粮食。本年，占城又遣使入宋进贡土特产。

——党项。宋初，党项首领李继迁时而归宋，时而归辽，并不时南侵。1004年李继迁向西边吐蕃拓展时伤重而死，其子李德明继位。李德明转而采取"依辽和宋"策略，专注于经济，韬光养晦。第二年向宋投诚，宋真宗赵恒接受，赐姓赵，并明确说赵德明如果不入侵，宋也不纵兵出界，双方从此和平相处。次年赵恒封赵德明为定难节度使、西平王。从此，赵德明经常遣使入贡。本年末，赵德明又遣使来，献马 70 匹，乞赐《佛经》一藏，宋仁宗赵祯高兴答应。

"四方来贺"一般指周围的小国都来朝贺。朝贺即朝觐，指臣子朝见君主，让周围小国都像下官朝见君主一样，显然不能用来处理现代国际关系。屠洪刚那首《精忠报国》高歌"我愿守土复开疆，堂堂中国要让四方来贺"，让国人觉得豪迈，可是邻国听了肯定不寒而栗。中国古代帝王和文人是很陶醉这种感觉的，经常不惜高昂代价邀请四邻小国来朝，像高丽那样不按要求来朝是要浩浩荡荡发兵去征讨的。不管怎么说，四方来贺总比烽火连天好！

皇帝还是想成仙

千古以来,热衷求仙的人很多,谪仙人李白"五岳寻仙不辞远"的执念很有代表性。以天下美好事物奉己一人的皇帝热衷求仙更不稀奇。汉武帝晚年,针对他即位以来热衷求仙、耗费巨额钱财的举动,田千秋上奏:"方士言神仙者甚众,而无显功,臣请皆罢斥遣之!"由于多年来求仙一无所获,汉武帝此时也省悟:"天下岂有仙人,尽妖妄耳!节食服药,只是可以少些病罢了。"公元前汉武帝晚年已经从求仙的狂热中醒悟了,但挡不住后人的狂热。难怪黑格尔说:"人类从历史学到的唯一的教训,就是人类没有从历史中吸取任何教训。"

五代时期官方大反道教,大量宫观被毁。到了宋代,道教命运发生了转机。宋皇室自称为道教神灵赵真君赵玄朗的子孙,道教相当于国教的地位,又大演一出出求仙的把戏。宋真宗赵恒还一次次利用"天书"制造迷信。他曾将第24代天师张正随召至京师,赐号"贞静先生",并敕改龙虎山真仙观为上清观。

本年,宋仁宗赵祯将张正随召进宫,专问飞升成仙之事。可能不太如意,因为没下文。也罢,免了像李纯们那样嗑药亡身的风险。随后,赵祯又给张天师25世孙张乾曜赐号"虚靖先生",并给他孙子赐官,世袭先生号,还免除其租税。

科举取士与《鹤冲天》

官府用人,隋唐以前是推举,比如刘彻下令全国各地推荐"孝廉",导致许多人伪装"道德君子",反而败坏社会风气。隋朝开创科举制度,包括秀才、明经、进士等十科,各科考试内容不同,选拔官吏的类型也不同。如进士科,以考诗赋为主,选择"文才秀美"的人才。科举制唯才是举,开贫民入仕之先河。这种制度实行到清朝末年,无数下层才子进入统治阶层,影响不可估量。

不过,直到唐朝还是个重门阀的社会,讲究出身。当时,推荐色彩还相当严重,所以举子在考前要想方设法求见主考官等人,交上自己的作品,叫"行卷"或"温卷"。流传给我们的唐诗,很多就是这种"卷子"。杜甫出名之前曾经在长安城里四处投"行卷",并以诗记下这种狼狈相:

> 朝扣富儿门,暮随肥马尘。
> 残杯与冷炙,到处潜悲辛。

宋朝开始有根本性改变,科举制度先后进行多方面的改革,大为完善。古代很多人写过《劝学诗》,激励青少年努力读书,宋真宗赵恒也亲自写一首:

> 富家不用买良田,书中自有千钟粟。
> 安居不用架高堂,书中自有黄金屋。
> 娶妻莫愁无良媒,书中自有颜如玉。
> 出门莫愁无人随,书中车马多如簇。
> 男儿欲遂平生志,五更勤向窗前读。

从宋朝开始，单凭一场考试就能取得作官资格，且大量增加取录名额，"朝为田舍郎，暮登天子堂"的梦想经过努力可能成为现实。从此，无数的中国男人以读书为职业。

宋朝科举改革的重点是努力减少人为的因素。因为有人投诉评卷不公，992年改用"糊名"法，即将试卷的姓名糊去，只按卷面优劣评判。糊名后考官虽然无法看到举子的姓名，但还可能认出举子的字迹或暗记。所以1005年宋真宗赵恒亲自主考时，进而实行"誊录法"，即考完后不仅糊去姓名，还将卷子另外统一抄一份提供给阅卷官。不久又专设誊录院，纳卷后密封卷头，编写字号，发送誊录院，在宦官监督下由誊录官指挥数百名书手抄录成副本，然后才送考官。此后各级贡院也设誊录院。这是中国科举史上一大创举，比现代高考还严。这样，穷人的孩子与官宦子弟真正处于同一条起跑线上，所录取人才质量也更有保证。

科考入官最后一关即"殿试"，皇帝亲自出题考试，由武则天首创，入宋后成为定制。这一关，一是要敲定谁中进士谁落第；二是在进士当中区分三等，第一甲为"进士及第"，第二甲为"进士出身"，第三甲为"同进士出身"，三甲三等作为授予不同等级官职的依据。第一甲当中第一名称"状元"，第二名称"榜眼"，第三名称"探花"。问题是皇帝一不高兴，要把一些名单划掉，简直是煮熟的鸭子飞了！殿试淘汰的比例不固定，或三分之一，或二分之一，或三分之二。有些倒霉鬼会一连给黜落几次，你想那种心情如何形容？柳永就是其一！

宋真宗大中祥符二年（1009年），春闱在即，柳永踌躇满志，自信"定然魁甲登高第"。及试，真宗有诏，"属辞浮糜"皆受到严厉谴责，柳永初试落第。愤慨之下作《鹤冲天·黄金榜上》，发泄对科举的牢骚和不满：

> 黄金榜上，偶失龙头望。
> 明代暂遗贤，如何向？
> 未遂风云便，争不恣狂荡？
> 何须论得丧。
> 才子词人，自是白衣卿相。

>烟花巷陌，依约丹青屏障。
>
>幸有意中人，堪寻访。
>
>且恁偎红倚翠，风流事、平生畅。
>
>青春都一饷。
>
>忍把浮名，换了浅斟低唱！

在这首词中，柳永自称开明时代的"遗贤"，才子没当官也是"白衣卿相"，没什么好沮丧。何况烟花妓馆还有美人可亲可爱，这才是人生最畅快的事。算了吧，不妨将那虚名换杯美酒！

当然这是气话，柳永对科举出仕并未完全绝望，屡败屡战，以致民间广泛流传"奉旨填词"的故事。新皇帝宋仁宗对柳永好作艳词颇为不满，及进士放榜时，仁宗就引用柳永词"忍把浮名，换了浅斟低唱"，说："既然想要'浅斟低唱'，何必在意虚名？"遂刻意划去柳永之名，并回复"且去填词"。此后，柳永不得志，遂出入娼馆酒楼，自号"奉旨填词柳三变"。当然这只是故事。历史上仁宗亲政后特开恩科，对历届科场沉沦之士的录取放宽尺度，柳永暮年（五十岁）及第，他喜悦不已。

更有甚者，气不过公然跑到敌国去，为他们攻宋出谋划策。这样轮到官方悲愤，但只能拿叛逃者的家属出气。这样的事一多，大家反思，认为殿试将人才逼到敌人那边去太不值得，这才改为保留殿试形式，而不再黜落。

隋唐至宋初开科的时间没有明确，由皇帝临时定。宋真宗赵恒上任后，开考较频繁。本年（1030年）三月，宋仁宗赵祯在崇政殿面试礼部上奏的进士候选人。随后，又殿试"诸科"，即北宋时对科举考试常科中除进士科以外的九经、五经、开元礼、三史、三礼、三传、学究、明经、明法等其他科目的总称，南宋废，从此仅进士一科。

不久，又在崇政殿试"书判拔萃"及武举人。书判拔萃是北宋独创的属于吏部科目选，应试者须有出身、有官者，考选制度更严，但此后4年取消。试武举，先阅骑射，以弓马为高下。

比米还重要的盐

这部分内容跟历史上真实的柳永为官有关。我老家有句俚语:"没盐真可怜。"似乎没米都不是真可怜,可见食盐之重要。官府与民争利,对食盐实行官办专卖。这种历史可以追溯到春秋时期,管仲在齐国推行"官山海"政策,规定盐资源属国家所有,国家对食盐的生产买卖加以管理,为中国盐政之始。

宋初沿袭旧制,由三司置使统管盐铁、度支、户部。这里铁泛指矿冶(包括银、铜、铁、锡等)征税,盐铁一般合并。度支掌管全国财赋统计与支调。这些机构几次调整,1003年罢三部使,并盐铁、度支、户部为一使,总领国家财政。初期行官商并卖制,沿海州郡为官卖区,内地州郡为通商区。稍后,为适应对辽战争,缩小官卖区,扩大通商区,推行"折中法",即令商人输纳粮草至边塞,计其代价,发给"交引";商人持"交引"赴京师,由政府移交盐场,给其领盐运销。当时还有"军榷法",即派遣士兵、民夫运输食盐。

本年(1030年)十月,三司使胡则上书,指出"军榷法"存在一系列弊端,一是官运得专门伐木造船,兵民劳苦不堪;二是陆运得派官差,征用民车,穷人害怕被征而逃跑;三是水运有沉船风险,而且容易被盗,杂以泥沙硝石,不仅其味苦恶,还让人吃了脚肿;四是让富豪人家收藏大量的钱,导致流通不畅,民用不便;五是盐官兵卒、畦夫(即盐民)及雇佣开支大。赵祯觉得有理,予以采纳,改由商人运输。史载:"诏下……民皆作感圣恩。"

历史上的盐税很重。唐大历年间(766—779年),盐税占财政总收入的一半。据说赵匡胤立有一块碑,要代代君主跪读,内容之一是不加农田之赋。但宋朝盐法几度变更,却越收越重。

柳永是宋仁宗赵祯时期的著名词人,曾主政晓峰盐场。晓峰盐场在现在的舟山群岛。柳永目睹盐民的悲惨生活后,曾破例写一首30多句的长诗《煮海歌》,

描述盐民煮海为盐的艰辛劳作，包括待潮、刮泥、风晒、灌潮、溜卤、采薪、熬煮、收存等复杂程序，然后揭露官府对盐民的残酷剥削：

> 自从潴卤至飞霜，无非假贷充糇粮。
> 秤入官中得微直，一缗往往十缗偿。
> 周而复始无休息，官租未了私租逼。
> 驱妻逐子课工程，虽作人形俱菜色。
> ……

为此，他希望皇恩能够广泽海滨，大宋化作夏商周时节。

文曲星闪耀时

崇文抑武、作养士气是宋朝的基本国策。《宋史·文苑传》说:"自古创业垂统之君,即其一时之好尚,而一代之规模,可以豫知矣。艺祖革命,首用文吏而夺武臣之权,宋之尚文,端本乎此。太宗、真宗其在藩邸,已有好学之名,及其即位,弥文日增。自时厥后,子孙相承,上之为人君者,无不典学;下之为人臣者,自宰相以至令录,无不擢科,海内文士,彬彬辈出焉。"

到了北宋中叶,这项政策终于开花结果,引起了政坛的变革和思想学术领域的一场革命。宋仁宗在位期间,朝廷人才济济,文官群体享有崇高的政治地位,出现了后人津津乐道的"皇帝与士大夫共治天下"的局面。

——资政殿学士晏殊。5岁就有"神童"之誉,14岁那年当地官员破例推荐与其他数千考生一起参加殿试,受到宋真宗赵恒赏识,赐同进士出身。他也写有不少词,代表作《浣溪沙》:"无可奈何花落去,似曾相识燕归来。"

初为官时,别的官员到处吃喝玩乐,他却独自在家钻研学问。赵恒获悉,高看一眼,大加表扬。他却如实回禀:"臣不是不喜欢吃喝玩乐,只因为太穷。臣如果有钱了,也会出去玩。"但他后来也变虚伪。

不得志的柳永好不容易鼓起勇气叩门求助于高居相位的晏殊,晏殊却教训他不要写艳词。柳永斗胆回应:"您老人家不也常写风花雪月吗?"晏殊板起脸说:"可我从来不写'彩线慵拈伴伊坐'!"这句话的确是柳永写的,表达妓女希望从良作一位普通妇女伴郎夜读的愿望,晏殊认为低俗。用今天的行话来说,晏殊写的是"纯文学",柳永写的是"通俗文学"。本年(1030年),晏殊是主考官,出题《司空掌舆地之图赋》,僻涩得很,据说考生跑题、偏题的很多。

——河中府通判范仲淹。这个人我太喜欢了!一般人记得他是因为那句"先天下之忧而忧,后天下之乐而乐"。其实他是个地道的性情中人!我小说中戏称他"范三泪",因为他写过"人不寐,将军白发征夫泪""酒入愁肠,化作相思泪""愁肠已断无由醉,酒未到,先成泪",你看这感情多丰富,多率性!他在饶州任知州时喜欢上歌妓(官妓)小鬟,调回京城后还给她捎胭脂,附诗:"江南有美人,别后常相忆。何以慰相思,赠汝好颜色。"

他对国家大事总是慷慨直言。上年(1029年)宋仁宗赵祯19岁了,仍然没亲政,准备率百官为太后祝寿。范仲淹只是区区秘阁校理,入朝不足一年,却为此上疏:"皇帝有事奉亲长之道,但没有为臣之礼。如果要尽孝心,于内宫行家人礼仪即可。如果与百官朝拜太后,有损皇上威严。"百官拜寿照常进行。他又上书请求还政赵祯,照样没结果。他恩师晏殊很生气,批评他轻率,这样作不仅有碍自己仕途,还会连累老师。他写一封长信即《上资政晏侍郎书》,表示:"侍奉皇上当危言危行,绝不逊言逊行,阿谀奉承。有益于朝廷社稷之事,必定秉公直言,虽有杀身之祸也在所不惜。"

本年(1030年),他请求离京为官,被贬为河中府通判。河中府在今山西永济,通判掌管兵民、钱谷、户口、赋役、狱讼等州府公事,并有监察官吏之权,大概相当于现代副市长兼纪委书记吧。本年三月,京城重建被火灾焚毁的太一宫等,要求河中府火速采购上等木材,范仲淹却上书:"昭应宫、寿宁宫被毁,上天的惩罚刚刚过去,现在又大兴土木,劳民伤财,不顺人心合天意啊!"事情没阻止成功,不久他被调为陈州通判。他先后遭贬三次,此为第一次。友人戏言"三光",第一次"极光",第二次"愈光",第三次"尤光"。当时官场豁达如此。

——新进士欧阳修。其貌不扬,长着一对特别白皙的招风耳,笑起来露牙龈,偏又喜欢哈哈大笑,让人以为没修养,其实多才多艺,"坐则读经史,卧则读小说,上厕则读小词","唐宋八大家"之一,不仅与宋祁同修《新唐书》,还自修《五代史记》(即《新五代史》)。然而,他命运多舛。此前两次落第,本年(1030年)主考官晏殊将他定为第一名,殿试却被赵祯拉到第14名。晏殊后来说,因为欧阳修锋芒过露,众考官想挫其锐气,促其成才。但他并未学乖,与恩师晏殊也不和谐,以"君子党"自居,《朋党论》流芳千古,他自己生前却被搞得奇臭无比。

他有个妹妹嫁与张龟年,生有一女。张龟年早死,欧阳氏携女住到兄长家。

后来这个外甥女嫁给欧阳修的堂侄欧阳晟，却与欧阳晟的家仆私通。奸情败露后，由开封府审理。外甥女为了开脱自己，竟然咬舅父一口，说未嫁时与他有私情。她还举欧阳修一首诗为证，闹到朝中。欧阳修上疏为自己辩护，说他妹妹携外甥女来投奔的时候，她才十岁，怎么可能发生这种事？结果，欧阳修虽然幸免乱伦的恶名，但还是以别的罪名遭贬。后来又有人诬他"私媳"，整他嫖娼，那些"小人党"总想把他弄得不可翻身。

——新进士张先。人称"张三影"，指他写了三个妙句："云破月来花弄影""娇柔懒起，帘幕卷花影""柔柳摇摇，坠轻絮无影"。他也是本年（1030年）进士及第，一生安享富贵，诗酒风流，颇多佳话。他80岁还娶一位18岁的女子为妾，好友苏轼曾作诗"十八新娘八十郎，苍苍白发对红妆。鸳鸯被里成双夜，一树梨花压海棠"揶揄他。他共有10子2女，这小妾生了2子2女，年纪最大与最小的相差60岁。张先与柳永齐名，在小说《京城之恋》中我写他们是好友，没少费笔墨。

——游子柳永。生平资料太少，以前连生卒年份都没有，近年有学者给出，但仍存争议。薛瑞生《柳永别传——柳永生平事迹新证》中的《柳永年表》，从1020年跳到1034年，一连十几年空白。高秀华《柳永与市民文学》一书则认为：本年（1030年）柳永49岁，正在西部漫游，并认为创作有《引驾行》：

红尘紫陌，斜阳暮草长安道，是离人。断魂处，迢迢匹马西征。新晴。韶光明媚，轻烟淡薄和气暖，望花村。路隐映，摇鞭时过长亭。愁生。伤凤城仙子，别来千里重行行。又记得、临歧。泪眼，湿莲脸盈盈。

消凝。花朝月夕，最苦冷落银屏。想媚容、耿耿无眠，屈指已算回程。相萦。空万般思忆，争如归去睹倾城。向绣帏、深处并枕，说如此牵情。

本词描写了一个较为完整的爱情故事，直露抒情，重情而轻仕。有些人嫌柳永"词语尘下"，就是由这类词作引起。其实这正是柳词具有开创性一面的体现、不同于其他文人词的一大特色所在。

此后十年一警:

"君子党""小人党"之争

宋朝有两条"高压线",一是武官弄权,二是文官朋党。自从赵匡胤开始,一个个帝王特别警惕这两条线。可是,怕什么偏偏就容易碰上什么。

吕夷简为平章事、集贤殿大学士,平章事相当于宰相。前些年,吕夷简辅佐年少的赵祯,成效显著。《宋史》评价他说:"仁宗初立,太后临朝十余年,天下晏然,夷简之力为多。"

1033年三月皇太后去世,宋仁宗赵祯亲政。吕夷简提出8条规劝,即正朝纲、塞邪径、禁货贿、辨佞壬、绝女谒、疏近习、罢力役、节冗费,赵祯虚心接受。然而,第二个月赵祯却罢吕夷简等人出知州府。为什么?

原来,赵祯的郭皇后对吕夷简有意见,经常吹"枕边风",说吕夷简的不是。赵祯本人对吕夷简还是满意的,所以安抚一下郭皇后,同年十月便将吕夷简调回中央复职。这样一来,郭皇后气得要命,脾气变暴躁,有天与尚美人吵架,大打出手。赵祯冲出保护尚美人,郭皇后那一掌不意落到赵祯的脖颈上,触犯天条。赵祯大怒,要废郭皇后,吕夷简等人赞同。范仲淹等人反对废后,他不顾生病连忙进言:"乍闻中宫摇动,外议喧腾,以禁庭德化之尊,非小故可废;以宗庙祭祀为主,非大过不移……臣虑及几微,词乃切直。乞存皇后位号,安于别宫,暂绝朝请。"随后,范仲淹又率十余人跪伏垂拱殿外,请求召见。赵祯生气,诏曰:

中宫有过,掖庭俱知,特示涵容,未行废黜,置之别宫,俾自省循,供给之间,一切如故……范仲淹等伏阁请对,盛世无闻。聚众喧嚷,滥用谏官之权;叩击殿门,蔑视皇宫之制;启谏奏之劣迹,非太平之美事……

为此,贬范仲淹知睦州。说实话,我觉得范仲淹此举迂腐,一点也不值得赞赏。

宰相王曾与吕夷简本来不错，相互支持。但后来王曾不满吕夷简独断专行，多次争执，王曾甚至公开请求罢免吕夷简。外面传言秦州知州贿赂了吕夷简，王曾见风就是雨，再次建议罢吕夷简。吕夷简请求当着皇帝的面对质。结果，王曾语屈。赵祯一生气，二人一同被罢相。没几年，吕夷简再次复相。

范仲淹不久调苏州，又因治水有功回京判国子监，很快升为吏部员外郎、权知开封府。1036年范仲淹又对吕夷简尖锐批评，进献《百官图》，质疑官员升迁是否公平，建议皇帝亲自掌升迁之事，"不宜全委宰相"。吕夷简反击范仲淹"越职言事、勾结朋党、离间君臣"。范仲淹连上四章，言辞激烈，又被贬知饶州。由于氛围诡异，仅一人出郊饯行。

御史韩缜为了迎合吕夷简，以范仲淹为例，建议不要搞"朋党"，戒百官越职言事。大臣纷纷替范仲淹辩护，但也有人坚持反对，互相辩驳，朋党争论四起。1038年十月，赵祯明确指示："今中外臣僚屡有称范仲淹者，事涉朋党，宜戒谕之。"为此，梅尧臣撰《灵乌赋》，劝范仲淹少说话、多逍遥。范仲淹则回一篇《灵乌赋》，强调"宁鸣而死，不默而生"，凛然大节。范仲淹还提出"小人之党、君子之党"之说，予以反击。欧阳修为声援范仲淹，写了那篇著名的《朋党论》，旗帜鲜明地提出"小人无朋，唯君子则有之"，显示革新者的凛然正气和过人胆识。赵祯很可能被欧阳修的文章说服，继续支持"庆历新政"，还批准范仲淹、韩琦关于扩大相权的请示，由辅臣兼管军事、官吏升迁等事宜，改革广度和深度进一步增加。

千古之叹：

"妇人之仁"与"明主之仁"

"仁"是孔子的重要思想，但他语焉不详，每次说法有些不同，加之上台没几天就以莫须有罪名杀了少正卯、搞"强拆"引发内战，人们对他的"仁政"更加困惑。清代学者唐甄说："虽有仁政，百姓耳闻之而未尝身受之。"当然，在那2000多年当中，相对"仁"一点的帝王，还是找得出一些的。

"孔子的笼子"是礼，具体有天命论、谥号等等。谥号是在人死之后，后人依据他生前表现，盖棺定论，予以一种称号。这种称号分三类，即美、平、恶。美谥是褒，恶谥是贬，平谥是怜。恶谥如暴、昏、炀、厉等，奢望通过这种评议，让后任帝王有所顾忌，自我约束。美谥就多了，最常见"文帝""武帝"，似乎每一个朝代开国那一两代都是文治武功，再就是"孝""英""哲"等等。"仁"也不少，如西夏仁宗李仁孝、西辽仁宗耶律夷列、元仁宗爱育黎拔力八达、明仁宗朱高炽、清仁宗爱新觉罗·颙琰（即嘉庆帝），朝鲜、越南历史上也有。北宋宋仁宗赵祯也是其一，且为史上第一位"仁宗"。

追加美谥的目的，无非是奢望后任帝王"见贤思齐"。然而，美谥多属溢美之词，大都名不符实。中国历史上没那么多好皇帝，百姓没那么多福气。比如朱由校，人称"木匠皇帝"，顽童一样贪玩，朝政任由太监魏忠贤搞得乱七八糟，他的谥号"达天阐道敦孝笃友章文襄武靖穆庄勤悊皇帝"，其中"悊"同"哲"；简称"熹宗"，"熹"者光明炽热也。你看这十几个字哪一个不美？又有哪一个符合他的实际表现？

不过，赵祯这"仁"倒是颇贴切。赵祯严于律己，宽以待人。作为一个皇帝，吃喝玩乐实在是不成问题，可赵祯防微杜渐。一天加班到半夜，赵祯饿了，很想吃碗羊肉热汤，但忍了，第二天与皇后闲谈才说起。皇后怨道："陛下日夜操劳，想吃随时吩咐御厨就是，怎能让龙体受饥？"赵祯说："朕昨夜如果吃了羊肉汤，御厨就会夜夜宰杀，一年下来数百只，形成定例。为朕一碗饮食，创此恶例，于心不忍！"对于别人，则相反。如谏官王素劝赵祯不要亲近女色，赵祯说："近日，王德用确有美女进献，我很中意。"王素坚持说："臣今日进谏，正是怕陛下为女色所惑。"赵祯只好下令："王德用送来的女子，每人各赠钱300贯，马上送离宫。"王素慌忙说："不必如此匆忙！既然已经进宫，还是过一段时间再打发为妥。"赵祯笑道："朕虽为帝王，与平民一样重情。我怕久了，会不忍心送走。"

类似的故事发生在大约200年前，有"小太宗"之誉的唐宣宗李忱曾迷恋一位绝色佳丽，忽然某天头脑清醒，担心自己重演老祖宗李隆基的悲剧，左右建议将她放出宫，他却说："放回去我会想念她，不如赐一杯毒酒！"二者结局大为不同。

赵祯在位41年，为宋朝在位时间最长的皇帝。其间，国际和平，国内和谐，政治、经济、文化都得以长足发展，经济相当繁荣，特别是"和而不同"的士风成为一道亮丽的风景。

对于赵祯，好评如潮。很不谦虚的乾隆说他只佩服三个皇帝：一是他的祖父康熙，二是李世民，第三个就是赵祯。但在此，我更想"鸡蛋里挑骨头"。

有些人总抱怨宋朝军事太弱，不如汉唐威风。我为其辩护，主要是大宋生不逢时，燕云十六州早被出卖，失去了长城屏障，更重要的是，对手不再是匈奴等那样的"流寇"，而是"比汉和唐对抗的单纯游牧民族要厉害多"的"半汉化国家"辽、夏、金及蒙古帝国，他们具有以汉人方式对付游牧民族和以游牧民族方式对付汉人的"双重优越性"，所以不能简单类比。实际上，赵祯打破了西夏占据关中的战略目标。至于那点"岁币"，仅以陕西财政支出来说，战前1038年只有1551万，战时1042年增至3363万，和平真可谓物美价廉。日本讲谈社《中国的历史》还写道：

后世评价宋朝军队赢弱虽是事实，但这是建国当初有意推行的政策。宋朝确实没有汉武帝或者唐太宗那样征伐外族的辉煌战果，但是究竟哪个王朝更文明，这却是另外一个问题。

历史上强盛一时的国家很多，比如蒙古帝国、希特勒的德意志第三帝国，与文明之国相比，你喜欢哪个？

那么，赵祯是完人吗？当然不是！明末清初思想家王夫之指出："计此三十年间，人才之黜陟，国政之兴革，一彼一此，不能以终岁。吏无适守，民无适从，天下之若惊若骛、延颈举趾、不一其情者，不知其何似，而大概可思矣……夫天子之无定志也，既若此矣。"所言甚是。

赵祯使命感挺强，很想主动解决盛世的"久安之弊"，要求范仲淹开列当务之急。范仲淹不失理智，认为"非朝夕可革"，所以"始未奉诏，每辞以事大不可忽致"。赵祯一再派人催促，朝野舆论压力增大，范仲淹这才上呈改革方案，付诸实施。结果遭到既得利益集团的强烈反对，指责范仲淹等人搞"朋党"。鉴于历史教训，宋朝皇帝最忌武将领兵与文官结党两条高压线。范仲淹被指责搞朋党，赵祯吓一跳，马上缩回去，叫停改革，并罢了范仲淹的官。

近代历史学家蔡东藩评论："仁宗之驾驭中外，未尝不明，而失之于柔……仁宗以仁称，吾谓乃妇人之仁，非明主之仁。"这话似乎太过，但不无道理。

何谓"明主之仁"？没有现成答案。思索之际，我还是想到范仲淹。他的改革内容10项，其中"明黜陟""抑侥幸""精贡举""择长官""均公田"5项属于吏治，另外还有"重命令""推恩信"两项与吏治有关，总计70%涉及政治体制。他派一批官员深入各地去现场考核，自己坐镇中央指挥，将各地报来不称职的名字一个个勾掉撤职。枢密副使富弼在旁看不过去，提醒说："您一笔勾了很容易，但这一笔下去要让他一家人哭啊！"范仲淹回答："一家人哭总比一路人哭要好吧！"当时的"路"相当于我们现在的"省"，范仲淹想的是大局。我想这就涉及"妇人之仁"与"明主之仁"的区别。不忍心看一家人哭，不惜让一路人哭，显然是"妇人之仁"，而非"明主之仁"。

作为一个明主，就应当为了一国人不哭，而不惜让某一家几家人哭。那些官员，平时鹦鹉学舌跟着范仲淹大唱"先天下之忧而忧，后天下之乐而乐"的高调，一到改革，哪怕影响点"灰色收入"就受不了，要反对，要滋事。如此，赵祯却一味地"仁"，不惜迁就那少数人，叫停改革，让弊政继续积累，从而让朝政危机由隐到显，由轻到重，显然不是"明主之仁"，而只是"妇人之仁"。

再看后来清朝的仁宗嘉庆。他亲政第二天就掀起反腐风暴，打下"大老虎"和珅，人们纷纷欢呼"嘉庆新政"。他的私德也非常好，张宏杰在他《坐天下很累》一书中生动地介绍：

如果综合评价起来，嘉庆帝可能是清代帝王甚至中国历代皇帝当中私德最好的。

他是个禁欲主义者，不给个人享受留一点空间。甚至到木兰围场围猎，都完全是"遵守祖制"的需要，而不是因为自己喜欢打猎。他严格按照先祖们的时间、路线，一点也不走样，打上两件东西，就立刻赶回去看奏折，绝不因景致优美而多耽搁一刻。"欲望"在他看来是最危险的东西。他的一生，从没有被声色、珍玩、不良嗜好所迷。

然而，嘉庆的"打虎运动"却虎头蛇尾，"只惩治一些代表性的高官作为代罪羔羊，而将一般官员训斥后轻放"。同时，嘉庆像他父辈祖辈一样竭力排外。特别是马戛尔尼扫兴而归20余年后的1816年，英国再派使团访华，继续谋求与清政府平等协商，建立近代国家关系，嘉庆却批示"此事朕不以为喜"，像乾隆当年一样苛求"三跪九叩"之礼，不从就将他们驱遣。嘉庆还下令不准再有外国使臣进京，并不屑一顾地说："西洋玻璃是土中提取的液体，钟表可有可无，自鸣钟更是粪土，断不可用本国的珍贵特产交换这些废物！"他一再拒绝英国等伸出的交往之手，而不敢自我改革，脱胎换骨，迎头而上，与列强携手共进。

与此同时，世界各国经济和人口总量骤增，使传统社会机制的承受能力达到临界点。整个18世纪，世界人口从6.41亿增至9.19亿，增长了43.37%；同期中国则从1.5亿增至3.13亿，增长了108.67%。为此，欧洲大力发展工商业，在全世界范围开展贸易吸纳过剩人口，逐步走上现代化道路。嘉庆却死守祖宗成法，连雍正、乾隆时期已经试行解除海禁的政策也大开历史倒车，堵死了大批剩余劳动力的出路，流民及盗匪激增，各类造反事件此起彼伏。总之一句话，以"嘉庆新政"开始，以"嘉庆中衰"告终。

嘉庆虽然也尽心尽力，却万般无奈，只能像祥林嫂那样反复叹息一句："为君难,至朕尤难!"何也?张宏杰有句评论相当到位:"失败的原因,是一直标榜'法祖'的嘉庆,在最核心的地方背离了祖先的传统。"是啊,开国帝王那种勇于并善于打破一切条条框框的革命与改革精神,他"法祖"了吗?

一个帝王仅有"妇人之仁"是不够的。如果不能把握好国家发展时机,而留下诸多隐患,尽管显赫一时,也不能算是真正优秀。

第九章

辽：忍不住赞赏的游牧民族政权

923年，耶律阿保机围攻沙陀失败，撤退之时又遭寒流袭击，平地积起很高的雪，粮草更加匮乏，逃出战场的人马大都饿死冻死在途中。后唐庄宗李存勖亲自率大军追击，追到幽州，竟然发现契丹军每一处营地都井然有序，根本看不到半点败逃的残迹，不由对身边人大发感慨："蕃人法令如是，岂中国所及！"契丹"正处在一边遵守草原游牧国家的传统、一边适当引入中华的国家形式、摸索草原和中华相结合的国家形式和理想方式的最高潮阶段"。

牵驼图（摹本）

1981年内蒙古库伦旗奈林稿公社前勿力布格村6号墓出土。驭者髡发，着蓝色圆领袍，袍袖挽起，袍襟披于腰带，足蹬高筒尖头靴，右手牵驼，左手握杖，荷于肩上。驼峰上骑一小猴，猴双臂紧抱驼峰，驼身上还驮有包裹和毡帐、伞及旗。

公元916年，契丹主耶律阿保机称帝，国号"契丹"。947年，他儿子耶律德光率军南下中原灭后晋，于开封登基并改国号为"大辽"，一度作了中原的皇帝。至1125年为金所灭，共传9帝，历时209年。至986年建国70周年，历经太祖耶律阿保机、太宗耶律德光、世宗耶律阮、穆宗耶律璟、景宗耶律贤，至圣宗耶律隆绪。

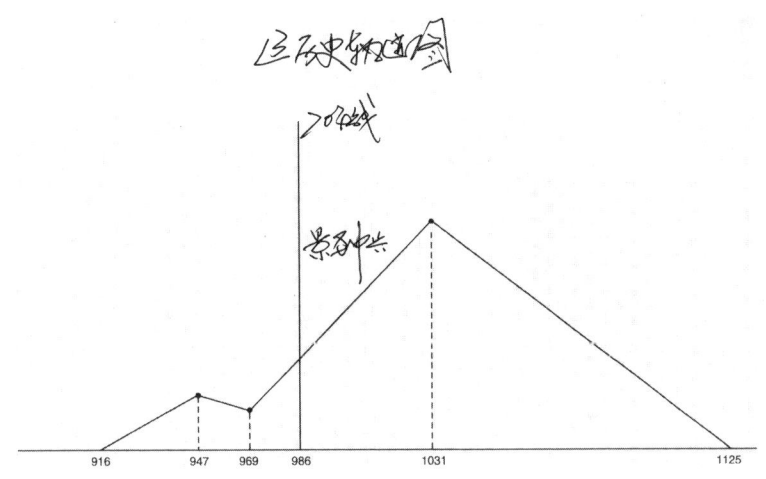

辽国盛世简表

盛世名称	时段	积年	帝王（任）
景圣中兴	969—1031年	62	景宗耶律贤（5） 圣宗耶律隆绪（6）

开国风光：

"一国两制"的卓越践行者

契丹人自916年建立政权之后不断扩张，全盛时期疆域东到日本海，西至阿尔泰山，北到额尔古纳河、大兴安岭一带，南到河北南部的白沟河，比北宋疆域大得多。很多欧洲人认为契丹就是中国。直到今天世界上仍有近十个国家称中国为"契丹"。

"契丹"一词最早出现在 6 世纪魏收所撰的《魏书》中，它的本意是"钢铁"。契丹出自东胡，与匈奴、鲜卑和奚族同源。契丹人有着坚强的意志。隋朝时，由于不愿臣服于突厥，他们就迁居到今天内蒙古的西拉木伦河流域。唐太宗时期附唐。契丹与唐既有朝贡和贸易，也有战争和掳掠。

直到唐末，契丹仍然实行部落联盟选举制。8 个大部落的酋长称"大人"，由 8 位大人推选一位首领称"可汗"，任期 3 年。907 年即唐正式终结这年，契丹"换届选举"，耶律阿保机新当选可汗。耶律阿保机了解汉文化，向往汉制，并有诸多汉官，如韩知古、韩颖、康枚、王奏事、王郁等。韩知古通晓典章礼仪，王郁则"工于辞，又精于地理"。在这样的团队辅佐下，耶律阿保机不难知道，儒家在这方面其实比他们"开明"，但要真作出历史性改变，将"公天下"变为"家天下"，他还是犹豫再三。

后唐奠基人李克用是沙陀人，耶律阿保机忧心忡忡地跟他说："我只不过是个被你们看不起的酋长，三年到期就要下台，以后还能以礼相见吗？"李克用笑了，说："我受朝命镇太原，亦有迁移之制，但不受代则可，何忧罢乎？"唐制规定各地镇将有任期，到时要在朝廷中枢为官。然而"安史之乱"之后，镇将成军阀，根本不理睬中央的调令，成为事实上的独立王国。现在李克用劝耶律阿保机也这么干，没什么好忧虑的。

就这样，耶律阿保机豁出去了！3 年期满，他不交权不改选。又 3 年，也不。再 3 年，仍然不。其他人有意见，并有人闹事，他镇压。916 年他上台第 9 年，将其他 7 部落的贵族们请到家里来喝酒，设下伏兵，全给杀了，然后将 8 大部落合一，自己改称皇帝，"号令法度，皆遵汉制"。

耶律阿保机在巩固了对契丹各部的统治后，随即开始扩张。他相继征服了奚族、乌古、黑车子室韦、鞑靼、回鹘和渤海国，基本上完成了统一塞北的目标。阿保机还展示出南下夺取幽、蓟以至黄河以北的巨大野心。926 年，耶律阿保机在出征途中去世，其子耶律德光继位。

耶律德光帮助石敬瑭建立了后晋。作为回报，契丹取得了燕云十六州。但契丹建立统一王朝的野心不泯。947 年，耶律德光进入开封，灭掉了后晋。二月初一，他穿戴上中原皇帝的绛纱袍和通天冠，在开封登基，下诏建国号为"大辽"

（983—1066年曾复名"大契丹"），作了中原的皇帝。但他纵容骑兵四处以牧马为名抢掠粮草名曰"打草谷"，随意搜刮人民财产，任用契丹部族首领和通事管理汉地。这些措施受到中原民众的抵制。他深知政权不稳，无法在中原立足，被迫北撤，在途中身亡。

此后，辽国朝中长期较乱。第三任皇帝耶律阮上任仅5年，率兵救北汉时，被从征将领发动兵变所杀。第四任皇帝耶律璟更恐怖，集昏君、暴君于一身。

耶律璟是耶律德光的长子，951年九月前任皇帝被害后，他趁镇压叛乱的时机夺得帝位。耶律璟夺得权力后并没有勤政，而是沉湎于享乐。他喜欢游猎与喝酒，不游猎也是晚上喝酒作乐，通宵达旦，然后白天睡大觉，政事全然不顾，人们背地里称他"睡王"。他明确要求大臣不要执行他喝醉时候的指示，可是不听话他会随手杀你。

耶律璟生性残暴，左右侍从稍有过错就被他亲手杀死。特别是他听信女巫的话——延年益寿的仙药得用男子的胆做药引，更是滥杀无辜。就这么一个变态的皇帝，将一个国家折腾了18年，你能想象那是一种怎样的局面。所幸宫中近侍和厨师等6个不甘坐以待毙的小人物联手，将耶律璟灌醉杀了，结束了一个暴政时代。

969年，耶律璟被杀后，耶律贤继位。这一次权力交接倒没什么麻烦。开国皇帝的所有兄弟都死了，他们的子孙也在前几次政变当中被杀光。耶律贤是第三任皇帝耶律阮的次子，没人反对。耶律贤一上台就多次召汉人翰林学士室昉，问古今治乱得失。他认为耶律璟太暴虐，今后"务行宽政"。登闻鼓，即在衙门口设鼓，让上访的百姓敲鼓鸣冤。自北魏开始，唐、宋等朝均实行这种制度，辽国也有，但被耶律璟废除，耶律贤予以恢复。问题是他长期患病，朝政只好由皇后萧绰执掌。

萧绰，小字燕燕，名字美丽可人，其实堪称武将，《杨家将》中的萧太后就指她。她父亲萧思温是辽国第二任皇帝的驸马，而他的长女嫁给耶律璟的弟弟，次女嫁给耶律贤的弟弟。耶律璟意外被杀时，萧思温在场。他冷静处置，封锁消息，力助耶律贤继位。耶律贤晋封他为北府宰相等职，并召萧绰入宫，随即封为贵妃，两个月后又册为皇后。

本来萧绰可以享清福，没想到第二年父亲又遇刺身亡，耶律贤失去顶梁柱，17岁的她只好接过重任，负责处理一切政务。她作的决定耶律贤只是听听通报。976年二月，耶律贤还正式传谕：今后凡记录皇后之言也称"朕"，让她与自己相提并论。

982年耶律贤去世，其子耶律隆绪继位。耶律隆绪年仅10岁，尊萧绰为"承天皇太后"，继续摄政。辽帝登基有一种"再生仪"，萧绰履行了这一仪式，也就是说她执政具有合法性。她对耶律隆绪精心培养，要求很严，甚至成年后还当众打骂他。

萧绰原来许配汉臣韩德让，没来得及结婚而被选进宫。现在耶律贤死了，她便对韩德让说："愿续旧好！当国的幼主是我的儿子，也是你的儿子！"传说她派人鸩杀了韩德让的妻子李氏，从此他们过着"事实夫妻"生活，耶律隆绪对韩德让也以继父相待，连接见外国使臣都不避忌。韩德让的军政权力超过他前后任何一位大臣，但依然忠心耿耿，全力辅佐萧绰与耶律隆绪。这跟寻常寡妇抚孤的故事差不多，对得起人家，也对得起自己，只遗憾她和韩德让对不起李氏。

契丹人得势了之后，跟后来的蒙古人、满人一样实行民族歧视政策，他们打死汉人只要赔牛马，反之不仅要抵命，还要没收其亲属为奴婢。983年耶律隆绪修改"同罪异论法"，即契丹人犯法与汉人犯法同罪处理，不得同样的罪因民族不同而予以不同处罚。同时修改"贵贱异法""奴主关系法"，废除"兄弟连坐法"。他还用法律禁止妨碍农业，禁止行军、打猎破坏庄稼，委派监察官查看农业，鼓励种果树。辽国犯罪率大大降低，甚至出现"南京及易、平二州以狱空闻"的可喜局面。

后来，辽继续汉化。988年开贡举，成为定制。随后实行贡举法，进一步健全科举制度，每年举行一次科考，随后改为三年一次。考试科目初期以诗赋为正科，法律为杂科，后来借鉴宋朝分两科，即诗赋与经义，分别取士。但禁止契丹人参加汉式科考。有个官员让儿子非法参加，被责罚200皮鞭，他儿子直到能够三箭射杀三只野兔——通过本民族武功考试，才得以提拔。这说明他们对汉化改革还是留有一手，并非全部照抄。

然而，皇族对此不满，诸王宗室200余人拥兵而起，控制朝廷，排挤萧绰及耶律隆绪。萧绰哭了，叹道："母寡子弱，族属雄强，边防未靖，怎么办啊？"在耶律斜轸、韩德让等大臣支持下，她果断撤换一批大臣，下令诸王无事不得出门，并设法解除他们的兵权，迅速稳定朝政。后来陆续有些叛乱也及时平息。

1009 年，耶律隆绪 37 岁，萧绰才还政于他，同年底病逝。这时辽国已步入鼎盛阶段。耶律贤、耶律隆绪在位期间励精图治，"一国两制"，民族平等，"诸道皆狱空"，农牧业兴旺，中间又与宋朝缔结百年和平的澶渊之盟，被誉为"景圣中兴"。

986 年是辽国建国 70 周年。辽圣宗耶律隆绪此前 4 年（982 年）继位，现年 14 岁，仍由萧太后摄政，此后 45 年（1031 年）去世。

讨伐女真战利品丰盛

986年这一年,也许是辽国历史上战争最激烈的一年。新年伊始,与女真、党项、北宋的战役全打响。

辽时松花江流域的女真族有72部落,地方数千里,人口超过10万户,散居山谷之间。辽国特设一些王府,目的在于以女真治女真。这时期的生女真还挺落后,没有本族文字,既不懂汉文也不懂契丹文,顶多懂些契丹口语,天文和历法更谈不上。但他们练就娴熟的骑术,"骑上下崖壁如飞,渡江河不用舟楫,浮马而渡"。所以,他们的发展也许谈不上迅猛,但非常坚韧,屡成大器。

本年正月,讨女真战役获胜,俘生口10余万人、马20余万匹,更重要的是占领了大片水草地。女真被此役征服,也与辽转为和平相处。

党项变亲家

党项是羌族的一支,唐朝时党项人逐渐集中到甘肃东部、陕西北部一带,但以分散的部落为主。唐朝在党项聚集地设立羁縻州,有功的酋长被任命为州刺史等职。羁縻州是唐朝的一大创举,往往在边远少数民族地区设置,承认当地土著贵族,封以王侯,纳入朝廷管理。黄巢起义时,唐僖宗号召天下共同镇压。党项族宥州(今内蒙古鄂托克旗一带)刺史拓跋思恭出兵,其弟拓跋思忠战死。唐僖宗赐拓跋思恭为定难军节度使,赐姓李。从此,党项拓跋氏有领地,并有兵权。他们利用中原改朝换代的机会,逐渐发展壮大自己,形成一个以夏州为中心的地方割据势力。宋初,驻夏州的定难军节度使归宋,曾出兵帮助对北汉作战。但赵匡胤削藩镇兵权引起李氏的不满,其首领李继迁时而归宋,时而归辽。这时期,李继迁势力又壮大,上年还攻占宋的银州。

本年一月,李继迁降辽,辽任命他为定难军节度使。十二月,李继迁又向辽求婚,耶律隆绪嫁给他一个宗室之女。从此,他们变亲家了。

对宋赢得扳头之战

辽也是宋的卧榻之侧,宋太祖赵匡胤自然不容许它鼾睡,但开国之初,赵匡胤忙于内部稳定及南征。当时辽穆宗耶律璟则忙于享乐,对宋没什么野心。

969年辽景宗耶律贤即位,赵匡胤想灭北汉,亲率大军围攻太原等地,辽派劲旅连夜冒雨从小路迅速进驻太原西,与北汉联手反击,赵匡胤败退。当时耶律贤忙于稳定内部,还得应付女真不时侵扰,无力南征。于是,974年宋辽议和,"用息疲民,长为邻国"。975年宋灭南唐,第二年赵匡胤去世,赵光义继位。总体而言,双方在赵匡胤时期虽然有摩擦,但没有发生大规模战争。

经过几年准备,979年初赵光义率军一举灭北汉,当年六月紧接着从太原进攻辽,想一鼓作气收复燕云十六州。宋军初期进展顺利,易州、涿州不战而降,然后直指南京城(今北京市)。辽军坚守不出,等待援军。耶律贤派名将耶律休哥领重兵相救,一路5000人佯装主力直奔南京城下引诱宋军交战,而真正主力3万骑兵却连夜绕到宋军的背后,在高梁河一带展开激战。腹背受敌的宋军惨败,赵光义只身出逃。同年九月,辽乘胜反攻,在满城对阵。决战前,宋军诈降,辽大将韩匡嗣信以为真,被宋军突袭,士卒纷纷丢兵弃甲逃命。耶律休哥率兵顽强抵抗,险些全军覆没。

第二年三月,辽十万重兵围攻雁门关,宋名将杨业将他们打败。十月耶律贤亲自到南京督战,指挥围攻瓦桥关。宋军救援时被击败,想突围也失败。两军隔河对峙,耶律休哥率精锐骑兵强渡,宋军大败。辽军追到莫州再次决战,宋军横尸遍野,但辽军也遭重创,只得退兵。

982年五月,耶律贤亲自率兵大举伐宋。这次3万骑兵分三路,一路袭雁门,被宋名将潘美击败;二路攻府州、三路打高阳关也败北。九月,耶律贤病死,也许与这次惨败不无关系。

辽国君主变易之时，萧太后不忘宋国威胁，一边立"更休法"，劝农桑，大力发展经济；一边大修武备，多设间谍，制造国内空虚的假象。

至于北宋方面，《剑桥中国史》写道："979年的屈辱使大臣们痛心疾首，他们经常以活灵活现的侮辱性言词提到契丹，诸如应当受到充分惩罚的祸害与未开化的野蛮人等等。"此时，赵光义认为辽国朝中孤儿寡母，有机可乘。

986年正月，北宋派遣二十万大军大举北伐，正值宋太宗赵光义雍熙年间，史称"雍熙北伐"。宋军兵分三路，东路攻幽州，中路攻蔚州，西路攻云州、朔州。萧绰命耶律休哥守幽州，耶律斜轸抵御中路及西路宋军，她自己与耶律隆绪驻扎在驼罗口指挥。初期，宋军接连攻下固安、涿州等地，寰州、朔州、应州等不战而降。萧绰率军支援耶律休哥，大败宋东路军。耶律休哥积尸以为"京观"——古代为炫耀武功，聚集敌尸，封土而成高冢。赵光义只得下令撤退，屯兵边境，以守为攻。

七月，萧绰命耶律斜轸乘胜对西路和中路宋军进行反击，攻占蔚州，又在飞狐大败潘美，进而攻占寰州。潘美与另一位名将杨业带着云、朔、寰、应4州民众南下至朔州，听说寰州陷落的消息，杨业想避其锋芒，可是监军反对。杨业不得已向朔州行进，他流着泪对潘美说："此行必不利，我当先死！"果然中辽军埋伏，宋军大败，杨业被俘。有的说杨业撞死在石碑，有的说因箭伤无法进食三日而死。杨业是妇孺皆知的"杨家将"之一，戏文中名杨继业。

此次北宋惨败之后彻底丧失了战略进攻的勇气，辽国从而赢得对宋战略优势。这一役可谓辽对宋的扳头之战！

此后十年一瞥：

南北相峙

986年第二次北伐失败，赵光义十分不甘，第二年四月就想大举复仇。宰相李昉等大臣连忙劝阻：

近者分遣使出外征兵，自河东、河南四十余郡，凡八丁取一，以充戎行。臣等颇闻众议，皆言河南百姓不同被边之民，世习农桑，不知战争。或虑人情动摇，因而逃避为盗。当土膏之兴，更妨农作之务。望严敕使臣，所至之处，若人情不安，难于战募，即须少缓。

用那些强征来的兵匆匆上阵，结果可想而知。赵光义觉得这话有道理，不得不再忍下了。

下月，赵光义又召大将潘美、田重进及崔翰等入朝，亲授《御制平戎万全阵图》。冷兵器时代十分重视军队布阵，赵光义亲自研究阵法。这份《御制平戎万全阵图》撰写很具体，原文开头部分：

前行，每队五十人。后行，每队并三十人。前后并五队为一点。每队计一千四百四十地分，方五里。每地分车一、兵二十二，并十地分为一点。右万全阵法，凡九围，共成一阵（内三为方阵，一为前锋，一为后殿，二为左翼，二为右翼）。凡中心连排方阵三，每阵各大将一人主之。其阵各方五里，人相去一里，东西占十七里。每阵周回二十里，计七千二百步。每五百步为一地分，每一地分用战车一乘、兵士二十二人……

后来研究学者认为："平戎万全阵"明显是以步兵为主的阵法，体现以步制骑的战术意图。从该阵法布局上看，步、骑、车排列整齐有序，气势不可谓不壮观，但就实战角度而言却不能不说存在巨大的缺陷。据记载，《御制平戎万全阵图》总共才出现两次，一是979年第一次北伐时，再就是这次"雍熙北伐"。

两次北伐失败后，赵光义一方面调整战略，暂时采取守势，另一方面汲取部分将领试图拥戴宋太祖之子的教训，于是通过御赐阵法、阵图之举约束统军将帅，执行当时的防御任务。事实上，"平戎万全阵"损害了军队的战斗力，同时造成军事将领唯命是从、无所作为的后果。后来，王安石曾劝谏"诚愿不以阵图赐诸将，使得应变出奇，自立异效"，晏殊也请求"不以阵图授诸将，使得应敌为攻守"。

由此可见，赵光义北伐的野心被遏制住了。但辽军的野心却滋生了，频繁侵犯北宋雄、霸等州。988年辽军进攻长城口等地，但辽军并不能全胜，宋将李继隆大败耶律休哥。耶律休哥是辽军名将，宏谋远略，料敌如神，爱兵如子——每次打了胜仗都归功于他的将士，让大宋军民闻风生畏，民间哄孩儿止哭便说："于越来了！"对于北宋如同我们现代父母对孩童说"老虎来了"。"于越"是辽国官名，位于百官之上，辽国209年中只有十人享受这一殊荣，耶律休哥此时正担任这一职务。

此后双方冲突不断，直至1004年订立澶渊之盟，两国和平相处百余年。

千古之叹：

千古未有之大变局

1873年，李鸿章在一份奏折中称："臣窃惟欧洲诸国，百十年来，由印度而南洋，由南洋而中国，闯入边界腹地，凡前史所未载，亘古所未通，无不款关而求互市……此三千余年一大变局也。"最后一语振聋发聩，迄今常有人提及。其实早在此前近千年，中华文明已遭遇过千古未有之大变局——北方一波比一波强劲的游牧民族征服者辽金元的涌现。

公元10世纪，周人就常遭北方游牧民族的侵犯。周朝以来的中原王朝几乎没有不将它列为头等大事的，经常集中力量予以打击，有过多次重大胜利，但从没能根绝。两汉之时，游牧民族侵害的主要表现还是劫掠，偷袭边境地区抢劫一番就跑。常有汉军在沙漠瀚海里辛辛苦苦追一两千里地，却连敌人影子都没见到。两汉之后，游牧民族内迁与中原文明融合，开始发生历史性变化。

游牧民族军队大都非常野蛮，内战外战的目的就是抢劫。高洪雷在他《另一半中国史》一书中介绍：

令人恐怖的是，匈奴军团从不将战利品收归国库。一场战争下来，不仅战俘成为参战者的奴隶，劫掠的财物归参战者所有，而且斩首一颗要赏酒一卮，这就为匈奴骑士投入战争提供了充足的燃料和持续的动力。于是，匈奴人以嗜杀和痛饮为人生之乐，马背上的生活就剩下简简单单的两件事：扬鞭放牧、挥刀杀戮。前者是物质需要，后者是精神追求。

然而，游牧民族也在不断发展。早在《国语》(《春秋外传》)中就预言："王室将卑，戎、狄必昌。"两汉之后，一些游牧民族开始不游牧了，并且突破部落联盟形式，开始创建自己的国家。

西晋末年"八王之乱"国力衰弱之际,"五胡乱华"一幕发生,中国分裂、动乱近三百年。这期间"五胡"建立的政权一般都是胡—汉联合政权。它们得到汉人的一定认可及参与,有的甚至可以说是在汉人手把手地指导下学习创建国家,即游牧式的军队与汉式的行政管理相结合。

氐人前秦皇帝苻坚就说:"我得王猛,有如刘备得诸葛亮!"王猛家庭贫寒,好读兵书,可是晋军请他不动,却投奔氐人为他们出谋划策。正因为有了王猛这样的高参,前秦日益强大,很快统一北方,紧接着直捣南方,只因王猛早死,苻坚于淝水之战中功亏一篑。苻坚作"中华皇帝"的宏愿虽然没能实现,但他启发了一代又一代的游牧民族野心家。

南北朝时北魏太武帝拓跋焘心怀"廓定四表,混一戎华"之志,一心想完成统一大业,实现他作"中华皇帝"的伟大抱负。拓跋焘的小名挺有趣——"佛狸",事实上他也有几分狐狸式的狡猾。当他带领军队向更北方的柔然进攻的时候,部从提醒他注意南方的刘宋袭击,他则哈哈大笑回答:

中国人都是步兵而我们是骑士。一队小马和初生的犊,如何能够抵御虎或者成群的狼呢?至于游牧的蠕蠕人,他们夏令在北方游牧,事后向南方转移,至冬季则向我们的边境抢劫。我们在夏天去攻击他们的牧场,在这个时候,他们的马匹已经不中用了,传种的马要追寻雌马,雌马要照顾小马。只要在那时攻击他们,断绝他们的水草,几天之内,他们就要被俘或者被歼了。

对此,法国历史学家雷纳·格鲁塞概括为"双重优越性":以中国方法对付野蛮人和以野蛮方法对付中国人。此后,不少游牧民族都发挥了这种"双重优越性",发挥越充分收益越大,契丹、女真、蒙古和满族几乎可以给满分。

10世纪初,契丹通过战争先后俘获几十万汉人,大部分成为其贵族的奴隶。他们将掳获的汉人用绳系住头和颈,捆到树上,汉人夜里解绳而逃。在干活时,汉人奴隶也千方百计逃回中原。耶律阿保机接受汉人谋士韩延徽的意见,开始改革,对俘奴"定配偶,教垦艺,以生养之",给辖内汉人以"国民待遇"。这样,汉人南逃很少了,大都就地安居乐业下来。辽京城的汉人几乎占1/3,其他地方则有"汉城"专门居住汉人,越往南这种现象越多。于是,辽国形成迥异的两个世界,北部契丹人"畜牧畋渔以食,皮毛以衣,转徙随时,车马为家",而南部汉人、渤海人则"耕稼以食,桑麻以衣,宫室以居,城郭以治"。后来他们还直接使用北宋的钱币。

契丹建国之初,辽太祖耶律阿保机召开了一次影响深远的会议。耶律阿保机向群臣公布自己的想法,要以祭祀圣人的方式来更好地统治包括汉人在内的中国人。他问:"我想祭祀一位有大功德者,应该是谁?"此时,佛教在契丹已广为传播,群臣均认为应该祭祀佛祖。辽太祖却并不认可,他认为"佛非中国教",无法接受。太子耶律倍提议:"孔子大圣,万世所尊,宜先。"这一建议正合辽太祖心意,他当即决定建立孔庙,"诏皇太子春秋释奠"。这意味着儒家文化被确定为契丹(辽朝)的正统文化。

耶律阿保机时契丹基本上形成了因俗而治的指导思想。他去世之后,耶律德光继位。936年,耶律德光借机参与中原后唐政权纷争,从石敬瑭手里获得了燕云十六州。契丹获得这片土地后国力大增,加速了从单纯的游牧经济和行国体制向"复合型"政治经济体制转化的进程,在中原政权面前取得了攻守自如的有利态势。

如前所述,947年,耶律德光率军进入开封却无法在中原立足,被迫北撤,在途中身亡。他临终前不由长叹:"我不知中国人难制如此!"大臣建言:"始得中国,宜以中国人治之,不可专用国人及左右近习。苟令乖失,则人心不服,虽得之亦将失之。"正是在这种情况下,契丹开始实行"一国两制",北面官府以国制治契丹,南面官府则以汉制待汉人,从而完成了由契丹部落联盟制向中央集权制的转变。

南京官府要职原来一直由契丹宗族担任。辽景宗耶律贤即位后,提拔汉族官员高勋为南枢密院使,又加封为秦王;汉官韩知古的儿子韩匡嗣为上京留守,后改任南京留守,加封燕王;还选拔一批汉族知识分子治理各州。加上特设王府以女真治女真,实际上是"一国三制"。由此可见契丹人很灵活,在政治方面也勇于创新。

这样,越来越多汉人认同契丹,以至将契丹作为自己的祖国。在他们看来,辽、宋之战并不是"华夷之辨",只是不同华人之争,不是外战而是内战。卢文进堪称军事家,在网络上往往被贴上"汉奸"的标签。他本来是后唐将领,但他的上司李存矩不善待部众,还强纳他的女儿为侧室,激起兵变被杀。卢文进被拥自立,率众数万投奔契丹,多次率契丹骑兵南下攻掠幽、蓟州等地。他教导契丹人制造各种攻城武器,如称为飞梯的特制梯子、称为冲车的战车等等,"半月之间,奇策百出"。不仅如此,日本讲谈社《中国的历史》写道:

> 卢文进每年都要和契丹军过来,把燕地和山后两地的男女带回契丹本土,教会契丹人纺织和制作工艺,结果"中华"的产品几乎都由契丹国内来生产了。
>
> 原来,燕地归刘仁恭、刘守光父子,山后地归李存矩,他们都施行暴政,百姓人心不振,早就有很多人逃往契丹的领地……《资治通鉴》指责他"杀掠吏民",这只能说是一种偷换事实的刻意"歪曲"。

这两段文字内涵丰富,有待于慢慢消化。至于《资治通鉴》指责他们"杀掠吏民"之类,纯属政治歪曲。儒家几千年如一日地搞"华夷之辨",不分青红皂白诋毁其他民族。柏杨《中国人史纲》也说:

> 契丹人所以能超越突厥、回纥,建立起来一个现代化的帝国,全靠汉人的贡献。所以辽帝国把汉人当作智慧之源,对汉人有特别的保护——主要是严厉防止汉人逃回中国。

早年契丹的确带有游牧民族的野蛮烙印。他们没有"工资",纵兵四出剽掠,名曰"打草谷"。当然,汉军也好不到哪去。《资治通鉴》记叙,605年隋朝联合突厥偷袭契丹几个部落,"尽获其男女四万口,杀其男子,以女子及畜产之半赐突厥,余收之以归",不也是抢劫分赃吗?

然而,到耶律阿保机时代,他们在军事方面发生了深刻的变化。923年围攻沙陀失败,撤退之时又遭寒流袭击,平地积起很高的雪,粮草更加匮乏,逃出战场的人马大都饿死冻死在途中。后唐庄宗李存勖亲自率大军追击,追到幽州,竟然发现契丹军每一处营地都井然有序,根本看不到半点败逃的残迹,不由对身边人大发感慨:"蕃人法令如是,岂中国所及!"

契丹居然让中原不可企及!

契丹人产生了质的飞跃,综合国力迅速提升。日本讲谈社《中国的历史》认为,耶律阿保机时期的契丹国"正处在一边遵守草原游牧国家的传统,一边适当引入中华的国家形式,摸索草原和中华相结合的国家形式和理想方式的最高潮阶段"。黄仁宇在《中国大历史》中进而指出:

这半汉化国家的组织能力,比汉和唐对抗的单纯游牧民族要厉害多了。那些单纯的游牧民族所恃,不过疾风迅雷的冲锋力量。

大辽与大宋一次次大战,终于在1004年缔结澶渊之盟,赢得百年和平,双方各自步入盛世。

澶渊之盟是宋、辽双方力量相对均衡条件下互相妥协的产物。尽管澶渊之盟常给人以"城下之盟"的印象,但基本内容还是平等的,北宋并没有丢太大的面子。它是宋辽双方务实态度的一大成果:宋朝以有限的代价获得了持久的和平;辽朝也获得了稳定的额外收入来源,且在一定程度上减轻了其南方边境的防卫负担。在辽宋力量均衡的格局下,兵连祸结的后果只能是两败俱伤,及时"止损"也是一种赢!

双方在此后120年的时间里基本保持了和平往来、密切交流的状态,史载"生育蕃息,牛羊被野,戴白之人,不识干戈"。这种新型的地缘政治平衡格局在中国历史上也是前所未有的。

第十章 金:从至贱者到小尧舜

北宋和金经过艰难谈判,终于达成联合灭辽的"海上盟约"。灭辽之后金军撤兵,童贯、蔡攸率员步入燕山府交接,大失所望,因为燕京的财物、官员和百姓全被金人卷走,只剩一座空城。金人声称这是宋帝的旨意:"只要土地,不要臣民。"这话太让人寒心了!冷静想想,悠悠数千年,"只要土地,不要臣民"的岂止宋帝?那些游牧民族往往倒是相反——只要臣民,不要土地。

杂剧图

1994年山西省平定县城关镇西关村1号金墓出土。四人正在作场，一人伴奏。左起一人眉眼上竖画墨痕，右手持竿，左手斜指；第二人光头胖脸，两撇黑胡，右手握皮棒槌，左手伸食指；第三人，嘴唇涂黑圈，抱拳作揖样；第四人正面站立，头戴展脚幞头，身着圆领广袖长袍，双手捧笏于胸前；右侧一人站在鼓架后，手握双锤，专注于演出场景。

公元1115年，完颜阿骨打称帝，国号"大金"，定都会宁（今黑龙江阿城）。至1234年被蒙古和南宋联军所灭，共传10帝，历时119年。至1185年建国70周年之际，历经太祖完颜阿骨打、太宗完颜晟、熙宗完颜亶、废帝海陵王完颜亮，至世宗完颜雍。

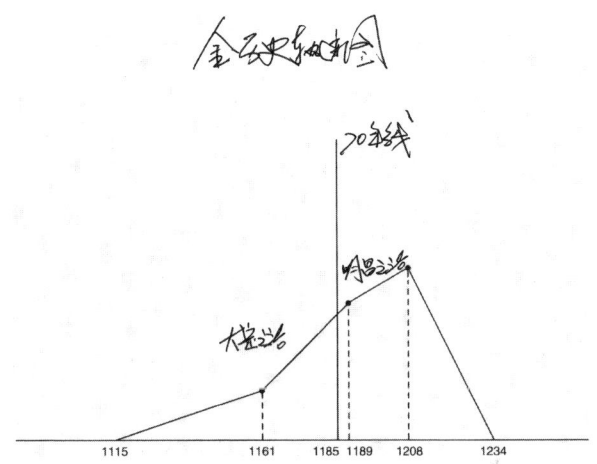

金国盛世简表

盛世名称	时段	积年	帝王（任）
大定之治	1161—1189年	28	世宗完颜雍（5）
明昌之治	1189—1208年	19	章宗完颜璟（6）

开国风光：

"夷狄中至贱者"的逆袭

12世纪初的中国舞台上，宋、辽与西夏还在明争暗斗，不知鹿死谁手，谁料东北角落里女真部又蹦出一个政权——金。不出则已，一出来惊天动地。《剑桥中国史》说：在中世纪的欧洲，"金"是最先为人所知的中国朝代的名字。

金国可以追溯到"肃慎"。周武王克商后，肃慎贡献他们的特产"楛矢石砮"，臣服于周。孔子在陈国时候，天上掉下一只凶猛的鸟，被楛矢石砮射中。

陈惠公不明白这鸟和箭的来历，就问孔子。孔子马上说：这鸟从很远的地方飞来，这箭是肃慎国的楛矢石砮。周武王一统天下后，肃慎国将楛矢石砮作为贡品，武王在楛矢石砮上刻字"肃慎氏之贡矢"，分赐下属异姓诸侯，用以告诫他们莫忘臣属地位。陈惠公派人到祖庙查寻，果然找到用金盒子装的刻有"肃慎氏之贡矢"的楛矢石砮。

后汉时肃慎称作"挹娄"，南北朝时称作"勿吉"，隋唐时其称为"靺鞨"。女真出自黑水靺鞨，原居住在今黑龙江与松花江合流以下黑龙江流域的南北地区。到辽朝时，他们才改名"女真"，也称"女贞""女直"。11世纪时，女真向辽称臣。辽对女真分而治之，把强宗大姓迁到辽东半岛，编入辽籍，称"熟女真"；另一部分留居白山黑水间，这些人叫"生女真"。后来，生女真社会经济有了很大发展，但契丹依然欺凌他们，每年要征收贡马万匹，强买海东青、人参等珍贵物品，随意强抢、殴打。宋人更看不起他们，公然辱称其为"夷狄中至贱者"。

1113年，女真完颜部落的完颜阿骨打继任部落联盟首领，他马上联络女真其他各部，造兵械，筑堡垒，准备反辽。辽廷闻讯，派员前往视察，当场激变。第二年九月，完颜阿骨打召集2500人，一举攻下宁江州。1115年元月，完颜阿骨打宣布建立金国，自称皇帝。完颜阿骨打说："辽以镔铁为号，取其坚也。镔铁虽坚，终亦变坏，唯金不变不坏。"他跟秦始皇一样，幻想政权千秋万代永不变。完颜阿骨打的背后有个在辽考取进士的汉人杨朴作高参，一切按汉族皇帝开基建国的作法。年底，辽天祚帝耶律延禧亲率10万大军前往镇压，可他们仅2万人迎战，就杀得辽军溃不成军。

1123年完颜阿骨打病逝，其弟完颜晟继位。完颜晟是个很有趣的帝王，居然会有人著文说他跟赵匡胤很像。金本来挺穷，因此完颜阿骨打特别制定一条纪律：国库中的酒只有打仗时才能动用，如有违反杖打20大棍。大家都严格遵守。可是完颜晟继位后，挡不住诱惑偷喝一次，随即被发现，群臣真的打了他20大棍。由此可见，金的法治之好史上罕见。完颜晟也是有作为的，助兄建国，亡辽破宋，但他未得好报，后代全被完颜亮所杀。

1135年完颜晟死后，其侄完颜亶继位。完颜亶自幼随辽进士韩昉习儒学，汉文化程度很高，但他也深受其害。金廷风气本来较淳朴，君臣之间不太重礼仪，尊卑界限不太严格，所以才有完颜晟偷喝点酒也得真挨打的"怪事"。完颜亶实行大改革，在宗庙、社稷、祭祀、尊号、谥法、朝参、车服、仪卫及官禁制度等方面，"大抵皆依仿大宋"，制定了周密详尽的礼仪制度。完颜亶是无比尊贵威风的了，可他酗酒又常常乘醉杀人，其弟、皇后及妃嫔多人遭杀戮，群臣震恐，以至他也被右丞相海陵王完颜亮所杀，那年才31岁。完颜亮自立为帝。

1153年完颜亮迁都燕京，更名中都（今北京）。他的汉文化水平也相当高，曾拜汉儒张用直为师。当他读到柳永的《望海潮》时，对杭州（后来的南宋都城临安）那"三秋桂子，十里荷花"的繁华景象向往不已。他立下平生三大愿：一是国家大事自己说了算；二是征服南宋统一天下；三是娶天下绝色为妻。1161年中秋，他在赏月之时，自己填了首《鹊桥仙·待月》：

停杯不举，停歌不发，等候银蟾出海。不知何处片云来，作许大、通天障碍。

虬髯捻断，星眸睁裂，唯恨剑锋不快。一挥截断紫云腰，仔细看、嫦娥体态。

与一般人咏月充满柔情不同，完颜亮这首词充满霸气。同年九月，他撕毁和约，大举南侵，但被宋军击败。因为他对部下过于严酷，激发兵变，部将把他杀了，金兵不得不北撤。

继位的完颜雍吸取前任教训，主动与宋议和。从此，金、宋双方休战约40年。完颜雍的国策是"内安外和"，把主要精力放在国内改革与发展上。由于金国一建立就连年战争，造成"兵兴岁欠"、仓廪久匮的状况。为尽快发展金国经济，完颜雍从减轻兵役、徭役和赋税着手，兵将"并放还家"，"凡有徭役，均科强户，不得抑配贫民"。原来为了战争需要增加了许多杂税，如菜园税、房税、养马钱等等，现在国内国际基本实现和平，宰相宗尹便建议罢去杂税，完颜雍当即同意。在他当政期间，金朝经济得到全面恢复和发展，步入全盛时期。《金史》描述：

当此之时，群臣守职，上下相安，家给人足，仓廪有余，刑部岁断死罪，或十七人，或二十人，号称"小尧舜"，此其效验也。

同时记载："大定之间，郡县吏皆奉法，百姓滋殖，号为小康。"大定是完颜雍执政29年的唯一年号，有"大定之治"之誉。

1185年是金国建国70周年。完颜雍于此前24年（1161年）继位，本年63岁，此后4年（1189年）去世。

寻根，寻根

女真原本是文明程度较低的部族，入主中原之初，还没有华夏正统观念，但开始"稍用辽宋法"，一改"无变旧风之训"。1135年金熙宗完颜亶上台后实行一系列大改革，改变尚武轻文的传统，崇儒重教，宫廷礼仪也学汉家天子，处处表现皇帝至高无上的尊严，并施行开明政治。完颜亶明说："朕每阅《贞观政要》，见其君臣议论，大可规法。"

海陵王完颜亮汉学造诣很深，十分仰慕汉族典章制度，加速汉化改革，如废除令汉人剃发易服的民族歧视政策，大量提拔汉官，将都城从"僻在一隅"的会宁迁至北京，以示为中原王朝的合法继承人，他则是中原王朝的皇帝，而不只是女真的君主。北京开始成为中国政治、经济、文化中心，后来元、明、清及现代都在此建都，可见此举影响之深远。从此，女真也与汉人杂居。当然，完颜亮也没有全盘照搬辽、宋旧制。他明示："顾理道所在，有因有循；权变所生，有革有化。"然而，完颜亮是非常荒淫残暴的。史上臭名昭著的荒淫残暴帝王如高洋、杨广，赵翼认为完颜亮兼高洋、杨广两人之恶而过之，史称他"淫嬖不择骨肉，刑杀不问有罪"。他野心很大，妄图一举消灭南宋，大规模的南侵战争，搞得"民皆被困，衣食不给""民不堪命，盗贼蜂起"。1161年末，趁他远在长江边征战，完颜雍在辽阳称帝，进占燕京。完颜亮被废为海陵王，继而被前线哗变的士兵乱箭射杀。

完颜雍上台后，立即打出"拨乱反正，务在革非"的旗号，许多措施是针对完颜亮的。如完颜亮多用汉人，他就多用本族；完颜亮志在灭宋，他就"隆兴和议"，此后40年宋金之间无战争；完颜亮主张全盘汉化，他就"女真为本"，发起"女真文化复兴运动"。他经常告诫贵族说："女直旧风最为纯直……汝辈当习学之，旧风不可忘也。"他还明确说：

> 会宁乃国家兴王之地，自海陵迁都永安，女直人浸忘旧风。朕时尝见女直风俗，迄今不忘。今之燕饮音乐，皆习汉风，盖以备礼也，非朕心所好。东官不知女直风俗，第以朕故，犹尚存之。恐异时一变此风，非长久之计。甚欲一至会宁，使子孙得见旧俗，庶几习效之。

于是，此前一年（1184年）三月，完颜雍亲率诸皇子皇孙回会宁府寻根，凭吊太祖完颜阿骨打起兵反辽之地。他在那里召见女真老人，请他们讲述太祖开国创业往事。晚上，大宴宗亲、宗妇及五品以上命妇与大臣等，多达1700余人，并有不同赏赐。他对群臣说："上京风物，朕自乐之；每奏还都，辄用感怆。祖宗旧邦，不忍舍去，万岁之后，当置朕于太祖之侧，卿等毋忘朕言。"举杯欢饮之时，还说："朕一般不饮酒，今日简直想一醉方休，此乐难得啊！"宾客们一边起舞，一边给他敬酒。他一高兴，进而说："朕来这里几个月了，没听到一个人唱自己民族的歌曲，真遗憾！朕给大家唱一首！"他的唱词感叹开国艰难及继承不易，遥想祖宗，宛然如睹。唱完，潸然泣下。众宾感动涕零，捧觞上寿，山呼万岁。这样一来，那些美丽的贵妇们也大唱民族歌曲。他真有几分醉意，但不忘发表重要讲话："太平岁久，国无征徭，汝等皆奢纵，往往贫乏，朕甚怜之。当务俭约，无忘祖宗艰难。"说着又泣泪数行，众宾更是个个泪流满面，深感责任重大。一场酒宴变成一场歌舞晚会，更变成一场革命传统教育报告，权力的合法性也得到了进一步的巩固。

同时，会宁府城得到重修，并被命名为"上京"。影响更为深远的是，竖立"大金得胜陀颂碑"，弘扬女真民族精神。碑文主要讲述完颜阿骨打当年揭起反辽旗帜，选择此地兴兵聚将，可谓适地利之便，择良境而成业：

> 念我烈祖，开创之勤。
> 风栉雨沐，用集大勋。
> 圣容既新，圣功即高。
> 永克厥志，以为未也。
> 唯此得胜，我祖所名。

诏以其事,载诸颂声。

该石碑坐落在今吉林省扶余市德胜镇石碑崴子屯,由首、身、座三部分构成,全身高328厘米,曾两次折断,两次粘接复原,现为全国重点保护文物。

直到本年(1185年)九月,完颜雍一行才从上京返回燕京。通过揭露批判完颜亮,颂扬祖宗传统,完颜雍趁君主在外征战而夺权之不义行为似乎完全变成大义的了。

何以为"小尧舜"?

完颜雍很有自知之明,公开说:"朕以万机之繁,岂无一失?"因此"常慕古之帝王,虚心受谏",要求群臣"有言即言""敷奏勿有所隐""卿等但言之,朕当更改,必无吝也"。有李世民再世,魏徵自然复出,如左丞相乌库哩元忠。

上年,完颜雍想用砖瓦大修上京城,乌库哩元忠进谏:"那里曾经遭战火破坏,民生凋敝。陛下虽然休养生息20余年,尚未完全恢复。何况那里的土质疏松,作成砖瓦恐怕难以经久。风雨摧坏,年年岁岁必须修缮,民众必将更加困苦!"完颜雍听了,只得作罢。

本年,因为皇帝一行大队人马在上京长驻一年多,那里生活用品仓储日少,市买渐贵,而地方又供应不上,相关负责人多逃亡,禁军四处搜捕。乌库哩元忠又进谏:这样作有损皇上仁爱。完颜雍即下令制止。但不久,完颜雍批评他:"你刚愎自用,觊权而结近密,居心叵测!"为此,将他罢为北京留守。

不过,第二年完颜雍又当着众官表扬说:"卿等每事多依违苟避,不肯尽言,高爵厚禄,何以胜任!如乌库哩元忠,刚直敢言,义不顾身,诚可尚也!"于是,升元忠知真定尹。真定是今河北正定,历史上与北京、保定合称"北方三雄镇"。从北京到真定没什么区别,但从留守到尹则有虚职与实职之分。

完颜雍强调:"论事止务从宽,犯罪罢职者多欲复用。若惩其首恶,后来知畏,罪而复用,何以示戒!"对另一位大臣尹乌库哩思列就不同了,这年二月完颜雍不满就杀之。其因不详,史书只写"怨望",即怨恨、心怀不满。

辽、金有"四时捺钵"的传统。"捺钵"是契丹语,意为行帐、营盘,君主出行时的行宫,即临时居住处。皇帝经常到各地巡猎,主要目的是为了提倡尚武精神,保持民族传统,同时检查基层工作。但帝王出行浩浩荡荡,很容易侵扰百姓,损毁田地庄稼。完颜雍严禁随从扰民,所需物品不许向民间索取,需要征发民夫用钱雇。本年六月一次游猎中,见田垄被践踏,完颜雍立即命笞打破坏田地者。

完颜雍崇尚"民本",重视民生经济。他"每当食,常想贫民饥馁,犹在己也"。黄河累年决口,灾害连年,都能及时赈贷。这年五月遣使到临潢、泰州去劝农发展生产。

此后十年一瞥：
"女真文化复兴运动"失败

完颜雍的"女真文化复兴运动"主要是为了权力的合法化，其实他本人也熟读汉文典籍，治国理政大都尊奉儒家思想。他说："朕虽年老，闻善不厌。孔子云'见善如不及，见不善如探汤'，大哉言乎！""昔唐虞时，未有华饰，汉唯孝文务为纯俭。朕于宫室唯恐过度。"在他影响下，太子完颜允恭"读书喜文，欲变夷狄风俗，行中国礼乐如魏孝文"。他将儒家经典译为女真文本，一方面是丰富女真文化，另一方面则是弘扬儒学。

完颜雍继续推行"女真文化复兴运动"，1187年还禁女真人汉化，禁改为汉姓，禁学南人衣装，违者治罪。1188年四月还创建女真太学，加速儒学女真化。1189年初，完颜雍去世。

金章宗完颜璟继位后也在保持女真传统方面作了一些工作，如1191年十一月重申禁译女真姓氏为汉字。1194年三月专设弘文院，加大译汉文经书为女真文的力度。1197年四月开始普及使用女真字。

然而，如同完颜雍与完颜亮"对着干"，现在完颜璟又与完颜雍"对着干"，叫停"女真文化复兴运动"，而加速"汉化"。完颜璟上台第二年即1190年三月诏修曲阜孔子庙，第二年正式动工，历时4年。金对曲阜孔庙修了4次，这是规模最大的一次。经此修葺，比北宋时多了50余间，其中大成殿和两庑首次用绿色琉璃瓦剪边，青绿彩画，朱漆栏帘，大成殿外楹柱首次用雕龙石柱，极尽壮观。同时诏全国州县修孔庙。1192年十一月禁取与古代帝王、周公、孔子相同的姓名。第二年八月完颜璟亲临孔庙，北向再拜。

完颜璟将女真封建化推向高潮：

——即位当年就将宫籍监户的奴婢及原寺院僧道控制的契丹奴婢放为良人。1191年颁布"更定奴诱良人法"，从法律上废止奴隶制和禁止诱良为奴。

——限制女真特权,如放免授官格、军前怠慢罢世袭格、斗殴杀人遇赦免死罢世袭格、放老人除格、承袭程式格等等,削弱或废除猛安谋克女真户的特权,淘汰一批平庸无能的猛安谋克。

——1192年规定猛安谋克只能在冬季率属户畋猎两次,每次不过10日。第二年将行宫禁地和围猎场所尽与民耕种。

——1191年四月允许女真猛安谋克屯田户与当地汉户通婚。

另一方面,加快"汉化"步伐:

——参考唐宋礼乐,先后修成《金纂修杂录》400余卷及《大金仪礼》,史称"大定、明昌其礼浸备"。同时,开始祭祀三皇五帝和禹汤文武,表明继承汉族王统。

——即位当年增设经童科,凡士庶子年13岁以下,能诵二大经三小经,又诵《论语》及诸子5000字以上,府试15题通13题以上,会试每场15题、3场共通41题以上,即为中选。1190年三月置应制及弘词科,以待非常之士。至此,诸科齐备。1200年初又定诸科取士名额不超600人,宁缺毋滥。第二年九月更赡学养士法,凡生员给民佃官田,每人60亩,岁支粟30石;国子生每人108亩,岁给以所入,待遇空前提高。

——原来女真字通过契丹字与汉字转译。1191年四月令女真字直译为汉字,国史院专写契丹字的学者解雇,同年末又罢契丹字。1189年十一月命修《辽史》,1207年末成。1194年初求购崇文总目中所缺书籍。

总之,金世宗完颜雍、章宗完颜璟在位的近50年间,金朝繁荣程度超过了辽。章宗泰和七年(1207年),金统治地区的户口数已经超过了原北宋的北方地区。这个繁盛的王朝为什么会在如此短暂的时间内消亡呢?

完颜阿骨打及其继任者以几万人灭掉了辽和北宋,固然与辽宋统治者的腐朽无能有关,但女真人艰苦卓绝、英勇善战的性格也至关重要。但金建国后将女真的猛安谋克迁移到汉人居住的地区从事屯田,生活方式的改变和长时间的安逸生活养成了他们懒散、奢靡、安于享乐的生活作风,汉文化的影响也彻底消弭了他们英勇善战的性格,在声势浩大的蒙古铁骑的冲击下很快就一败涂地。

四百年后,清太宗皇太极在阐述自己对金朝灭亡的看法时说道:"朕思金太祖、太宗法度详明,可垂久远。至熙宗合喇及完颜亮之世尽废之,耽于酒色,盘乐无度,效汉人之陋习。世宗即位,奋图法祖,勤求治理,惟恐子孙仍效汉俗,豫为禁约,屡以无忘祖宗为训,衣服语言,悉遵旧制,时时练习骑射,以备武功。虽垂训如此,后世之君,渐至懈废,忘其骑射。至于哀宗,社稷倾危,国遂灭亡。"显然,皇太极将金朝灭亡的原因归结于金朝统治者的汉化政策,忘记骑射训练,与史家所称"金以儒亡"基本吻合。

千古之叹：

两宋对外挑战何以一再失败

鸦片战争失败后不久，清廷有诸多改革，由以"天朝"自居、蔑视一切外国人，到聘请西方人为顾问、高官。1865年时任清廷海关总税务司的英国人赫德上呈《局外旁观论》，总结清廷战败的根本原因"皆由智浅而欲轻人，力弱而欲伏人"。其实，"智浅而欲轻人，力弱而欲伏人"至少也是北宋、南宋覆亡的直接祸根。

赵宋以文弱著称于史，殊不知始终好战。前两位皇帝赵匡胤、赵光义都信奉"卧榻之侧，岂容他人鼾睡"，灭了一个又一个"保境安民"的鼾睡者。辽国自然也是赵宋不可容忍的，只因打不过人家，不得不一再强忍着。日本讲谈社《中国的历史》说："假使没有'澶渊之盟'所确立的和平共处的体系，它这个军事力量极弱的王朝恐怕早就不存在了。"历史的假设没太大意义，赵宋根本不会那样思考，他们只想何时洗刷澶渊之盟之耻，何时收回燕云十六州。当然，这种想法无可厚非。

好不容易强忍到1113年，即澶渊之盟后109年，宋徽宗终于两眼一亮——原本归属辽国的女真公开反叛了！1115年正月初一，完颜阿骨打宣布建立金国，辽天祚帝惊闻震怒，亲率10万大军出征。完颜阿骨打仅以2万兵迎敌，却大获全胜。1116年金军讨渤海后，东京（今辽宁辽阳）及南路皆降。

赵宋原本乐得坐山观虎斗。观看至此，宋徽宗赵佶坐不住了，想与金联手灭辽。赵佶开始也有点慎重，他没有一见完颜阿骨打举反旗就决定与辽国撕破脸，而是冷静观察了几年之后，断定辽迟早将灭在金的手里才决定行动。既然如此，不如早投资加盟。

问题是赵佶对自己方方面面的真情太缺乏了解。他委派7人以作马生意为名，浮海去辽东，与金国秘密联系。没想这些人刚到金边界，一见女真巡逻兵就吓得不敢迈步，退回青州。第二年重新选派秘密使者，才与金国联系上。但随后出现波折，宋使被扣留，也许完颜阿骨打有意考验赵佶的诚意。拖到1120年，双方终于达成协议：一是宋、金夹攻辽国，金军负责攻取大定然后南下直指长城古北口，宋军负责攻取燕京然后北上古北口会合，宋、金两国以此为界；第二，宋收回燕云十六州；第三，宋将原来"恩赐"给辽的财物改赠金国。就事论事看，宋增加的付出只是些军力，得到的却是梦寐以求的燕云十六州，怎么不是一大好事呢？然而，南宋学者认为"国家祸变自是而始"。

人算不如天算。北宋还没来得及调动军队北上，南方爆发方腊起义，很快发展到几十万之众。与此同时，更早起事的宋江民军在北方继续攻战京西、河北等地。赵佶颁旨招安没有结果，这才意识到国内问题的严重性。当时，赵佶在开封仿建杭州式皇家园林，要从遥远的南方采运奇花异草怪石，时称"花石纲"。各地的官员趁机中饱私囊。无论什么人家，一根草或一块石，都可能忽然被看中，指为御用，命主人小心看护，看护不好得遭罪。《哈佛中国史》称"花石纲很快就成为中国最有权势但也最遭人憎恨的一个机构"。现在民众造反，就与花石纲直接有关。于是，赵佶一边下罪己诏，罢停花石纲，以平民愤；一边命童贯率重兵去镇压，解燃眉之急，而同金国联手攻辽之事只好暂缓。第二年，金兵不等宋军从内战前线调兵过来，单独直逼辽国中京（今内蒙古宁城）。可这时，西夏却趁机对宋发难，攻占宋西安州、怀德军。西夏跟北宋有某种相同的思维，曾约辽一起攻宋，辽不同意它就单独干。

1122年金与辽战争步入新阶段，辽主求和，金主不允。辽主以免岁币为条件向宋求和，也没下文。赵佶决意用兵，筹6200万缗专款用于战争，引起更多民众造反。童贯率15万兵北上的时候，大臣安尧臣反对说："我认为燕云之役开始之日，就是边患大开之时。太祖亲自身披甲胄，当时将相勇略过人，难道他们不想收复燕云吗？不是！只是他们不忍心让百姓陷入战乱之中。澶渊之役大胜仍然与辽议和，也是为了百姓安宁。如今燕云之战，我很担心唇亡齿寒，从此不得安宁。因此请陛下坚持与辽修好，不要让外夷有机可乘，这样才能上安宗庙，下安黎民。"另一位大臣郑居中也极力反对，对蔡京说："公为大臣，国家元老，不能遵守两国盟约，主动挑起事端，绝非妙算。金人攻辽，我们不宜幸灾乐祸，还是静等辽自己灭亡,坐收渔利吧!"

赵佶、蔡京对这些"汉奸"言论不计较,一心一意谋战功。童贯率两路大军进击,辽国突然背腹受敌。辽主大吃一惊,马上派使者见童贯,说:"如果你们只图眼前小利,捐弃辽宋百年友情,而去结交豺狼,只会种下无穷后患,请三思而行!"童贯当然不会因为这么几句威胁动摇,命令军队继续前进。辽军只好迎战。万万没想到,宋军内战内行外战外行,两路大军均溃败。

童贯派大将刘延庆率十万兵出雄州。这时,辽国主政的萧皇后又派使臣见童贯,请求念在长达119年友情的分上不要再进攻,辽愿意降为臣属。童贯一口拒绝不算,还将使者赶出帐外。那使者在帐外大哭:"辽宋两国和好百年,盟约字字俱在。你能欺国,不能欺天!"赶走辽国使者,童贯紧接下达奇袭燕京的命令,但又失败。刘延庆在卢沟南远远见火起,就以为辽兵来了,马上烧营而逃,自相践踏百余里,养积几十年的20万兵马失尽。当地百姓看了,作歌嘲笑,大宋的面子给丢光了。此后近千年,柏杨还讥讽道:"如此使人失笑的兵力,竟敢毁盟挑战,再一次说明世界上确实有不自量力这回事。"

金国见大宋没用,只好自己南下燕京,一举告破。宋派使者前往燕京分享战果,请求收复燕云,并请求归还唐朝失去的平州、滦州和营州。金主回答:"那3州没门!燕云也不可能全给,因为你们没履约!"他答应将山前(太行山以东)7州给宋,但要求将燕京的税赋给金国。赵佶只得同意,但仍然视为伟大胜利,在全国臣民面前大吹牛。

1117年至1123年初,宋向金遣使7次,金向宋遣使6次,另有多次信件往来。经过艰难谈判,终于达成交还燕京及其所属的六州之地条件:宋给金岁币40万之外,每年缴燕京代税钱100万;双方不准招降纳叛等。金军走后,童贯、蔡攸率员步入燕山府交接,大失所望,因为燕京的财物、官员和百姓全被金人卷走,剩一座空城,他们声称这是宋帝的旨意:"只要土地,不要臣民。"

"只要土地,不要臣民",这话太让人寒心了!冷静想想悠悠数千年,"只要土地,不要臣民"的岂止宋帝?那些游牧民族往往倒是相反——只要臣民,不要土地。金兵每次南下,都大掠财物与人,后来灭了北宋,也是只带走财物与人,至于地盘,他们强迫北宋大臣张邦昌接任皇帝之职。后来完颜亮在渡江前夕遭遇政变，也与金人反对南侵占地有关。山东大学中国古代史教授乔幼梅指出：

> 以阿骨打为首的女真贵族集团在政策上不失时机地转换，即通过战争掠夺财富和人口，以获得大批奴隶，并把奴隶强制性地推行到它所占领的地区，成为女真族发展奴隶制的一个重要手段，它贯穿于金国对外战争的始终，也贯穿于女真建国后奴隶制发展的全过程。

尽管收复的只是几座空城，赵佶还是分外得意，自以为建立不朽功勋，命人竖"复燕云碑"纪念。

不久，金国在南京（今河北卢龙）的留守官张觉举州叛逃入宋。大臣赵良嗣进言："盟书约定不准招降纳叛，墨迹未干，怎么就违背了呢？我们不能给人口实！"赵佶不听，反而将赵良嗣贬职。完颜阿骨打大怒，一举将南京夺回。在金国压力下，赵佶不得不将张觉杀了，送还人头。无独有偶。金军向燕山地方官谭稹索要军粮，谭稹拒绝："又不是皇上承诺的，赵良嗣答应算什么？"为此，完颜阿骨打又大怒。只因这年八月他去世了，其弟完颜晟继位，又忙于同辽决战，暂时没找宋要说法。

金国转入新主时代仍然势不可当，西夏向金称臣。1124年辽与金在夹山武川西南决战，辽军大败。宋又按捺不住，居然想请辽帝南下大宋来避难，真不知赵佶怎么想的。辽帝可不再相信宋，北逃阴山。

第二年二月，辽帝在夏的应州被金兵俘虏，宣告辽国灭亡。没安静多久，金兵转而掠宋清化。燕山府上报朝廷，宰相不敢向赵佶转报，十之八九是考虑报了也没用，可以理解，但令人悲哀。十月金兵向宋发起正式进攻，兵分两路，西路军从大同攻太原，东路从平州攻燕京，然后在宋都开封会合。李纲说："敌势猖獗，非传位太子，不足以招徕天下豪杰！"赵佶只得让位，太子赵桓继位，即钦宗。

1126年正月初七，金兵抵汴京。赵佶出城东逃，留赵桓抵抗。赵桓也想一跑了之，被李纲劝留。于是，一边是李纲率宋军抵抗，一边是赵桓与金国议和，再一边金兵也见好就收。可是，赵桓没有和平的诚意，只不过想玩些小聪明。他连写两封密信，一是给一位关系较好的金国大将，请他发动兵变，搞笑的是，他居然会把如此重要的密信交给金国委派到开封的使臣；二是给远逃而去的辽帝，对此前毁约表示歉意，请求恢复旧盟，夹攻金国，派去寻找辽帝的使臣也被金国巡逻兵抓住了。一切暴露给金主！

八月，金主以宋勾结辽降臣又不履行割3镇之约为借口，再次兵分两路南下。这回他们不再孤军深入，而是稳扎稳打，先后破太原和真定府等，两个来月时间将华北几乎占尽，两路大军会师开封城下，然后才要求割让已经落到他们手中的整个黄河以北地区。不久，东京城破。

第二年二月，赵佶、赵桓、太后、诸皇子及后宫有位号的女人都被送到金营，将他们连同皇族3000余人，包括驸马和宦官，押解北行。《天朝落日》一书颇有意味地描述：

他们此行的目的地，正是北宋初年几代皇帝曾经梦想踏上的土地——燕云十六州。只是这次行军的性质却与他们祖先的梦想完全不一样。北宋初年的皇帝们梦想作为征服者踏上这片土地，而他们却成了异族的囚徒，这片土地也最终成为亡国之君的栖息地。

他们被押送到冰天雪地的金国参拜金主的时候，赵佶被封为"昏德公"，赵桓被封为"重昏侯"。

金人给北宋末代二帝"昏德公""重昏侯"封号倒不太冤。他们如果不"昏"，怎么会变敌人为盟友？把盟友变为敌人？

这种致命的错误南宋还要重犯！此后79年（1206年），从金国内部反叛出一个强悍的蒙古国，金国像当年辽国那样陷于困境的时候，南宋又想到落井下石，借刀报旧仇，与蒙古结盟联手灭金。

有大臣提醒北宋末的教训时，宋理宗赵昀和多数大臣听不进。金国得知宋蒙达成联合协议，也派使者到南宋，冷静分析说："蒙古灭国四十，以及西夏，夏亡及于我，我亡必及于宋。唇亡齿寒，自然之理。若与我连和，所以为我者，亦为彼也。"赵昀拒绝与金合作，而出兵攻占邓州等地，切断了金哀宗的退路。1234

年正月，宋蒙联军攻克蔡州，金哀宗自缢而死，金国灭亡。为此，《剑桥中国辽西夏金元史》写了大段评论：

一个朝代的灭亡，总会使中国的历史学家和历史哲学家津津乐道。他们总是想以道德的沦丧来解释一个国家的覆亡，这种道德原则的具体化，就是儒家的伦理。但是对于金朝的灭亡，在这一点上却没有多少话好讲。即使是正统的史学家也不得不承认，"忠"这一基本道德一直到金朝的最后阶段也仍然存在着，虽然也确实有叛徒和投机者，但无论官员和士兵，无论女真人还是汉人，即使到了最危险的最后关头仍然保持忠贞的人数之多是令人惊讶的。

读着这些话，我不免为北宋人、南宋人感到"脸红"。还好这本书给中国读者留了点面子，点到为止。《哈佛中国史》就不客气地将大宋的短裤都给揭了："金帝国境内的汉人并没有如韩侂胄期望的那样，和南方的汉人一道反抗金人。相反，宋朝军人大批逃亡。"

同年五月，宋军北上收复河南，与蒙古军发生冲突。蒙古军以此为借口转而攻宋，赵昀只得下罪己诏，但是迟了。日本讲谈社《中国的历史》写道：

结果正如当时北伐反对派们所担心的那样，将并无开战之意的蒙古拖入了与南宋的全面战争。南宋的确是自己为自己掘好了坟墓。

这里说蒙古人对南宋本来"并无开战之意"，难以苟同。他们连欧洲都想侵吞，会放过嘴边的肥肉吗？至于他们侵略的理由，不争气的南宋只不过让他们轻易找到借口罢了。南宋即使不失信，他们照样会有"理"。《伊索寓言》告诉人们：在上游的狼要吃下游的羊总是有"理"的。但我们不能不认为说南宋"自己为自己掘好了坟墓"并非无稽之谈，败亡了还难以让人同情，这才是两宋之亡的特别痛处。

为什么一再如此呢？一方面是让宿怨冲昏了头脑，复仇心切，失去理性；再就是过高估计自己的实力，养着当时世界最多的兵，有着最多的人口，只知其数量不知其质量,"只要土地,不要臣民"的帝王只会越来越让臣民唾弃。

1274年,南宋灭亡倒数第5年的时候,谢太皇太后下《哀痛诏》,说皇帝年幼,自己年迈,国家艰危,希望各地文武豪杰同仇敌忾,共赴国难,朝廷将不吝赏功赐爵。这道诏下后,除了文天祥等寥寥几个,全宋基本上无人响应。想想可以理解。国家不危亡之时,奸臣当道,忠良受害。而今临危,几人愿意献身?皇帝年幼、自己年迈都不是理由,国家这么大,难道都老幼吗?为什么不能选个有能力履职的皇上?

更糟的是,犯这种错的远不止宋帝。慈禧向多个西方国家宣战,诏书响亮地号召:"与其苟且图存,贻羞万古,孰若大张挞伐,一决雌雄!"慈禧凭什么如此高调?凭的是义和团。可是义和团不仅杀西方传教士,滥杀更多的是本国同胞。如此怎么可能会有真正的民心,怎么可以外战?早在鸦片战争时,英国海军和清军水师在镇江交战,岸边有大批百姓围观。当清军舰船被击沉时,岸上百姓不仅不悲愤反倒喝彩。英军登陆后缺乏食物和淡水,百姓争相卖给他们,而不是想方设法将那些入侵者渴死饿死。英国军官困惑得很,忙问中国翻译。翻译回答说:"国不知有民,民亦不知有国!"德国恩格尔教授最近还著文说:

> 当八国联军打到中国时,大批义和团和民众投靠外国军队。这让德国部队十分惊讶……德军攻打北京最英勇的就是胶东华人先头部队,不惜流血牺牲为德军立下汗马功劳。这让德国人后来常用华人部队打主攻。

100多年前中日发生争吵的时候,张佩纶整天呼呼"惩日",建议发兵"奉辞伐罪",并断言日本"洋债日增,穷困弥甚",一旦"天威所至,有不倒戈相向者乎?"结果,真的一战,你见几个日本人"倒戈相向",而"天威"何在?

《孙子·谋攻篇》:"知彼知己,百战不殆;不知彼而知己,一胜一负;不知彼,不知己,每战必殆。"看来孙子也有所忽略啊,该补充一点:虽知彼而不知己,也每战必殆。知己不仅要知自己的兵力,更关键是要知民心,会不会像宋江、方腊那样被逼造反?会不会像南宋末那样漠视谢太后的诏书?会不会像清末民众那样"吃里爬外"?会不会被张佩纶之类的"愤青"所忽悠?能够挑战,勇气是可嘉的，动机也可嘉。但如果不能真正"知己"，那就可悲了！

从这一点来看，宋帝不如以"小尧舜"完颜雍为代表的金主。你看，他们"只要臣民，不要土地"，不鸣则已，一鸣惊人，让大辽几乎连还手的机会都没有，短短几年就彻底解决问题，一劳永逸。而宋帝们"只要土地，不要臣民"，虽也一鸣惊人，却一招没赢，投机取巧最终变成"自己为自己掘好了坟墓"。

第十一章
南宋：理学的阴霾浮现，浮现

朱熹在服饰方面相当保守，批评"今世之服，大抵皆胡服"，甚至认为"今上领衫与靴皆胡服"，直接批评宋高宗赵构，主张"而今衣服未得复古，且要辨得华夷"。1938年版《福建通志》有一个细节：朱子主簿同安及守漳时，见妇女街中露面往来，示令出门须花巾兜面。民遵公训，名曰公兜。朱熹居然还要让中国女人出门蒙面！

李公麟《迎銮图》(局部)

宋高宗时,大臣曹勋奉旨到金朝迎接客死他乡的宋徽宗及其皇后的灵柩以及高宗生母韦太后南归。

公元1127年五月，赵构在南京应天府（今河南商丘）即位，恢复宋室，史称南宋。至1279年被元所灭，共传9帝，历时152年。1197年开国70周年之际，南宋历经高宗赵构、孝宗赵昚、光宗赵惇，至宁宗赵扩。

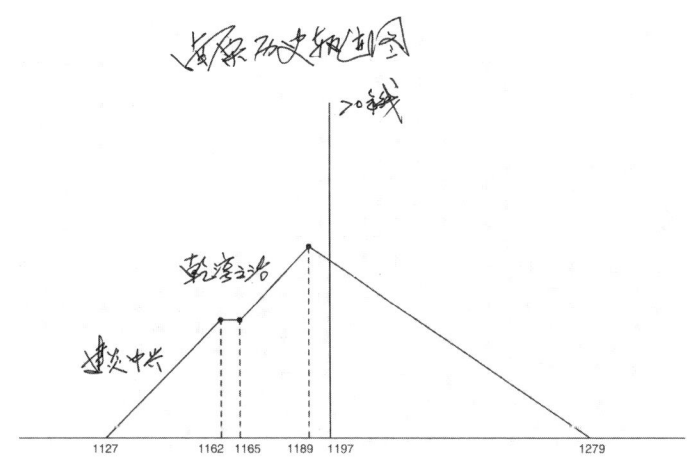

南宋盛世简表

盛世名称	时段	积年	帝王（任）
建炎中兴	1127—1162年	35	高宗赵构（1）
乾淳之治	1162—1189年	27	孝宗赵昚（2）

王业偏安：

接连四代太上皇

南宋与东晋有诸多相似之处，都是重建一个王朝，它们的产生都是外敌入侵的结果。

金兵灭辽之后，转而向宋发起进攻。宋徽宗宣和七年（1125年）十月，金兵分两路大举南侵，西路由大同出发进攻太原，东路由平州出发攻打燕山，两军计划在汴京会合。金朝同时还派出了勒索宋朝的使者。一边出兵，一边出使，成了此后金朝对付宋朝的一贯手法。

金兵推进异常迅速。东路金兵不战而入燕山，在宋朝降将郭药师的引导下，长驱直入。西路金兵出发不几天就打到太原城下，开始围攻城池。与此同时，金使来到汴京，盛气凌人地要求宋朝割地称臣。宋徽宗心惊胆战，不得已颁布罪己诏，并产生了逃跑避祸的念头。为便于逃跑，宋徽宗任命皇太子赵桓为开封牧，企图让儿子以"监国"的名义替他挡住金兵，随后又在李纲等人的劝说下，诏命传位于太子赵桓，自己退位，称"教主道君太上皇帝"。

继位的赵桓即宋钦宗，他虽然俭约朴素，也算得上勤勉，但却优柔寡断，多疑多变，既无勇气和定力，更无深谋远虑。他在主战、主和之间朝三暮四，一天数变，终于变出了一幕亡国的悲剧。

宋钦宗靖康二年（1127年）正月，金军先后将宋徽宗、宋钦宗扣押在金营。二月六日，金朝皇帝下诏废宋徽宗、宋钦宗为庶人，立张邦昌为"大楚"皇帝。三月底四月初，粘罕、斡离不分别押着宋徽宗、宋钦宗和后妃、宗室、臣僚共三千余人，以及掠夺的大批金银财宝、仪仗法物、图书典籍、百工技艺人等，北归金朝。北宋就此灭亡。

早在1126年春金兵第一次围开封时，康王赵构与张邦昌一起到金营作人质。金兵见他箭术很好，而且"意气闲暇"，完全不是他们印象中窝囊废的样子，以为他是假皇子，感到被骗，要求换个真的。可是一放金兵就后悔了，再次举兵南下，指名要赵构去议和。赵构经过磁州的时候，州官宗泽劝道："金人要你去议和是骗人。他们已经兵临城下，你不是自投罗网吗？"有道理！赵构不继续前进了，再次逃脱魔掌。为此，金兵很恼火，又包围开封，勒索更多。

金国有如暴发户，其实没多少底气，一下子攫取这么多土地，根本管不过来。他们不像后来的元、清，它虽然有本事轻易进出中原但不敢久留，只想捞一把走人。金兵要宋臣自己选举一个新君。尚书员外郎宋齐愈与张邦昌向来不和，趁机写上张邦昌的名字。张邦昌是个本分人，几十年读书想当官，但作梦都没敢想过当皇帝，他很清楚后果，所以急得要自杀。金兵威胁：如果张邦昌不继位，朝中大臣不拥戴，就杀所有大臣，然后屠城。张邦昌无奈，只得从命。

可是张邦昌仍然不想作历史罪人。历代皇帝都南面而坐，他却"东面拱立"，发文不称诏书而称"手书"，不让大臣们称陛下，不自称朕而称"予"。宋哲宗的元祐皇后早年被废出家为尼,现在算是在京唯一的宋室。金兵一撤,张邦昌马上请元祐皇后主持工作,垂帘听政,并将皇位让给赵构,结束仅存33天的"大楚"政权,恢复宋室江山,自己只以原职宰相的身份办事。当时,赵构在济州,张邦昌还派人将玉玺送去给他。由此可见,张邦昌是临危受命,且为国为民办有实事,例如面对金兵狮子大开口勒索,张邦昌果断遣使求免,说即使汴京城内铁锅铁板都变成金银,房屋殿宇皆化为布帛,也拿不出那么多钱,不失为一介磊落的儒士。后来却仍要按"汉奸"赐死他,我觉得太过了。

1127年五月,赵构在应天府(今河南商丘)继位。历代都是新皇帝即位第二年正月开始改年号,赵构即位则马上改年号为"建炎",急于向天下表示要继承宋室火德。然后,起用主战派李纲为相,贬主和派大臣;号召河北河东的民众开展抗金斗争,凡有能力组织抗战的都授予使臣之职,并授权灵活使用当地财赋与官吏。1138年二月定都杭州,改名为临安,并用秦桧为右相,宋、金双方第一次达成和议。

第二年七月金国发生政变。他们跟宋一样有的主战有的主和。结果主战派上台,撕毁和约,再次攻占洛阳和开封,岳飞等"中兴四将"奋力反击。

然而,双方实力还是有着明显的差距。宋末历史学家马端临说:"建炎中兴之后,兵弱敌强,动辄败北,以致王业偏安者,将骄卒惰,军情不肃致。张韩刘岳之徒……一遇女真,非败即遁。纵有小胜,不能补过。"清代历史学家赵翼也认为:"欲乘此偏安甫定之时,即长驱北指,使强敌畏威,还土疆而归帝后,虽三尺童子,知其不能也。故秦桧未登用之先,有识者固早已计及于和。"可见,"中兴四将"的爱国热情固然可嘉,但受军事力量制约,北伐成功希望并不大,如果能达成较为有利条件下的和平也是一种选择。

1141年十一月,宋、金终于正式签订和约,约定以大散关与淮水一线为界,宋帝对金帝称臣,每年进贡白银25万两、绢25万匹,逢年过节另行送礼,他们则送还赵佶的灵柩和赵构的生母。对于南宋来说,和约内容显然耻辱之极。当年东晋虽然偏安东南,但还是以正统自居,南宋居然对金称臣!金国的文书白纸黑字写着"下国"宋进贡给"上国"金,赵构则自称"臣构"。由此,我们不难想象赵构内心的痛苦。他无奈地说:"朕对南北之民均爱!朕之所以议和,并不是害怕战争，而是害怕战争给百姓带来的伤害。有些大臣偏激，批评朕软弱，那不是天下人的共识！"

在国家危机尚未解除的情况之下，赵构便将民生经济与文化教育工作摆上重要议事日程，成效显著，被誉为"建炎中兴"。张筱兑在《论南宋建炎中兴及江南民生》一文中评论：

经过"靖康之难"的打击，宋室的国家政体几近陷于瘫痪，南宋在军事上一直萎靡不振，但在经济文化方面却一直是夏、金、元等少数民族王朝的领袖，这也使得"中兴"有了更为确凿的历史含义。

宋高宗绍兴三十一年（1161年）九月，完颜亮南侵。十一月八日，到采石（今安徽马鞍山市西南）犒军的虞允文，见局势危急，毅然负起抗击金兵渡江的责任。他将溃散的士兵组织起来，鼓舞士气，沿江布防，终于力挽狂澜，大败金军。赵构在一次次乞和又一次次失败的现实面前进退两难，身心俱疲，便萌生了推避责任的念头。次年，他传位于赵昚（即赵玮），自称太上皇，退居德寿宫享清福去了。

宋孝宗赵昚很想有番作为，他将秦桧时期的冤假错案全部平反，包括岳飞，并积极备战，准备收复中原。上台第二年北伐，不久即溃败。太上皇赵构明确反对说："抗金之事，等我百年之后吧！"赵昚不能不等。但金兵也无法过长江，于是第二年"隆兴议和"达成，一是南宋对金不再称臣，改称叔侄关系；二是维持现行疆界；三是宋每年给金的"岁贡"改称"岁币"，银绢从25万两、匹减为20万两、匹；四是宋割商州、秦州给金；五是金不再追回逃宋的人。这和约多少挽回点面子。

从此，南宋集中精力于内政。宋孝宗赵昚改变学术上树一派打一派的作法，对主流学派王安石新学及新兴的程朱理学，采取兼容并蓄、共同发展的政策，很快出现文化繁荣的局面。著名思想家朱熹、陆九渊、陈亮、叶适，文学家陆游、范成大、杨万里、辛弃疾等，都活跃在这时期。南宋初经常提前征收田赋，称"预催"。夏税虽然规定八月半纳完，但因备战户部要求七月底以前送抵临安，甚至提前到四五月，基层必须三四月征收，而这时农作物没成熟，官民苦不堪言。赵昚得知后予以制止，违者劾奏。这时期的社会经济全面发展。《哈佛中国史》说如果将金和南宋的真实人口数相加，那就占当时世界人口几乎一半。法国著名汉学家谢和耐在《南宋社会生活史》一书中写道：

13世纪的中国在近代化方面进展显著，比如其独特的货币经济、纸币、流通证券，其高度发达的茶盐企业……在社会生活、艺术、娱乐、制度、工艺技术诸领域，中国无疑是当时最先进的国家，它具有一切理由把世界上的其他地方仅仅看作蛮夷之邦。

美国华盛顿大学教授伊佩霞在《剑桥插图中国史》一书中也说："11、12、13世纪的中国是当时世界上首屈一指的国家。"知名学者李洁非在《文学报》关于"作家写史与现实关照"讨论中说："我比较倾向于认为中国中古与近古之间的分野与欧洲相仿，在十二世纪前后，就是宋朝时期。"

史称宋孝宗赵昚"卓然为南渡诸帝之称首"，其间被誉为"乾淳之治"。但诸方面无法根本好转，赵昚也变得心灰意冷，便以为赵构"守孝"为名禅让，所以称"孝宗"。他给赵构的谥号是"受命中兴全功至德圣神武文昭仁宪孝皇帝"，称他"中兴全功"，够溢美了！不过，赵构太上皇又当了25年，直到1187年80岁高寿离世，赵昚执政实际上一直是在他的监视之下，"乾淳之治"不能说没有赵构之功。

淳熙十六年（1189年），赵昚禅位于三子赵惇，自称寿皇圣帝。富有戏剧性的是，宋光宗赵惇却以不孝著名！他们父子历来不和，赵昚逊位后他长期不去看望。1194年六月赵昚病倒，他既不请太医，自己也不去看望。更过分的是赵昚死了，他公然不出来主丧，以致丧礼无法举行。因此，韩侂胄和赵汝愚等大臣在太皇太后支持下，逼迫他"禅位"于太子赵扩。

更戏剧性的一幕是赵扩一听宣布他当皇帝，竟然吓得直嚷："作不得！作不得！"逼得太皇太后令左右："拿黄袍来，我给他穿上！"宋宁宗赵扩时期经济保持发展，但无力摆平大臣韩侂胄和赵汝愚二人争权夺利。南宋建国70周年之时，就处在这样的状态。

  1197年是南宋建国70周年。宋宁宗赵扩于此前3年（1194年）继位，本年29岁，此后27年（1224年）去世。

阻止理学的阴霾

众所周知，唐朝是非常开放的，政治、经济、文化、国际交流等方面都相当阳光，宋朝开始发生转变。如果说秦始皇是专制1.0版，那么宋朝开始升格为专制2.0版了。

文化方面，宋初仍然比较开放，赵匡胤信仰佛教，赵恒喜欢道教，但他们并不排斥其他，仍像唐朝一样没有"独尊"什么。不久，儒学形成新三派，即一是以王安石、王雱父子为首的"新学"派，二是以苏轼、苏辙兄弟为首的"蜀学"派，三是以程颢、程颐兄弟为首的"道学"派。这三派都是欧阳修学说的继承人，可他们相互排斥，后来又分化诸多派别。如福建的朱熹，继承程颢、程颐的"道学"，又有所不同，形成"理学"，也称"闽学"。

王安石饱读儒家经典，自认为重新发现了周代理想社会的价值观。然而，他变法失败，四十多年后又发生"靖康之变"。历史上很多时候风调雨顺都得叩谢皇恩浩荡，君王圣明，而朝政出问题时却不敢追究现任皇帝及其祖上的责任，而只能归咎于所谓"奸臣"。比如杀岳飞，人们痛恨秦桧，可是没有时任皇帝赵构的批准，秦桧敢杀、能杀岳飞吗？北宋亡国，赵构不敢追究赵佶的责任，全推给更早的王安石，说："安石之学杂以伯道，欲效商鞅富国强兵，今日之祸，人徒知蔡京、王黼之罪，而不知生于安石"，开始全盘否定王安石，王安石父子的"新学"遭到全面打压。

言归正传，在"新学"遭全面打压的情况下，道学为什么不能趁势扩张？朱熹为什么不能如鱼得水？因为他们自己不争气，存在诸多显而易见的硬伤。日本讲谈社《中国的历史》写道：

他们这些道学家采取的生活方式与普通人的生活方式完全不同，特别是服装比较惹眼。他们身穿按经书的记载复原的一身白衣，称作"深衣"，故意要显示给人看似的，集体在大街上走动。这在当时大多数人看来，完全是一种异样的景象。他们挥舞着结合了理和气的怪怪的理论，主张自己的理论才是唯一绝对正确的孔孟之道，说人们迄今为止信奉的那些所谓儒家学说都是胡说八道。如果让这些家伙都通过科举考试在政府作了大官那还了得？所以从来的体制派把他们看作危险思想进行打压也合情合理。实际打压他们的韩侂胄绝不是孤立一人，当时有很多士大夫或多或少作过帮凶。

这段文字信息量很大，得慢慢消化。我以为这段文字提供了一些具体的不太为人所知的史料：

其一，朱熹在服饰方面相当保守。早在战国时赵国就曾实行服装改革，开始引进胡服，朱熹却批评"今世之服，大抵皆胡服"，甚至认为"今上领衫与靴皆胡服"，直接批评赵构，主张"而今衣服未得复古，且要辨得华夷"。我还从1938年版《福建通志》读到一个细节：

朱子主簿同安及守漳时，见妇女街中露面往来，示令出门须花巾兜面。民遵公训，名曰公兜。

朱熹居然还要让中国女人出门蒙面！

其二，漳州民间传说：朱熹想在城郊十里许的白云岩建个书院，可是筹不到那么多钱，便出一计，声称他有奇术，可以让成千上万的瓦片飞上山，不信可以带一片瓦去看。人们自然不信瓦能飞，可又难以相信道德君子会诓骗，便纷纷带瓦为"门票"去看稀奇。朱熹大笑："你们看，这么多瓦片不是飞上山来了吗？"人们又好气又好笑，再也不信朱熹了。

无独有偶。朱熹曾在武夷山办紫阳书院，那里有理宗御题匾额，以祭祀朱熹与宣扬朱熹理学思想为主旨。当代社会学家费孝通在一篇武夷山游记中写道：

多少妇女冤屈地死在贞节牌坊下，至少在这方面，朱熹在老百姓眼里是不得人心的。何以知之呢？在他紫阳书院的对面就有被人们称作玉女峰的三块并立的巨岩，淳厚朴实的农民利用这个胜景编出了一个反对朱熹所卫护的孔教的传说。

由此可见，朱熹在民间的名声并不好。

1197年，宋宁宗赵扩改年号为"庆元"。他任用赵汝愚和韩侂胄为相，不想赵、韩两派斗争激烈。赵扩对朱熹本来挺重视，特地请他入宫讲学，听完那些空洞说教大失所望："朱熹所言，多不可用！"大臣也诸多反对。其问题大致有以下几方面：

——朱熹著述谬误不少。当时被视为"伪学"，监察御史沈继祖弹劾朱熹十大罪状，斥责"伪学猖獗，图为不轨"。明朝学者王阳明发现朱熹学说的根本性错误，针锋相对提出"知行合一"，在中国思想史上相提并论为"孔、孟、朱、王"，只不过由于专制统治者别有用心，继续独尊朱熹那一套，而打压其他学说。清朝学者发现作为朱熹学说的奠基之作"河图""洛书"并非《易经》原文，而是五代时期的伪作。台湾大学哲学系教授傅佩荣专门著有《朱熹错了》一书，大陆有引进版。

——朱熹无力面对现实。1153年，朱熹雄心勃勃出仕任同安主簿，兼领学事，相当于现代分管农业、财政、税收与教育等工作的副县长。上任之初，他首先到当地孔庙祭拜，写下一则短文《鼓铭》："击之镗兮，朝既昒兮，巧趋跄兮。德音将兮，思与子偕响兮。"虽然全文仅22个字，但将其誓言建立功勋的决心表达得淋漓尽致。然而，现实并不会轻易被"圣人"意愿所打动。他所分管的县学乱糟糟，有的生员行为严重不轨被剥夺学籍，他不得不以"能行寡薄，治教不孚"之言自责。更糟的是，1157年夏，辖内竟然发生农民围攻县城的暴动。暴民虽然很快被镇压，但朱熹吓坏了，慌忙逃离。临别，他到孔庙祭拜，又写下短文《辞先圣文》：

熹祗服厥事，于兹五年，业荒行舛，过咎日积。虽逭厥罚，何慊于心。辞吏告归，愧仰崇仞。谨告。

孟子曰:"行有不慊之心,则馁矣。""慊"通"惬",快心、满意的意思。朱熹坦言执政五年来失误不少,虽然侥幸逃脱上司追责,但自己内心十分失望与不安。

当时的理学家们口口声声主战,但究竟该怎么战,怎么恢复中原,朱熹在分析了具体情况后却"未知如何"。彭景涛在《同舟共济》杂志撰文评论:

儒家的目的既然是要平治天下,是否应该对现实问题进行一些研究、学一些行政之术呢?起码春秋战国时代的儒家先贤们还没有专门对此否定,可是到了程朱理学那里,对此终于明确否定了。当有学生说"学者讲明义理之外,亦须理会时政"时,朱熹立即对此观点进行了批评。他说:"今世文人才士,开口便说国家利害,把笔便述时政得失,终济得甚事。"在他看来,一个人只需要根据义理修炼人格,任何办事能力都不需要专门的学习就能自然领会。这种奇怪的论调竟然被普遍接受,并渗透于明清的科举考试中,直到清末屡吃大败仗,才感到有在科举中增加"策论"的必要。

——朱熹言行不一。监察御史刘德秀上书称朱熹"口道先王语,而行如市人所不为"。另一位监察御史沈继祖则揭露,朱熹嘴上主张"革尽人欲",暗中却"诱引尼姑二人以为宠妾,每之官则与之偕行""家妇不夫而孕"。

如此等等,加上官场内讧,朱熹及其理学遭重创。宋宁宗赵扩为人虚心,重视言路,说:"台谏者,公论自出,心尝畏之""人所难言,朕皆乐听"。但他缺乏主见,对于大臣的奏章一律批示"可"。有时两份针锋相对的请示都同意了,到底该执行哪份呢?朝政不乱才怪!

韩侂胄与赵汝愚的矛盾日益尖锐,赵汝愚被贬出,上年初暴死于途中。朱熹与赵汝愚则是密友,也曾约他人一起弹劾韩侂胄。韩侂胄反击,说朱熹迂腐不可用。沈继祖的疏是上年末提出的,列朱熹十大罪状,如"不敬于君""不忠于国""玩侮朝廷""为害风教""私故人财"等等,为此沈继祖建议将朱熹斩首。赵扩将信将疑,只是罢了朱熹的官。不久,也即本年(1197年)初,便恢复他的官职。

然而，众怒一浪高过一浪。这年六月，刘三杰又给予致命一击。刘三杰只不过是名朝散大夫，即有官名而无职事的文官，从五品上，他的疏奏写得掷地有声：

> 今日之忧有二：有边境之忧，有伪学之忧。边境之忧，有大臣以任其责，臣未敢轻论。若夫伪学之忧，姑未论其远，请以三十余年以来而论之：其始有张栻者，谈性理之学，言一出口，嘘枯吹生，人争趋之，可以获利，栻虽欲为义，而学之者已为利矣。又有朱熹者，专于为利，借《大学》《中庸》以文其奸而行其计，下一拜则以为颜、闵，得一语即以为孔、孟，获利愈广，而肆无忌惮，然犹未有在上有势者为之主盟。已而周必大为右相，欲与左丞相王淮相倾而夺之柄，知此曹敢为无顾忌大言而能变乱黑白也，遂诱而置之朝列，卒藉其力倾去王淮，而此曹愈得志矣。其后留正之来，虽明知此曹之非，顾势已成，无可奈何，反藉其党与心腹。至赵汝愚，则素怀不轨之心，非此曹莫与共事，而此曹变知汝愚之心也，垂涎利禄，甘为鹰犬以觊幸非望，故或驾姗笑君父之说于邻国，或为三女一鱼之符以惑众庶，扇妖造怪，不可胜数，盖前日为伪学，至此变而为逆党矣。赖陛下圣明，去之之早，此宗庙社稷无疆之福。然今此曹潜形匿影，日夜伺隙。雨旸稍愆，则喜见颜色；闻敌国侵扰之报，则移过于吾之君父。如此鬼蜮，百方害人，防之不至，必受其祸。臣谓今日之策，唯当销之而已。其习伪深而附逆因者，自知罪不容诛，终不肯为国家用；其它能革心易虑，则勿遂废斥，使之去伪从正，以销今日之忧。

将理学——"伪学"与外敌相提并论，用现代的话来说是上纲上线了！所以，韩侂胄如获至宝，当日提拔刘三杰为右正言。

同年九月，宋宁宗赵扩要求："勿用伪学之人。"十二月进入高潮，绵州知府王沇上书建议"置伪学之籍"，赵扩批示同意。于是，一份"伪学逆党"名单很快出笼，包括赵汝愚、朱熹在内共59人。幸好宋朝相对开明，有不杀文人的传统，处理他们不过是贬官，但也够难堪。礼部尚书黄由也名列其中，他辩护说不要认为天下人都结党，不要轻易录成档。赵扩听了很不高兴，将他贬为成都知府,王沇则提升为利州路转运判官。

为此,朱熹上表,自贬为"草茅贱士,章句腐儒,唯知伪学之传,岂适明时之用",承认"私故人财""纳其尼女"等数条罪状,表示要"深省昨非,细寻今是",悔过自新。国人有为"圣人"护短的嗜好,有些人认为"纳其尼女"之罪是诬陷。这种辩护苍白无力,人们很容易想:就算诬陷,可是朱圣人怎么会对诬陷"深省"呢?至少说明这份检讨书不真诚,也即"欺君"吧?后人认为朱熹是"伪君子",至少有这份检讨书可证。

在"伪学案"打击下,朱熹只好辞职,专心讲学与著述。其间曾到我家乡投奔他的学生赵时馆,赵时馆当时是这里的知县。朱熹隐居泰宁城郊小均坳,这段历史不为外人所知,仅《泰宁县志》有记载,并流传"四季诗"墨迹。

后来,朱熹再未入官,在闽北一带讲学著述直到去世。

生态环境保护早就有了

在本年（1197年）纪事当中，有这么一条："禁浙西州军围田。"寥寥七个字，很容易忽略，其实挺有嚼头。

这里所说"浙西"不是现代浙江省西部，而是历史上"两浙西路"的简称。1129年，宋室南渡第三年，升杭州为临安府，复置江阴军，并分两浙路置两浙东、西二路。西路治临安府，辖临安、平江府、镇江府及湖州、常州、严州、秀州、江阴军。

从政治角度说，浙西是南宋首都及周边地区。从自然地理角度说，则是太湖流域、嘉湖平原。复旦大学历史地理研究中心博士周晴《12—13世纪嘉湖平原的水文生态与围田景观》一文，专门考证这一带从野生植被到人工栽培的水生植被，再转化为围田与稻田的生态变迁。唐时，这一带的湖沼洼地是作为疏散式的湖泊水库，在其中修陂塘蓄清水，灌溉太湖东部的圩田。出生于中原的白居易自小向往苏杭天堂，后来为官，发现作隐士不好，作京官也不好，最理想的作"中隐"即地方官。他上书论河北军事不被采用，于是请求外放，被任命为杭州刺史。在任上他写有一首诗《初到郡斋寄钱湖州李苏州》，其中有下面几句：

霅川殊冷僻，茂苑太繁雄。
唯有钱塘郡，闲忙正适中。

"霅川"是湖州的别称。同时，他还写有"越国封疆吞碧海，杭城楼阁入青烟。吴兴卑小君应屈，为是蓬莱最后仙。"两诗相似，都将杭州的热闹与湖州的冷僻作对比。由此可知，湖州在唐时还是江南很偏僻的角落，大片没被开发。

入宋开始大变样。状元出身的大臣卫泾在此稍后几年曾两度上书赵扩，详细论述了南渡以来浙西围田的情形，痛心疾首指出：

自绍兴末年始，因军中侵夺濒湖水荡，工力易办，创置堤埂，号为坝田。民田已经被其害而犹未至甚者，潴水之地尚多也。隆兴、乾道之后，豪宗大姓相继迭出，广包强占，无岁无之，陂湖之利日朘月削，已亡几何。而所在围田则遍满矣。以臣耳目所接，三十年间，昔之曰江、曰湖、曰草荡者，今皆田也。

仅仅30年间，原来的江、湖与草荡全给破坏了。其后果不仅改变当地百姓赖以生存的资源，而且"因为围田筑成之后，围绕内积水只是被挤压到局部的河港中间，造成河港中水位高，围田水位低，多雨季节极容易形成内涝"之灾。

对此，朝廷挺重视。之前宋孝宗曾经多次下令禁止浙西诸府围田，其中1184年八月那次据说是最彻底的一次。因为明确了围田的去处、范围，并立石标记，在官造册，但也只是起作用一时，大规模围田的趋势并没有被遏制。卫泾目睹这一幕：

历年浸久，陂湖之为田者不止，民田之被害者滋甚。其已围者，牵于姑息，故不复论。标记之外，增创围裹者有之；因民词诉已毁撤而复修筑者有之；易名为天荒田而请求给佃者有之。

总之，屡禁不止，围田仍然增多。所以，本年三月再次下禁令。

南宋的围田禁令总体以失败告终。至南宋末年，因为安置两淮难民，实际上对围田还变成支持，加剧了环境破坏。

盐场的反叛

两宋总体来说相对是不错的,百姓反抗事件不多,即使发生宋江闹梁山之类,影响实际上不大,但值得一说。

前面北宋部分已述,著名词人柳永破例写了一首长诗《煮海歌》,他希望皇恩能够广泽海滨,让广大盐民也过上好日子。现在看来,他显然太书生气。盐是生活必需品,官府与民争利,从汉武帝开始实行食盐专卖制度,当时谁敢私自制盐得处以左脚趾割掉的刑罚。以后历代没哪个官府肯让出这块肥肉,都要严厉打击私盐,宋宁宗赵扩自然不例外。

"官富场"这个听名字就霸道的盐场位于当时广东,现今香港九龙东部湾西北及西南沿岸,即尖沙咀与茶果岭之间,南宋委派盐官并驻军。其海中有大奚山,现在是香港特区最大的岛屿——大屿山岛,面积比香港本岛大近一倍,位于珠江口外。东晋末年,民变首领卢循率其部逃亡至大屿山定居,以捕鱼、制盐为业。难免有人偷偷生产私盐,而官府则难免不予以打击。

本年(1197年)夏,在广东分管盐茶工作的官员徐安国委派人员入岛查捕私盐,引起岛民不安。他们啸聚千余人,入海为盗,揭榜公布徐安国罪状,劫掠商旅,甚至杀平民,以舟师逼城。分管军事的长官与徐安国长期不和,在徐安国请求派兵平乱之时,不仅不予支持,反而向中央汇报说徐安国在那里惹是生非。朝中不分青红皂白,将他们两人一起罢免,另从江西调钱之望到广州任知府。钱之望一边祈求南海神保佑,一边调兵遣将与叛民海战。结果,史书称"尽杀岛民",我们不难想象那海水有多么血腥!

据钱之望自述:当时"军士争先奋击,呼(南海)王之号以乞灵""益仰王之威灵,凡臣所祷,无一不酬"。而此后几十年,宋端宗赵㬎和宋怀宗赵昺被元军追赶到此,据说曾在官富场土瓜湾一块大石头上休息,后人称之为"宋王台",南海王却再也不肯显灵了,眼睁睁看着末代皇帝连同整个宋王朝葬身这片大海。

此后十年一瞥：

得不偿失的毁约

北宋、南宋多次在和约中失信。1164年"隆兴和议"以来，宋、金基本能和睦相处。然而，眼看着蒙古人从金国内部崛起，宋朝又开始激动了。

当时，南宋朝野还是主战派占上风，包括赵扩及辛弃疾、陆游等著名人物。权臣韩侂胄是外戚，以恩荫入仕，对拥立现任皇帝赵扩有功，刚禁朱熹理学、贬谪宗室赵汝愚，更想立功。1205年四月，宋兵突然袭击秦州、巩州边境。金章宗完颜璟一方面遣使入宋，要求依约撤兵；另一方面要求山东、陕西方面加强防守，加紧训练，并拨银15万两给边帅加强战备。

随着边境事件增多，1206年四月完颜璟召集大臣讨论，有的认为宋兵只是挑衅，无意入侵；有的则认为宋接连进犯灵璧、寿春等地，非同寻常，还是应加紧战备。完颜璟赞同后者，部署诸道兵分守要害。果然，没几天宋兵就攻占泗州、虹县等地。五月宋正式向金国宣战，诏书写得慷慨激昂："天道好还，中国有必伸之理，人心效顺，匹夫无不报之仇……兵出有名，师直为壮。言乎远，言乎近，孰无忠义之心？为人子，为人臣，当念祖宗之愤。"

然而，情绪当不了枪使，何况完颜璟已经有防备。宋军几路进攻，除一路在灵璧稍胜之外，其余几路均遭失败，史称"开禧北伐"。

同年十月金分兵九路大举反攻，十一月破滁州，十二月破真州等地，只有在楚州遇到较强抵抗。

在这紧要关头，南宋内部发生一大变故：西路军最高统帅吴曦叛变附金。吴曦因祖父吴璘功勋补官，被授兴州兵权。1207年初，吴曦将金兵引入凤州，然后以兴州为行宫，称蜀王，改元置百官，受金册封。宋军分兵围剿吴曦，还好顺利，仅41天就结束了这场闹剧，但无疑大伤元气。

随后，宋军收复阶、成等州，但于大局无补。同年四月宋廷决定遣使入金议和。五月金兵复破大散关。八月宋使方信孺至,金人提出5个和解条件,一是割让两淮,二是增岁币,三是归还战俘,四是犒军银,五是送首要战犯的首级。韩侂胄一听,怒不可遏,将方信孺贬到临江军。然而,现在战败,原来主战的人纷纷怨恨贸然开战,何况皇后早就看不惯韩侂胄。同年十一月,皇后密令礼部侍郎史弥远袭杀韩侂胄及其亲信苏师旦,然后才禀报赵扩。赵扩听了,恨恨说:"恢复岂非美事,但不量力尔。"这就是说韩侂胄不自量力,成为两国共同的敌人,该杀。于是,很快下诏公布韩侂胄的罪状,并将他的首级送入金国。

1208年三月,金宋达成新的协议:两国境界如前,宋以侄事伯父礼事金,增加岁币银、帛各5万,宋纳犒师银300万两给金,史称"嘉定和议"。与40年前的"隆兴和议"相比,对宋来说显然更屈辱。

千古之叹：

"孔子的笼子" 4.0 版

程朱理学

汉武帝"罢黜百家，独尊儒术"之后，中原王朝在外来文化、军事的冲击之下，又一次次"礼崩乐坏"。"大一统"的王朝一次又一次四分五裂，那些"乱臣贼子"比春秋诸侯们胆大妄为多了。文化上，"儒门淡薄，收拾不住"，甚至流行"儒释道分工论"，认为应当"以儒治世""以道治身""以佛治心"，彻底打破儒学独霸的地位。在这种历史背景下，宋代儒家发起新一轮反击。

理学又名"道学"，以儒家学说为中心，兼容佛、道两家的哲学理论，论证封建纲常名教的合理性和永恒性。理学在当时及以后都遭到强烈抨击，但也被一些人认为是中国古代最精致、最完备的理论体系，且被南宋后期及元朝采纳为官方哲学，明清相沿。其流派纷纭复杂，主要有：以宋代"二程"（程颢、程颐兄弟）、朱熹为代表的"程朱理学"，强调"理"高于一切；以宋代陆九渊、明代王守仁为代表的"陆王心学"，强调"心"是宇宙万物的主宰。总之又称"宋明理学"。

"二程"之学以"理"（"天理"）为最高哲学范畴，把"天理"提升为宇宙本体，把董仲舒的"天人合一"改为"天人一理"，把全部学说都建立在"天理"的基础上。其核心，就是弘扬孔孟儒学的精神，强调道德原则对个人、社会的意义，注重内心和精神修养。1097年朋党争执步入高潮，"北宋五子"（儒学代表人物周敦颐、邵雍、张载、程颢、程颐）被批为"五鬼"，程颐被禁止讲学，放归田里。但"二程"培养了众多弟子，遍布中原、河东、蜀中、关中、闽赣、吴越、湖湘等地，理学也就在各地继续发展。

南宋福建的朱熹改造、发展了"二程"学说，一是构筑了一个博大而严密的理学体系；二是奠定了理学的传授道统；三是兼收并蓄、承前启后，完成宋代的学术转型，其《四书章句集注》是汉代以后儒学经典解释学的又一高峰。朱熹著述极丰，是中国历史上著作最多的儒家学者之一。他的《家礼》展示并强化父系的主宰地位，《哈佛中国史》说它在"相当大程度上束缚了人自身的发展"，明朝中叶才开始流行，普及性仅次于《论语》，"形成了礼下庶民的局面"。孔子明确说过"刑不上大夫，礼不下庶人"，现在"孔子的笼子"用来约束庶人了！

朱熹强调"天理"和"人欲"对立，要求人们放弃"人欲"，服从"天理"，显然也注重发挥"孔子的笼子"功能。

一是朱熹名言"革尽人欲，复尽天理"，并通俗地解释说："饮食者，天理也；要求美味，人欲也。"试作推理：吃面团充饥是"天理"，想在面团里包肉又加味精、大蒜等等就是"人欲"了……总之，像猪狗一样求温饱求生存是"天理"，求享受就是"人欲"。所以，他反对改革，反对发展。他攻击王安石说："如熙宁变法，亦是当苟且惰弛之余，势有不容已者，但变之自不中道。"日本讲谈社《中国的历史》说："朱子学（包括道学）的眼中钉肉中刺，他们视为儒教内异端邪说的，就是那时的体制派王安石新学。"

二是朱熹把"三纲五常"与"天理"捆绑在一起，强调"三纲者，君为臣纲，父为子纲，夫为妻纲"，将它们绝对化。"家天下"这把"梯子"是"天理"，谁想改革"梯子"，谁不安分于"梯子"，谁就逆天当被"革尽"。从此，庶民不仅被囚于法的笼子，同时还被囚于礼的笼子，以便让帝王更安全，高枕无忧。特别是女性、辈分小的、官职小的弱势群体，生来就公然受压制。

我曾统计旧版《福建通志》的节烈传，共3333名，其中唐仅1人，宋36人，元31人，明741人，清达2524人。著名清官海瑞还依据"三纲五常"断案，主张凡是在疑惑难辨的官司中，与其委屈作兄长的，不如委屈作弟弟的。

然而，这一版"孔子的笼子"不仅仍然没能将权力关进去，反而将他们捧得更加"神圣"，暴君昏君比汉时、唐时只会更多不会更少，亡国之事仍然一而再再而三发生……南宋灭亡之时，人们痛定思痛，认为理学有一定责任。由宋入元的学官、书院山长袁桷说：

数十年来，朱文公之说行祠宇，遍东南，各以《四书》为标准，毫杪摘抉，于其不必疑者而疑之，口诵心臆，孩提之童皆大言以欺世。故其功用少而取效近，礼乐刑政之本，兴衰治乱之迹，茫不能以知。累累冠绶，碍于铨部，老死下僚，卒莫能以自见，良有以也。

这就是说理学孕育出来的"累累冠绶"，形同一群废物。当时另一位学者周密还说：贾似道专用道学之士，"列之要路，名为尊崇道学，其实幸其不才愦愦，不致掣其肘耳，以致万事不理，丧身亡国"。在他看来，理学不仅无用，而且有亡国之罪。

这一版"孔子的笼子"倒是将所有臣民包括女人牢牢地关了进去，所有弱势群体的"人欲"都被革尽，受屈辱甚至冤死反倒成了"天理"。连清时名儒戴震也指控："酷吏以法杀人，后儒以理杀人。"现代网民说法更幽默："儒家不会直接杀人，而只会让你被杀更舒服些。"当然，这当中儒家实际指的是"后儒"或曰"理学"。然而，再多批判也挡不住皇帝喜欢。皇帝为什么喜欢理学，你知道的！

台湾中国古代史研究学者劳干认为：

若就正常的情形来说，各朝政治成绩最劣的是明代，明代的许多制度可以说已达荒谬的程度……宋代以后，理学的力量一天一天的庞大，"忠臣不事二主"已成为不可动摇的一个控制社会心理的巨大力量。因而"革命"就是"造反"，造反就是逆伦大案而为社会所共弃。这样就使得明代君主如武宗、熹宗之流无论如何昏暴，世宗、神宗无论如何荒唐，也都会有忠臣去支持。

可见，理学对于皇帝特别是对于昏君、暴君是十分有利的。那么，对于臣民特别是广大弱势群体呢？对于国家、民族呢？著名作家陈忠实在一次创作谈中说：

官办的县志不惜工本记载贞妇烈女的代号和事例，民间历史不衰传播的却是荡妇淫娃的故事——这个民族的面皮和内心的分裂由来已久。我突然电击火迸一样产生了一种艺术的灵感,眼前就幻化出一个女人来,就是后来写成的长篇小说《白鹿原》里的田小娥。

深有同感!因为身处福建,我常常觉得还生活在朱熹未散的阴魂里。十几年前在当地报纸打了一次"笔墨仗",我连写《拒绝朱熹》《彻底拒绝朱熹》两篇短文,文末强调:我并不想鼓动谁去鞭尸,只是针对老有人搬出朱熹的幽灵要求我磕拜时,我本能地毛骨悚然,坚决予以拒绝!

我对朱熹及儒家迄今是这种态度。我尊重他们在历史上的作用,理解他们的时代局限,但是对"三纲五常""二十四孝"及《弟子规》《女儿经》之类复辟的现象深感忧虑。再说透些,那类"复尽天理,革尽人欲"的东西不大可能毒害我个人什么了,但我们的国家和民族不能再受其害!

理学中兴

朱熹死后第41年(1241年),宋理宗赵昀又起用理学追击"新学"。当时蒙古人已经入侵成都了,赵昀忙的不是抵抗侵略,而是对孔庙进行历史性大改造,逐出王安石,加进周敦颐、张载、程颢、程颐和朱熹。日本讲谈社《中国的历史》认为:此举"意味着朝廷正式承认朱子学是御用学问、体制学说。如果说唐朝实体是被黄巢和朱温(朱全忠)消灭的,那么唐朝的理念,却是此时被朱子学消灭的"。换言之,大唐最终是理学给焚尸灭迹的。

理学受宠了,权力不仅没被关进"孔子的笼子",相反越发肆无忌惮。理学有效地约束了无数庶民的"人欲","体制性寡妇"层出不穷,但依然没能约束皇帝们的"人欲"。享有"理宗"之庙号的赵昀纵欲无度,不仅宠爱阎贵妃让她乱政,而且经常召唐安安等歌妓舞女进宫淫乐,以致反动标语贴上朝云门:"阎马丁当,国势将亡。"阎就是指阎贵妃。

元明清时期更多皇帝纵欲,如元顺帝沉溺密宗,修炼所谓"男女双修之术",没多少心思对付越来越多的造反,直至被朱元璋赶出中原。又如明光宗朱常洛,沉湎于郑贵妃送的几个美女,没几天就倒在后宫不能起来,在位仅29天。皇帝成了最大的伪君子，当然也可以说是受害者——被宠坏了！

1313年，元朝建立快半个世纪了才恢复科举，并诏定朱熹《四书章句集注》为取士标准。从此，朱熹学说成为元、明、清三代的官方哲学。

随着宋朝步入"文人的乐园"，儒家也越来越理直气壮地推销"孔子的笼子"，而不必再像孔子们"丧家狗"样的哀求，甚至不乏连哄带逼。这种矫情到明时还残存。明武宗朱厚照去世之后由堂弟朱厚熜继位，老宰相杨廷和与60余位大臣讨论后，上书表示小宗入继大宗应以大宗为主，即朱厚熜虽无法作朱厚照的儿子，但必须作他叔叔即朱厚照父亲的儿子，大宗才不算绝后。这样，朱厚熜应该称伯父为父亲，称伯母为母亲，而改称自己的生父为叔父，改称自己的生母为叔母。

朱厚熜无法接受，质疑："父母难道能更换吗？"杨廷和再次组织讨论，进而说明："这是依据宋代大儒程颐、朱熹的理论，最得礼仪之正。"朱厚熜无法接受，但又无奈，只好暂搁。4年后，朱厚熜恢复本来的称呼，即称自己生身之母为母亲。杨廷和等人如丧考妣，煽动200多名大臣在宫门齐声大哭，声称朱厚熜如果不改变对他父母的称呼，就哭个不停。朱厚熜不再让步，下令逮捕哭声最大的134人，第二天又捕90多人，全部廷杖，其中16人死于杖下，将"孔子的笼子"砸得流血有声。至此，拥护理学的宋儒们终于明白：帝王不是"孔子的笼子"约束的对象，而是"孔子的笼子"的主人！

从此，儒家越来越蔫。张廷玉是享受清朝给予汉族人最高礼遇的儒官，他的人生信条是"万言万当，不如一默"，对比范仲淹"宁鸣而死，不默而生"能不悲哀吗？

其实，在儒学内部早有陆九渊与朱熹分庭抗礼，二人还曾在鹅湖之会上大辩论，两人在学术上齐名，只不过帝王宠爱有殊。陆九渊认为心即理，因此"人欲"与"天理"不是对立的。尽管理学黑云压城，这一学说还是在民间发展壮大，至明中叶王阳明手上集大成为"心学"。有人并称"孔、孟、朱、王"，足见其成就之大，完全可能成为"孔子的笼子"5.0版。借用南京大学中国思想家研究中心教授许苏民评论李贽的说法，"心学"是处于万历年间中国社会时代矛盾的焦点上：

这一焦点就是,是继续维护封建的泛道德主义、用"死的"来拖住"活的",还是冲破封建的泛道德主义,用"新的"突破"旧的"、替朝气蓬勃地创造自己的新生活的人们开出一条新路?

结果,明末清初的统治者还是选择用"死的"拖住"活的",用"旧的"死防"新的",官腔官调与民间话语渐行渐远。乾隆后期,理学开始式微,"士大夫皆不尚友宋儒"。嘉庆年间,礼亲王昭梿在他《啸亭杂录》一书中记载:

朝士习为奔竞,弃置正道,黠者垢詈正人,以文已过,迂者株守考订,訾议宋儒,遂将濂、洛、关、闽之书,束之高阁,无读之者。余尝购求薛文清《读书记》及胡居仁《居业录》诸书于书坊中,贾者云:"近二十余年,坊中久不贮此种书,恐其无人市易,徒伤赀本耳!"伤哉是言,主文衡者可不省欤?

真让人不敢相信,当时京城早已没人读、没人卖理学著作了!

更想不到的是,此后几十年的道光至光绪初年,理学中不仅出现曾国藩与左宗棠等高官,还有同治的老师倭仁与翁同龢等重量级人物,人们惊呼"理学中兴"。曾国藩的家训迄今流行。这是些什么货色呢?

不可有片语违忤三纲之道。君为臣纲,父为子纲,夫为妻纲,是地维之所赖以立,天柱之所赖以尊……君虽不仁,臣不可以不忠;父虽不慈,子不可以不孝;夫虽不贤,妻不可以不顺。

至于皇帝的"人欲",也正相反。同治6岁登基,主要任务是学习,倭仁专门为他辑录一大本古代帝王正反面事迹及名臣奏议《启心金鉴》。哪想他"见书即怕""精神极散""无精神则倦,有精神则嬉笑",十七八岁还"奏折未能读"。长大成人,热衷女色,擅长的是"房中术",常出宫"视察"酒楼、戏馆与花巷。对此,倭仁们束手无策,只能眼睁睁看着他年仅19岁就挥霍完卿卿性命。北京师范大学教授张昭军描述:

同治朝以后，理学名儒相继去世，尤其是在西方文化和启蒙思潮的冲击下，程朱理学迅速衰落下去。光绪、宣统年间，理学人士无视时代大潮，程朱理学没有任何起色，笃守理学往往与顽固守旧联系在一起，为进步人士所唾弃。伴随清王朝的灭亡，程朱理学结束了官方哲学的统治地位，对普通民众社会文化生活的影响也日渐式微。

"理学中兴"的结果是甲午战争等一系列国耻。光绪决心效法的榜样是俄国彼得大帝和日本明治天皇。彼得大帝和明治天皇都是以改革成功著称于世，可见光绪心志。可是理学巨头徐桐仍然扬言："宁可亡国，不可变法。"理学就是这样反王安石变法而始，反"戊戌变法"而终。

第十二章 元：旧制度改革与大革命赛跑

同北魏孝文帝激进的汉化改革不同，虽然汉族儒臣一直致力于把忽必烈塑造成传统的中国皇帝，可忽必烈的统治政策充满了折中主义色彩，在有条件地吸收汉文明的同时，又顽强地保持了游牧民族的多数传统，即所谓的"内北国而外中国，内北人而外南人"。其结果是，激进的汉人认定他的汉化程度远远不够，保守的蒙古人却认为他已走得太远。忽必烈的继承者们基本延续了他的这种摇摆政策。

元人射猎图

公元 1271 年十月，蒙古大汗忽必烈将原属于西夏、金、宋、大理 4 国的疆域与蒙古本土合并，自己改称皇帝，国号改为"大元"，定都大都（今北京）。至 1368 年被明所灭，共传 11 帝，历时 97 年。1294 年忽必烈去世后，至 1333 年末代皇帝元顺帝即位前，皇帝走马灯似的换个不停。1340 年元顺帝扳倒权臣伯颜后开始亲政，第二年即 1341 年正月正式改年号为"至正"，宣布要"与天下更始"，拨乱反正，史称"至正更化"。然而还是没能挽救元朝急剧下坠的命运。

至 1341 年建国 70 周年之际，元历经世祖忽必烈、成宗铁穆耳、武宗海山、仁宗爱育黎拔力八达、英宗硕德八剌、泰定帝也孙铁木儿、天顺帝阿速吉八、文宗图帖睦尔、明宗和世琜、宁宗懿璘质班，至惠宗妥懽帖睦尔，也即元顺帝。

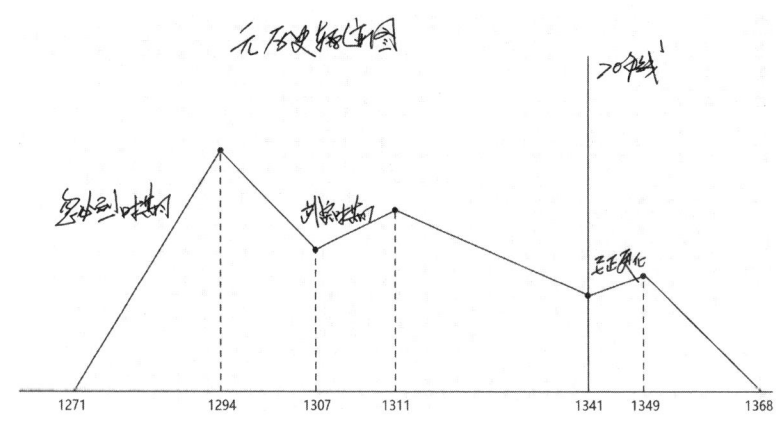

开国风光：

第一个统一中国的马上民族

历史的脚步常常出人意料。亚洲腹地辽阔的草原和无垠的沙漠点缀其中，13 世纪上半叶突然刮起一阵旋风。旋风迅速掠过大半个欧亚大陆，一个让全世界震惊的游牧帝国——蒙古像一轮太阳跃出历史的地平线。这个游牧政权的缔造者，就是被称为一代天骄的成吉思汗。

蒙古发源于中国东北，属室韦诸部的一支——蒙兀室韦。室韦的名称最早见于《魏书》，作"失韦"，与鲜卑、乌桓、契丹等族同属一源，均属东胡系统。而根据新旧《唐书》记载，我们可以大致推测出"蒙兀室韦"的方位在额尔古纳河下游之东，大兴安岭的北端。

大概自9世纪起，蒙古诸部即开始从兴安岭山地向西面的草原地带迁徙。这一迁徙是逐步渐进式的。12世纪的蒙古草原，群雄林立。除了蒙古部外，还有塔塔儿、斡亦剌、弘吉剌、札剌亦儿、克烈、乃蛮等一系列强大部落，这些部落相互间不断发生战争。

成吉思汗的父亲也速该把阿秃儿，是蒙古乞颜部一位颇有实力的贵族。南宋绍兴三十二年、金大定二年（1162年），在与塔塔儿部的一次战役中，也速该取得胜利，俘获了塔塔儿首领铁木真兀格，此时正值铁木真出生，于是也速该就以此为自己的孩子命名，以纪念这次胜利。据说，当铁木真挣扎着来到这个世界时，右手紧握一块黑色凝血，这一现象曾被不同史料反复提及，似乎预示这个呱呱坠地的小男孩注定将有一个不平凡的人生。

南宋开禧二年、金泰和六年（1206年）在蒙古历史上具有划时代的意义。这一年春天，铁木真经过多年征战终于统一了蒙古，他召集各部贵族那颜，在斡难河源蒙古"根本之地"召开忽里台（蒙古语"大会"的意思），正式登上大汗宝座。

日本讲谈社《中国的历史》写道："拥有十万多骑兵战斗力的机动部队，在当时的欧亚大陆是绝无仅有的。确实在欧亚大陆史上还从未曾出现过。蒙古的作大，可以说几乎就是命中注定的。"他们迅速征服了欧亚许多地方，包括南宋、金、西夏等等，"走向史上最大的陆上帝国"，"连接草原和中华的前所未有的大统一"。《哈佛极简中国史》说蒙古史有两大谜团，一是"在几乎没有接触过世界上高等文明的情况下，产生如此出众的领袖"成吉思汗，二是"仅有150万人口的蒙古人如何作到建立起一支以少胜多的军队，征服了人口数远在其上的众多民族"。成吉思汗直言不讳地说：

人生最快乐的事是战胜敌人，追逐他们，抢夺他们所有的东西，看他们所亲爱的人以泪洗面，骑他们的马，臂挟他们的妻女……

他们的征服欲异常强烈,且非常原始,基本满足于掠夺战利品。后来在汉人帮助下才有所改变。

少数民族的首领与汉族帝王有诸多不同,他们往往只是军事首领,比较"民主",大汗的儿子们及兄弟的儿子们都有资格继承汗位,这就难免骨肉相残。飞鸟尽狡兔死之时,成吉思汗也曾将他的兄弟哈撒儿下狱。母亲闻讯而来,直接为哈撒儿松绑,然后坐下,迅速解开上衣,捧着她两个干枯的乳房,怒不可遏地吼道:"这是你们吃过的奶!哈撒儿犯了什么罪,你要毁自己的骨肉?小的时候,你铁木真、哈赤温和帖木格吃我一只奶,只有哈撒儿有气力吃两只奶,让我感到宽慰。所以,长大后铁木真有心计,哈撒儿有力气。我们的敌人,哈撒儿用箭射倒了。如今,敌人尽绝,你用不着他了么?"成吉思汗不敢面对母亲,躲到帐外去。但后来还是将哈撒儿杀了。

成吉思汗死的时候,给儿子们讲一个寓言:有两条蛇,一条千头一尾,另一条一头千尾,一辆马车驶来,千头一尾的被辗轧死了,因为它每一个头都奔往不同的方向,逃不了;而一头千尾的蛇只有一个方向,轻易躲过车轮。他的儿子们听明白了,由三子窝阔台继位,之后没发生争执。

但任何遗嘱效用都是不长的,窝阔台死后恢复常态,几番争夺后竞争出位的是他侄子蒙哥。蒙哥死后,胜出的是他弟弟忽必烈。忽必烈取胜后,抓住与其竞争汗位的弟弟阿里不哥审问:"老弟,我们究竟哪一个有理?"其弟不亢不卑说:"从前是我,现在是你。"是的,大权在谁手里谁就有理,汉人也是如此。这种血腥的"塔尼斯特里"现象,延续至元朝覆灭。

1259年,蒙哥汗在钓鱼城战死。面对这一突如其来的变故,忽必烈在几经犹豫后,决定从鄂州战场抽身,率大军急速北上,开始了对蒙古大汗宝座的角逐。1260年三月初,在部分蒙古宗王、中原汉地官僚士大夫的拥戴下,忽必烈于开平正式登上蒙古大汗的宝座,并首次采用汉族王朝的年号——中统纪元。

忽必烈的登基,标志着一个新时代的来临。此前的四位蒙古大汗,政治中心都在以和林为中心的蒙古高原,中原汉地只是蒙古帝国的边疆省份。忽必烈即位后,这种格局开始颠倒过来,中原地区成为蒙古政权统治的核心地带,这不可避免地使蒙古政权的性质发生改变。也正是这个原因,史学界一般把1260年作为元朝的开始,虽然元朝作为国号正式出现,是十一年之后的事。忽必烈即位后,在汉族儒臣的帮助下,对蒙古原有的统治制度进行了较为彻底的改革。

1271年,在汉族儒臣的建议下,忽必烈取《周易》"大哉乾元"之意,正式宣布建国号为"大元"。实际上,就蒙古人而言,大元国号的产生,并无特别的意味。所谓大元,就是大蒙古国的汉式表达。早在蒙古国时期,就已出现了"大朝"的称谓。元本身也是大的意思,"元也者,大也。大不足以尽之而谓之元者,大之至也"。与此同时,忽必烈的第二个年号"至元",取的也是相同意思。此后,蒙古语官方文书在书写国号时,常常将二者叠加,出现了"大元大蒙古国"的称谓。

所幸忽必烈有明君的一面。为了减少汉人的反抗,他努力展示谦和、仁爱。他执政的1263—1269年间,死刑仅91名。明初士人叶子奇赞曰"轻刑薄赋,兵革罕用"。忽必烈也是有作为的帝王。如果说成吉思汗想征服世界的话,那么忽必烈只想征服东亚。但忽必烈的视野绝不限于东亚,而"按照前所未有的综合设计和覆盖整个欧亚大陆的规模,创造出一个新型的世界国家和横跨东西的交流圈。在世界史上,还不曾看到如此庞大规模和周到设计来实施国家建设的范例"。不过,日本讲谈社《中国的历史》认为:

对于真正全面统治包括拥有庞大人口的中华本土及至欧亚大陆的广阔领土,就无论如何也显得力不从心了。外表上的中华帝国、本质上的蒙古军事国家这一国制所具有的两面性,也是欧亚大陆草原史和中华王朝史这两个世界史上洪流最终的一个汇合点。

元朝跟之前的大多数游牧民族政权一样,公然实行民族歧视政策。但忽必烈有一种明显的"中华"意识,北京大学历史系教授张帆甚至认为:忽必烈的历史功绩就在于他接受了汉文化。他不仅采纳汉儒刘秉忠的建议从《易经》中选择"大元"作为国名,而且采用传统的中国方式记载元朝历史,还要求翰林院搜集撰写辽史和金史。

忽必烈晚年很不幸。1281年,皇后察必病逝。察必不仅美丽,而且聪明、贤良。当年蒙哥汗在四川钓鱼城战死之时，忽必烈远在南方战场，有人劝他弟弟阿里不哥自立为大汗，并且立即调兵遣将。察必知道后，一方面立即派人去责问："发兵是大事，太祖的曾孙真金在此，你们难道不知道吗？"另一方面秘密派人火速报告忽必烈，让其赶回来，顺利继位。后来灭南宋，俘宋幼主赵㬎，忽必烈大宴群臣，众人狂欢，只有察必沉默不语。忽必烈问："我现在平定江南，以后不再打仗，大家都高兴，你为什么不高兴？"察必跪奏道："妾闻自古无千岁之国，将来能使我们子孙不像宋朝皇帝那样成为亡国之君就幸甚了。"正是因为有这样一位"众人皆醉而我独醒"的皇后，让忽必烈始终保持几分清醒，对汉族也保持几分开明。现在失去"贤内助"，他能不伤心吗？

祸不单行。1285年太子真金又病逝。忽必烈有12个儿子，最爱真金，从小让汉儒精心教育，"日以三纲五常、先哲格言熏陶德性"。有一次谈论立身处世之道，真金说："父汗有训诫，不要有傲慢自大之心。只要怀有傲慢自大之心，就会坏事。我看孔子的话，和父汗的话很吻合。"这让忽必烈听了十分欣慰。真金1273年被立为皇太子，1279年开始参与朝政，不想英年早逝。白发送黑发，忽必烈的内心又遭一次沉重打击。

就这样，忽必烈开始酗酒，暴饮暴食，越来越肥胖，被疾病折磨得痛苦不堪。年逾古稀的忽必烈，身体越来越肥胖，足疾也越来越严重。在他身上，当年跃马扬鞭、充满活力的身影已不再现。朝廷大臣现在已越来越难见到他。忽必烈平时深居简出，主要通过亡妻的妹妹南必皇后向外发号施令。所幸的是虽然他个人精神有时失常，国家尚未失序。察必皇后为他生下的四个儿子都已先他而去，忽必烈似乎又回归了蒙古传统，索性不再立太子，让古老的忽里台去决定一切。1294年，忽必烈在大都紫檀殿寿终正寝，享年八十岁。

同北魏孝文帝激进的汉化改革不同，虽然汉族儒臣一直致力于把忽必烈塑造成传统的中国皇帝，可忽必烈的统治政策充满了折中主义色彩，在有条件地吸收汉文明的同时，又顽强地保持了游牧民族的多数传统，即所谓的"内北国而外中国，内北人而外南人"。其结果是，激进的汉人认定他的汉化程度远远不够，保守的蒙古人却认为他已走得太远。忽必烈的继承者们基本延续了他的这种摇摆政策。

明朝建立后，朱元璋建立历代帝王庙，把忽必烈与他亲自选定的汉高祖、光武帝、唐太宗、宋太祖，放在一起祭祀。虽然他很讨厌胡人，可也把忽必烈看作是中国历史上的杰出君主之一。

忽必烈去世之后，1294年至1333年40年间，换了9个皇帝，在位时间最长的13年，最短的仅一个多月。

1333年末代皇帝妥懽帖睦尔继位，他是明宗的长子，宁宗的长兄，传说他的父亲实际上是宋朝皇帝的后裔。文宗毒死明宗，将妥懽帖睦尔流放到高丽，后又流放到今广西桂林，跟一个和尚学《论语》。文宗、宁宗相继死后，妥懽帖睦尔才被迎回即位，即顺帝，年仅13岁，只能"深居宫中，每事无所专焉"，实权落到右丞相伯颜手上。

伯颜政治观念极其保守。《剑桥中国辽西夏金元史》写道："显然，伯颜相信自忽必烈去世后40年来朝政一直在向并不理想的方向发展，他要重新恢复以往的局面。"伯颜一方面是以忽必烈时期的标准压缩宫廷现行支出，减少盐的专卖比例，注重向灾区及时提供赈济，这当然不错。另一方面就糟了，他想重建据说是忽必烈最初规划的统治制度，即在政治、军事两方面严格实行民族区分。1337年广东朱光卿、河南棒胡等起兵反元后，伯颜以此为借口，对汉人采取一系列歧视政策：禁止汉人学蒙古语，重要官位只许蒙古人、色目人担任，没收铁制农具，严禁汉人传统戏剧和说书，取消科举。与此同时，伯颜擅权，一手遮天，"势焰薰灼，天下之人唯知有伯颜而已"。他还大肆贪腐，"天下贡赋多入伯颜家"，与太皇太后私通，以致朝野传诵"上把君欺，下把民虐，太皇太后倚恃着"的歌谣。顺帝对伯颜很不满，早就与伯颜的侄儿脱脱开始密谋除掉他。伯颜也蠢蠢欲动，与人合谋取代顺帝。1340年二月，顺帝与脱脱先下手，利用伯颜出猎之机先发制人罢黜伯颜，开始亲政。

1341年是元朝建国70周年。元顺帝于此前8年（1333年）继位，本年21岁，此后29年（1370年）去世。

皇帝因改革无望而堕落

1340年元顺帝亲政后，首要的任务是复仇。原来，文宗即顺帝的叔叔宣称将皇位禅让他的哥哥即顺帝的父亲，也即明宗，没多久明宗被毒死，文宗再次登基。1332年八月，文宗死时遗言："当年弑明宗是我的大错，后悔莫及。如今我有一子，虽然我爱他，但现在理应将皇位传给明宗的长子妥懽帖睦尔。这样，我死后才有面目见明宗。"现在，顺帝大权到手，随即下诏毁太庙文宗室，废太皇太后并将她赐死，流放其死党，祭告明宗，紧接有针对性地拨乱反正，绳纠伯颜的恶政。

1341年新年伊始，恰逢元朝建国70周年，改年号为"至正"，宣布将"与天下更始"，号令大展宏图，中兴元朝。

当时，朝野都感到"天子图治之意甚切"。这场改革史称"至正新政"，又因主要是脱脱组织实施而称"脱脱更化"。当时，人们大赞脱脱为"贤相"。不过，脱脱曾数次率元军镇压汉民，在后世汉族民间戏曲和绘画中被定格为大白脸恶人形象。

正月免全国税粮五分。税粮是元朝的主要赋税项目之一，以征收粮食为主。如同"耗银"，元朝在征收税粮时要加收鼠耗，规定每石税粮加征七升。但各级官吏常与地方豪强地主勾结，巧立名目加收其他项目，百姓实际税粮负担要比法定数额大得多，有的每石外加五斗，更有甚者一石税粮实际要交三石之多。现在全面减"五分"，五分即五成，也即一半，这减税力度应该是史上罕有。

元朝是中国古代纸币的鼎盛时代。忽必烈登基后发行以丝为本的交钞，推出"中统元宝交钞"。"中统"是当时年号，简称"中统钞"。1285年开始，进而全面禁用银钱市货，中统钞成为国内唯一合法的流通货币，建立起单一纸币制度。这在世界货币史上是一大创举，印度、朝鲜、日本等国纷纷效仿。由于中统钞不久大幅贬值，1287年又发行"至元通行宝钞"，简称"至元钞"，两钞并行至元朝灭亡。但货币贬值继续，至1309年，中统钞对白银法定贬值12.5倍。在这种情况下，第二年只好开始铸造"至大通宝"钱和"大元通宝"钱，实行钱钞兼行制度。这种货币制度的弊端也很明显，仅一年多时间便不得不废止，恢复单一纸币制度。本年二月，又造至元钞99万锭，中统钞一万锭。

四月设吏部司绩官，加强对官吏的考核。史称："作新风宪。在内之官有不法者，监察御史劾之；在外之官有不法者，行台监察御史劾之。岁以八月终出巡，次年四月中还司。"这样，努力整治吏治败坏之风。

本年末，宣布恢复科举。元朝的科举始于1314年，三年一次，伯颜却于1335年废除，堵塞了汉族读书人入仕的路子。到至正二十六年（1366年），元朝又陆续举行了九次科举考试，录取进士600来人。这对缓和伯颜专政时加剧的民族矛盾有一定的作用。同时，脱脱大兴国子监，蒙古、色目、汉人三监生员达3000余人。不久还开设御前讲席，由脱脱亲自主持，选儒臣欧阳玄、李好文、黄溍、许有壬4人讲学，顺帝则"读五经四书，写大字，操琴弹古调。常御宣文阁用心前言往行，欣欣然有向慕之志焉"。这些举措显然大受汉族知识分子的欢迎。

欧阳玄是1314年进士，算是元朝自己培养出的人才，在史学、文学方面都很有造诣，但在伯颜时代很压抑，现在能走上讲台，格外欣喜，不禁赋诗：

> 至正宾兴郡国贤，威仪重见甲寅前。
> 杏园花发当三月，桂苑香销又七年。
> 豹隐山中文泽雾，鹏搏海上翼垂天。
> 明时礼乐须奇俊，莫道儒生自圣颠。

其中"甲寅"指的是1314年。

但这场改革可谓雷声大雨点小，改革成果并不多。《剑桥中国辽西夏金元史》评论：

这些行政上的新尝试并未使元代中国的问题减少，反而在14世纪40年代日益增加，其性质、规模使得那些地方官或安抚地方的官员束手无策，因为他们只能作到零敲碎补。

因此，这些改革措施对于元末严重的统治危机虽有所缓解，但总体看是失败的。《中国改革通史》指出：

这次改革主要着眼于匡正伯颜旧政，并没有触及造成元末社会危机的主要问题，甚至连头痛医头、脚痛医脚都没作到。如此肤浅的改革，即使能顺利推行下去，也不可能解决当时存在的严重社会危机。

可是，这样肤浅的改革也遭到既得利益集团的强烈反对。没多久，脱脱就感到干不下去，1344年五月称病辞职。顺帝则完全变了个样，邱树森说他从一个"有生气的、立志革除弊政的、有作为的年轻皇帝的形象"，变成"一个荒淫无度、昏庸无能、制造内乱的昏君"。《剑桥中国明代史》也说："成吉思汗是一位军事天才和具有雄才大略、超人毅力的领袖，但是，人们发现他的这个第七代孙子充其量不过是一个庸才而已。"有种说法广为流传，开国皇帝子孙的素质呈递减势，只不过减速有快有慢，像秦始皇家族快些，两三代就马尾巴穿豆腐；像刘邦等家族慢些，五六代之后才开始退化，可谓"家天下"不亡，天理不容。

元朝建立后，因正统问题没有解决，迟迟没有修前朝史。脱脱主政后，力主辽、宋、金三朝各为正统，分修三史，并受命出任总裁官。至正三年（1343年）四月，三史编纂工作正式启动，参加编纂者既有汉族文士，也不乏少数民族知识分子。到至正五年（1345年），三史全部完成。这算是这一期间为数不多的改革成果。

两项最大开支用于民生该多好

一是赏赐方面。1341年闰五月,赏宗室王官属807人金银、币帛,各人数目不同。

六月,顺帝到上都(今内蒙古锡林郭勒盟正蓝旗)行宫避暑,不上殿理政。监察御史崔敬上书批评:

世祖以上都为清暑之地,车驾行幸,岁以为常。阁有大安,殿有鸿禧、睿思,所以保养圣躬,适起居之宜,存敬畏之心也。今失剌斡耳朵思,乃先皇所以备晏游,非常时临御之所。今国家多故,天道变更,愿大驾还大内,居深宫,严宿卫,与宰臣谋治道,万几之暇,则命经筵进讲,究古今盛衰之由,缉熙圣学,乃宗社之福也。

顺帝虚心接受,劳逸结合,不仅上朝接见大臣,还请名儒讲学。这样,他认为那些端端茶水摇摇扇的近侍们辛苦有功,一次次用收藏的珍宝赏赐他们。为此,崔敬又上书:

臣闻世皇时,大臣有功,所赐不过槃革,重惜天物,为后世虑至远也。今山东大饥,燕南亢旱,海潮为灾,天文示儆,地道失宁,京畿南北蝗飞蔽天,正当圣主恤民之日。近侍之臣,不知虑此,奏禀承请,殆无虚日,甚至以府库百年所积之宝物,遍赐仆御阍寺之流,乳稚童孩之子,帑藏或空。万一国有大事,人有大功,又将何以为赐乎?乞追回所赐,以示恩不可滥,庶允公论。

所赐有没有追回无考,今后"示恩不可滥"应该有所接受。同年九月在明仁殿讲学后,顺帝给讲学的儒臣许有壬赐豹裘、金织文币,未见再赐近侍的记载。

这年末诏令:"民年八十以上,蒙古人赐缯帛二表里,其余州县,旌以高年耆德之名,免其家杂役。"表里指衣服的面子与里子,泛指衣料。尊敬年长,给80岁以上的老人发些慰问品,当然是好事。问题是皇恩有殊,蒙古本族一大堆高级衣料,其余民族的老人只是一面锦旗与免杂役。

二是佛事方面。藏传佛教俗称喇嘛教,指传入西藏的佛教,与汉传佛教、南传佛教并称佛教三大地理体系,其流传地集中在中国藏族地区、蒙古、尼泊尔、不丹、印度的喜马偕尔邦、拉达克和达兰萨拉。蒙古人早就开始信仰藏传佛教,连"达赖喇嘛"这个名号也是明朝时蒙古人给取的。入元后,《剑桥中国辽西夏金元史》说:"藏传佛教为忽必烈的理想提供一种适用得多的工具",一方面"吐蕃僧侣在世俗的政治事务中起着积极的作用",另一方面"忽必烈给予佛教徒特权和豁免"。北逃之后,他们仍然笃信藏传佛教。

本年正月,顺帝命永明寺写金字经一藏。"金字经"指以金泥书写之佛典。"一藏"指一部藏经。《西游记》第八回:

如来曰:"我有《法》一藏,谈天;《论》一藏,说地;《经》一藏,度鬼。三藏共计三十五部,该一万五千一百四十四卷,乃是修真之经,正善之门。"

这样算来,一藏平均5048卷,这该耗费多少金粉多少纳税人的钱财,你想象一下吧!清时学者赵翼指出:"古来佛事之盛,未有如元朝者",甚至说:"朝廷之政为其所挠,天下之财为其所耗,说者谓元之天下,半亡于僧。"

只要将以上两项开支压缩一半,转而用于民生,还会有那么多灾民与"暴民"吗?

天灾与造反

元时保持两宋经济持续发展的势头。当代著名经济历史学数据考证和分析专家安格斯·麦迪森《世界经济千年史》一书有大量图表，现将其中一张复制如下：

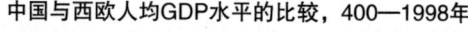
中国与西欧人均GDP水平的比较，400—1998年

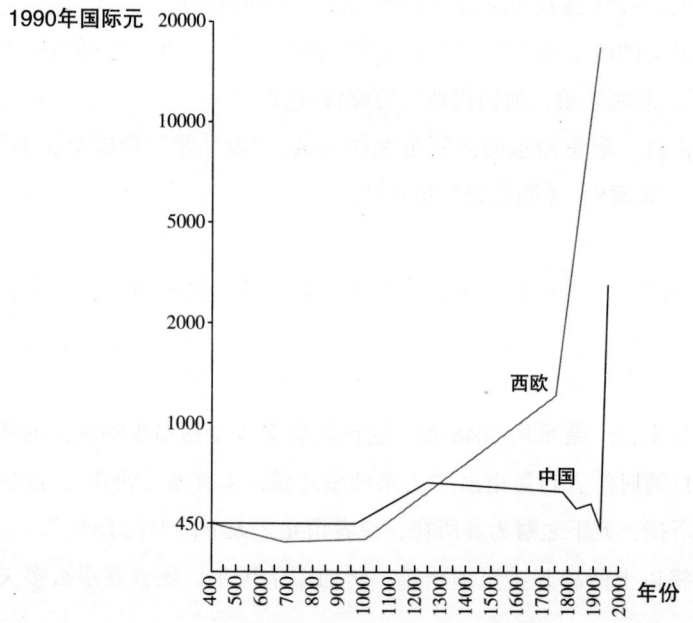

由此可见：公元400年即北魏东晋时，中国的人均GDP与西欧几乎一样，此后西欧下滑，中国保持发展。至1000年左右即北宋初期，中国忽然开始上升两三个世纪。元时还保持腾飞发展的势头，只是在明朝戛然而止，并且开始让西欧大大超越。在《马可·波罗游记》一书中，我们也很容易生动地看到当时繁华及活跃的国际贸易，中国仍然是当时世界最富庶的国家之一。

然而，只要出大于入，再大的金山银山也经不起消耗。《中国改革通史》认为："元代官僚队伍腐化之迅速，程度之严重，在中国古代史上也为少见。"早在成宗铁穆耳即位一年多时，即建国20年出头，国库的积蓄就被用光，中期后就开始陷入财政危机。在这种情况下，要维持统治阶级继续挥霍，只能不断加重税赋。1320年，税赋"比国初已倍五十矣"。1328—1330年间的商税，比1270年所定之额"不啻百倍云"。如此重赋，百姓如何反应不难想象。

漏屋偏逢连夜雨。诸多学者认为天灾与改朝换代有一定关系。我们很容易想到王莽末年、明朝末年等等，元末也如此。日本讲谈社《中国的历史》写道：

大致从14世纪20年代开始，欧亚大陆各地由于长期的气候变化，不仅导致干旱、饥荒，甚至想象中的地震、大洪水等地壳运动现象也不断发生……受到全球规模之天灾的持续和直接的影响，各地的蒙古政权纷纷出现动荡，蒙古的统治逐渐走向解体……从1342年起，黄河开始大泛滥，几乎每年河南、山东、淮北都发水灾。粮食颗粒无收，一片人吃人的人间地狱景象……在这种情况下，农民揭竿而起。

这段文字很容易得到印证。本年（1341年），大的天灾如：三月汴梁地震。四月，彰德有赤风自西北起，忽变为黑，昼晦如夜；同月因两浙水灾，免岁办余盐3万引；五月赈阿剌忽等处灾民3913户，给钞21705锭。六月因崇明、通州、泰州等地海潮涌溢，溺死1600余人，赈钞11820锭。

同样得到印证的是造反多，如四月道州蒋丙等人造反，破江华县，掠宁远、永明等县。十一月瑶民攻扰湖南边境，诏衮巴布勒率军镇压，予以奖赏，却未剿灭。同月道州何仁甫等人又起兵，与蒋丙等联合，攻破江华等州县，瑶民200多寨也相率入境协攻。年末，云南车里（今西双版纳）总管寒赛等人起事，山东及燕南的饥民群起攻扰达300多处。当然，其中有些并非因灾。最终，庞大的元朝轰然倒在朱元璋等灾民手里。

为了强调"自然灾害与叛乱起义的连锁发生"，日本讲谈社《中国的历史》还写道：

顺帝妥懽帖睦尔的统治，被渲染为多宫廷斗争和民众起义，认为其政治一塌糊涂，长久以来受到一致的批判。但是，很多说法是由明朝或在明代造出来的，真实情况还不得而知。

《剑桥中国辽西夏金元史》与日本讲谈社《中国的历史》有些类似，也辩护道：

元末的各届政府都尽了最大努力试图从这些灾难中解脱出来，他们并没有忽视这些问题。从各方面来看，元朝在医药和食物的赈济上所作的努力都是认真负责的、富有经验的。事实上，妥懽帖睦尔朝的历史提出了这样一个问题：面临这样反反复复的大规模的灾难时，还有哪一个朝代能比元朝作得更好？

这话会不会过于溢美了？芬纳肯定不同意这种看法，他在《统治史》一书中说："元朝最初公开剥削汉人，然后又不太成功地被汉化。和之前所有王朝一样，元朝并未成功地消除导致农民悲惨后果的根源。蒙古人的掠夺反而加重了这一点。"

不过，我注意到这样一个细节：别儿怯不花到江浙行省赴任，途中闻杭州遭火灾，便火速赶到，随即下令调查登记受灾户，计23000余户，又随即每户给钞1锭，每人每月给米2斗，幼儿减半。同时奏请减征酒课1250缗，纺织作坊课税按原额减半，军器、漆器作坊暂停征税一年，政府规定以外的课税一律停征。事后才把这些措施报告朝廷，都得到批准。别儿怯不花认为："为了赈灾，有时不得不违反中央制定的规章，不然就来不及了"。后来他调回中央，也以这种思维救灾与平叛，与脱脱的观念发生矛盾，下文再议。

我再次联想到孔子反对子路给民工发一箪饭一瓢水的故事。《孔子家语》是晋代编的，故事不一定可信，但儒家这种思想应该没有误读。相比之下，别儿怯不花之政倒是更"仁"些，令我肃然起敬。

当然，别儿怯不花的救灾之功也有限，史所罕见的天灾导致了更多的灾民——暴民，应该也是不争的事实。

此后十年一瞥：

病急乱投医

至正更化虽然带来了一些"中兴"气象，但更多地体现为粉饰文治、调整蒙汉统治关系，很少触及当时日益严重的社会矛盾如财政危机、土地兼并等，当然也无法从根本上挽救元朝统治积重难返的颓势，再加上当时天灾频仍，民变四起，元朝统治逐渐陷入危机之中。

本年道州民变，朝廷命湖广行省平章政事巩卜班领河南、江浙、湖广诸军前往镇压，至第二年即1342年九月才平息，复平嵚峒堡寨200余处。然而，更多地方的反叛活动正在酝酿，风起云涌。

1343年二月辽阳人造反，八月四川、山东人起事，规模较小。九月道州、贺州的瑶民首领被俘后，押解京师处死，但其党蒋丙又揭竿而起，自号"顺天王"，攻陷连、桂二州。次年末，瑶民又攻靖州、浔州。

1346年三月，京畿、山东民起事。四月辽阳人起事。五月象州民起事。六月汀州民起事，攻占长汀县，至闰十月才平息。十月瑶民攻武冈，随后攻占黔阳。十二月山东、河南民众起事。

1347年二月河南、山东民起事，瑶民攻沅州。四月临清、广平、滦河及通州等地民起事。七月瑶民占溆浦、辰溪县。九月八怜等地民起事，断岭北驿道；集庆路民反；瑶民攻至宝庆，杀湖广行省右丞沙班于军中。十月蒙古亦怜只答儿反叛。西番（今新疆）200多处民众起事，占哈剌火州，杀使臣。十一月沿江各地民起事，湖北、湖南瑶民四起。

至正九年（1349年），在妥懽帖睦尔的支持下，赋闲五年多的脱脱复出，又开始对朝廷弊政进行改革。此次脱脱的改革主要有变更钞法与治理黄河。然而"变钞"很快造成通货膨胀加剧，物价飞涨，民间甚至开始出现以物易物的现象。"开河"则点燃了元朝覆灭的导火索。

至正十一年（1351年）五月，民间秘密组织——白莲教首领韩山童、刘福通在颍州首义。他们事先作了精心安排，在黄河河床埋下一个凿了一只眼的石人，石人背部刻有"莫道石人一只眼，此物一出天下反"几字，然后到处散布"石人一只眼，挑动黄河天下反"的谶语。当开挑黄河的民夫挖出石人时，消息很快传遍大河南北，众人沸腾了。起事的人因头裹红巾，被称为红巾军。

元末红巾军起义时有两首流行的民谣："丞相造假钞，舍人作强盗。贾鲁要开河，搅得天下闹。""堂堂大元，奸佞专权，开河变钞祸根源，惹红巾万千。"看来，当时的人都把脱脱开河与变钞当作元朝灭亡的主要原因。其实，元朝统治到至正中期以后，各种社会矛盾已激化到极点，冰冻三尺绝非一日之寒。

全国各地义军揭竿而起，很快发展成燎原之势。元朝统治集团起初还能征调各地兵力，采取大规模军事行动。可到至正十四年（1354年）底，随着脱脱于军前罢相，百万大军溃散，元朝逐渐开始丧失战略主动权。

更致命的是，元顺帝统治时期是元朝内讧发生最多的时期。这种内讧既发生在朝堂之上，也发生在朝堂之外。中枢之争、宗藩之争、父子皇位之争、军阀之争交织在一起，无一不在腐蚀元朝的统治根基，并最终断送了元朝的百年基业。

千古之叹：

皇帝被后儒越宠越坏了

李白一生抑郁得很，但一喝酒常常变得顶天立地，睥睨千古，皇帝、孔圣人、高力士等等全不放眼里。某一次多喝了几杯，他顿悟自身价值，一挥而就长诗《将进酒》："天生我材必有用，千金散尽还复来……"这话说得多么自信，我们今天读来还备受鼓舞！可是翻开他履历一看，李白在当时可以说很失败。

李白的理想抱负很大，幻想"安得倚天剑，跨海斩长鲸"，具体些是"但用东山谢安石，为君谈笑静胡沙"，他立志为国建功立业。等到终于被皇上重视，特召进宫，却发觉自己只不过是御用文人。"安能摧眉折腰事权贵，使我不得开心颜！"这么一想，"仰天大笑出门去，我辈岂是蓬蒿人"。"安史之乱"第二年，太子李亨擅自在灵武登基，遥尊逃难蜀中的李隆基为太上皇。奉命镇守长江流域的皇子李璘有异心，不服从李亨的调令。面对"流水波赤血""白骨成丘山"的现实，李璘派员上庐山邀请，李白毅然携剑下山，"出门妻子强牵衣"，他则以"归时倘佩黄金印，莫学苏秦不下机"相慰。

不料，李璘被李亨镇压，李白也入大牢。经友人营救，流放夜郎，虽不久被特赦，但官运千金散尽也不再复来了。说实话，我觉得批评李白"误上贼船"纯属马后炮。成王败寇，假如李璘战胜李亨了呢？要批评只能说像押赌注一样，别去参与才是。谋事在人成事在天，很难说谁赢谁不赢。然而，李白心急啊！人生几何？良机几何？年过半百了，错过此时就再没机会啦！愿赌服输，他没啥好抱怨，我们也没啥好指责。

其实，先秦诸多人物都是改换山头才"有用"的，他们信奉的是"良禽择木而栖，贤臣择主而事"。商鞅是魏国人，可是不受魏王重用，国相公叔痤病逝前夕，对魏惠王说："卫鞅年轻有才，可以担任国相。主公如果不用他，一定要杀掉，不能让他投奔别国。"魏惠王认为公叔痤病入膏肓，胡言乱语，不予理睬，没用也没杀商鞅。秦孝公有感于"诸侯卑秦，丑莫大焉"，向国际发出悬赏榜："有能出奇计强秦者，吾且尊官，与之分土。"商鞅前往应征，主持变法，使秦国迅速变强大，他的才能得到充分发挥，人生价值得以体现。秦孝公言而有信，尊商鞅为"商君"，分封土地，甚至想让给王公之位。只可惜秦孝公早死一步，商鞅被其子残杀，另当别论。

孔子与商鞅有某些类似之处。孔子在自己的母国鲁国受排挤，也想到国外干一番事业，于是跑十几国去求职，跑了十几年，可惜曲高和寡，没一个君王肯赏识。否则，他也许在卫国或者陈国、宋国、楚国等某国开创一大盛世，儒学就更有说服力了。孟子也如孔子，跟他一样没有求到为某国"立功"的机会，这才安下心来谋求"立德""立言"。

所谓"忠"，"内尽其心，而不欺也"。"忠"这样一种品质，孔子也非常重视。他倡导"君使臣以礼，臣事君以忠"，但并没说臣要无条件服从于君。相反的是：

子曰：笃信好学，守死善道；危邦不入，乱邦不居；天下有道则见，无道则隐。邦有道，贫且贱焉，耻也；邦无道，富且贵焉，耻也。

更有甚者，如果碰上君"无道"，不仅可以"隐"，还可以走，"道不行，乘桴浮于海"。他这样说，也这样作了。忠还是不忠，从还是不从，现还是隐，留还是走，取决于一个前提条件："有道"，也即"君使臣以礼"。

然而，后儒却强调"君为臣纲"，要求臣绝对服从于君，而不论君王有没有"道"，有没有"礼"。更甚者，他们还苛求"忠臣不事二主，烈女不更二夫"，"君要臣死，臣不死是为不忠；父叫子亡，子不亡则为不孝"。君要杀臣美其名曰"赐死"，还得对着白绫、鸩酒叩谢皇恩浩荡。

正是有了这种"愚忠"的"天理"，后来的帝王越来越对臣无"礼"，滥杀无辜，还美化为"武死战，文死谏"。武将死于战场没话说，战争本来就是你死我活，每一个将士在从军之时就必须作好战死的准备。可是文官为什么要死于谏呢？总不能要求每一个学子在参加科举之时就作好死于官场的准备吧？文官死于谏，只能说明顽固的帝王太不称职。"文死谏"是不正常的，不能跟"武死战"相提并论加以颂扬。

元朝也是尊孔崇儒的，特别重视理学的"三纲五常"。文宗皇帝每年都要亲自走访慰问孝子与烈女节妇，由朝廷加以旌表，儒生则可以不交皇粮国税。蒙古人作为"夷狄"，文明程度明显相差一大截，怎么也如此重儒呢？奥秘正在这里！儒家喜欢搞"华夷之辨"，怎么会甘心让"夷"来治"华"呢？只有重儒，大搞"君臣大义"一套，他们就不会再搞"华夷之辩"。现在的皇帝不是应当被排斥的"夷"了，而是应当忠于的"君"。

脱脱受儒家影响很深，对于政变这种事难以下决心，于是请教他的启蒙恩师兼心腹幕僚吴直方。吴直方回答："《左传》有曰：'大义灭亲。'大夫知有朝廷，家固不宜恤。"脱脱又问："如果不成功怎么办？"吴直方说："如果不成那是天意，无非一死，有何可惜？何况死也不失为忠义！"脱脱一顿足表示："我决心定了！"瞧！儒家怂恿人政变、叛乱也是有一大套理论的。

如果说脱脱与顺帝发动政变与改革是挽救元朝，那么这一努力又让顺帝亲手毁了。顺帝沉溺密宗，没多少心思干正事，忠奸颠倒，脱脱没干多久就心灰意冷，称病辞职。直到社会危机加剧了，5年后又将脱脱请回，实行重大改革，如治河、变钞等，镇压愈演愈烈的民变。脱脱在军事上是血腥的，大破徐州，极大抑制了红巾军的势头。顺帝很高兴，加其官太帅，在徐州为他建生祠，立"徐州平寇碑"。不久，盐贩张士诚又起兵，据高邮称"诚王"，国号"大周"。顺帝命脱脱再次率军出征，却又听信奸臣谗言，突然削他兵权。诏书到达军中时，参议龚伯遂说："将在外，君命有所不受！"脱脱却说："天子诏我而我不从，是与天下抗也，君臣之义何在？"老老实实交出兵权。副使哈剌答见状，绝望地说："丞相此行，我辈必死于他人之手，今日宁死丞相前。"言毕，拔刀刎颈。这样，高邮城下"大军百万，一时四散……其散而无所附者，多从红军"。脱脱被流放，但在流放途中，又有人假传圣旨赐予毒酒，脱脱还是毫无反抗地喝下，完美地诠释了"君要臣死，臣不死是为不忠"的"天理"。

顺帝的"忠臣"远不止脱脱一个。汉人儒臣们也不再注重"华夷之辩"，而注重对异族皇帝讲"君臣大义"。元朝被汉人灭了，很多名士却为之殉节，甚至有不少汉族名士追随元顺帝北逃。清人张其淦编《元八百遗民诗咏》，收元遗民850多人，而《古今图书集成》所载宋遗民仅700人。从这个角度看，元朝的政治文化是成功的。

然而，从实际来看则不然。脱脱乖乖地就擒了，副使自尽了，元军士气一落千丈，民军则势如破竹，张士诚起死回生。10年后（1366年），大臣上书："奸邪构害大臣，以致临敌易将，我国家兵机不振从此始，钱粮之耗从此始，盗贼纵横从此始，生民之涂炭从此始。设使脱脱不死，安得天下有今日之乱哉！"《剑桥中国辽西夏金元史》评述：

> 如果这次围攻高邮实际上能迫使张士诚投降（它几乎变成为现实），那么全国起义的支柱毫无疑问将会遭到破坏……然而，就在围攻进行之时，妥懽帖睦尔出人意料地在一个错误的时机作出一个错误的判断，他下令将脱脱解职，并将其流放。很不幸，脱脱出于对朝廷的忠诚而服从，高邮之围因此而解。元朝丧失了军事与政治的主动权，几乎马上就要平息的起义又采取新的形式复苏了。

顺帝对忠臣能臣无礼，这不是孤例。碰上不愚忠的，那就更糟。

当时，形成一种类似春秋或者唐末的局面，《剑桥中国辽西夏金元史》描述：

> 与1344—1349年间的地方分权时期不同，此时中国很多地方已创建了各种新的军事、行政机构来对付1351年以后的暴动；这些机构在人力与财力两方面都能够独立行动，并在不久后确实这样作了……元政府成了一个只能控制京城及其周围地区的地区性政府了……

为此，朝中形成两派，一派以别儿怯不花为首，认为为了对付流窜的土匪，或是在处理灾荒或地方动乱时，地方驻军需要有一些不受限制的权力，地方官需要少受干扰，而更多地努力争取当地民众的合作；另一派以脱脱为首，则建议集权，认为"要将一切资源和领导权都集中在善的力量的领导者身上，引导这股力量积极地不屈不挠地对抗恶的力量"。

后一派中有个著名人物刘基,即刘伯温,有"三分天下诸葛亮,一统江山刘伯温;前朝军师诸葛亮,后朝军师刘伯温"之誉,以神机妙算、运筹帷幄著称于世。本来他是元朝的忠臣,却屡遭打压。初为江西高安县丞,不避强权,被人陷害,幸好长官信任他才免于祸,辞职了事。1343年朝廷再召为江浙儒学副提举,又因检举监察御史得不到支持,反遭诸多责难,只好再辞职。1352年义军徐寿辉陷杭州,朝廷重新起用他为江浙行省元帅府都事。朝中想招安方国珍,刘基则认为方氏兄弟为首犯,不诛无以惩后。结果,方国珍重赂官府,终被招安并授官(最后降明),反而谴责刘基擅威福。刘基一怒之下又辞官,1360年被朱元璋聘为谋臣,为朱元璋消灭群雄及元起了重大作用。朱元璋多次称刘基为"吾之子房也"。子房即张良,帮刘邦夺天下的谋臣。《剑桥中国辽西夏金元史》评述:

1357年,元廷同意给石抹宜孙、刘基及他们这派人小小的提升,但拒绝把他们升到元朝官僚机构中更有影响的地位上来……是明代第一位皇帝而不是妥懽帖睦尔有效地实施了1342年起就在江浙行省实行的平均赋役和公众动员措施;是他接受了元朝于1357年拒绝采纳的道德专制主义主张;还是他最终在中国建立了史无前例的高度中央集权的制度。

从某种意义上说,顺帝"无礼"脱脱、刘基们无异于自杀。然而,这种自杀的帝王岂止元顺帝?接下来的明朝末代皇帝朱由检不也很典型吗?

千古帝王显然都牢记公叔痤对魏惠王的建言,只遗憾商鞅式的人才多得杀不完,而对他们走又防不胜防,也就注定了"家天下"不可能地久天长。

我觉得孔子"君使臣以礼,臣事君以忠"之说,应当是一种因果关系,即只有"君使臣以礼",臣才会事君以忠,而不是相反。宋儒们致力于强化"忠",却将两者割裂,将"臣事君以忠"绝对化为"君要臣死,臣不死是为不忠",而不断淡化"君使臣以礼",如孟子所批评的那样"妾妇之道以事君"。这样,让帝王产生一种错觉,以为"臣事君以忠"天经地义,君对臣礼不礼则无所谓,助长了他们对臣不礼的行为,导致每一个朝代之末越来越多的文武大臣用脚投票,实际上变成害君害国了!

简而言之,皇帝与儒家"互粉",互相宠爱,皇帝被越宠越坏,儒家则被越宠越歪,直至一起被历史所抛弃。

第十二章

明：北虏南倭交相侵

据说，还在朱祁镇学说话的时候，父亲朱瞻基曾将他抱到膝上，问："他日为天子，能令天下太平乎？"

小朱祁镇应声答道："能。"

朱瞻基又问："有干国之纪者，敢亲总六师往征其罪乎？"

小朱祁镇回答说："敢。"

这则记载，对于朱祁镇后来的命运来说，真是一种讽刺。朱祁镇倒确实是敢亲率六师御驾亲征，但最后带来的不是成功，反而使自己成了俘虏。

杏园雅集图

此图作于明正统二年三月初一日,内阁大臣休假,大学士杨荣、杨士奇、杨溥及阁员五人雅集杨荣家的杏园中,宫廷画家谢环亦被邀参加并作此图,共画了二十四人之多,画家本人亦入画中,是当时仕宦生活的真实写照。

公元 1368 年正月，朱元璋称帝，国号"大明"，定都应天（今江苏南京，后迁北京）。至 1644 年被清所取代，共传 16 帝，历时 276 年。至 1438 年建国 70 周年之际，历经太祖朱元璋、惠帝朱允炆、成祖朱棣、仁宗朱高炽、宣宗朱瞻基，至英宗朱祁镇。

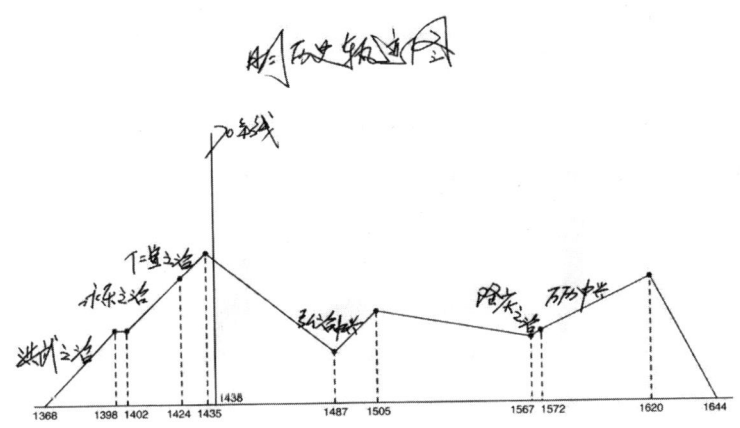

明朝盛世简表

盛世名称	时段	积年	帝王（任）
洪武之治	1368—1398 年	30	太祖朱元璋（1）
永乐之治	1402—1424 年	22	成祖朱棣（3）
仁宣之治	1424—1435 年	11	仁宗朱高炽（4） 宣宗朱瞻基（5）
弘治中兴	1487—1505 年	18	孝宗朱祐樘（9）
隆庆之治	1567—1572 年	5	穆宗朱载坖（12）
万历中兴	1572—1620 年	48	神宗朱翊钧（13）

开国风光：

建构"儒教国家"

各种政治体制都有所长有所短，只是长短之别很大。造反的时候，朱元璋声称驱逐蒙古人之后，要恢复大宋体制，结果呢？《哈佛中国史》写道：

他的新政权却更多地复制了他本人熟悉的元朝惯例。结果便产生了一种杂糅了蒙古汗和宋朝皇帝两方面传统的新统治模式。半个世纪以前，20世纪杰出的明史专家牟复礼称这种新模式为"专制统治"。

朱元璋夺取权力不久即颁布《大明律》，"旨在约束官员和百姓的行为，对皇帝却不加限制。朱元璋并不认为他本人应受到自己所立法的束缚"。不久，他觉得《大明律》惩治太轻，又亲手创制一部"法上之法"《大诰》，并强调只有他一个人可以《大诰》拟罪，而法司拟罪要比照减一等。"作为儒家善政核心原则的君臣、君民间的互惠关系，却是朱元璋所强调的规范与制度所缺乏的。他的治国理念刨去了儒家道德传统，留下的只是维持政府健全的惩罚手段"。朱元璋还强调："我已成之法，一字不可改易。"仅仅一个胡惟庸"谋反"案，据朱元璋自己估计就治罪15000人，后续14年又有大小官员近4万人被诛杀，成为"当时人类历史上最恐怖血腥的屠杀，它给士人造成的心理重创，远胜于蒙元统治时期的种种"。

现代中国话语常搬用西方，其实难以准确描述中国历史真相，例如"封建""农民起义"等等，又如这里涉及的"专制"。聂作平说：

家天下的最大好处是，因为江山是一家一姓的，产权明晰，从主观上讲，任何一个心智正常的皇帝都不可能有意把自家的天下搞乱，把自家的王朝搞垮。

乍一看，这话很有道理。可稍加思考便觉得不对头，事实上把自家王朝搞垮的帝王多的是，不信试看明朝。柏杨特别提醒："注意一个使人惊奇的现象，明王朝的皇帝，好像跟明王朝都有不共戴天的血海深仇，竞争着对它百般摧折，似乎不把它毁灭誓不甘心。"这话刻薄了些，但入木三分。芬纳从世界范围看，也认为"有的统治者对国事毫无兴趣，还有些兴趣是有的，但只是为了满足一时的突发奇想，还有智力低下，甚至疯子"。

同时，这又是一个遗憾的时代，因为这个时代之初的中国还领先于世界，并开始与更广的世界进行交流，但转而自闭。此外，这还是一个最虚伪的时代。

朱元璋虽然文盲出身，但一登上皇位不仅尊孔崇儒，而且公然要以孔孟主宰者自居。让我们记住，他——也许可以包括所有专制者不喜欢下列儒家思想：

一是说统治者及其官僚奢靡的坏话，如"庖有肥肉，厩有肥马，民有饥色，野有饿莩，此率兽而食人也。兽相食，且人恶之。为民父母，行政不免于率兽而食人，恶在其为民父母也"。

二是说统治者要负转移风气之责的话，如"君仁莫不仁，君义莫不义。一正君而国定矣"。

三是说统治者应该实行仁政的话，如"得百里之地而君之，皆能以朝诸侯有天下。行一不义、杀一不辜而得天下，皆不为也"。

四是说反对征兵征税和发动战争的话，如"有布缕之征，粟米之征，力役之征，君子用其一，缓其二。用其二而民有殍，用其三而父子离"。

五是说臣民可以反抗暴君的话，如"君之视臣如手足，则臣视君如腹心；君之视臣如犬马，则臣视君如国人；君之视臣如土芥，则臣视君如寇雠"。

六是说臣民应该丰衣足食的话，如"是故明君制民之产，必使仰足以事父母，俯足以畜妻子，乐岁终身饱，凶年免于死亡。然后驱而之善，故民之从之也轻。今也制民之产，仰不足以事父母，俯不足以畜妻子，乐岁终身苦，凶年不免于死亡。此唯救死而恐不赡，奚暇治礼义哉？"

七是说臣民应该有地位有权利的话，如"民为贵，社稷次之，君为轻"。

把这些内容删干净之后，朱元璋才批准孟子入孔庙。朱元璋颁发《正礼仪风俗诏》，其中一条为：

乡党序齿，从古所尚，今后民间士农工商人等，凡平居相见，及岁时燕会揖拜之礼，若者先施坐次之列，长者居上。如佃户见佃主，不论齿序，并行以少事长之礼。若在亲属，不拘主佃，止行亲属礼。

连乡下人酒宴怎么坐席，都给规定死了，你看朱元璋工作多么深入，多么细致！你想还会有"山高皇帝远"的地方吗？还会有"不知有汉，无论魏晋"的乡民吗？"孔子的笼子"终于套住举国上下每一个人了。

芬纳认为，中国至元朝"可以说中国是儒学统治，但还不是儒教国家，因为县府衙门和乡村普通官员们还没有被彻底儒学化"。只有从明朝开始，"随着地方官员、士大夫和学官们对市井民众等进行长期灌输，地方社会也被纳入了儒教网络当中，儒家社会开始出现，儒教国家也随之形成"。日本讲谈社《中国的历史》写明朝，其中一节标题就是《礼之帝国》，说"掌握了儒家知识的儒士们试图模仿宗法的顺序组织社会与国家"。

朱元璋对恢复战后社会经济还是挺重视。他说："天下初定，百姓财力困乏，像刚会飞的鸟，不可拔它的羽毛；如同新栽的树，不可动摇它的根，重要的是休养生息。"他鼓励开垦荒地，不限亩数，全免3年租，同时反腐肃贪，社会经济很快恢复，被誉为"洪武之治"。

因为太子朱标早死，朱元璋死时让皇孙朱允炆继位，即建文帝。朱元璋有26个儿子，分封在各地。鉴于历史教训，朱允炆没等改年号就展开"削藩"运动，削减诸侯的封地和权力，诸王当然不高兴。其中朱元璋第四个儿子朱棣，分封在北平（今北京）作燕王，索性反叛，率军南下，与中央军开展激战，史称"靖难之役"。朱棣胜利后取代朱允炆，为明成祖。因为太监在政变中帮了大忙，他开始重用宦官。朱棣在位期间迁都北京，编《永乐大典》，兴修水利，"赋入盈羡"为明代之最，被誉为"永乐之治"。

朱棣死后，太子朱高炽继位，即仁宗。仁宗在位仅10个月。再下来是朱瞻基，即宣宗。其间，改革朱棣留下的弊政，把工作重点转移到内政上，政治环境稍宽，鼓励发展经济，被誉为"仁宣之治"，说是"功绩堪比文景"。

可是好景不长，朱高炽与朱瞻基父子在位总共才11年。朱瞻基去世后，其年幼的太子朱祁镇继位。朱祁镇登基前夕，宫中传言要立的是朱祁镇32岁的叔叔襄王朱瞻墡，张太后（仁宗皇后）马上召集诸大臣到乾清宫，指着太子哭道："这就是新天子啊！"稳定了政局。

1438年是明朝建国70周年。明英宗朱祁镇于此前3年（1435年）继位，本年11岁，仍由张太后摄政，此后4年（1442年）才亲政，此后26年（1464年）去世。

"三杨"开泰

宣德十年（1435年），大明建国67年之际，宣宗朱瞻基去世，太子朱祁镇年仅九岁。朱祁镇即位后，廷臣请太皇太后张氏垂帘听政。张太后遵守后妃"不预政事"的祖宗家法，不愿意垂帘听政，命凡事交内阁议决进呈，然后施行。内阁"三杨"实际上相当于太皇太后所倚靠的一个"摄政团"。"三杨"即杨士奇、杨荣、杨溥三位辅政大臣。令人称奇的是，三人都出生在明朝建立前后，都于15世纪40年代去世。

杨士奇（1366—1444年），历五朝，在内阁为辅臣40余年，首辅21年。"三杨"中，杨士奇以"学行"见长，先后担任《明太祖实录》《明仁宗实录》《明宣宗实录》总裁。杨士奇权力上升的一生，同时也是内阁制度逐渐形成的过程。

明成祖朱棣即位不到一个月，即命解缙、黄淮、胡广、杨荣、杨士奇、金幼孜、胡俨等七人入翰林院，"直文渊阁，参预机务"。朱棣命令入阁的七位阁臣，主要任务有两项，一是为皇帝起草诏令，一是与皇帝商议机务。明朝内阁制度初现端倪。

入阁后的杨士奇，在朱棣面前举止恭谨，应对得体，所言朝政深合皇帝本意，深为朱棣所信任。永乐九年（1411年），朱棣下令第三次修改《太祖实录》，便以杨士奇为总裁。杨士奇主持修改的《太祖实录》让朱棣很满意，此后没有再修改。

当时广东布政使徐奇统领西南时，赠当地特产与内廷官员，有人得到馈赠名单呈上皇帝。明成祖看后其中无杨士奇名字，于是召见询问。他回答道："徐奇奔赴广东的时候，群臣作诗文赠行，当时恰逢我得病未有参与，所以唯独没有我的名字。如果我当时无病，是否有我的名字也未知。况且赠礼都是小东西，应当没有其他意思。"明成祖于是命令烧毁了那份名单。朱棣多次北巡，每次杨士奇都是留在南京，辅佐太子。

太子朱高炽即位后，杨士奇很快就被提升为礼部左侍郎兼华盖殿大学士。仁宗即位诏颁布刚两天，他与吏部尚书蹇义、户部尚书夏原吉在便殿议事，远远看见杨士奇过来，便对二人说："新华盖殿学士来了，必有忠言，一起听听吧。"果然，杨士奇进殿说："即位诏里刚刚说过减天下岁供，惜薪司却传旨征枣八十万斤，与诏书不合。"仁宗马上下令减征四十万斤。

不久，仁宗赐给吏部尚书蹇义和内阁学士杨士奇、杨荣、金幼孜各一枚银章，上刻"绳愆纠缪"字样，在直接向皇帝上密奏时使用。永乐二十二年（1424年）十二月，仁宗朱高炽任命杨荣为工部尚书兼大学士。

此后，杨士奇、黄淮、金幼孜等人在宣宗朱瞻基统治时期相继晋升为尚书。内阁大学士兼尚书，则阁权渐重于部权。在宣德朝，由杨士奇、杨溥、杨荣三人组成的内阁"三杨"，与吏部尚书蹇义、户部尚书夏原吉，都是皇帝的股肱之臣。

明宣宗即位时，内阁臣七人中陈山、张瑛被改为其他职位，黄淮以疾致仕，内阁中只有杨士奇、杨荣、杨溥三人。

杨荣为人果毅敢为，且屡次跟随明成祖北征，熟知边疆将领与敌情事务，但颇爱接受馈遗，当时边将每年都送良马与杨荣。

明宣宗知道后，问杨士奇。

他则称："杨荣通晓边疆事务，我等人不及，陛下不宜以此小错而介意。"

明宣宗笑道："杨荣曾经揭你和夏原吉的短，你为何还替他说好话？"

他对答道："希望陛下能够像容我一样容杨荣。"

明宣宗于是同意。

此后，话语传到杨荣耳里，杨荣则以此愧对杨士奇，于是两人尽弃前嫌，相处甚欢。明宣宗也因此对其更亲厚，前后所赐的珍果、牢醴、金绮衣、币、书器多不胜数。

明英宗正统初年，朝政清明均为"三杨"等人的功劳。正统九年（1444年），杨士奇去世，卒年七十九岁。在此之前，1440年杨荣去世。此后两年（1446年）杨溥也去世。

杨士奇死后，其子杨稷被绳之以法。

再过几年，正统十四年（1449年）土木堡之变爆发，明朝由盛而衰。

工匠用脚说话

北京现存历史建筑主要是明清两代的。单士元是故宫博物院建院的最后一位见证人，是中国历史档案事业的创建者之一和中国古建筑早期研究者之一。他在《故宫史话》一书中，将明代故宫营建分为四个时期，一是永乐开创时期，二是正统完成时期，三是嘉靖扩建时期，四是明末衰弱时期。其中"正统"是朱祁镇的第一个年号，单士元在这里所指包括其弟朱祁钰景泰朝及朱祁镇复辟的天顺朝。史载：明北京城和皇宫始建于永乐，完成于正统。北京各城门的瓮城及天、地、日、月等坛，也是在这个时期最后完成。同时还建了御苑。

据单士元考证，营建北京宫殿的劳动力主要是两类：工匠与军工。军工包括京营（营军）、卫军（禁军）、班军（各地驻军）、民夫、囚犯。工匠是向全国征集的，工种无所不包，都是技术工人。《大明会典》记载："工匠则有轮班、住坐之分。轮班在隶工部，住坐在隶内府内官居监。"这种制度从明初就开始。朱元璋说：

工作人匠，将及九万，往者为创造之初，百工技尽在京城。人人上不得奉养父母，下不得欢妻抚子……近年以来，愈见工减甚多，无处役使匠人。

这种无限期地征用全国工匠，形成苦役。《剑桥中国明代史》说："这类劳务的履行不仅仅难以负担；而且它们的实施非常苛刻，以致引起了一个更有效率和对臣民情绪更加敏感的政府本来可以避免的愤怒。"早在明初，就发生过工役暴动事件，为此朱元璋没少杀人。朱瞻基有两句话说得非常水平：一是有个巡抚要求在杭嘉湖地区增设一名专门管理粮政的官员，朱瞻基认为不能养冗官，驳他说："省事不如省官！"二是工部尚书建议加修山西圆果寺佛塔以便为国求福，朱瞻基驳斥说:"安民为福!"然而,朱瞻基同样热衷于"形象工程"。

明英宗朱祁镇上台伊始,罢停全国的楼堂馆所在建工程。但没几天,他也大建宫殿,修九门,改造五府、六部诸司的办公楼,并广建京城内外各佛寺。因此,建国70年之际,大兴土木之灾依然,大量征用工匠依然,工匠受奴役之苦依然,工匠们的反抗也依然。上年二月开始,工匠逃亡6000多人。本年(1438年),仅山西繁峙就有一半以上的登记人口不知去向,该省翼城有1000多人潜逃,土地任其荒芜。官府追捕,至本年十一月追捕到4000多人,全被押回建筑工地,"军民失望"。

然而,这种逃亡与追捕还在继续。1440年,有人看到一伙伙数以百计的流浪者沿路扎营,以野果和树皮为生。第二年,本来富裕的浙江金华地区已丧失40%在册人口,泰州有些地方只剩三分之一。闽北一带也有类似现象。

第三条"家规"也破了

朱元璋早年大字不识几个,又忙于征战,不可能有太多治国理政的知识与经验,但他有刘基等文官的辅佐,所以开国之初有不少富有远见的制度设计。对于阉人这样一种特殊男人,中国主流文化很早就感到耻辱,往往视为蝼蚁。卫灵公与宦官雍渠同乘一辆车,孔子就感到这对他是一种侮辱,立即拂袖去陈国。朱元璋对宦官有着清醒的认识,开国不久便指出:

吾见史传所书,汉、唐末世,皆为宦官败蠹不可拯救,未尝不为之惋叹。《易》称:'开国承家,小人勿用。'其在宫禁,止可使之供洒扫给使令而已,岂宜预政典兵?汉、唐之祸虽宦官之罪,亦人主宠爱之使然。向使宦者不得典兵预政,虽欲为乱,其可得乎?

这话说得多好:罪在宦官,根在皇帝!如果皇帝不给宦官权力,宦官即使想作乱,有可能吗?为此他订立三条规矩:一是在宫门立一块铁牌,上面写着"内臣(即太监)不得干预政事,预者斩!"二是要求"内臣不得识字"。三是太监不得参加宫宴。

然而,朱元璋很快违背自己定下的戒律。朱元璋取消宰相职位,直接面对六部尚书,将权力集中到自己手上。皇帝与尚书之间的联系,在外是内阁,在内就是宦官。不知不觉中,宦官的权力变大起来。朱元璋经常派宦官出宣诏谕,或是派他们到国内各地去考察税收,参与政治。

他的子孙更是将条条框框抛到九霄云外。在"靖难之役"中,太监帮了大忙,朱棣开始重用宦官。当然宦官郑和等人还是有功的。朱瞻基虽然重用贤臣"三杨",但无视朱元璋立的第二条"家规":在宫中新设"内书堂"专门教小太监读书，甚至给最宠爱的几个太监颁发免死敕书。那么，剩下第三条"家规"如何？

朱元璋第三条"家规"不是没人想破，而只是暂时被压着。张太后虽说不摄政，但并不是没政见，更不是不负责。

王振是明朝历史上第一位专权擅政的宦官。他原来是儒士，自称周公第二，后来自阉入宫，可见这是个挺有野心的人。关于王振，冯梦龙深有感慨地写道：

> 君子之智，亦有一短。小人之智，亦有一长。小人每拾君子之短，所以为小人；君子不弃小人之长，所以为君子。

有一智之长的王振被分配服侍皇太子朱祁镇，获得良好发展机遇。王振有文化，能教宫女们读书。宣宗朝，王振侍奉太子朱祁镇读书，后升任司礼监太监。朱祁镇即位后，对王振很信任，称"先生"而不直呼其名。

然而，张太后两眼盯很紧。朱祁镇继位后，她特地将王振叫来，厉声喝道："你侍候皇上不循规矩，应当赐死！"女官们应声而起，刀架到他脖子上。这时，朱祁镇和五大辅臣为他求情，原来他们都被王振的假象蒙骗了。而看在五大臣的面子上，张太后才饶他，警告说："你们这种人，自古多误国，皇帝年幼，哪里知道！且饶你这一次，今后再犯，一定不饶！"

可惜，好人也不能永生。建国70年之后2年（1440年）杨荣去世，又2年张太后去世，又2年杨士奇去世，再2年杨溥也去世了，没死的张辅、胡濙风烛残年，而朱祁镇已成年亲政并且非常感恩王振。王振不用怕了，再也不用伪装了，迅速露出真面目，看谁稍不顺眼便杀谁。大臣刘球上书指责王振，王振将他逮下诏狱，杀了他不算还要肢解才出气。朱祁镇则一次次公开表扬王振："朕朝夕念劳，尔其体至意焉。"

本年（1441年）十一月，奉天、华盖、谨身三大殿及乾清、坤宁二宫修成，大宴文武百官，大赦天下。按照朱元璋第三条"家规"，太监不得参与宫宴。可是王振却大发脾气，而朱祁镇迁就他，宁可打破老祖宗这条"家规"，下令将只有皇上进出才大开的中门打开，请进王振。文武百官见状，远远朝他跪拜。太监

没胡须,工部侍郎王佑恰巧也没长,王振好奇询问,他竟然献媚说:"老爷没长,儿子怎么敢长!"为此,柏杨评论:

第三次宦官时代的特征之一,政府高级官员和士大夫阶层公然无耻地争向宦官投靠,是第一第二两次宦官时代所没有的现象。

换言之:明朝的高级官员和士大夫阶层比东汉末年、唐中后期更堕落!明儒比汉儒更堕落!聂作平称晚明"文人几乎集体坠落"——而不是个别,或曰少数,"士大夫读书人所尊崇的所谓圣贤,在个人的实际得失面前,实在不值一钱"。

至此,朱元璋限制宦官的三条家规全被破除。破坏者不是别人,正是朱元璋本人与他的子孙。

当时一些正直的大臣如刘球,因为弹劾王振被逮入诏狱,谋害至死。王振权势最盛时,公侯勋戚都称呼他为"翁父"。后来王振在土木堡之变中被乱兵杀死。

朱祁镇回来后,通过政变夺回皇位,却思念王振,特地下诏为王振"正名",用香木为王振雕像,甚至在京城智化寺为王振建"旌忠祠"。朱祁镇去世,其子朱见深即位,拨乱反正,重修土木之祠,立碑纪事,亲自撰写碑文,如实记载朱祁镇远贤臣,用奸佞,导致丧师辱国的惨痛教训。清朝时,山东道监察御史沈廷芳进京途中,发现智化寺古迹完好,王振雕像仍在,祠外还保存着朱祁镇褒其忠义的祭碑,不禁生气。他给乾隆上书,历数王振的罪恶,请求毁土振像、祭文碑,乾隆准奏。

王振死而不能复生,但太监辈有人出,朱祁镇很快又宠上曹吉祥。曹吉祥也很快飞扬跋扈起来,引荐文武官员只看给的贿赂多少而不管是否胜任,打击异己,公开占夺民田,以致谋乱。

朱祁镇的儿孙们也不吸取教训,为祸的大太监一个又一个涌现,明熹宗朱由校时期史上最臭名昭著的魏忠贤将中国太监作到极致。皇帝称万岁,皇后、亲王之类千岁,人称魏忠贤九千九百岁。魏忠贤总是说:"我都九千九百岁了,总不可能万岁,不如给小弟们弄个七千岁、八千岁干干!"最终,即1644年三月十五日,带头为李自成打开北京城彰义门(今广安门)的,还是崇祯皇帝朱由检平时极宠爱的太监曹化淳。有人说"开城纵贼"的人不是曹化淳，那么我另举一例，在这最后关头，定西伯总兵官唐通奉命率军进京应急，朱由检却又委派太监去监军——朱元璋发明的一种制度，唐通感到自尊心受到莫大伤害，随即提出前往居庸关御敌，结果唐通一到那就投降李自成，一起投降的还有朱由检也宠爱的太监杜之秩。

明朝以禁宦官干政始，以宠宦官作乱终，这是某种必然吗？

当然，其间有不少正直的大臣与太监作了英勇的斗争，比如本年（1438年）怒责王振的刘球、后来弹劾魏忠贤的杨涟等，也可以列出长串名单。可他们不仅都没能阻止太监得势，有的反而被太监迫害致死。只要最高权力没有被关进笼子，谁也阻止不了太监受宠，开国皇帝说了再漂亮的话也没用。

此后十年一瞥：

蔑视强胡，皇帝亲征被俘

朱祁镇出生于宣德二年（1427年）。据说，还在朱祁镇学说话的时候，父亲朱瞻基曾将他抱到膝上，问："他日为天子，能令天下太平乎？"

小朱祁镇应声答道："能。"

朱瞻基又问："有干国之纪者，敢亲总六师往征其罪乎？"

小朱祁镇回答说："敢。"

这则记载，对于朱祁镇后来的命运来说，真是一种讽刺。首先，明英宗朱祁镇统治时期，明朝并不太平！其次，朱祁镇倒确实是敢亲率六师御驾亲征，但最后带来的不是成功，反而使自己成了俘虏，还给明朝带来了一场前所未有的危机。

《剑桥中国明代史》说："在整个明代，中国人和朝廷一直十分担心蒙古的'威胁'，这种担心是中国人经历了蒙古人的征服和元朝统治的后遗症。"1368年，徐达率领的明朝北伐军攻克元大都，元顺帝北逃。但是退居漠北的蒙古军事贵族并不甘心失败，时刻准备伺机南下，成为明朝严重的边患。明太祖朱元璋曾经多次命徐达、蓝玉等大将北伐远征，明成祖朱棣更是曾经五次亲征，还将都城迁到临近北边防线的北京。但是，来自蒙古诸部的威胁却无法彻底根除。

朱瞻基逝世后，继立的朱祁镇年仅九岁。正统初年，政局操纵在太皇太后张氏和内阁学士"三杨"的手中。正统七年（1442年），太皇太后张氏去世，之后，内阁"三杨"或病逝，或年迈，政治权力逐渐集中到宦官王振之手。

正统十四年（1449年），蒙古瓦剌部入侵山西大同，无论是皇帝还是权势熏天的宦官王振，都是积极的好战派。王振好战是希望通过军功来巩固自己的地位。为此，他极力怂恿年轻的皇帝御驾亲征。虽然吏部尚书王直率领百官竭力劝阻和抗议，但在王振的强势下根本不起作用。

对于年轻的皇帝本人来说，他也希望能够驰骋沙场，有一个英武的形象。后来号称贤明的弘治皇帝，在弘治十四年（1501年）就想向明成祖朱棣学习，出塞亲征，他对兵部尚书刘大夏说："太宗频出塞，今何不可？"幸亏刘大夏应对得很聪明，说："陛下神武固不后太宗，而将领士马远不逮。"

朱祁镇距离自己的曾祖父北征不过三十年，而距离自己的父亲屡次巡边的举动则不过十余年。因此，他效法祖、父巡边北征的愿望也就更为强烈。

七月十六日，朱祁镇命郕王朱祁钰留守，自己亲率明军从北京出发，随行文武大臣有英国公张辅，成国公朱勇，户部尚书王佐，兵部尚书邝埜，内阁学士曹鼐、张益等人，宦官王振也陪同出征。由于准备仓促，军队只准备了一个月的口粮。以这样的储备深入草原与蒙古骑兵作战，无疑非常冒险。

据说，从北京出发之后，途中内阁学士曹鼐曾秘密与从征的御史们商议，想派武士一人将王振打死，以劝止皇帝御驾亲征。但是，"诸御史惴惴无敢应者"。于是，大军浩浩荡荡地出了居庸关，七月二十三日到达了宣府，八月初一到达大同。

到达大同后，王振得到了大同总督军务西宁侯宋瑛、总兵朱冕在七月十六日的战役中战死、全军覆没的惨败消息后非常惊恐，决定退兵。几十万军队徒劳地转了一圈，掉头返回京城。大同副总兵郭登通过内阁学士曹鼐向皇帝建议，大军从紫荆关（今河北易县西）退回京师，可保安全。

王振请求皇帝顺道巡幸自己的老家蔚州。然而，军队快到蔚州时，王振担心军队经过会毁坏自己家乡的农作物，决定改道。军队折而向宣府前行。八月初十，明军抵达宣府，但瓦剌骑兵已经追到。朱祁镇一面派兵拒战，一面继续往京城退却，负责断后的成国公朱勇及四万军队全军覆没。

八月十三日，明军抵达土木堡，距离怀来城仅二十余里。土木堡是居庸关通往宣府、大同的交通要道上的一个驿站，位于狼山西麓，东距怀来卫（今河北怀来）二十五里，周围百里内高峰林立。王振为了等候自己的千余辆辎重车，不肯进城，明英宗便也驻留在土木堡狼山之上。

兵部尚书邝埜请皇帝以精兵断后，被王振呵骂，诸臣只能在帐中愤泣。八月十四日黎明，瓦剌军队追到土木堡，包围了明朝军队。八月十五日，明朝军队溃败，正统皇帝被俘，大批文武官员死于此役，王振也死于乱兵之中。

据明人刘定之《否泰录》的记载，这次战役中，"虏众仅二万，我师死伤过半"。土木堡之役，明朝五十万军队为什么会被两万的瓦剌军队击溃？有学者认为，明军五十万人的说法不准确，明朝随征官军人数可能是三十万左右，而且在之前的几次拒战中又损失了约五万人。然而，即便如此，二十余万的明军何以被两万的瓦剌军队击败呢？

这场战役中明军失败的原因有以下几点：一、明军所驻扎的土木堡周围尽皆高山，难以让数十万的明军展开；二、明军驻扎在狼山上，离水源地太远，掘地十余丈又不能得水，人马饥渴；三、八月十五日，王振派人前去与瓦剌军队议和，趁机命令移营前往十余里外的河道就水，结果导致阵势动摇，反而遭到瓦剌铁骑的突袭。

明末清初著名的史学家谈迁说："宣宗巡边，偶而取胜。然而兵无常势，土木堡之陷是过于蔑视强胡的后果。"

千古之叹：

史上的"贸易战"

"贸易战"这一概念一般包括两种意思：一是用来比喻各国贸易往来中出现的严重摩擦，二是因贸易问题引起的动刀动枪的真实战争。前者很容易恶化为后者，历史上很多战争都是由贸易引起的。

不能贸易只能抢

世界上有两种人最好战，一是小岛之民，二是草原之民。岛上物产有限，不外出掠夺怎么生存与发展？草原虽然大，可是牧群吃了这片草，不可能明天后天就重新长出来，得驱赶到另外一片草原去放牧，怎么不引起战争？草原部落相互间争战，也不得不南下农耕地区。他们需要农耕地区的物产。如果有正常的商业来往，那么不论小岛还是草原，都可以公平地交换物资，和平地互通有无。问题在于贸易从来不是畅通无阻的。

台湾学者王明珂《华夏边缘——历史记忆与族群认同》一书，专门考察羌族、西南少数民族及北方游牧民族社会历史，其中评述：

由于气候干旱化，适于农牧的地带南移。黄土高原北方山岳地带人群因此畜养更多的动物，并不断地趋于移动化、武装化，并向南方入侵以争夺适于农牧之地，如此造成华北沿着后来的长城地带人群间资源竞争关系紧张……由于游牧是一种无法自足的经济生态，因而从此游牧与农业人群沿着长城展开绵延2000余年的资源竞争与维护之战。

他们甚至跟海盗一样以劫掠为业。《史记·匈奴列传》说："其俗，宽则随畜，因射猎禽兽为生业，急则人习战攻以侵伐，其天性也。"宽指生活宽裕之时，急则指不宽裕，或者说生活窘迫之时。《哈佛中国史》说："在成吉思汗掌权后，蒙古人的生活不再依靠传统的游牧，而是逐渐靠从战争中获取的战利品。"劫掠不仅成为他们物质生活主业，而且成为精神生活的支柱。

台湾学者姚大中《姚著中国史》说：游牧地带"贵族们的消费欲望，与定居社会生产的奢侈品有过接触以后，便被刺激起来。相对方面，游牧经济自身生产而超过饱和点时，过剩的牲畜与毛、皮等也必须脱手，否则反成为社会发展的阻碍"。因此，"定居地带可以与草原隔绝，草原上的游牧社会却不能与农业定居社会切断联系，必须与之发生经济上的往来关系。也唯如此，使游牧社会对定居社会有显著的依存倾向，依存方式正常的途径便是贸易"。

世界历史学家们曾经困惑：游牧社会凭什么成为农业社会的强劲对手？谜底现已揭晓：游牧生产 + X = 发展，公式中 X 表示对外贸易。

匈奴的商贸记录，最早可追溯到秦始皇时期。据《史记》记载：乌氏倮是秦国最大的农场主兼外贸商人，他用畜产与南方交易丝织品，通过关系送给匈奴王，匈奴王偿还十倍价值的畜产。他的马牛多得像谷子一样，秦始皇破例让他跟文武大臣一起上朝参议国是。秦亡不久，匈奴与西汉的贸易就有模有样了。

贾谊曾建言："夫关市者，固匈奴所犯滑而深求也，愿上遣使厚与之和，以不得已，许之大市。使者反，因于要险之所多为凿开，众而延之，关吏卒使足以自守。大每一关，屠沽者、卖饭食者、美麗炙膈者，每物各一二百人，则胡人着于长城下矣。"关市是关与市的合称，泛指边关的交易场所，大市则指城市交易市场。贾谊说他们狡猾，换言之就是精明有生意头脑，与中原的交易不仅满足自身的需求，还作转手的国际贸易。岑仲勉《隋唐史》说："匈奴早已运用（北道）为转输华丝于西亚罗马之通途。"难怪他们"深求"！

《史记·匈奴列传》记载："孝景帝复与匈奴和亲，通关市，给遗单于，遣公主，如故约。终孝景帝世，时时小入盗边，无大寇。"汉景帝时期双方有正常的贸易了，边境地区再没有发生大规模劫掠，只是些小偷小摸。之后，"武帝即位初，明和亲约束，厚遇关市，饶给之。匈奴自单于以下皆亲汉，往来长城下。"可见汉武帝之初，和亲与边贸双管齐下，两国官方关系仍然友好。后来发生马邑事件，双方撕破脸，"自是之后，匈奴绝和亲，攻当路塞，往往入盗于汉边，不可胜数。然匈奴贪，尚乐关市，嗜汉财物，汉亦通关市不绝以中之。"战争也没能中断贸易。

　　汉地统治者出于政治考虑，并不想跟匈奴发展正常的贸易关系，而匈奴也不一定有那么多交易的商品，何况劫掠几乎可谓"无本生意"。姚大中说：在游牧社会，"贸易与掠夺，对于'取得'的意义并无实质区别"。所以，他们在明知得依靠对外贸易才能谋发展的硬道理之后，还是难改劫掠的习性。对于他们而言，那公式当中的 X，可以填"对外贸易"，也可以填"南下劫掠"，或者填"对汉朝贡"也无妨。

　　在冷兵器时代，游牧民族在军事方面占有天然的优势。统一六国的秦始皇、推翻强秦和消灭项羽的刘邦也无法战胜匈奴，西汉之初是真心想与之和平的，宁愿送美人、贡财物甚至出让些土地。《剑桥中国史》写道："从前 192 年至前 135 年，协议修订不下于九次。我们能够有确切把握断言，汉朝为每一次新协定付出了更高的代价"，"老上（单于）还成功地在和亲协定中引进了新的内容，即增加了有关边境贸易的条款"，但"有证据表明，比起缔结持久的和平以解决所有政治争端来，匈奴对建立与汉朝的贸易关系可能更感兴趣"，"很清楚，边境市场制度是匈奴强加于汉朝的"，却"没有迹象说明冒顿（单于）曾经表示愿意尊重中国的要求"，"匈奴和汉朝的关系一般是在贸易和战争之间交替出现"。那么，在美人与厚利兼得的情况下，匈奴为什么还不肯放弃劫掠与战争呢？《汉书·匈奴传》评论：匈奴单于连质子之生死都不顾，在于他们"侵掠所获，岁钜万计；而和亲赂遗，不过千金，安在其不弃质而失重利也？"《哈佛中国史》也说："中国人把这归因于胡人的不忠，但它确实反映了匈奴政权的本性"，"随着匈奴违背了一个又一个协议，中国朝廷中要求战争的呼声越来越高"，才逼得汉武帝刘彻改变战略，对匈奴主动出击，千里追踪，大有剿灭之势。

　　对于游牧民族的生存条件与生活方式，汉人也表示理解与同情。明朝大臣王崇古说："北虏散处漠北，人不耕织，地无他产，房中锅釜针线之日用，须藉中国铸造，绸缎绢布之色衣，惟恃抢掠"，对于他们"瘦饿之形，穷困之态"，汉族"边人共怜之"。柏杨说："中国人常大惑不解地责备他们不安于自己的乡土，但如果把位置调换一下的话，恐怕也免不了会有同样的行动。"

张骞出使大宛（今中亚费尔干纳盆地），带回一种马，跑得非常快，会流鲜血样的汗，因名"汗血宝马"。汉武帝刘彻非常喜欢，称之"天马"，命人特铸一匹金马，送到大宛换一匹"汗血宝马"，没想被拒绝。汉使生气，当场砸了金马，却暴露那铸马并非真金，大宛感到被戏弄，怒杀汉使。刘彻派兵讨伐，不想失败。第二年秋败兵回到敦煌，不过十之一二。刘彻派兵拦在玉门关，严令："有敢逃回来的，一律斩杀！"刘彻下更大决心，发囚徒、恶少及边骑6万，不久又增发吏有罪者、亡命者、赘婿、商人、故有市籍（商人户籍）、父母有市籍、祖父母有市籍者为兵，浩浩荡荡再征大宛。汉兵不是吃素的，一路杀过去，途中阻挠的一旦攻克便屠城。到大宛城外，围攻40余日。大宛抵挡不住，只得杀了国王降汉。汉军取"汗血宝马"数十匹及优良牝牡3000余匹，又立曾经亲汉的贵人为大宛王，这才罢兵。

这并非孤例。《汉书》记载：

> 张骞言使大夏时，见蜀布、邛竹杖，问所从来，曰："从东南身毒国可数千里，得蜀贾人市。"

邛竹即罗汉竹，竹结较细，节间短而膨大，好像弥勒佛之肚，又好似叠起的罗汉，挺好看。大夏指中亚和南亚次大陆西北部的古国，身毒国指古印度地区。刘彻一听邛竹杖又动心了，派人千里迢迢去采购，却为昆明国所阻，于是下令在长安仿滇池掘"昆明池"，以便练习水军，远征昆明国。昆明国为了垄断过境贸易，拼死抵抗。汉军征战十余年，只打通从成都到洱海一段路，汉使仍不能越大理至保山一带，而只能通过当地部族、印度作中介与大夏商人间接贸易。"昆明池"在唐时就干涸为陆地，现已重现，在2018年中国西北旅游会上入围"神奇西北100景"榜单。我们到那儿游览观光别忘了一点：古代汉人也会为贸易而战的。

后来郑和下西洋也有类似的"强买强卖"，朱棣明确指示：遍历诸番国，宣天子诏，因给赐其君长，不服则以武慑之。弱小国如占城，吓得主动表示"愿纳国土，请吏治之"。下西洋中断几年，明宣宗朱瞻基见"外番多不来朝贡"，连忙又指示恢复。平心而论，中国人并非生来"落后挨打"。

不想贸易只想贡

其实，中国商业发展很早。据说所谓商朝，就因为他们善于经商才得其名。西周之初，姜子牙受封建立齐国，针对齐国地贫人少的特点，采取"因俗简礼""尊贤尚功""通商工之业、便鱼盐之利"三大国策，5个月便安定，齐国因此成为春秋时期天下第一个霸主。连"卖淫"即收"夜合之资"，也在那里合法化、产业化、国营化了。《周礼》有"司市"之官，"掌市之治教刑罚，量度禁令"，依法管理。孔子学生子贡还作"国际贸易"，赚了很多钱，否则孔子周游列国哪来的盘缠？早在宋朝，海外贸易就很发达，宋高宗赵构曾感叹说："市舶之利最厚，若措置得宜，所得动以百万计，岂不胜取之于民？朕所以留意于此，庶几可以少宽民力尔。"外贸发达了，国家税赋就不必再取之于农民，这想法多么"现代"啊！

然而，中国又很早就开始奉行"重农抑商"的国策。据说始作俑者是法家的商鞅，奉行"不农之征必多，市利之租必重"政策，打击、抑制商人。不可思议的是，历代儒家倒是2000多年如一日坚持商鞅这种以农为本、商为末的思想，所谓"四民"士最贵，农次之，工商最末。

那么，想要所缺物资怎么办？中原王朝发明一招："朝贡"，又称"进贡"。《禹贡》注："贡者，从下献上之称，谓以所出之谷，市其土地所生异物，献其所有，谓之厥贡。"贡赋之物为当地"所生异物"，也就是我们现代所称土特产。其特点是"从下献上"，所以又称"宗藩体系"，与条约体系、殖民体系并称世界国际关系三大模式。其首创权很难归属于谁，中华朝贡体系被公认是最为典型的朝贡体系。你想，这种"从下献上"的特点，与帝王心态及儒家精髓多么契合啊！想不坚持都难。

《诗经》颂扬周朝：

> 受天之祜，四方来贺。

> 於万斯年，不遐有佐。

"四方来贺"指周围的小国都来朝贺。朝贺即朝觐，指臣子朝见君主。让周围小国都像下官朝见君主一样，显然不能用来处理现代国际关系。中国古代帝王和文人是很迷恋这种感觉的，"四方来贺"成为盛世的重要标志之一，历代帝王都非常重视。对于朝贡者，实行"厚往薄来"的原则。通俗地说，只要承认中国的中心地位，就有朝贡资格。你朝贡一元礼品，天朝接待你白吃白喝不算，还会送给你十元百元的礼品。贡使团除了贡品，还附带有大批私物，或由天朝"给价"（一般高于市值）收买，或准许他们自行交易，又让他们大赚一把。所以，"外藩"都争着向中国朝贡，唯恐没有资格，恨不能每月来一趟。但帝王只不过是图个风光，只要你隔三岔五带点土特产就行了，有来必记上史册，向世人、后人炫耀。一代代帝王迷恋这种感觉，像吸食鸦片上瘾一样欲罢不能。

厦门大学庄国土教授指出："所谓的'朝贡制度'，基本上是中国统治者虚骄的自我标榜和官吏文人为取悦皇上的阿谀奉承，以及海外诸国统治者或官员和商人以朝贡名义谋求经济利益。朝贡者或受封一方，绝大多数时候并不表现或理解为是实质上的从属关系。"比如交趾（即安南，今越南），雍正表扬其"累世恭顺，深属可嘉"。殊不知其表里不一。明朝大臣叶向高坦言："其君长尤狡狯，有二名，以伪名事中国。自黎氏以来，虽奉贡称藩，然自帝其国中，如赵佗故事，死则加伪谥。"有些外商甚至三五成群临时凑个伙，随口瞎编一个稀奇古怪的国名，说是来朝贡，其实是骗点儿钱，比正儿八经的贸易赚得多多了。明朝就发现有这样的骗子，可如果要中国帝王改革这种自欺欺人的把戏，那比戒毒还难。

当然，周边小国也有些人的膝盖硬，不贪财的大有人在。中原王朝大臣急了，连忙邀请小国，甚至暗中贿赂，请求快来一跪。如果通知了还不来，帝王可要发怒。隋炀帝杨广视察突厥的时候，高丽使者也在那里，却没有朝隋。杨广不高兴了，立即下诏，令高丽使者回去通知国王来朝。可是等了一年，高丽王的影子也没有。杨广觉得很丢面子，即征高丽，一战再战直到高丽给长期的战争拖怕了，提出和解，恢复朝贡关系，杨广才觉得有面子了，于是停征高丽。

与此相反，接受朝贡的一方也会生气。谁都知道朝贡贸易是赔老本的事，一多谁也受不了。早在西汉,就有大臣建言拒绝匈奴来朝。当时匈奴来朝,每次达200多人。哀帝刘欣时,匈奴致国书说:"蒙天子神灵,人民盛壮,愿从五百人入朝,以明天子盛德。"几句马屁话,人数要翻倍,也就是说赏赐要翻倍,刘欣不得不拒绝。有大臣建议花钱买平安,刘欣才勉强答应。可这500男人回去不久,他们又说妇女也要入朝。是啊!和亲了,嫁去了"公主",能不让她们携子女回娘家省亲吗?再准备红包吧!北宋曾有一系列限制,如"非贡奉物,悉收其税算",限定入贡人数,无法验证的人员一律拒绝,查出假冒的予以治罪,对擅自承载外国人入贡的则"徒三年,财物没官"。

《剑桥中国史》说:"蒙古人与明朝建立关系的主要目的不再是去征服世界,而完全是为了生存和巩固脆弱的草原经济。"蒙古瓦剌部派一个贡使团,索偿过高,明廷不得不拒绝。瓦剌部首领也先大怒,立马亲率4路大军向中原进攻,"兵锋甚锐,大同失利,塞外城堡,所至陷没"。这时,太监王振盲目鼓动明英宗朱祁镇亲征,结果中敌圈套,朱祁镇被俘,50万军队差不多全部被歼,从征的100多名文臣武将几乎全死。幸好瓦剌野心不大。日本讲谈社《中国的历史》认为:对瓦剌而言,"明朝就是能生金蛋的鸡,只希望它能允许贸易而丝毫没有灭掉明朝的想法",所以"朱祁镇受到也先政权客人般的隆重接待"。当然也幸好于谦等大臣明智,及时果断拥立朱祁镇之弟朱祁钰继位,断了瓦剌的非分之想,然后索回朱祁镇。

朱祁镇回来之后夺回皇位,却继续陶醉于"朝贡体系"。后来蒙古土默特部落强盛起来,而明朝的"朝贡体系"越来越僵化,对于他们想封爵、每年进贡、在长城关口恢复互市贸易的请求也予以拒绝,嘉靖皇帝朱厚熜甚至粗鲁地杀了他们派来的使节。俺答汗一怒,率6万大军进犯大同等地,大肆劫掠而去。先兵后礼。第二年俺答汗遣子到宣府、大同贡马,再求开马市,朱厚熜不得已同意。但不久朱厚熜拒绝以牛羊交易谷豆,单方关闭马市,俺答汗又开始时不时纵兵南下劫掠。直到嘉靖皇帝死后双方才和解,息兵互市,史称"隆庆和议",双方数十年基本上处于和平的状态。

为了防止沿海军阀余党与海盗滋扰,明太祖朱元璋严厉实行"海禁",将"朝贡贸易"视为唯一合法的对外贸易方式,外商"非入贡即不许其互市"。朱棣时郑和浩浩荡荡下西洋，民间仍然不准出海。

石板下的种子必然会长出弯苗。当时整个东方世界最大港口宁波设市舶司，相当于现代外贸、海关、招待所等职能混合一体，负责检查报税，设宴款待。检查接待的原则是先来先查并坐上位，后来后查坐次位，跟现代排队一个原则。然而，"走后门""插队"之类不正之风古已有之，或者说贪腐之风无处不有。

日本宗设、瑞佐两个船队一先一后到宁波，后到的瑞佐通过中国翻译向市舶太监行贿，便先查货并在酒宴上坐了上位。先到的宗设很气愤，与瑞佐争吵斗殴，一路厮打回国，事情闹得很大。明廷感到挺没面子，便将市舶司撤销，接待日商事务改由当地商人自己负责。商业中欠些货款本来很正常，可是中国商人欠日商的货款越来越多，最后还有人一跑了之，让日商没地方找人。官府不管这些事，日商只好找当地德高望重的乡绅，没想到乡绅所欠更多。为了对付日商讨债，乡绅游说当地官府，将他们诬为海盗"倭寇"，出动军队清剿。如果仅此也罢，更恶劣的是这些乡绅转身又向日商通风报信，让他们逃走，假装好人。于是，日商一面憎恨当地官府，一面感激当地乡绅，贸易继续，结果乡绅欠款越来越多，一晃给愚弄20多年。日商终于忍不住，强占几个岛屿，声称如果讨不到债就不回国，中国如果动武他们也武力反抗。当地乡绅只好真的请明军向日本船队进攻，而日商这时也带了军队，并将明军打败。就这样，讨债的战火蔓延浙江、福建和南直隶（今江苏）大片沿海地区。随之，日本也来了真的"倭寇"，一乱十几年。

为此，明廷实行更严厉的海禁，这可苦了沿海地区的民众。黄燕红的随笔《月港怀古》，从一个侧面生动地揭示了这段历史的真相：

海禁不但严禁人民出海贸易，后来更变本加厉地发展到普通百姓"寸板不许下海"。连打渔养家和基本的海上交通往来也不被允许了，这不要了百姓的命吗？失去生存来源不甘心等死的一些人，索性破罐子破摔抛开仁义道德家国天下，"顶剪发而椎髻向后以从之"，打扮成日本浪人模样以便混淆视听。施这样的障眼法，既是为了躲避政府的追捕，也是为了不拖累家人亲友。

可见，"倭寇"问题绝不是如字面意思那么简单，它有着重要的自身的根源。对此，当时一些大臣就进行了冷静的思考。如福建巡抚许孚远认为："市通则寇转而为商，市禁则商转而为寇"，请求朝廷允许福建商民在近海与外国通商。

朱厚熜死后，朱载垕登基没几天就诏告群臣："先朝政令有不便者，可奏言予以修改。"福建巡抚都御史涂泽民不失时机上书："请开市舶，易私贩为公贩。"私贩指走私商，公贩指合法商人。朱载垕当即批准这一奏请，宣布解除海禁，允许民间远贩东西二洋，史称"隆庆开关"。学者认为，它在中国古代经济史和对外贸易史上占有重要的地位，对中国乃至世界经济发展都产生了一定的影响。

据张燮万历年间所著《东西洋考》记载，当时月港有18条航线，与47个国家和地区频繁进行直接贸易，从月港出口的货物有116种，进口货物140多种。当时中国的产品如丝织品、瓷器、茶叶、铁器等广受世界各国欢迎，而许多国家则没有相应的名优商品来满足中国人的需求，只好以白银支付，以致白银大量流入中国。据统计至明末，全世界白银总量的1/3涌入中国，共计3.53亿两（目前重估约为5亿两），且2/3的贸易与中国有关。

从此，"倭渐不为患"。有正当活路了，几个人还会去作杀头的生意？就像河患往往不是靠堵而是靠疏，"倭寇"问题最终是开海禁解决的。

不敢贸易只敢礼

中国人自古好义利之争，说是重义轻利，其实除了节妇烈女没几个人舍生取义，否则朱由检不会抱怨大臣们"居官有同贸易"。明末中国距资本主义仅一步之遥，但就这一步成为成语"功亏一篑"的经典注脚。犹抱琵琶半遮面，清朝经济在半迎半拒的羞羞答答中还是有长足的发展。《哈佛中国史》生动地写道：

虽然中国人口的绝大多数总是由农民组成，且西方长时间认为中国是农业社会最名副其实的典型，不过到了清朝中叶，中国可能是全世界最商业化的国家。宣称过着理想化"耕读生活"的中国精英分子，他们通常是无法不依靠从贸易得来的家产资助过活。而那些19世纪来到中国自称为"商业先锋"的西方人，认为自己教导当地人交易的好处，其实也不过是自欺欺人的假象。

然而，此时已非彼时，世界发生了一系列"三千未有之变局"。

工业革命意味着什么？以微不足道的缝衣针来说，李白"铁杵磨成针"显然不是写实，但我们不难想象手工制作一枚针多么费工夫，不信可以去削一根牙签试试。可是一旦采用机器生产，那效率立即提高不知多少倍。享誉世界的画家达·芬奇其实更是出色的机械工程师，最早设计了滚动柱轴、万向节等。他在1496年一则日记中写道：

> 明天一早我就制造皮带传送带，并开始试运行。每次运行能够生产400枚缝衣针，一小时运行100次就能够生产40000枚缝衣针，12小时就能够生产480000枚。

机器生产缝衣针简直跟大女散花一般，得代替多少工人？所以英国曾经常发生工人砸机器的事，政府也曾禁止机器出口，但生产效率的提高毕竟是人类进步的要求。12小时生产48万枚针，就可以将一个县的需求满足了吧？一台机器不能生产12小时就报废，那么接下来生产的商品就得销到县外、省外乃至世界各地。工业革命对于农业社会的冲击，比游牧民族可怕多了！著名历史学家马勇说：

> 西方势力东来的背景就是新技术发明，是产业革命，产业革命使得西方社会产能过剩、资本过剩。产能过剩、资本过剩，一定会向外寻找市场。这就与今天中国经济严重依赖国际市场一个道理。

不仅如此。在明清更替前后，由神圣罗马帝国内战演变而成的欧洲国家三十年混战终于结束，欧洲建立起"威斯特伐利亚体系"，由此确立国际关系中应遵守的国家主权、国家领土与国家独立等原则，成为当今世界国际关系的基础。世界贸易体系也与此系列原则挂钩，可是这与天朝长期奉行的"朝贡体系"水火不容：一个要求我尊你卑，一个要求国与国不论大小一律平等。两种体系代表的是两种价值观，意味着新旧两个截然不同的时代。如果承认国家间平等的价值观，不仅对外的"朝贡体系"将崩溃，内部"三纲五常"的封建制度也将倾覆，专制统治的根基就要塌陷。清朝统治者唯恐失去自己的统治权，宁愿中国社会裹足不前，顽固地一再拒绝世界贸易大潮，冲突愈演愈烈。他们依然幻想依靠老祖宗流传下来的法宝：礼。

葡萄牙、西班牙、荷兰、法国、美国、普鲁士、瑞典、丹麦、奥地利、意大利等国陆续上门来请求中国发展平等的商贸关系，其中英国女王5次致信通商全都失败，仍只是获得"朝贡国"待遇。荷兰是17世纪世界上最强大的国家之一，1605年开始与中国联系，国书明确说是"求凡可泊船处，准我人民在此贸易。一者是天主所定，一者各国规矩皆然。且令中国人民，兼得利益"。明万历皇帝予以拒绝。1656年荷兰又派员抵京，清顺治皇帝视其为"声教不及"的夷人，只是"念其道路险阻，可八年一期"，特准8年一次朝贡的恩赐。荷兰不满意，1665年再派大臣来谋求建立商务关系，无功而还。1686年再来，康熙终于有所感动，但只是改为"五年一贡"。

最典型的是1793年英国外交使团访华，中英双方都非常重视。英国代表团团长马戛尔尼有勋爵身份，带着价值达1.3万多镑的礼物。乾隆本来也非常高兴，早早令广东及沿途官员好好接待。然而，中方强求马戛尔尼行"三跪九叩"之礼，冲突引爆。

我们很容易想到，孔子时代虽然强调君臣、师生、父子之别，但都"坐而论道"，体现人格上的平等。跪下五体投地叩拜，只出现在祭祖先和天地，或是投降、认罪的时候。到宋朝，高腿坐具凳子椅子取代矮腿坐具，帝王高高在上，大臣只能站在下面。元朝更糟，重用理学，尊卑关系进一步强化。蒙古人本来没什么文化没什么礼仪，"融中国高度文化和政治家气质于一身"的耶律楚材采用中国文化治中国人，说服大汗的哥哥带头向大汗行双膝跪拜之礼，进一步用压低别人的方式抬高帝王。到了忽必烈时期，确立新制度：省院台大臣奏闻一律下跪。此后，"礼仪之邦"朝野迅速盛行双膝跪拜之礼，只要遇上比自己大的官都得双膝跪拜。周边小国本来就俯首称臣，自然不在话下。对于西方国家，依然如此苛求,荷兰等国也屈从了,马戛尔尼却以死相拒。

马戛尔尼坚持要求大英与大清平等相待,结果不欢而散。至于英国政府请求签约的内容,一是开放宁波、舟山、天津、广州之中的一地或数地为贸易口岸;二是允许英国商人比照俄国在北京设一个仓库用以收贮发卖货物,在北京设立使馆;三是允许英国在舟山附近一岛屿修建设施,作为存货及商人居住;四是允许选择广州城附近一处地方作为英商居留地,并允许澳门英商自由出入广东;五是允许英国商船出入广州与澳门水道,并能减免货物课税;六是允许广东及其他贸易港公报税率,不得随意乱收杂费;七是允许英国圣公会教士到中国传教。除第7条以外全是商业性质,乾隆以无先例为由,全部拒绝。

乾隆给英王回信说:"天朝物产丰盈,无所不有,原不藉外夷货物以通有无。特因天朝所产茶叶、瓷器、丝斤为西洋各国及尔国必需之物,是以加恩体恤,在澳门开设洋行,俾得日用有资,并沾余润。"当时,清廷诸多大臣都认为"中国之物,番人最重者,无若茶与大黄。非此二物,则病胀满而不治",只要"绝茶与大黄不使出",便可迫使夷人不远万里来三跪九叩。这些言论在今天看来贻笑大方,在当年却是冠冕堂皇地写在国策当中的。

20余年后英国再派使团访华,继续请求平等协商,建立近代国家关系,嘉庆却明确批示"此事朕不以为喜",像乾隆当年一样苛求三跪九叩之礼,不从就将他们驱遣回国。

英国使团团长阿美士德强调说:

假如叩头这个仪式只不过是拜见君主的方式,那照着去作就不会存在什么反对。正如马戛尔尼勋爵的提议所表明的,但当它是被专横地坚持作为一种承认中国皇帝是天下的主宰,而看作是作为他的藩属的其他君主的责任而要求时,这就表示在任何情况下,都不能令人屈从的。对于它的屈辱,需要加以慎重的考虑。

乾隆们苛求的叩头,并不是一个简单的礼节,而是强求以此表示你英国也同意作我天朝的属国。所以,阿美士德也拼死拒绝,结果同样被驱回。

嘉庆还明令不准再有外国使臣进京,同时给英国女王颁赐一道敕谕,毫不客气地说:"嗣后无庸遣使远来,徒劳跋涉。但能倾心孝顺,不必岁时来朝,始称向化也。俾尔永遵,故兹敕谕。"这无异于绝交书。而嘉庆余怒未消,当日又谕两广总督,指令他们将英国使者按照押送本国充军罪犯一样遣送回国,沿途弹压,并准备停止英国在广州的贸易。幸好当时两广总督不糊涂,灵活处理。过几天嘉庆自己也有所意识,改示"以礼遣归"。

白云涛评论:由此"可知嘉庆皇帝对世界大势一无所知,就处理此事而言,荒谬、无知、自私到了极点"。台湾学者郭廷甚至说:"设果如此,中英战争(鸦片战争)或许要提前二十年。"

其实,不仅西方需要中国市场,中国也需要西方市场。中国长期是自给自足的自然经济,对西方货物兴趣不大,而西方对中国生丝、土布、瓷器、绸缎、糖、樟脑等非常感兴趣。这样,在鸦片战争以前的中英贸易中,中国一直是顺差,英国逆差,外来白银大量流入。中央官府要海禁,地方官府可不干,偷偷摸摸也要跟外国人交易。英国人为了扭转贸易逆差,作起了为人不齿的鸦片生意。两国无法进行正常的沟通,又由于地方势力与中央官府三心二意,列强视为有机可乘,越来越胆大妄为,便渐渐由礼仪冲突演变为武装冲突,由两国矛盾扩大为中国与多国矛盾。

道光派林则徐去禁烟是对的,但他应该意识到此举将损害国内一些人的不法利益,引起英国不法商人的反抗,应当对他们的军力有正确的评估,并采取相应的防范措施,可他没有考虑充分。一方面他没把英国舰队将远涉重洋来犯的消息当真,认为那只不过是恫吓;另一方面又认为英军来也不怕,说他们的战船太大进不了中国江河,"且夷兵除枪炮之外,击刺步伐,俱非所娴。而其腿足缠束紧密,屈伸皆所不能便,若至岸上,更无能为。是其强非不可制也"。他们盲目地放大自己的优点和敌人的缺点,根本不把英军放在眼里。黄仁宇说:"中国人之公众心理也确有一段自欺之成分。"当英国区区 4000 名侵略者果真来到时,我四亿人口的大国在自家门口居然无法抵抗,让我今天想来还感到十分丢脸。

当时,美国总统约翰·昆西·亚当斯在一场演讲中评论正在进行的第一次鸦片战争:"(鸦片贸易)只是争执的导火索……战争的肇因是磕头(kowtow)!——中国摆出傲慢无理的架势,认为她和世界各国的商贸往来并非基于平等互惠的原则，而是基于宗主和藩属间屈辱和卑下的关系。"柏杨也在《中国人史纲》一书中写道：

这一场战争，事实上是贸易战争，不是为鸦片而战，而是为贸易而战。但它却是由鸦片引起的，而且人们也乐意把这项肮脏的罪名加到侵略者头上，所以称它是鸦片战争。

FT中文网财经版主编、东京大学客座研究员徐瑾近来撰文说：

我在《白银帝国》中写过，冲突本质不在于鸦片，而在于白银，更是天朝秩序与国际秩序的冲撞。在鸦片战争之前，冲突的导火索已经埋下，那就是当时粤海关的腐败。清朝的关税并不重，但是关税之外各类明暗贿赂让英商不堪其扰。英国马戛尔尼去见乾隆，名为贺寿，其实就是告御状。大清固然不想打战，英国国内反对声音也很大，各种外交协商途径都使用殆尽之后，最终才不得不走向战争。

英国方面则称"通商战争"，自始至终都没有宣战，只是军事报复行为，而不是正式战争。他们不喜欢正规帝国及其统治成本，热衷建立以私有财产和自由贸易为基础的新的世界体系，将当时的海外战争大多视为"规训"：你不遵守新的世界体系游戏规则，就讨伐你！这方面，西方表现是野蛮的。

更令人不敢相信的真相是：朝野根本就没在乎鸦片之害，而在乎鸦片之利，要实行"土烟驱逐洋烟"的民族产业保护政策。连林则徐也如此。早在1833年林则徐曾建议自己发展鸦片生产，1847年还在写给他的学生、江西抚州知府文海的信中进一步说：

鄙意亦以内地栽种罂粟于事无妨。所恨者内地之嗜洋烟而不嗜土烟，若内地果有一种芙蓉，胜于洋贩，则孰不愿买贱而食？无如知此味者，无不舍近图远，不能使如绍兴之美醺，湖广之锭烟，内地自相流通，如人一身血脉贯注，何碍之有？

几十年后,光绪年间"戊戌六君子"之一刘光第在日记《南旋记》中记载:"此地(涪陵)与忠州、丰都皆以种罂粟为要务,葫碗、菜、麦,至市他邑,故通市难觅菜油,日用则桐油,皆罂粟油也。"1875年云南省全省1/3耕地种植鸦片。贵州省稍晚,1879年产罂粟不到2000担,5年后就增长到4万担。陕西、四川、甘肃、直隶等地,也都像我们今天种烟叶一样鼓励种植罂粟。1882年本土鸦片不仅能满足国内需要,而且可以出口。到1906年,国产鸦片为58.4万担,而洋烟仅5.4万担。民国之后还有不少地方盛行种植罂粟,直到1949年以后才禁绝,你说这鸦片战争冤不冤?

其实,乾隆不傻也不会不讲理,完全能够适应现代文明。我还感慨:英商控告行商倪宏文拖欠白银达11216两,经查属实,但倪宏文无力偿还,巡抚只是将倪宏文处以"减等拟徒,援赦杖责"。对此,乾隆认为"殊属宽纵",要求刑部从严处理。刑部批复驳斥广东地方保护主义:

今倪宏文拖欠夷商货银,数至盈万,实属有心诓骗远人,非内地钱债之案可比。至所供落价亏本,及赊与客贩、舟覆货沉等语,均系狡词支饰,岂可凭信。

结果"改拟杖流监追",即不仅要杖责,更重要的是得赔偿人家的损失。不仅如此,乾隆还批评那位广东巡抚"平日尚能认真办事,何以审拟此案荒唐若此",将其"着交部察议"。同时要求不仅当事人倪宏文得赔偿,相关官员也得"按数摊赔"。为什么要这样处理呢?乾隆解释说:

外国夷商,贩货来售,内地民人,与之交易,自应将价值照数清还。若因拖欠,控告到官,尤宜上紧严追给领,并将拖欠之人从重究治。庶免夷人羁滞中华,而奸徒知所惩儆。

此外,乾隆还强调:"地方官庇护内地奸商,而令外夷受累,屈抑难伸,其事实乖,殊非体恤远人之道。"乾隆公正处理此案,目的是怕洋人在中国久留,同时也注重对外的商业信用。因此,我想要是都能坚持以这样态度对待国际贸易,不至于后来发生鸦片战争,而我们今天社会的商业信用也许比西方更好。

可是,乾隆更感兴趣的是闭关,并赋诗自鸣得意:

间年外域有人来,宁可求全关不开。
人事天时诚极盛,盈虚默念俱增哉。

面对越来越多的新问题,乾隆、嘉庆、道光们却依然幻想用"朝贡体系"的古老方式去解决,冲突怎么可能不日趋激烈?法国路易十四时代的大炮上刻着一句话:"外交沉默了,要由大炮来说话。"这话不幸应验在大清。

第十四章 清：不堪承受全球化之重

民谚曰"十年的鸡头赛砒霜"，就是说鸡越老，鸡头的毒性越大。我们有些传统文化就像老鸡头，越老毒性越大。老鸡头不会长智慧，不会新陈代谢，只会积储毒素。先秦儒家有些毒素但不大，到汉儒增大些，宋儒更大。清初思想家、教育家颜元慨然指出："误人才，败天下事者，宋人之学也。"《哈佛中国史》说："这些坚守一般儒家基本教义之积极人士反对任何制度的改变，包括工业化在内。"

胤禛行乐图

清世宗胤禛,年号雍正,康熙第四子,清朝第三代皇帝,在位十三年。此图册描绘胤禛行乐故事,共十四幅。雍正分别着古装、道装、佛衣、戎装等不同服饰进行各种不同的行乐活动。此选赏景、弹琴二幅。

公元1644年五月，清军入关，定都北京。从第一位入关的皇帝顺治算起，至1912年初宣统皇帝退位，共传10帝，史学界一般把清朝纪年截止时间记为1911年，历时267年。至1714年开国70周年之际，历经顺治帝福临，至康熙帝玄烨。

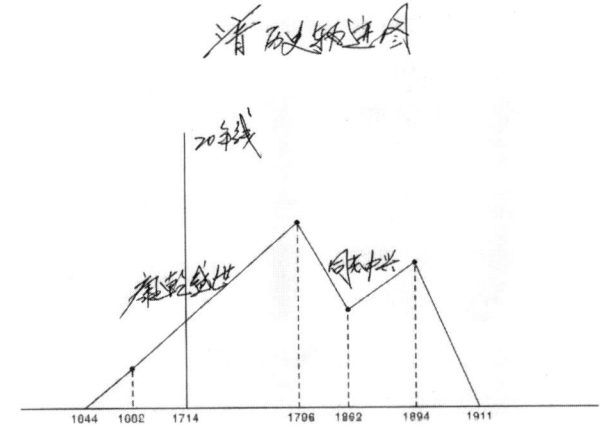

清朝盛世简表

盛世名称	时段	积年	帝王（任）
康乾盛世	1682—1796 年	114	康熙帝玄烨（2） 雍正帝胤禛（3） 乾隆帝弘历（4）
同光中兴	1862—1894 年	32	同治帝载淳（8） 光绪帝载湉（9）

注：1. "康乾盛世"以1681年康熙平定"三藩之乱"之后第二年开始计。
　　2. "同光中兴"期间实际掌权的是慈禧，到1894年中日甲午战争爆发戛然而止。

开国风光：

盛世的隐忧

明朝于永乐七年（1409年）在东北设立奴儿干都司，负责管理北达外兴安岭、东起库页岛的广大区域。明代的女真族，分为建州、海西、野人（东海）三大部。在与明朝朝贡与互市的过程中,女真人总体经济文化水平逐渐提高,他们也吸收了汉人、朝鲜人、蒙古人、达斡尔人、锡伯人等,形成了新的民族。

明万历中期,建州女真杰出领袖努尔哈赤通过十几年的征战,逐步统一了东北地区的女真民族各部。万历四十四年(1616年)努尔哈赤建立了大金政权(史称"后金")。两年后,努尔哈赤以"七大恨"为口号对明发动进攻,由此正式与明朝决裂。明万历四十七年(1619年),萨尔浒一战天下震动,明朝被后金打败,其在蒙古、朝鲜诸藩属国中的声望一落千丈。1626年努尔哈赤去世,皇太极继承汗位。

明崇祯九年(1636年),皇太极定国号为"大清",进一步加强军政力量,为进攻明朝作准备。此时清军已经拥有了明朝投降的众多大将,如洪承畴、孔有德等,并且获得了明朝登莱地区由西洋人训练的水军、火炮手,这为不善攻城的清军提供了绝好的条件。明崇祯十六年(1643年),皇太极病死,掌握实权的多尔衮拥立皇太极的幼子、六岁的福临继位,由多尔衮与其堂兄济尔哈朗担任摄政王。崇祯十七年(1644年),明朝的山海关总兵吴三桂迎接多尔衮入关。多尔衮率清军大败李自成的农民军,进入他们曾经进攻多次而未能得手的北京城,明朝的文武百官、遗老遗少出城五里以外跪迎。

如同前文谈唐朝,前唐与后唐判若两人,前清与晚清也是大有不同。《哈佛中国史》写道:

中国民族主义史学写作始于20世纪10年代晚期的五四运动,基本上将清朝中国描写为西方国家以及后来的日本等日益炽盛之帝国主义侵略下的受害者……此种刻画所掩饰的是,清朝自己也参与了帝国主义的竞赛,而且至少在18世纪末之前非常成功。在西方,历史学者已不再将中国描写成受害者或一个特例,而是众多在大致上相同时期之欧亚大陆兴起的数个近代早期帝国之一,包括莫卧儿帝国、莫斯科罗曼诺夫王朝、奥斯曼帝国与大英帝国等。

这话比较公允。否则,何谓"康乾盛世"?我们今天的疆域哪来这么辽阔?清时疆域是明时2倍多,人口则超过明时3倍。用柏杨的话说那是他们带来的

"嫁妆"。

不仅如此。明朝始终将"中国"或"中华"之名仅仅理解为汉人的政治组织，清朝倒是大不一样，不仅以"大清"自居，而且几乎以"中国"代称，打造为多民族的政体，这一概念运用到今。清王朝为中华民族贡献的一面不可忽视。

但历史不能因此而忘记他们的野蛮。1644年清军入关时，顺治皇帝福临年仅6岁，由孝庄太后与多尔衮联手摄政。他们一方面强行要求按满人的风俗剃发着衣；另一方面疯狂南下，第二年不仅消灭了李自成，而且消灭了明朝在南京的政权，制造了"扬州十日""嘉定三屠"等骇人听闻的暴行。在我那偏远的老家——福建泰宁，仅石辋寨一次就"厕杀万人"（旧县志语）。

1650年全国基本被清夺取时，多尔衮去世，12岁的福临亲政。1661年福临染天花而死，年仅7岁的康熙继位。在这样重大的变革之际，连续两个娃娃皇帝却也顺风顺水，我不能不再次感叹帝王之位无足轻重，而辅佐他们的孝庄太后与鳌拜等人多么能干！

鳌拜有"满洲第一勇士"之称，为清王朝入主中原立下汗马功劳，但他专权结党营私，日益骄横，后来发展到不顾康熙意旨先后杀几位大臣的地步。1669年五月，15岁的康熙领着一群少年在宫内玩"布库"。布库即摔跤，是满族一种常见的角力游戏，所以鳌拜不以为然，还跟着他们嬉闹，让他们抓住。万万没料到康熙的脸陡然一变，当即宣布鳌拜30条罪状，廷议当斩，但念他历事三朝，不忍加诛，予以革职。就这样，不可一世的鳌拜不经意间被年纪小小的康熙下狱，不久死于禁所。从此，康熙开始亲政。

康熙很珍惜他偶然所得的皇位，使命感很强。他念念不忘明亡的教训，对大臣们说：

观《明史》洪武、永乐所行之事，远迈前王。我朝现行事例，因之而行者甚多。且明代无女后预政、以臣凌君等事，但其末季坏于宦官耳。且元人讥宋，明复讥元，朕不似前人，辄讥亡国也，唯从公论。

康熙这席话倒是英明。明朝没有外戚干政和大臣作乱，只有太监作乱，我们今天也普遍这么看。康熙这些话让我更在意的还在于：他试图结束那种后一代讥讽前一代的历史怪圈，立志不让后人讥讽。此志不可谓不大。

不难想象，起初位于东北一隅的后金与大明对抗，进而想消灭明朝无异于蛇吞象。于是，他们采取"以汉制汉"的策略，招降纳叛，鼓励汉人反戈一击，不惜像秦孝公一样分土，先后分封了云南"平西王"吴三桂、广东"平南王"尚可喜、福建"靖南王"耿精忠。随着全国平定，康熙开始学越王勾践了，"飞鸟尽，良弓藏；狡兔死，走狗烹"，像汉初、明初一样"削藩"。吴三桂们不甘束手就擒，率兵反抗，但没有用。1673年春至1681年冬，历时8年，"三藩"被剿尽，一些地方"玉石难分，老幼死于锋镝，妇子悉为俘囚，白骨遍野，民无噍类"，又死了无数百姓。

清朝与元朝有一点不一样，它在入关之前已经有与汉人共处的经验。历史学家认为清朝与明朝在制度和治理模式上十分相似，称之"明清专制统治"。但清朝在制度上有三大创新。首先是入关前新设一个机构"理藩院"，专门负责统治外围省份，包括现在的蒙古与西藏，等同于六部，但汉人不得在那里任职，公文也排除汉文。其次，鳌拜摄政时新设"内务府"，掌管宫廷事务，排除宦官，也规避汉官。再次，更重要的创新是"军机处"，顾名思义，非正式的军事咨询机构，最初是几名亲信协助康熙在遥远的前线掌管国家大事，它始终没有成为正式机构，但实权越来越大。皇帝平时处理奏折也是先与军机处磋商，然后才交与相关部门复议或执行。《哈佛中国史》说"在晚清时军机处作到了明末内阁无法作到的事——在皇帝软弱时取而代之，掌握实权"。

可以说清朝在很多方面超越了中国传统王朝，然而它又不幸遇上了西方资本主义兴起的全球化时代，此时它作为游牧民族政权的弱点越发暴露无遗。

我很赞同清史专家阎崇年在《康熙大帝》一书中写的一段评论：与康熙几乎同时代的俄国沙皇彼得一世，于1689年推翻摄政的姐姐索菲娅掌握实权，8年后化名秘密出国，到西欧考察学习。次年回国，将西欧先进的管理方法和科学技术应用于本国建设，兴办工场，发展贸易，建立正规陆海军队。1700年以战争手段夺取波罗的海出海口，使落后的农奴制俄国逐步走向近代化，为沙皇俄国的崛起奠定了基础。对比彼得一世，我们不能不对康熙帝的缺憾而深感惋惜。当然，这里面客观上有地缘政治的因素，毕竟俄国是欧洲国家，哪怕相对边缘，其接触和学习欧洲先进文明也要便利许多。

"康乾盛世"也称"康雍乾盛世"，指康熙、雍正、乾隆统治时期。日本讲谈社《中国的历史》认可的"盛世"仅4个，即"文景之治""贞观之治"和"开元盛世"，再就是"康乾盛世"。中国人民大学清史研究所所长戴逸在肯定"康乾盛世"提法的同时，也指出其四大问题：闭关锁国、重农轻商、禁锢思想、轻视科学，并称之为"盛世的阴影"。西方传统史学界也不认可，称这段时期为"Lose High Qing"，即"伪清朝高峰"时期。

到了19世纪中期，马克思毫不客气地抨击说："一个人口几乎占人类三分之一的大帝国，不顾时势，安于现状，人为地隔绝于世并因此竭力以天朝尽善尽美的幻想自欺。这样一个帝国注定最后要在一场殊死的决斗中被打垮。"此是后话。

1714年是清朝建国70周年。康熙于此前53年（1661年）继位，本年60岁，此后8年（1722年）去世。

皇帝推广自己培育的新稻种

此前十年（1704年）正月，康熙说："我曾多次到民间访问，深知百姓生活艰难。一家人如果耕30亩地，扣除田租，一年大约收20石粮食。但衣食税赋都要靠这些。如果侥幸逢上好官的话，可以略有节余。如果不幸碰上贪官污吏，他们就没法生存了。所以，要有好官才能够安民。好官首先要能够体恤百姓。"

诚如康熙所言，好官是侥幸碰上的，他也不能保证手下个个都是好官，因此难以生存的百姓还是不少。何况人祸之外还有天灾。就在这年春，山东文登、浙江宁海等地大旱引起饥荒，饿死者大半。工部尚书李永绍是山东人，为乡亲们写一首题为《甲申叹——康熙甲申岁荐饥》的诗，描述当时的情形是"千村万落寂无烟，卖妻瘗子啖人肉"，呼吁"安得高廪千万斛，大庇一郡穷民果其腹"。

古代常有"演耕"活动，即皇帝为号召全国百姓春耕生产，在御苑一块土地上种些庄稼，作作秀，表示带头春耕。康熙可是动真格的。他在丰泽园种了几亩水稻。水稻一般是九月成熟，但有一年六月下旬的一天，他忽然发现一株稻子又高又壮，稻粒已经饱满成熟。他把这株稻谷收藏起来，第二年再种下去，也在六月间成熟。如此反复，经过10年试验，培育出一个崭新的水稻优良品种"御稻米"。

本年（1714年）四月，康熙决定向大江南北推广这一新稻种。他将一石御稻种发给苏州织造李煦，命其推广，并试种双季连作，希望水稻能一年两熟。这年九月，还批准在全国招募民众到湖南去开垦荒田4万多顷，6年之内免税赋。十一月，决定免除靖边等28个州县卫所第二年的征银9万余两、粮23万多石。

《哈佛中国史》说："从清帝国开始到结束之间最大的变化是人口密度的增加。"明末清初战乱结束之后，人口猛增。学者估计，此前14年即1700年总人口约1.5亿，大致恢复100年前的数量。1800年超过3亿。1850年太平天国兴起前可能增至 4.5 亿。其原因除了长期和平、没有大规模的战争之外,当时人命最大杀手天花因推广外国传教士带来的种痘而得到有效控制、政府大力推行移民垦殖新地、从国外引进马铃薯甘薯花生等耐旱粮食作物、大力推广丰产新稻种等措施显然也功不可没。《哈佛极简中国史》认为:"在清代,粮食增产中的一半得益于新开垦的土地,另一半则得益于更优良的种子、肥料和灌溉条件。"

禁毁小说淫词

康熙在民间知名度相当高。我有个朋友，只读过小学二三年级，为了给他女儿取个好名字，居然到书店买一本崭新的《康熙字典》。我看了大笑，坦言说："那里头的字，我也大都不认得！"

康熙比较重视文化。《康熙字典》就不说了，此前十年（1704年），他还亲自组织张玉书、陈廷敬、李光地等76名大学者编纂了另一部大型工具书《佩文韵府》，至1711年完成。"佩文"是康熙的书斋名。其正集444卷，单字约1万个，引录诗文辞藻典故约140万条，是专供文人作诗选取辞藻和寻找典故用的，所以一般人不知道。它所收之词，上自先秦典籍，下至明代文人著作，至今仍然是人们查阅古代词语、成语和典故出处极为重要的工具书，对于语言学习和研究具有很重要的参考价值。

康熙似乎"胸有成竹"，他区别对待文化，一方面大力组织编纂字典类的书，另一方面大力毁灭思想艺术类的书——这就是众所周知的"文字狱"。就像我们在唐宋时随便可以碰到一个大诗人或词人那样，在清朝很容易碰到一桩文字狱。此前27年（1687年）二月，康熙发布"禁淫词小说，并及僧道邪教"的上谕，认为："淫词小说，人所乐观，实能败坏风俗，蛊惑人心。朕见乐观小说者，多不成材，是不唯无益而且有害。至于僧道邪教，素悖礼法，其惑世诬民尤甚。俱应严行禁止。"

本年（1714年）四月，康熙又发布"严法禁毁小说淫词"令，表示"朕唯治天下以人心风俗为本，欲正人心、厚风俗，必崇尚经学……近见坊间多卖小说淫词，荒唐俚鄙……不但诱惑愚民，即缙绅士子，不免游目而蛊心焉"，因此"严绝非圣之书，此不易之理也"。并要求将板片、书籍销毁，违者治罪：印刻的处以杖笞、流放之刑，出售的处以杖笞、囚徒之刑。比较而言，这次比上次更严，不仅要禁而且要毁"小说淫词"，还要"严绝非圣之书"。所谓的"非圣之书"，不仅是指直接批评经书的著作，还涵盖了内容与经书不符的书。

作为一个读书、写书的人，我一方面对文字狱深恶痛绝，另一方面又不能不力求真相。在清朝入主中原60周年（1704年）时，有多位文人学者寿终正寝，而没死于文字狱。那年非遭迫害而死的，如：《尚书古文疏证》作者阎若璩，他确证《古文尚书》是伪作，解决了千百年来学术史上一大疑案，使惯于弄虚作假的理学家们进退失据，狼狈不已；公然指责"自秦以来，凡帝王者皆贼也"，主张"抑尊"即限制君权的唐甄；写《长生殿》犯影射现实之忌、曾遭牢狱之灾的洪昇等人。

在清朝入主中原70周年之际，又巧逢两大文人学者寿终正寝：

——胡渭。曾与阎若璩等帮助尚书徐乾学修《大清一统志》，所撰《禹贡锥指》为清代研究古地理之首，更重要的是著有《易图明辨》。儒家很喜欢弄虚作假，宋儒所谓"河图""洛书"说是伏羲、文王传下来的宝贝，谁也难以弄懂，但谁也不敢轻视。明清之际，黄宗羲、黄宗炎曾著专书辟其谬，毛奇龄的《河图洛书原舛编》《太极图说遗议》考证"河图""洛书"均出于宋人伪托。胡渭《禹贡锥指》10卷，则进而揭露这些图原来是华山道士的把戏，在思想界有很大影响。

——顾贞观。曾祖顾宪成是晚明东林党领袖，顾贞观与陈维嵩、朱彝尊并称明末清初"词家三绝"，与纳兰性德相交至深。曾任国史院典籍等职，因受同僚排挤，归乡里隐居，自称"第一飘零词客"。他好友吴兆骞卷入"丁酉科场案"，被流放到冰天雪地的宁古塔。为了营救这名"钦犯"，他四处"屈膝"求情，并写《金缕曲》二首，"悲之深，慰之至"，轰动大江南北，被称为"赎命词"，成为清词中的压卷之作。

从胡渭、顾贞观等人能够寿终正寝来看，也许康熙时期的文字狱实际执行当中还不是太蛮横不讲理，留有一定学术自由、创作自由，文人学者可以冒犯主流意识形态，也可以批评历史上的皇帝，只要不涉"谋反"。

随后就严厉多了。曾任监察御史的谢济世，只因在其注书中批评程朱理学就被雍正判处死刑。他与陆生楠（雍正斥其为"其论封建之利，言词更属狂悖，显系诽议时政"）一同绑赴刑场。陆生楠先被斩首了，刑官才问吓得魂飞魄散的谢济世:"汝见否?"谢济世答道:"吾见矣!"也即牢记教训了,这才宣布免他死罪,改判"当苦差效力赎罪"。70岁的老学人刘震宇,只因书里有"言朱注错谬",就被乾隆斩了。别说皇上、时政"诽议"不得,连御用朱熹理学的错误都不可反驳。

反贪终于动些真格

自古以来,官场一个个用"天下为公"之类的外衣包装得金碧辉煌。其实际如何,帝王们清楚得很。朱由检斥责他的官员"出仕专为身谋,居官有同贸易",在他们看来作官跟作生意没什么不一样。康熙看得更透彻,咏诗"问道愚民何所愿,官清省事便丰年",并狠狠批道:

> 朕于大臣官员,每多包容之处,不察于细故也。人当作秀才时,负笈徒步,及登仕,从者数十人,乘马肩舆而行,岂得一一问其所以来耶?

穷书生背个破包进京赶考,一旦入仕就车马成群,怎么来的?难道要我一个个追查吗?这充分表明:帝王对于贪腐状况早就心知肚明,只是睁一只眼闭一只眼而已,只要你别逼得他那只眼也闭不住就行!问题是高官厚禄并不能满足他们的贪婪,常要逼得帝王闭不上另一只眼。

噶礼是满洲正红旗出身。康熙一次出征时,偶然召见噶礼,发现他口才很好,便火箭般提拔,不想此人非常贪婪。他任山西巡抚数年,家资巨万,淫奢无度,家蓄女尼数百,纵吏虐民,民愤极大。康熙闻讯,让九卿议其罪。结果官官相护,噶礼获宽恕。

不久,御史刘若鼎上疏论噶礼贪污,检举其贪赃数十万,并揭露他纵容心腹太原知府使用酷刑。康熙将此疏交给噶礼,令他作出答复,被他轻巧辩解过去。不多时,平遥百姓郭明奇进京上访御史袁桥,袁桥向康熙参噶礼几条罪状:一是在全省的钱粮征收中加收火耗十分之二,分别补偿大同、临汾等县的亏款,剩余全部居为己有,得银40多万两;二是借修解州祠宇、寺庙,用巡抚印簿勒索百姓纳捐;三是令家仆到平阳、汾州、潞安三府强迫富民馈赠;四是以审案获临汾、介休富民亢时鼎、梁湄的贿赂银两；五是纵容汾州同知马遴，包庇洪洞知县杜连登，这些都是贪官；六是隐瞒平定的雹灾。

康熙命噶礼对这些问题作出解释。这时，山西学政邹士璁却代太原士民向康熙上呈留任噶礼的疏。御史蔡珍一针见血指出："袁桥疏得旨二日后，太原士民即具呈，显为诬伪。"噶礼却说郭明奇诬告，说袁桥、蔡珍所言没有根据。康熙又让九卿会审，结果认为均无证据，将郭明奇等交刑部治罪，袁桥、蔡珍因诬告被罢官。不久，噶礼改任户部侍郎，不多时升任两江总督。

这时，噶礼与著名大清官江苏巡抚张伯行共事，难免不发生冲突。当地科场发生丑闻，举子们抬着财神到学宫抗议，康熙命尚书张鹏翮到扬州会同噶礼、张伯行调查。通过会审，掌握副考官赵晋及知县王曰俞等人勾结受贿情况。张伯行想顺藤摸瓜一查到底，噶礼则对证人动刑，阻止继续审理。于是，张伯行弹劾噶礼，说民间盛传他勒索银50万两，请令噶礼停职受审。噶礼反戈一击，也弹劾张伯行，罗列他如何如何不称职。康熙仍然交由九卿们审议。九卿认为：噶礼与张伯行同为地方最高长官，互相弹劾有失大臣体统，都应撤职。这时，噶礼母亲居然也向康熙进言，诉说噶礼贪状，并为张伯行申冤。康熙感叹："其母尚耻其行，其罪不容诛矣！"这才将噶礼革职，留任张伯行。

不料，噶礼的母亲没多久又直接向康熙告状，说噶礼伙同他的弟弟色勒奇、儿子干都将毒药放在食物中谋杀母亲；噶礼的妻子收纳干儿子干泰，纵容他毁坏房屋。康熙这才让刑部审查，情况属实。本年（1714年）四月，刑部拟定噶礼处以极刑，其妻处绞刑，色勒奇、干都处斩首，干泰发配黑龙江，家产没收入官府。康熙却仍然念私情，改令噶礼自尽，给他留一点最后的面子。

"大老虎"无不是皇帝亲自宠大的。然而，皇帝并不用承担"包庇罪"之类连带责任，不久就有乾隆宠出的比噶礼大得多的"大老虎"和珅，这是非常自然的事。

清官未必识时务

明末清初,泉州商人郑芝龙和他的儿子郑成功以厦门、金门为基地,在福建至广东的沿海地区发展势力,致力于反清复明。郑芝龙失败后,清廷为了对付郑成功领导的东南抗清力量,于顺治十八年(1661年)正式推行"迁海令",即从广东到山东沿海50里以内的居民全部迁往内地,郑成功被迫转移台湾,将荷兰人从那里驱走。直到1684年清水师提督施琅平定郑成功的儿孙后,才将"迁海令"改为"展海令",允许中国商人直接赴日本"互市",并将海神妈祖升格为"天后",力图恢复海运业。

海禁于国于民大不同。对外贸易之利太诱人了,正如明末清初大家顾炎武说:"其去也,以一倍而博百倍之息;其来也,又以一博百倍之息",所以沿海居民"舍死趋之如鹜"。他还说:

> 海者,闽人之田。海滨民众,生理无路,兼以饥馑荐臻,穷民往往入海从盗,啸聚亡命。海禁一严,无所得食,则转掠海滨。海滨男妇,束手受刃,子女银物,尽为所有,为害尤酷。

对外贸易不仅对于沿海居民至关重要,对当地政府来说也是赖以生存之道。实行海禁,沿海地方财政收入遭受毁灭性打击。所以,沿海的官员对于朝廷海禁政策大多阳奉阴违。当然,也有不顾民生经济只图自己升官的。

也许康熙了解这一实情,所以虽然对海上私贩发布了禁令,并无关闭海关之意,也未影响清廷在海上贸易方面所实行的开放政策。但正如俗话说"皇帝不急太监急",一些官员不时搞些极端动作,以海上盗贼为由,疏请重申海禁。如1711年正月,给事中王懿上"请禁止海上商贾"疏,康熙却批驳:"该管地方文武官能加意稽察，尽力搜缉，匪类自无所容，岂可因海洋偶有失事，遂禁绝商贾贸易？王懿所奏无益，下所司知之。"又如1713年三月，户部尚书张鹏翮疏言：闽省沿海地方，值春秋二季，建议"令该总兵官亲身巡查，有海贼逃匿者，即行文广东、江南、浙江等处地方协力擒剿"。康熙的批复是："张鹏翮所奏海上事宜，率皆空言无补，不可施行。"

张伯行是著名清官。1707年，他调任江苏按察使，这是巡抚的属下。按照当时的官场旧例，新任的官员要给巡抚、总督等上司送礼，以示尊敬，也表示请求以后关照提拔，这大概需要白银四千两。但张伯行秉性耿直，从不巴结上司，对此腐败风气深恶痛绝，他说："我为官，誓不取民一钱，安能办此！"拒绝送礼。张伯行的名言是："一丝一粒，我之名节；一厘一毫，民之脂膏。宽一分，民受赐不止一分；取一文，我为人不值一文。"人们赞他"止饮江南一杯水"。张伯行很像我老家明万历年间的清官丘秉忠，丘秉忠曾叱官场陋习说："作官慎勿听常规二字，此乃一人作俑相沿之陋规也。乃文之以美名曰常耶？"

1708年正月，康熙南巡到江苏，在举荐贤能的名单中看不到张伯行的名字。康熙当场斥责总督、巡抚，并对张伯行说："朕很了解你！他们不举荐你，朕举荐你！"于是，提拔张伯行为福建巡抚，并赐"廉惠宣猷"匾额，诏称"天下清官第一"。

就是这样一位天下第一清官，也加入了海禁派。本年（1714年）三月，张伯行进一步加强海禁工作，要求商船、渔船分别刻上大大的"商""渔"字样，再用小字刻其省府州县、编号及船主姓名；颁发腰牌，刻其姓名、年貌、籍贯等；同时令渔船出海不许装载米、酒，进港时不许装载货物，违者严惩。同时，密奏"内地之米下海者甚多""将苏州米粮卖去"等，请求严加禁止。

至此，康熙依然未改开放之心。1715年二月，钦差、吏部尚书张鹏翮疏参张伯行"捏造无影之事""诳奏"，请求将其革职。对此，康熙立即免张伯行，诏令"张伯行必深知贼巢，始奏称海上有贼，务将此贼察拿，审明具奏"。海上有贼，领兵拿贼便是，你禁海上商贩干吗？

此后十年一瞥：

海禁仍摇摆不定

尽管与天主教闹翻，尽管好些地方官一再请求实行海禁，康熙还是犹豫的。海禁与禁天主教不同，不仅关系沿海渔民生存，而且影响整个国家经济发展，康熙能不思之再三吗？

1716年十月，发现一个重要情况：苏州船厂的船出海贸易每年多达千余艘，回来的不过十之五六，这说明了什么？康熙立即指示：出海船不许多带口粮，在海坛（今福建平潭）设卡拦截下南洋的船只。康熙还在谕令中写道："海外如西洋等国，千百年后，中国恐受其累。此朕逆料之言。"

康熙此言非同小可，表明他对当时国际形势了如指掌，而绝不是夜郎自大。就在明清更替前后，欧洲三十年战争结束，参战各方达成《威斯特伐利亚和约》，确定了国际关系中应遵守的国家主权、国家领土与国家独立等原则，被誉为"影响世界的100件大事"之一。《哈佛中国史》写道：

> 《威斯特伐利亚和约》为那些资源充沛的欧洲国家崛起成为新型帝国提供了保障，而那些新帝国将完全不同于蒙古人或满洲人建立的"老"帝国。《威斯特伐利亚和约》决定了中国和欧洲国家将从此走上不同的道路。

对此千古未有之变，康熙洞若观火。只不过为了自己一族之利，他与他的子孙们顽固地抗拒这一国际新潮流，希望能一代又一代侥幸不"受其累"。

1717年正月，定《商船出洋贸易法》，进一步完善海禁政策，主要内容包括：商船只许往东洋贸易，其南洋吕宋、噶喇吧等处不许前往，于南澳等地截住，广东、福建水师负责巡查，违禁者严拿治罪。外国夹板船仍许前来贸易，各地方官要严加防范。今后海船初造时，应报明海关监督地方官亲验印烙，取船户保证文书，并将船只丈尺、客商姓名、货物往某处贸易等填写船单，沿海口岸文武官员照单严查，按月册报督抚存案。出海时，每日每人准带食米一升及余米一升以防风阻，如有超额之米，查出入官，船户、商人一并治罪。以小船偷载米粮运至大船者严加治罪。把船卖给外国者，造船与卖船人立即斩首。留外国不回的，将知情人同船者枷号3个月，该督行文外国，令其将留下人解回，立即斩首。沿海文武官员如遇私卖船只、多带米粮、偷越禁地等事隐匿不报，要从重治罪。

随后补充规定：凡此前出洋之人，都可返回原籍，免予追究。同年四月，再令禁天主教。1720年六月，禁商船携带火炮、军器出洋。

1722年十一月，康熙去世。雍正继位后，对海禁一度也持开放态度，新年正月增设浒墅、扬州、龙江、芜湖、湖口、赣关、太平桥、粤海、闽海等9关税务，参照天津等关例，令地方官兼管。但同年末，再次重申禁天主教。1727年三月，闽浙总督高其倬上书：

闽省福、兴、漳、泉、汀五府，地狭人稠。自平定台湾以来，生齿日增，本地所产，不敷食用。惟开洋一途。藉贸易之赢余，佐耕耘之不足，贫富均有裨益。从前暂议禁止或虑盗米出洋。查外国皆产米之地，不藉资于中国。且洋盗多在沿海直洋，而商船皆在横洋，道路并不相同。又虑有逗漏消息之处。现今外国之船许至中国，广东之船许至外国，彼来此往，历年守法安静。又虑有私贩船料之事。外国船大，中国船小，所有板片桅柁不足资彼处之用。应请复开洋禁，以惠商民。并令出洋之船酌量带米回闽，实为便益。

对此，雍正也同意。

> 千古之叹：
># "狗脚松"与"老鸡头"

健忘的"貂皮帝国"

明清时期中国社会是一个相对停滞的时代。德国著名哲学家赫尔德生动地描述当时中国的状态：

这个帝国是一具木乃伊，它周身涂有防腐香料、描画有象形文字，并且以丝绸包裹起来；它体内血液循环已经停止，就如冬眠的动物一般。

这段文字很生动，也很深刻，但我觉得这些比喻不够贴切。木乃伊是死的，而明清虽然停滞但还活着。

想当年，因为明朝皇帝将黑貂皮列为贵重赏赐品，黑貂皮价值倍增起来。貂只生活于黑龙江流域的深山老林，而女真的建州没有貂，建州女真便发挥地理位置优势，一手从黑龙江、松花江流域收购黑貂皮，另一手向中原进贡黑貂皮，从中赚取丰厚的利润。有一度每年朝贡的人数多达1500人，努尔哈赤年轻时也曾多次参加。正是依靠这种"朝贡体系"，建州女真很快"民殷国富"起来，努尔哈赤统一东北地区的全部女真，建立后金。

与后金东部相邻的辽东是明朝的直辖地，由总兵李成梁在那里统领几十年。努尔哈赤正是通过李成梁大规模地与中原交易，出口毛皮、高丽参等，进口明朝禁止出口的农具等铁制品——当时他们的犁镢还是用骨头作的。但好景不长，李成梁遭东林党弹劾，说他收受努尔哈赤的贿赂而将新开发的土地给了后金，被罢官。这样，努尔哈赤失去了与中原交易的中介。

再说，他们的"朝贡"本来就不规矩，日子一久难免不引起明朝的警觉。早在朱元璋时期，他就看出了蹊跷，在《皇明祖训》里揭露："自占城以下诸国来朝贡时，内带行商，多行谲诈。"但是，朱元璋并没有解决问题，直到1612年，明礼部主事高继元还上奏抱怨：

贡夷除琉球、暹罗、朝鲜冠带之国并番僧番族外，三卫、海建女直（真）先后辐辏计九百人。三卫悍而纵肆无忌，女直诈而狡横，回夷行李多至千柜，少亦数百，恣买违禁货物，迁延旬月不回，宴赏程禀车马之类费亦数万。此三夷者借贡兴贩，显以规利，且渐生心，不可不思患预防者也。

后金没法继续原来的非法贸易，经济受到严重影响，开始动武。没想到看似强大的大明王朝那么腐朽不堪，更没想到他们运气那么好，借着明末农民起义军兴起的机会入关，没几年工夫就取而代之。日本讲谈社《中国的历史》甚至称"清朝是一个貂皮创造出来的东方帝国"。

然而，努尔哈赤的子孙们也许是健忘吧，摇身一变，变得顽固地抗拒基于"威斯特伐利亚体系"建立起来的国际商贸新形势，继续死抱着千疮百孔的"朝贡体系"不放。马勇在他《重寻近代中国》一书中写道：

明代中晚期开始的中西文明交流在清代前中期确实中断了上百年时间，积累了相当多的问题。在纯粹的精神文明领域，中国莫名其妙走进了一个所谓的乾嘉时代；在中西贸易交往上，不仅非法贸易日益严重，而且合法贸易也问题多多。

英国等西方列强比当年求着明朝互市的瓦剌、鞑靼强大多了，它们带着厚礼，一再叩门来访，请求建立平等的政治、经济关系，乾隆们却一再拒绝。他们忘记了祖宗是因为商贸起家的，也忘记了明朝妄自尊大、禁止正常贸易招来瓦剌、鞑靼、倭寇、后金轮番报复的前车之鉴。

拒绝成长

　　高山草甸植物长不高,那是受气候影响,有外部条件制约。可是,在武夷山脉东西两侧,即江西东部与福建西部一些海拔仅一两百米的山峦,也有好些松树长不大,跟高山草甸上的松树一样,我家乡俚语称之为"狗脚松"。我特地向林业部门的友人讨教过,他们说那叫"马尾松"。可是查资料,有些挺拔耸天的苍松也叫"马尾松"。我糊涂了,还是让我称之"狗脚松"吧!这种松树的特征是,让它活百年千年也不成材,因为它自己拒绝成长。

　　要说中国不重武,显然冤枉。自从盘古开天地,没有几天不打仗。早在西周之初,官方就要求学生掌握"六艺":礼、乐、射、御、书、数,其中"射"就是射箭的技艺。然而,在那漫长的冷兵器时代,儒家却不将射箭作为军事项目,而只作为一种体育活动,一种礼仪,甚至只作为一种修身养性培养君子风度的方式。

　　——孔子说:"君子无所争。必也射乎!揖让而升,下而饮。其争也君子。"君子没什么可争的,如果有所争那就比射箭吧。双方相互作揖然后登场,射完箭互相再作揖走下场来,然后又互相作揖一起喝酒。

　　——孔子还进一步说:"射不主皮,为力不同科。古之道也。"古人的箭靶是用布或兽皮作的,所以用"皮"代指箭靶。比箭不一定要射破箭靶子,因为每个人的气力大小不同,这是古时传下来的规矩。

　　如此训练出来的射箭技艺如何上战场?别忘了,先秦的君子——贵族是要带兵打仗的,后来的普通学子及第为官后也很可能要率兵御敌的,而且大都是跟擅长于骑马射箭的游牧民族战斗。

　　直到18世纪,清朝仍然一年年沉醉于射礼。每年夏,乾隆接见武官后要在宫门外比赛射箭,赛三次,每次三箭,乾隆一般九箭中六七箭,1763年十月一次九箭全中。他自我总结"十全武功",自诩"十全老人",并撰《御制十全记》,用满、汉、蒙古、藏4种文体立碑。在他看来,天下无敌了!

　　1793年,马戛尔尼率英国外交使团访华,中英双方都非常重视。英国官方致清廷的信函写道:

为了对贵国皇帝树立友谊,为了改进北京和伦敦两个王朝的友好来往,为了增进贵我双方臣民之间的商业关系,英国陛下特派遣自己的参议官、贤明干练的马戛尔尼勋爵作为全权特使,代表英王本人谒见中国皇帝,深望通过他来奠定两者之间的永久和好。

这个代表团成员包括官员兵丁役夫多达700余人,乘坐5艘船,带着丰盛的礼物,远渡重洋,专程而来。清廷本来非常高兴,乾隆早早令广东及沿途官员好好接待,对其携带货物免税,供给上等食物,多得吃不完变质。

然而,双方立足点相差太大。直到鸦片战争前夕,清朝习惯地将包括英、法、俄等在内的所有外国也当成野蛮下等的"夷""狄",认为他们来中国所进行的外交活动只不过跟千百年前周边的小国一样"称臣纳贡",所以要求他们按藩国大臣觐见天朝大皇帝一样行"三跪九叩"之礼。马戛尔尼以死相拒。为什么呢?他在日记中写道:

晨间,金大人、樊大人、周大人同来,劝余勉从中国礼节,不必再固执前议。余曰:敝使系西方独立国帝王所派之钦使,与贵国附庸国君主所遣贡使不同,贵国必欲以中国礼节相强,敝使抵死不敢奉教。

马戛尔尼只是要求英国与大清行平等之礼,乾隆则在谕旨中气呼呼地说:"似此妄自骄矜,朕意甚为不惬,已令减其供给。所有格外赏赐,此间不复颁给",并强调"外夷入觐,如果诚心恭顺,必加恩待,用示怀柔。若稍涉骄矜,则是伊无福承受恩典,亦即减其接待之礼,以示体制"。好比两个小孩闹别扭,原准备给他吃的泡泡糖也不给了。通商等事项没有商量的余地,对于马戛尔尼等人员则予以"最文明的驱逐方式"。

对于这次外交失败,人们一般注重礼节矛盾,而我更注重的是礼品问题。在送给乾隆的大堆礼品当中,有一尊轻便铜制野战炮,马戛尔尼说"敢决言中国全境,必无此种轻快之炮"。对此,负责接待的金大人、樊大人和周大人却不屑一顾,没带到北戴河呈送乾隆。后来遇到福康安,马戛尔尼还指望他能帮助将这尊大炮介绍给乾隆。马戛尔尼在《乾隆英使觐见记》回忆：

大人为中国兵家，功业彪炳，敝使良深仰慕。此次敝使东来，部下带有卫队一班，颇精于欧洲新式之火器操法，倘异日大人有暇，敝使拟请大人观操，藉聆雅教，弗审大人亦肯赏光否？福大人意颇冷淡，岸然答曰：看亦可，不看亦可，这火器操法谅来没有什么稀罕。

余聆此答语，心乃不胜大异，余于福大人虽不能断定其曾否一睹火器之式样，而中国目下之军队，则可决言其必无火器。既无火器，而犹故步自封，以没什么稀罕一言了之，吾诚不解其用意所在矣。

没过几天，答案从另一位满族大臣嘴里出来了。他叫溥大藩，对马戛尔尼炫耀中华文明及八旗子弟的先进性。马戛尔尼回忆道：

溥大藩说：诸亲贵多不习文艺，朝廷亦不以文艺责之，但明定章程，以武事为诸亲贵之唯一教育。所带军器以弓箭、朴刀为主。青年亲贵，殆无有不寝馈于此者，故国家有敌大多恃旗兵之骁勇善战以戡定。

余曰：旗兵诚勇矣，但军械终当改良。吾欧洲诸国前此亦用刀枪、弓、矢为战器，今则大半已用火器代之矣。

溥大藩作诧异之状，良久曰：弓箭毕竟是好东西，打起仗来少不了它。余无言，内念中国人之重视弓箭，殆较它种军器为尤甚，缘溥大藩之言既如此。

"弓箭毕竟是好东西，打起仗来少不了它"这话在此前千百年，固然正确。满人最擅长的就是弓箭，弓长仅 1.2 米，但非常有力，只有经过长年训练的人才能娴熟使用。其实，当时中国并非没有火炮，并非仍然依靠弓箭。溥大藩们早就吃过火炮的亏，也尝过火炮的甜头。他们英勇的老祖宗努尔哈赤就是给明军那尊葡萄牙式火炮轰伤致死的，皇太极开始独立制造大炮，后来攻占江南及四周也屡屡依仗火炮取胜。只不过出于某种阴暗、猥琐的目的，他们不愿意承认大英帝国与大清帝国是平等的关系，更不愿意承认英国有比大清更先进的方面。

马戛尔尼刚入中国时，很为大清忧虑，可惜没人领情。也许清廷的边防只是作作样子，跟田里吓唬小鸟的稻草人一般。他们养着庞大军队的目的只是对付手无寸铁的百姓，那刀、弓、矢当然足够！

乾隆们一次次傲慢拒客，但也根本无意对英国等开战，因为他们的现实之敌与假想之敌最重要的始终是自己的臣民。日本讲谈社《中国的历史》评述：郑成功威胁清除后，"清朝几乎从未在海上花费力气。当英国船舶处于技术高速革新之时，中式帆船却在17世纪之后几乎毫无改变"。后来林则徐"睁眼看世界"，有着比较清醒的认识。他认为只要从广州海关税收中拿出1%用于海防，就可以应对英国的武力进攻，但这没法实现。他只能守好他权限内的广州，并在家信中担忧英军绕开广州北上，眼睁睁等着国家和自己的悲剧到来。

当战争的阴影日益迫近之时，乾隆们仍然一再轻敌，认为英国那么老远来几个兵完全可以不放在眼里。

比酱缸更糟

不过，"狗脚松"只是揭示现象。那么，它为什么会是"狗脚松"？如果说"狗脚松"在高山长不大是因为气候环境，那么它在低海拔山峦为什么也长不大？可见更主要取决于它自己的基因，换言之，就是特定的文化。

柏杨"不为君王唱赞歌，只为苍生说人话"，令我十分景仰。他的"酱缸文化"之说颇有影响，这源于他1981年在美国纽约孔子大厦的一次演讲：

任何一个民族的文化，都像长江大河，滔滔不绝地流下去，但因为时间久了，长江大河里的许多污秽肮脏的东西，像死鱼、死猫、死耗子开始沉淀，使这个水不能流动，变成一潭死水，愈沉愈多，愈久愈腐，就成了一个酱缸，一个污泥坑，发酸发臭。

说到酱缸，也许年轻朋友不能了解。我是生长在北方的，我们家乡就有很多这种东西，我不能确切知道它是用什么原料作的，但各位在中国饭馆吃烤鸭的那种作料就是酱。酱是不畅通的，不像黄河之水天上来那样澎湃。

恕我直言，我觉得这比喻有些问题：酱毕竟是一种美味，即使用死鱼之类酿造也是化腐朽为神奇。前不久，韩国为接待美国总统特朗普，还用了一款"360年历史的精酿酱油"蘸牛排，这老酱油比美国建国还早一个世纪，以示特别重视。可见，以"酱"比喻传统文化之弊，显然与他想要批评的初衷不符。唯有一点沾边，那就是愈酿愈黑，与"厚黑学"相符。

因此，我想说中国历史有一种"老鸡头"文化。民谚曰"十年的鸡头赛砒霜"，就是说鸡越老，鸡头的毒性越大。鸡在啄食中会吃进含有重金属的物质，这些重金属主要储存于脑组织中，鸡龄越大，储存越多，毒性就越强。

我们有些传统文化就像老鸡头，越老毒性越大。老鸡头不会长智慧，不会新陈代谢，只会积储毒素。先秦儒家有些毒素但不大，到汉儒增大些，宋儒更大。清初思想家、教育家颜元慨然指出："误人才，败天下事者，宋人之学也。"《哈佛中国史》说："这些坚守一般儒家基本教义之积极人士反对任何制度的改变，包括工业化在内。"比如铁路这样一种"外夷货物"，或者说交通改革，在进入中国之初就经历了异常艰难的斗争。大臣们强烈反对，一是说会造成几千万挑夫失业，二是说铁路会破坏祖坟有损孝道，硬是将花千万两银子从国外买回来的铁轨拉去沉海。

不要简单说中国历史上多文明，或者说多不文明。问题在于，越是后面的王朝就越像老鸡头一样积淀了越多的毒素。帝王换了一个又一个，每一个都吸取以往帝王的"统治经验"——毒素，才使得越往后的帝王越像老鸡头了。

比如，中国人本来讲究"有朋自远方来，不亦乐乎"，喜欢"四方来贺""四方宾服""怀柔远人"之类皆大欢喜的局面。"朝贡体系"始于汉，但此后1000多年间只占整体对外贸易非常小的一部分。明太祖朱元璋却将此作为中外贸易的唯一通道，可是到了明朝中期就让国家财政不堪承受。

清朝乾隆们没学古人，而学朱元璋们。乾隆仅限广州一地对外通商，并限定"十三行"代理一切外商交涉事宜。"十三行"演变成亦商亦官的垄断性外贸组织，收取各种附加费，如"缴送""行用"等，还有其他名目繁杂的"规礼"，让外商不堪重负。

外商很不理解：在这个国度，送礼怎么变为不合理的正常课税？更让他们不堪忍受的是种种歧视与刁难，给中国官员的信件不是不敢翻译就是被篡改，如平等关系的"国书"被译为上下关系的"表文"，"特使"译为"贡使"，"英吉利"国名三字都加个口字旁——蛮夷的标志。官方文件对外国商人一律贬称"夷商"，时间一久，外国商人知道这称呼带侮辱，一次次抗议，但都没用，直到中日甲午战争后才改正。

同时，对外国商人的生活加以种种限制，例如"夷商"只能住由华人"行丁"把守地方，不得随意出入；有事外出须有行丁跟随，并不许乘轿；不得与汉人交结，不得学汉语；不许带"番妇"入广州，当然更不许接触中国女人……而"夷商"稍有违规，动不动就"封舱围馆"，让他们远洋运来的货物变垃圾。平心而论，如果你到国外旅游经商受到这一系列限制，心情如何？

如此像"狗脚松"一样顽固拒绝阳光春风、大地沃土的拥抱，死死不让根系、枝叶自由发展，它怎么可能长成参天大树？

中国历史悠久，文化底蕴丰厚，成语典故像数不清的城砖一样沉甸甸的。对此，我最常想到的成语典故是画饼充饥，刻舟求剑，作茧自缚，削足适履，等等。不要抱怨"狗脚松"的土壤与气候，不要抱怨"老鸡头"的饲料，而要问自己选择了什么，摒弃了什么。

结语

历代兴衰的天时地利人和

16世纪地理大发现之后,西欧已经能远航来到中国。明朝万历年间,意大利传教士利玛窦的世界地图给中国带来极大震撼。葛兆光说这标志着"中国人才真正开始看到了'世界',在思想上出现了'天崩地裂'的预兆"。越来越多读书人开始省悟,如明末瞿式谷认为自古以来的"天下""四夷"说是不成立的,而应当树立"东海西海,心同理同"、平等交往的观念。明末清初著名反清志士朱舜水说:"世人必曰'古人高于今人,中国胜于外国',此是眼界逼窄,作此三家村语。"

村医图

此图为一幅风俗人物画,描述走方郎中(村医)为村民治病的情形。图中树荫下,病人袒露着上身,双臂被老农妇和一个少年紧紧地抓着,身边另一少年牢牢地按住了他的身子,他双目圆瞪、张着大嘴,声嘶力竭地叫喊着,一条伸出的腿也被人死死踩住,这时的他只能听凭背上的疮伤被艾火熏灼。

天时

现代历史学家认为,气候变化与王朝更替有一定关系,因为气象灾害导致农业歉收,饥民很容易成为难民——暴民,壮大反叛力量,加速王朝覆亡。正如台湾学者劳干所说:"近人所常称述的'农民革命',若就其实际的情况来说,不如说是'饥饿叛变'更为合理一些。"例如明朝最后 100 年——差不多从 16 世纪中叶到 17 世纪中叶——适逢地球进入人类文明纪元后一段最寒冷时期,即"小冰河期"。千年极寒的气候带来一系列自然灾害,造成大量饥民,让李自成等民军一次次绝处逢生,越来越壮大。

中国不是早有"常平仓"吗?为什么还会造成灭顶之灾?诸多史家认为,"常平仓"制度比埃及类似的作法更为先进,是中国对世界的重要贡献之一。然而,好事往往徒有其表。甘肃灾情较多,清初规定凡是想要国子监监生资格的读书人,按规定数目向当地官仓捐交豆麦谷粮,就有资格应试入官,时称"捐监"。遇到灾荒,就用这些粮食赈济灾民。这虽然有卖官之嫌,但目的是好的,可视为"常平仓"制度的进一步发展,赈济苍生,功德无量。

不过,这实行起来问题也不少,因而一度停止,直到 1774 年王亶望任甘肃布政使才恢复。王亶望说仓储不足,建议让监生把应捐的谷粮折为银子,朝廷准允。不到 3 年时间,开销监粮 600 余万石,全都折成了银子。1777 年王亶望升任浙江巡抚,王廷赞接任,续办监粮 500 多万石。王廷赞表功心切,向乾隆奏曰:"臣愿将历年积存廉俸银 4 万两缴贮甘肃藩库,以资兵饷。"万万没想到,精明的乾隆立即看出破绽:王廷赞仅任甘肃藩司,何以家计如此富裕?于是密查,不小心查出清代第一桩贪腐大案:两任布政使及数十名地方官员,涉案白银多达 291 万两。原来,他们假报天灾,谎称"常平仓"粮食已发放救济灾民去了。

《哈佛中国史》说:"在 18 世纪终告尾声之际,清朝官僚统治最完美的成就——常平仓制度，毫无疑问已经失常"，所以，在关键的"1910年、1911年粮食紧缺，清政府未有应"。说透了，没有好的政治制度作保障，即使有好的"常平仓"经济制度也不足以保障灾民不饿死、不造反。

这里着重说人文气候。

世界政治千古大气候

世界历史是人类的历史，越早期的人类越带有更多的兽性。兽性与人类历史发展成反比。古希腊、古罗马是文明古国，不甚开发的邻居如克勒特人、日耳曼人和斯拉夫人等等，被他们统称为"野蛮人"或"蛮族"。这跟古代中国北方人直到明代还辱称南方人为"蛮"惊人地相似。

那么，罗马帝国（与古罗马不同）又如何呢？其实它不过是一头更大的兽而已，像电影《侏罗纪公园》里恐怖的巨兽。说起罗马帝国，我老是联想到乌贼，这种海洋动物主要吃甲壳类动物、小鱼或者互食，其中互食达1/4。在古代，部落、国家之间"互食"是家常便饭。像罗马帝国这样的庞然大物，它体内"互食"的部分远远超过1/4！贾雷德·戴蒙德的《枪炮、病菌与钢铁——人类社会的命运》一书，揭示现代世界及其诸多不平等形成的原因时说："不同民族之间相互作用的历史，就是通过征服、流行病和灭绝种族的大屠杀来形成现代世界的。"

看"互食"时期的世界历史，跟看《动物世界》纪录片差不多，无穷无尽的追逐、厮杀、阴谋、背叛，屡见不鲜。古希腊文明领先一步，后起之秀罗马帝国将它吞食，然后又有阿拉伯帝国或其他国家兴起向罗马帝国挑战。世界大舞台上的每一幕，主角只有那么少数几个。与戏剧不同的是，真实历史的主角谁也别想表演始终，总是各领风骚若干年。当时的超级大国东罗马——拜占庭帝国"互食"了欧、非、亚地区无数的国家，寿命达上千岁，比我们的周朝更长更强大多了，可也免不了被别人"互食"的那一天。

中国古代并不是新生婴孩般纯洁，后来才"礼崩乐坏"。在黄帝及尧舜的传说中，就充满了阴谋、战乱与骨肉相残。牛津大学中国奖学金基金会主席谭宝信说：中国的疆界在历史上"像法国手风琴一样忽大忽小"，其实其他国家也如此。所以，那漫长时期的王朝大多数短寿是很自然的事。

但近代以来很不一样！随着科技进步，人类可以侵犯更远的地域，"互食"现象倒是减少。换言之，一国直接吞并另一国的现象减少，取而代之是殖民地半殖民地现象。比如大英帝国远在天边，却可以远道而来把大清帝国打得招架不住，除了割占香港岛作据点之外，它并没有直接大规模吞并中国领土，而只是在我们内地划些势力范围，获得市场和汲取资源。连区区葡萄牙也"租"了我们的澳门。这种现象好比钓鱼，不必临近深渊直接捕鱼，只要把钓线远远地甩到江河湖海当中去就行，跟过去"互食"不可同日而语。我想把这种现象称之为"钓食"。

再后来，殖民地现象也渐渐消亡。你看当今世界，虽然战争仍然几乎年年有，但你看谁把谁吞并了？又有谁把谁变成自己殖民地了？萨达姆的伊拉克突然把科威特吞并为它的一个省，然而还没吞下咽喉，就在联合国干预下吐了出来。苏联侵略捷克斯洛伐克，美国侵略越南，等等，都没吞为己有，也没纳为殖民地。近几十年的战争，主要是趁某个国家内乱在那里扶持一个亲自己的势力，间接获取一些利益。我想把这种现象称之为"骗食"。

从互食、钓食到骗食，可以清晰地看出人类社会的发展趋势——和平与文明。

清兵入关前后那几年，世界政治形势也发生了"三千年未有之大变局"。1648年哈布斯堡王室与法国、瑞典以及神圣罗马帝国内勃兰登堡、萨克森、巴伐利亚等诸侯邦国签订"西荷和约"，正式结束长达30年的战争。一般将此与1635年的《布拉格和约》、1659年的《比利牛斯和约》，合为《威斯特伐利亚和约》。这一系列和约在欧洲大陆建立起一个相对均势状态的格局，确定以平等、主权为基础的国际关系准则，成为此后几百年解决各国间矛盾、冲突的基本依据。在此基础上，先后又签订了许多和约、条约，建立了各种体系和国际组织，包括维也纳体系、凡尔赛—华盛顿体系和雅尔塔体系等。联合国也是在此基础上创建的。从此，"国家主权至上"成为国际基本原则，国际纠纷有法可依，弱肉强食的丛林时代基本结束。

目前全球国家中，超过 2/3 是 1945 年联合国成立之后建立的，其中多数是 1960 年之后。英国、法国、俄国、比利时、荷兰、西班牙和葡萄牙等帝国曾经吞食了众多小国，二战后在风起云涌的民族解放浪潮下被迫"吐"了出来。正是在"威斯特伐利亚体系"的基础上，特别是在联合国的保护下，越来越多的小国敢于不设军队。

坐落在欧洲阿尔卑斯山莱茵河谷的列支敦士登就是典型。它夹在瑞士与奥地利两国之间，面积仅 160 平方公里，人口至今只有 4 万左右。1936 年最后一名士兵死后，这个国家再也找不到半个兵了。除此之外，不设正规军的国家还有 23 个。他们一般都是小国，甚至比列支敦士登还小，大国如果要侵吞，简直易如反掌。但它们在联合国跟大国一样享有平等的席位，一样享有国家尊严。由于与人为善，大都在国际纠纷中保持中立，不惹是生非，他们一般还比大国更加国泰民安。立足于数千年世界历史的高度看一看，不难发现这是一种非常可喜的现象！

近些年国际政治思潮又有所变化。华东政法大学法学博士李明倩在她新著《〈威斯特伐利亚和约〉与近代国际法》一书中写道：

随着全球化的兴起和全球治理概念的深入人心，人们开始更多地谈论主权国家之外的非国家行为体，关于让渡国家主权、淡化国家边界、弱化政府权威、强调国际机制的讨论此起彼伏。曾经被作为主权原则标志的威斯特伐利亚再次出现在人们的视野中，只不过这一次更多的是反思，有的观点甚至认为现在已步入"后威斯特伐利亚时代"。

中国政治千古大气候

前文所说世界政治气候偏重于军事领域，各帝国疆域扩张与解体，中外高度相似。这里所说中国政治偏重于思想文化，或者说意识形态，这方面中外差异就大了。

"君权神授"这在古代世界基本相同，但也有较大区别。欧洲人强调王权来自神意，中国古代则强调"天命靡常"。芬纳《统治史》写道：

我们经常可以看到政府的说教与其实际作为之间的不协调，有时甚至是完全不协调，这些说教教导民众去相信政府的性质、来源以及存在的理由。比如，中国的帝王通常宣称"受命于天"。因此，原则上说，造反就意味着对上天的反叛。然而造反事件还是时有发生。如果失败，证明皇帝确实系上天委任；如果成功，说明上天决定收回成命。这并不意味着这些教条毫无价值。相反，这些教条就是一些"政治规则"，它们扮演着非常重要的政治与社会功能。

芬纳还具体说其功能有三：一是任何人只要拥有王权，无论他作了什么，也不管他是如何获得的，都体现天命；二是使权力的争夺被道德化；三是为民众的顺从提供了基础。

中国帝王非常重视这种"说教"工作。中央机构主要是吏、户、礼、兵、刑、工六部，其中礼部权力最大，就因为在儒家以"礼"名义展开的各种活动当中，不只是宫廷中皇家祭典、礼仪与外交仪节，还包括科举制度、教育及国家意识形态。《哈佛中国史》认为："儒家的教诲偏好顺从与社会和谐"，清帝国"一项关键的因素是国家以儒家理学的政治意识形态作为维护秩序与稳定的工具"。《统治史》还认为：

在中国的政治体制中，所有这些不平等都被导入一个总体上和谐的有机社会。它通过规定人们的行为规范和繁琐的日常礼仪来实现这一特定目标。这一世俗礼仪的核心概念就是孝悌，即尊敬父母。也就是中国人不断为传统所困的一个根源。它把对父亲的忠诚等同于对君主的绝对统治的忠诚。中国被当作"国家"，一个"家庭的国家"：简言之，国家就是家庭的放大。这正是中国社会与西方价值相悖的地方之一。

西方的神权往往高于世俗权力，特别是中世纪，基督教教会成为社会的精神支柱，建立了一套严格的封建等级制度，把上帝当成绝对权威。犹太教发明"有限君主制"，基督教和伊斯兰教也要求君主受到神的约束，而不能像中国帝王一样无法无天。欧洲君主都必须亲吻教皇的脚，在我们看来是奇耻大辱的事。他们的科学、文学、艺术、哲学都得遵照基督教的经典——《圣经》，否则宗教法庭要予以制裁。"文艺复兴"后，他们摆脱神的桎梏，但神与国家权力是平等的。由于虔诚信仰宗教，人们的价值观念长期较为稳定。据学者们研究，西欧8—16世纪的800年间，几十个国家里数得上的农民起义总共不过七八次，没有一个王朝是农民起义推翻的。西欧农民偶有造反，也只是想"照往昔一样地生活"，很少有人想当皇帝。

周公虽然发明"君权神授"条件论，"神"像现代选民一样选择有德之君，有德授之，无德收回，但周王们自己也不信。康王晚年就无德，并不担心"神"收回授权。中国的帝王决不能容忍神凌驾于自己之上。本土的道家知难而退，从不幻想驾驭帝王。外来宗教不知天高地厚，想让中国帝王揖拜，结果不是投降就是败逃。《梵网经》是佛教重要著作，明文规定："出家人法，不向国王礼拜，不向父母礼拜，六亲不认。"信佛的和尚不拜君父，反倒要君父拜和尚，中国怎么可能容忍这等大逆不道？北魏的高僧法果便聪明地吹捧拓跋珪："皇上慈悲为怀，就是当今的如来佛，我等僧人理当礼拜！我们不是拜天子，而是拜佛！"如此一变通，中国帝王才容忍，2000来年只发生4次灭佛的事，支持佛的帝王远不止4位。天主教没有佛教灵活，不懂变通拜中国皇帝为自己的神，康熙毫不客气地将他们驱逐出国门。

中国帝王打心底里不信神，但他们非常注重利用神。金主完颜亮有天召集众臣，说得有板有眼："我昨晚梦见上帝，他委任我当天策大将，命我征讨一个国家。受命出来，刚要上马，便见到无数鬼兵。我射出一箭，他们大呼大叫。惊醒之后，耳边还是他们的声音。到马厩一看，发现我的马满身流汗。再看我的箭袋，也少一支。种种迹象表明，这个梦是真的，真是上帝要我去铲平江南！"

有些帝王生怕朝野怀疑这种玄乎的事，往往还要制造一些异端。宋真宗赵恒宣称半夜有神人降宫中，告诉他正月初三应当在乾元殿设道场一个月，会有《大中祥符》3篇降临。于是，马上新建道场，结彩坛九级，隆重而虔诚地恭候。正月初三清早，果然有卫兵报告说有条黄帛悬挂在左承天门之南角鸱尾上。赵恒便亲自前往，命人取下。帛上文曰"赵受命，兴于宋"之类。赵恒连忙拜受下来，大赦天下，并将年号改为"大中祥符"，准备泰山封禅。天书的欺诈性太明显，许多正直大臣上书质疑，宰相王旦也反对。赵恒便宴请王旦，临别又赠送一坛酒。回家打开一看，竟然满坛金银。帝王给大臣行贿，空前绝后！他不敢再反对了！同年十月赴泰山，往返47天，规模空前，占城、大食等国也派使者来庆贺。

赵恒意犹未尽，还要经常搞祭天活动来纪念天书这种非凡之事，并还想再得天书。有人献计说："上次最不相信天书的是寇准。这次如果让他进献，没人不信！"赵恒便让周怀政去作寇准的思想工作。以寇准的秉性，他不可能作这样荒诞不经的事。可他此时正受贬，身处逆境，在周怀政等人劝诱下只得勉强同意。于是又一个离奇的故事发生：寇准随军从关中向南进发，行至石瓮子，突然暴风骤雨，寇准和几名军士攀登乾佑山寻洞避雨。一帮"匪盗"将寇准等人劫持，捆绑虐待，昏迷不醒。"匪盗"走后，寇准还如痴似梦，魂荡天宫，见玉皇大帝赐玉旨，醒来见一书，著有安邦治国良策。寇准将天书降临的"喜讯"上报朝廷，又一次举国若狂。

有趣的是，正如芬纳前文所说，造反也往往假借天意。中国历史上第一次农民起义，策划者们用朱砂在丝帛上写"陈胜王"三个大字，塞到鱼肚里。戍卒们买鱼回来，发现鱼腹的"丹书"，觉得惊奇。同时，陈胜又让吴广潜伏到营地附近荒庙里，半夜点篝火，模仿狐狸声音，大声呼喊："大楚兴，陈胜王！"就这样大家拥戴陈胜为王。然而，陈胜建立的张楚政权才一年工夫就覆灭，可见他们反抗暴政虽然顺乎民意，但并没有天意襄助。那些伤天害理的暴君，不管臣民死活的昏君，更不可能得天命。陈胜、张角等无数"乱臣贼了"舍命也没能夺到天命，但毕竟有刘邦、朱元璋等幸运者"朝为田舍郎，暮居天子位"，这仍然给一代又一代的"田舍郎"以鼓舞。

因此，造反仍然非常注重利用"天命"。曹操一方面是自己"不信天命"，另一方面又被黄巾军以"天命"要挟："汉行已尽，黄家当立。天之大运，非君才力所能存也。"仅清代200多年间，散见于《清实录》的农民起事就有300次以上，平均每年超过一次。汉末、唐末、明末都如此，民国之初还土皇帝林立。张宏杰说将皇帝梦"付诸实际操作的中国人，肯定多过世界上其他国家之总和"。

当然，就像严刑酷法虽然吓不住惯匪大盗，但毕竟能吓住大多数善良的民众。多数人相信帝王秉承天意统治臣民，发自内心称帝王为"天子"。如此，对政治稳定显然是有一定作用。

　　北京大学历史学系主任张帆教授长期研究元史，他认为："就宋朝来说，程朱理学对于皇权的巩固和扩张起了不小作用，因为它特别强调君臣伦理，将忠君观念上升到'天理'的高度，严格要求"，但对于元朝没起到作用，"皇权单方面膨胀"。而明清时代，皇权不是单方面膨胀得更严重了吗？

　　中国的道教、佛教及外来宗教成不了气候，能成气候的是土生土长的"儒教"。将儒学称之为宗教，似乎有问题。儒学虽然没有教堂、道观、佛堂那样的礼拜场所，却占有更多的社会资源传播它的教义。据考释，甲骨文的"儒"字，像人沐浴濡身之形。上古原始宗教举行祭礼之前，司礼者必须斋戒沐浴，以示诚敬。胡适明确说：儒最早是殷商教士。事实上，汉之后以儒教为国教，儒教的神权与皇权融为一体，不可分割。我们现代还常称"儒释道"，将儒教与佛教、道教相提并论。

　　周公制礼作乐的初衷之一是想对自己的统治进行适当约束。孔子多次明确主张对权力"约之以礼"，并提出"非礼勿视，非礼勿听，非礼勿言，非礼勿动"的具体要求。南开大学历史系教授刘泽华在其《先秦政治思想史》一书中指出：

> 这"四勿"犹如四堵墙，把人完全圈在了礼的图圉之中。人类不再是他自身生活的创造者，而是他创造出来的礼的附属品和囚徒。作茧自缚是人类历史上不断发生的悲剧，孔子"四勿"制造的正是这种悲剧。

　　我觉得这话太尖锐了些，但冷静想想，又觉得不无道理，所以我将儒教形象地称之为"孔子的笼子"。虽然这笼子最终成功地囚禁的只是臣民，但后儒们仍然幻想用以制约皇帝，前仆后继。所谓"武死战，文死谏"，海瑞等人带着棺材进谏，挺壮烈，挺感人。由此可见，推销"孔子的笼子"，要将帝王约束起来，这是一件十分艰难而又十分危险的事，绝不亚于将毒蛇猛兽关进笼子。所以说，儒教有些可敬，有些可用，但无疑也是可悲可怜的。

　　中国帝王对儒教是非常重视的，而且越来越重视，这是有目共睹的。常有人骄傲地说：你看，北魏、辽、西夏、金、元、清那些游牧民族政权无不尊孔，都作了儒教的俘虏。《哈佛极简中国史》说："儒家学说也被蒙古人视为宗教，讲授儒学的师者也无须纳税。"如果不是他们重视，朱熹理学很可能没有后来的崇高地位。那么，这是为什么呢？"元代约有40万蒙古人居住在汉地。以这样少的人口要统治人口中占大多数的汉人，唯一的方法是保持隔离。"其隔离重要措施之一，就是等级制，即众所周知的将蒙古人列为第一等，而南宋汉人处于最末一等。"三纲五常"之类，与这种民族歧视制度是天然一致的，怎么不让蒙元如获至宝？后来的清朝也大抵如此。

然而，当蒙元统治集团逃出中原之后，因为不再需要民族等级，对儒教迅速抛弃，反而比元朝存在时间更长。日本原来也是崇尚儒教的，后来将其视为"痼陋"，弃之如敝屣而改行"兰学"，100多年来不是越来越好吗？

柏拉图《理想国》认为理想的国家是由真正能够担当起人类正义与幸福的"哲学家—统治者"领导的、实现至善的国家。他所谓"哲人王"就是中国的"圣王"，他的"理想国"就是孔子的"周公梦"。这样的梦不免要幻灭。于是，柏拉图晚年写《法律篇》，认为法治国家是"第二等最好国家"。汉朝所谓"霸王道杂之"，也许可以说是柏拉图所谓的"第一等最好国家"与"第二等最好国家"之间吧！经汉朝继承和改进的秦制能够延续2000余年，也许得益于此。只因为两者"杂"得不够理想，好比化学配方比例不当，"老鸡头"式的积淀才成为千古长而不大的"狗脚松"。

先秦儒家与现代有诸多相通之处，美国著名汉学家顾立雅甚至说孔子政治哲学的基础"与最现代的民主理论是一致的"，孙中山也说"孔子和孟子是民主的倡导者"。而朱熹之流的后儒之所以遭唾弃，胡适认为正是由于它"没能把握住古典儒学的民主精神"。法家、墨家、道家等诸子百家更不乏历久弥新的精华，也都与现代西方法治、博爱等精神有相近的内涵。这是一种怎样的巧合？著名学者王赓武在一次国际学术研讨会上说："儒家学说中的人文理念并没有被抛弃，它一直根植于中国社会"，但"中国当下不应全盘回归儒家传统，尤其不可接受士大夫阶级的传统"，"今天要思考的问题是，中国文化中的人本主义能否与西方的现代人本主义衔接起来"。

事实上，东西方文明某种意义上本来就是同源，同出于"轴心时代"，只不过后来出现背离，西方被宗教误导，中国则"独尊儒术"。而汉儒"三纲五常"、宋儒"革尽人欲，复尽天理"又对春秋战国时期儒家严重背叛，与现代价值观严重相悖。西方通过"文艺复兴"从古希腊那里找到了源头，从宗教的压迫下解放出来，重新从"人"出发。国学大师汤一介在《瞩望新轴心时代》中进而指出："人类文明的每一次发展都会回到原点去考虑如何发展的问题"，那么，"我们能不能考虑新轴心时代，中国文明到底能不能对人类作出巨大的贡献？"

历史上的儒教能够走出国门，被朝鲜、日本、越南等东亚和东南亚国家长期认同，西方也一度认同。只是一旦发现更好的，他们就改而选择别的文化。那么，儒教还能被今天的国人与世界广泛认同吗？

所以，让我们像欧洲当年那样，重新从春秋战国诸子百家出发，吸纳2000多年来的人类文明成果，创新中华文明，为中华民族伟大复兴提供强大的精神动力！

地利

孟子曰"天时不如地利",地利比天时重要。两汉之际,有人劝蜀郡太守公孙述称帝,就说"用天因地,成功之资"。

游牧民族不利变有利

台湾"中央研究院"历史语言研究所王明珂《华夏边缘——历史记忆与族群认同》一书,专门考察羌族、西南少数民族及北方游牧民族社会历史,其中评述:

由考古资料看来,由商到西周时期,这些北方山岳地带的人群都是农牧兼营的。中国先秦文献中所称的北方戎、狄,春秋时代以前主要也是以徒步作战,与后世草原游牧人群的骑马作战大有不同。

王明珂还阐述:由于气候干旱化,适于农牧的地带南移。黄土高原北方山岳地带人群因此畜养更多的动物,并不断地趋于移动化、武装化,时常入侵南方以争夺适于农牧之地,这样造成华北沿着后来的长城地带人群间资源竞争关系紧张。游牧是一种无法自足的经济生态,因此游牧族与农业人群沿着长城展开了绵延2000余年的资源竞争与维护之战。

北方沙漠地带,连水草都有限。为争夺水草,他们部落自己也相互残杀。很自然,他们要向中原以至更南的地方掠夺。清朝之前,中国的外患大多数来自北方。现今引以为自豪的万里长城,就是这种残酷历史的证据。明朝大臣王崇古在《确议封贡事宜疏》中也认为:

北虏散处漠北，人不耕织，地无他产，虏中锅釜针线之日用，须藉中国铸造，绸缎绢布之色衣，唯恃抢掠。

对于他们"瘦饿之形，穷困之态"，汉族"边人共怜之"。柏杨有一段分析：

瀚海沙漠群和它以北地区，因天气寒冷和求生艰难，促使游牧民族无休止地企图摆脱它，渴望进入遍地桃花的长城以南世界。从上古时代起，就发生数不清的南下侵略战争。中国人常大惑不解地责备他们不安于自己的乡土，但如果把位置调换一下的话，恐怕也免不了会有同样的行动。

我觉得这段话很公允。《哈佛中国史》在写到蒙古人时，也显然抱有同情：

他们几百年来过着自给自足的生活，以放牧羊、牛和马为生。但在12世纪的大多数时间里，第三小冰河期导致了年平均气温的下降。恶劣的气候条件迫使蒙古部落离开他们自己的领地去寻找更好的草地。因而他们不可避免地与邻近部落发生冲突……在成吉思汗掌权后，蒙古人的生活不再依靠传统的游牧，而是逐渐靠从战争中获取的战利品。

现在秋冬季节到北方山西、内蒙古那边去看一看，还是觉得一片荒凉。

对于北方游牧民族，汉人大多数时间很无奈。历史上，用牲口驮运谷物到60公里之外的地方，所花的费用比谷物本身的价值还要高。加之那边气候恶劣，即使像汉武帝刘彻那样深入打击了他们，也无法持久地占领、一劳永逸解决问题，而只能撤回，继续忍受他们卷土重来的骚扰。

国外也如此。罗马教皇乌尔班二世在法国召开一个宗教会议，露骨地煽动说：

在我们西方，土地的出产不多，你们只能勉强糊口；可是在东方，连穷人也可以过上丰衣足食的生活。东方国家的土地上，遍地是蜜和乳；那里的耶路撒冷，是地球的中心，比世界上任何地方都肥沃，简直是第二天堂。在这里悲惨贫困的人，到那里就会欢乐富有！

在乌尔班二世的蛊惑下，"十字军"一次又一次征战遥远的东方，甚至派出一船又一船的童子军，给一个又一个国家带来一场又一场灾难。

美丽富饶本来是地利，但从这个角度看则相反。北方游牧民族因为生存条件差，每一个人都成为优秀的战士，一旦团结对外冲锋陷阵，则锐不可当。而汉族士大夫生存条件好，对策只有"糖衣炮弹"。特别是那种冷兵器时代，骑兵就像现代战场的坦克一样势不可当，中原的步兵远不是对手。

所以，自古以来中原王朝与北方游牧民族作战大都失败，鲜有胜仗。能够讲和，以物资和美女换和平，已经算是小胜。碰上那种硬要继续打下去的情形，真的很可能被它们所灭，如北宋、南宋、大明。雷纳·格鲁塞在《蒙古帝国史》中写道："如果这个朝代正在强盛时候，侵掠仅仅是侵袭，有如虫蚤在广大的帝国躯体之上。如果机能有了毛病，这就是死亡。"如此，中原王朝短命的因素大为增加。

中原有利变不利

两千年以来，中国大一统王朝横跨黄河、长江两条居世界最长之列的大河，为发展多种农业经济提供了有利条件。中国核心地域位于北半球中纬度地区，气候条件良好，且海陆兼备，沿海多良港，利于发展海洋事业。这种得天独厚的地理环境全世界自古以来少有。

而闻名遐迩的古希腊地方不大，是个半岛，多山，平原不足1/5，而且还多岩石，土地贫瘠，粮食不能自给，得用橄榄油、葡萄酒和羊毛与外界交换。这样，古希腊最发达的不是农业，而是海盗与海外贸易。海盗与海外贸易都不是老年人所能干的，所以他们那里作父亲的很主动将权威让位于成年的儿子。雅典有一条法律："男性成年后即完全摆脱父亲的控制，在通过由父亲或监护人及立法大会主持的市民资格考察以后，即可获得独立权利而登记造册。"这种自然社会环境很容易孕育平等、民主与积极进取的思想。

游牧民族也如此。汉初一次"和亲",委派宦官中行说陪护,中行说极不愿意,一到匈奴就叛变。后来,汉朝使者到匈奴,指责匈奴风俗轻视老年人,中行说却为匈奴辩护:"匈奴人重视战争,年老体弱的人不能打仗,所以多让些年轻人,有什么不对呢?"因此,匈奴王与其臣民的关系较亲近,与汉朝明朗的等级统治形成了鲜明对比。金朝皇帝完颜晟仅仅偷喝一次酒,就真地挨了20大棍的惩罚,可见他们的帝王切实被关进制度的笼子里,在法律面前人人平等。

远古时候的中原跟现代有很大不同。当时,那一带虽然很少有高山,但跟南方一样森林茂密,还有毛竹,林间有犀牛和大象。当时黄河中下游地区土地肥沃,土质疏松,适合刀耕火种,很容易安居乐业。这种农耕区生活,诚如张宏杰所说:

定居农业把人们牢牢束缚在血缘网中。人们世世代代按照古老的方式生活,终生是庞大家族的一分子,永远没有机会脱离。家族是人们唯一可以依靠的对象,父亲是永恒的权威,他的力量远远大于儿子。即使在年老体衰之后,他仍然比年轻人更受人尊重。

所以,这种农业社会很容易接受"三纲五常"那一套等级思想,极有利于宗法社会,极有利于帝王统治。不过,一旦从农业文明步入工业文明,"三纲五常"与宗法社会的根基开始动摇,帝王统治也就难以为继。

另一方面,总体来看,中国的地理环境相对封闭,北部是世界上最大的草原,西部是茫茫的沙漠和戈壁,西南部是"世界屋脊"青藏高原和热带雨林,东部面临浩瀚的太平洋,与亚欧大陆其他主要文明隔绝,联系很不方便。所以,古人很容易接受"中国"的概念。古代中国构成一个"天圆地方"的世界,王城是中心,呈"回"字形向四周伸延,王城外是华夏或诸夏,再外则是夷狄。王城之外500里为一服,越远越听不到帝王的声音就越不文明。四方有所不同,王城之北的人为"狄",从犬;西方为"羌",从羊;南方为"蛮",从虫;东方人好些,称"夷",从弓,粗野。前三个方位的人有一点相同:都是从动物。

其实,中国古人这种"夜郎自大"虽幼稚,但无可厚非,因为世界其他地方也如此。《被扭曲的中国》一书中写道:"中国不是历史上唯一抱持这种世界观的国家。许多古王国的人民都相信,他们的国王实际上是世界之王。"唐代时候,印度的僧人通过计算认为他们那里才是世界的物理中心,奉劝唐僧"不要返回野蛮的中国"(因为佛祖释迦牟尼没选择在中国出生)。《极简人类史》称"农耕文明常常将这些外邦群体视为野蛮人"。再广而言之,美国著名作家马克·吐温还嘲讽人类总是把自己视为宇宙的中心——至少是整个历史的中心。他生动地写道:

如果埃菲尔铁塔代表宇宙的历史,那么它顶端的球形构造上,那层薄薄的油漆就代表着我们人类的历史,没有人会认为那层薄薄的油漆是建造埃菲尔铁塔的目的。但我想有人就会是这么认为的。

所以,妄自尊大差不多是人类的通病。不幸的是,中国认识或者说承认世界真相有些太迟。在15世纪末至16世纪初的地理大发现后,西欧已经能远航到中国来。明朝万历年间,意大利传教士利玛窦的世界地图给中国带来极大震撼。葛兆光说这标志着"中国人才真正开始看到了'世界',在思想上出现了'天崩地裂'的预兆"。

越来越多读书人开始省悟,如明末瞿式谷说:"尝试按图而论,中国居亚细亚十之一,亚细亚又居天下五之一,则自赤县神州而外,如赤县神州者且十其九,而戋戋持此一方,胥天下而尽斥为蛮貊,得无纷井蛙之诮乎?"他开始质疑所谓"孤立于其他伟大的文明中心,并扬扬自得于自己的文化优势"的"朝贡体系",认为自古以来的"天下""四夷"说是不成立的,而应当树立"东海西海,心同理同"的观念,承认世界各种文明是平等的、共通的,而且有一些超越民族、国家、疆域的普遍真理。

明末清初著名反清志士朱舜水说:"世人必曰'古人高于今人,中国胜于外国',此是眼界逼窄,作此三家村语。"然而,直到鸦片战争前夕,清廷还自视为"天朝",而将国人之外的视为"夷狄",也许直到今天有些人的思想还徘徊在"世界中心"的梦中,这就难免可悲了。

人和

孟子又曰"地利不如人和"。何谓"人和"？东汉经学家赵岐注曰："人和，得民心之所和乐也。"天不与不要紧，地不利不要紧，人和可不能再没有了。那么，帝王可能得到真正的人和吗？

帝王把什么好事都占尽，但也有失算之时。他们自称"孤"或者"寡人"，初衷是"曲高和寡""高处不胜寒"之类高雅的意思，没想在民间"孤"和"寡"都是可悲可怜之人。"孤家寡人"就是众叛亲离。不过，这倒是千古帝王的真实写照。

希特勒是通过选举上台的。我们迄今可以从影视资料中看到那些演讲、阅兵之类的场景，不免为之惊叹：当时的德国人民对他爱戴到疯狂。然而，著名心理学家弗洛姆在《人类的破坏性剖析》一书中，深刻剖析了希特勒的恋尸症性格，写道：

在这些感伤的话里，希特勒不仅表示没有人对他有任何情感，而且他知道，唯一使人与他产生关系的是他的权力。他唯一的朋友是他的狗和一个他既不爱又不敬却完全加以控制的女人。

中国的帝王不也常常如此吗？

所谓"伴君如伴虎"，宫中常常血泪飞溅，说明帝王在父子、兄弟、宗室、大臣，甚至嫔妃、太监、仆人等身边人之间难有真正的人和。那么，帝王在一般官吏、百姓心目中的形象如何呢？

帝王的"职业道德"

电视剧《铁齿铜牙纪晓岚》中的和珅说:"你再聪明,也不可能比皇帝更聪明啊!"这话够经典,但不完整,还应当补充:"你再有德,也不可能比皇帝更有德啊!"其实呢?

俗话说"不是自己生的孩子不心疼",百姓嘴上常挂的这句话完全可以用来指责帝王。当然,开国帝王一般相对好些,因为那金銮殿是他拼着老命侥幸抢来的,他会享用,也会珍惜,适当约束自己并警示后人。然而,民谚说"富不过三代",意思说后代多半是败家子。柏杨说"专制政体最大的缺点之一,是统治阶级多半一代不如一代。任何英明的君主都无法保证他的继承人跟他一样地有能力有热情去治理国家"。国家一到败家子手上就急转直下,迅速覆灭。

帝王之恶,姑且分"武恶"与"文恶"。

——武恶。战争与刑罚算是他们的"本职工作",另当别论,这里只说他们的"业余爱好"。北齐帝王高洋的业余爱好居然是刽子手活儿!一个至高无上的帝王染有此癖好多么恐怖!他在金銮殿备一口锅和一把锯,每逢喝醉酒必须杀人才快乐。而他从早到晚都在喝醉,宫女、宦官和亲信每天都有人惨死在他手下。这不够,还要把死囚送到皇宫,以满足他的爱好。但死囚也不够,得把拘留所尚在审理中的犯罪嫌疑人拉来充数,称"供御囚"。他出巡时,把"供御囚"像美女美酒一样带着,随时"享用"。他杀了薛贵妃不算,还把血淋淋的人头藏在怀里,带到酒宴上,当众抛出来……

俗话说"林子大了什么鸟都有"。一个国家偶尔不幸出个别品行不端的领导人不奇怪,奇怪的是当时的臣民无法及时制止他公然为非作歹,而只能忍,忍到他死然后才长长地喘一口气。杀人如麻的高洋终于死了,他的儿子高殷继位。不久高洋之弟高演将高殷杀了并篡位,一年余病死,弟弟高湛继位。柏杨说:"高湛的狂暴荒淫,不亚于高洋。然而,集高家劣根性之大成的,却是高湛的儿子高纬。"臣民诚惶诚恐盼了 27 年,才盼到北齐被北周所灭。

——文恶。美国作家欧文·斯通《梵高传》中有段对话挺有意思。著名画家鲁本斯在担任荷兰驻西班牙大使期间,经常把下午时光消磨在画架前。一天,有个从旁边经过的人说:"我发现外交官有时用绘画来消遣。"鲁本斯回答道:"不,应该说是画家有时要用外交事务来消遣才对!"一个画家拿外交官职位消遣算得了什么?皇帝那么大的官儿,早就给中国人拿着玩了!比如宋徽宗赵佶对笔墨丹青、蹴鞠骑射等怀有浓厚兴趣,斗鸡走狗,无所不通。他喜欢奇花异石,手下人知道了后投其所好,凡百姓家有一石一木稍堪玩赏,立刻派人闯入其家,贴上黄封就算充公。这些花木奇石通过汴河运往开封,十艘船编为一纲,谓之"花石纲"。不一而足。不得不承认,宋徽宗真会玩!

一个人不务正业如果能够作到"不误正业"无可厚非。任何人都不能没有业余生活,以书画、木匠活之类消遣,总比吃喝嫖赌更有益于社会吧!何况有些业余爱好与本职工作并不矛盾,而能相互促进。例如东汉章帝刘炟业余爱好书法,创造出业界著名的"章草",本职工作也开创了"明章之治",臣民喜出望外。

问题是,帝王往往像贪玩而又没有父母管教的野孩子,他们的业余爱好即使本身无害也往往误国,祸及臣民。杨广的业余爱好是巡游。巡游比刽子手活儿高雅多了,但一到帝王手里又变成臣民的灾难。杨广新官上任第一把火是征调200万民夫扩建洛阳城,又征调100余万开通济渠、10余万开邗沟。他开通大运河的目的不是为臣民搞水利交通事业,而是为了便于他乘船游览当时最繁华的大都市江都(今扬州)。他沿大运河建离宫40余所,还有小运河建宫16所,每院美女二三百人,随驾宫女数千。出游之时,仅纤夫就得8万,1万余只船首尾100余公里,骑兵夹岸,万马奔腾,旌旗遍野,不知挥霍多少民脂民膏。南巡回来又北游突厥。北方缺水,就改船为车。车跟船一般大,不用车轮,而由人肩抬着走,又得动用人山人海。《哈佛中国史》说杨广"对军事征服东北的执着和对南方个人生活的痴迷,造成了他整个人的一种分裂"。百姓吃喝嫖赌一般只影响自己,顶多影响家庭,较少影响社会,帝王染上此好可往往要以江山社稷、百姓生命财产为代价。

很多帝王实际上不大在乎国破家亡,人反正有一死,死前抓紧享受一把才是硬道理。明王朝灭亡之际,北京皇宫已经易主,皇帝朱由检已经上吊,在这种情况下,南明政权应该选个强有力的宗室来救国。这似乎是傻瓜也知道的事情,但儒家那帮人还是讲所谓血统,而不讲品质与能力,是以选朱由崧作皇帝。兵部尚书史可法坦率说朱由崧不可立,细数他"七不可立"的问题:贪、淫、酗酒、不孝、虐下、不读书、干预有司,然而百官最终还是立了他。如果朱由崧能"浪子回头金不换"也罢,问题是这位前景岌岌可危的皇帝所下第一道圣旨竟然是征宫女,第二道是征春药……

太令人失望了啊!多少臣民希望南明皇帝能率领他们反清复明!可是,流亡的皇上太忙,忙于美女,忙于春药,令臣民爱国只是单相思,最后徒喋血。对此,我曾百思不得其解,皇帝怎么还没有臣民爱国?

清朝末年,面对远涉重洋而来的列强,面对日益高涨的改革呼声,理学巨头、大学士徐桐居然提出"宁可亡国,不可变法"。监察御史文祥是满洲人,著名历史学家蒋廷黻盛赞他"品格可说是中国文化的最优代表",在清廷任职的美国传教士丁韪良则说"他的影响之大,同时代的中国政治家无人可比"。就是这样一位人物也认为:"维新党的目的只在救中国,不在救清王朝。"

原来,臣民长期稀里糊涂把国家与帝王等同起来,而帝王心里却早就清楚得很,国家与帝王是不同的。帝王往往把自己利益凌驾于国家利益之上。平时他们故意混淆概念,一旦面临抉择之时,他们便弃国家如敝屣。等臣民看穿这一点,王朝还能有几人舍命去保?

百姓身边的官员

通过精心包装,帝王在当时臣民看来无不是"圣明"的。一入侯门深似海,何况帝王家?帝王再傻,再残暴,再淫乱,再犯错,再不理朝政,那也是国家核心机密,连一般朝臣也云里雾里,何况老百姓?其实帝王对百姓来说,真是可有可无的角色。万历那样长期"罢工",不也"中兴"吗?帝王姓姒还是姓姬,姓刘还是姓项,也没有很多人在乎。当王莽篡汉的时候,和谐过渡,只是后来天灾人祸百姓活不下去了才造反。武则天"牝鸡司晨",宫廷血泪横飞,百姓还是富足安逸,史家公认"乱上而未乱下"。

然而,百姓不能没有官!至少是乡里乡邻吵架闹得不可开交,得有个说理的地方。地方官不仅要有,而且要好。帝王好不好,全在帝王的代表——普通官吏身上体现出来。他们不可能深居简出，不可能神神秘秘，装得了一时装不了一世。他们不好，百姓就要诅咒世道，诅咒帝王了。帝王要是不让诅咒，不让小闹，那只有拼着老命造反了。

历史地看，贪污腐败的后果比我们一般人想象的严重得多。官员贪污如果仅仅是让百姓更穷一些，也许还可以将就。问题是他们常常贪得无厌，总要把百姓弄到活不下去的地步。

影视剧里我们经常可以看到衙府高悬"清正廉明"之类金匾，其实那没多少含金量。我们印象中最好的唐朝，也有卖官鬻爵的事，包括中唐时期的节度使——相当于地区武装司令这样的官职，时称"债帅"，意思说借债买来的帅官。明朝末年，则出现一种"债官"，性质跟"债帅"一样，但所指范围广得多。事实上，明清时期贪官污吏很普遍，特别是每个王朝末期。例如明朝末年，张献忠跟李自成一样率领农民起事，但他没反几天就后悔，决心幡然改过，向朝廷投降，被安置在湖北谷城。才一年工夫，他突然又率军叛逃而去。为什么呢？他在墙上留下一片文字，说他们不堪官员敲诈勒索，并点名道姓写上向他们索贿过的官员名单及数目，最后写道："没向我们要钱的，只有兵备王瑞一人。"

商业买卖得讲利润，买卖官吏同样道理。所以，"债帅""债官"们上任后首先忙的是贪污受贿，以偿借贷。人家不是傻瓜，平时过日子还得从牙缝里省着点，老婆孩子身上都舍不得多花费，有几个肯把钱财白白送人？因此贪官往往要巧借各种各样冠冕堂皇的名义——我家乡俚语说"借外婆名义吃鸡"，这外婆自然是官府，哪个官府没为贪官污吏背些黑锅？

贪污腐败的后果不仅败坏朝廷名誉，更要命的是逼着百姓揭竿而起。梁山泊那108条好汉，几人天生反骨？特别值得注意的是造反之后，他们大都有悔意，最后终于同意被招安。明正德五年（1510）刘六率一支农民军在华北平原打游击，想收手投降，通过宦官张忠向皇帝请求赦免，张忠索银2万两，才肯保证下大赦令。他们一咬牙，认了。可是到大宦官刘瑾那关，他家人又索贿1万两。他们实在拿不出这笔钱了，只好继续反下去。

贪官污吏根本不把国家安危也即帝王安危放在心上。对于这样的人，帝王自然不可容忍。比如明朝的法律对此就异常严酷，只要贪污60两银子就处斩，并剥皮示众。然而，要说帝王会真心实意反贪，我仍然不信。为什么会这样判断呢？

第一，有些贪腐是被朝廷直接"逼"出来的。例如北魏官员没有薪水，完全靠向百姓勒索养家糊口，直到几十年之后才改变。明朝官员薪金一直很低，低得简直难以度日，难免官员违法乱纪。1713年，康熙完成一件历史性大事——清朝唯一一次全国性的土地清丈，他认为经济已恢复到明代最高水平，财政基础从此可以长久稳固，便宣布"永不加赋"，即将来的基本田赋税制，永远保持在1713年标准。根据当时制度，赋税由县级征收，先上缴省，再上缴中央，县与省从中留下一部分费用，但县或省都无权私自留用。问题是清朝跟历史上多数朝代一样，官吏的正式工资标准都很低，以标榜他们"执政为民"。可是，面对物价上涨、人口增加的变化，如果真的只依靠工资，那么官吏难以养家糊口。于是，只好弄些"灰色收入"，比如"耗羡"（也称"火耗"）。征税时往往加征火耗，多出的差额归官员。如果征收实物，加征几斗几匹，称"耗米""样绢"之类。雍正实行"火耗归公"改革，官吏可以名正言顺收取这项"附加"。一般州县火耗每两二三钱，多的四五钱，偏僻州县赋税少，火耗可能数倍于正赋。

为什么汉唐以前基本没见什么大贪官，而明清时期反腐那么严厉大贪官还层出不穷呢？显然跟用人制度有关。汉唐以前用官基本限于门阀，他们本来就是富贵之人，不需要"出仕专为身谋，居官有同贸易"。而"朝为田舍郎，暮登天子堂"的人就完全不一样，他们不仅要偿还读书那么多年欠下的债，而且要光宗耀祖，如果没有"灰色收入"，光靠那点工资行吗？

第二，相对而言，反贪腐没动真格。贪腐意味着官吏私下盘剥压榨民众，迟早危及皇位，但对皇位更严重、更直接、更快速危害的是"谋反"。你看有史以来，哪个帝王对涉嫌谋反的人心慈手软过？相比之下，帝王们对贪官污吏的打击算严吗？还是看看所谓治贪最严的明朝吧！明中叶官至内阁首辅的刘吉贪赃枉法路人皆知，朝廷上官员纷纷提出弹劾。可是，每被弹劾一次就升官一次，人们便送他个外号"刘棉花"——棉花是越弹越起的。

帝王怎么会说一套作一套，实际成为贪官污吏的保护伞呢？另一位著名贪官提供了绝妙的答案。严嵩高居内阁首辅，不仅自己贪，儿子严世蕃更贪，有恃无恐，太子送 1500 两银子居然也敢欣然接受，并公开炫耀："连天子的儿子都要给老子送银子，你们还有谁敢不送？"据说《金瓶梅》中的西门庆就是影射他。如此父子很自然引起朝野不满，弹劾不断，甚至到了人赃俱获，眼看性命难保的地步。对此，严嵩自有妙计。每当大祸临头之时，他就到皇帝朱厚熜面前长跪不起，痛哭流涕说："那些人都是诽谤栽赃，嫉妒我受皇上宠爱。我对皇上忠心耿耿啊！"他对皇上多忠心，皇上心里自然明白。皇上想，那么多人跟他过意不去，可见他只对我忠啊，贪点钱算什么？再说，你们天天告他，不等于打我的脸吗？于是，不仅严嵩父子不受追究，弹劾他们父子的人反而下诏狱，甚至冤死。

严嵩最后 80 多岁了，无力再媚君了，大臣徐阶也更讲究策略：不告严嵩父子贪污的金山银山，只告他们跟贪污丝毫沾不上边而直接涉及皇上宝座的四条罪：一是盖府邸"制拟王者"；二是与朱姓宗室暗中勾结拟另立新主；三是暗通倭寇；四是勾结边外异族。说实话，我觉得这几条罪倒不一定可信。然而，皇上对这种罪宁信其有不信其无，宁肯错杀一千也不放过一个，不再念他以往多"忠"，龙颜大怒，立即逐了严嵩，斩了严世蕃，查抄他们富可敌国的家产。空前的大贪官终于受到惩处，皇恩浩荡，举国欢呼。殊不知被贪官蹂躏已久的民心渐渐破碎，覆水难收……

以上两点，根子都在专制体制上，无药可救。人和也没有了，王朝怎能不"夭折"？

孟子在分析天时地利人和之后，总结说：

域民不以封疆之界，固国不以山溪之险，威天下不以兵革之利。得道者多助，失道者寡助。寡助之至，亲戚畔之；多助之至，天下顺之。以天下之所顺，攻亲戚之所畔，故君子有不战，战必胜矣。

是啊，得道者多助，失道者寡助！2000 多年过去了，孟子这句话可谓历久弥新。全世界的历史都在不断为孟子补充论据，并且仍然在补充着。

宋元年间士人黄庚的咏雪诗有一句"江山不夜月千里，天地无私玉万家"。在明月的照耀下，千里江山像白天一样明亮；大自然是无私的，她将像玉一样皎洁的月光奉献给千家万户。现代社会人和的因素变得越来越重要了，只要秉持公论，人心不倦，完全可以跳出"历史周期率"！

参考文献

中国社会科学院历史研究所:《中国历史年表》,北京:中华书局,2014年。
张习孔、田珏:《中国历史大事编年》,北京:北京出版社,1997年。
杜建民:《中国历代帝王世系年表》,济南:齐鲁书社,1995年。
卜宪群:《中国通史》,北京:华夏出版社;合肥:安徽教育出版社,2016年。
姚大中:《姚著中国史》,北京:华夏出版社,2017年。
柏杨:《中国人史纲》,北京:同心出版社,2005年。
郭伯南、刘福元:《新编中国史话》,上海:上海人民出版社,1984年。
陈雪良:《春秋史》,上海:上海人民出版社,2015年。
吴寅:《简明世界历史读本》,北京:中国社会科学出版社,2014年。
赵志远、刘国庆:《世界小通史》,北京:长城出版社,2000年。
[美]黄仁宇:《中国大历史》,北京:生活·读书·新知三联书店,2007年。
[美]黄仁宇:《万历十五年(增订纪念本)》,北京:中华书局,2006年。
[英]崔瑞德、[美]费正清等编:《剑桥中国史》,中国社会科学院译,北京:中国社会科学出版社,1990年。
[日]宫本一夫等:《中国的历史》,吴菲等译,桂林:广西师范大学出版社,2014年。
许海山:《古中国简史》,北京:中国言实出版社,2006年。
许倬云:《西周史》,北京:生活·读书·新知三联书店,2012年。
[法]托克维尔:《旧制度与大革命》,傅国强译,北京:中国画报出版社,2013年。
[法]托克维尔:《论美国的民主》,曹冬雪译,南京:译林出版社,2012年。
钱穆:《中国历代政治的得失》,北京:生活·读书·新知三联书店,2005年。

钱穆:《中国经济史》,北京:北京联合出版公司,2014年。
吴思:《潜规则》,上海:复旦大学出版社,2009年。
杜君立:《历史的细节》,上海:上海三联书店,2013年。
马勇:《清亡启示录》,北京:中信出版社,2012年。
马勇:《重寻近代中国》,北京:线装书局,2014年。
马勇:《帝国设计师董仲舒》,北京:东方出版社,2015年。
杨师群:《中国历史的教训》,杭州:浙江大学出版社,2012年。
王寿南:《照照历史的镜子》,北京:新华出版社,2012年。
许苏民:《李贽的真与奇》,南京:南京出版社,1998年。
成君忆:《中国历史周期律》,北京:北京理工大学出版社,2013年。

[美]艾米·蔡:《大国兴亡录》,刘海青、杨礼武译,北京:新世界出版社,2013年。

[英]塞缪尔·芬纳:《统治史》,王震、马百亮译,上海:华东师范大学出版社,2014年。

[美]威廉·麦克尼尔:《世界史:从史前到21世纪全球文明的互动》,施诚、赵婧译,北京:中信出版社,2013年。

[法]弗雷德里克·鲁维洛瓦:《礼貌史》,王琪译,上海:上海文艺出版社,2014年。

[英]安格斯·麦迪森:《世界经济千年史》,伍晓鹰、许宪春、叶燕斐等译,北京:北京大学出版社,2003年。

[英]马戛尔尼:《乾隆英使觐见记》,刘半农译,天津:百花文艺出版社,2010年。

金观涛,刘青峰:《兴盛与危机》,长沙:湖南人民出版社,1984年。
易中天:《易中天中华史》,杭州:浙江文艺出版社,2013年。
葛兆光:《宅兹中国》,北京:中华书局,2011年。
雪珥:《帝国政改》,北京:线装书局,2012年。
漆侠:《中国改革通史》,石家庄:河北教育出版社,1997年。
苗枫林:《世界改革史》,济南:山东人民出版社,1991年。

[美]威尔·杜兰特、[美]阿里尔·杜兰特:《历史的教训》,倪玉平、张闶译,北京:中国方正出版社,2015年。

朱晓鹏:《传统思想的现代维度》,北京:中国社会科学出版社,2011年。

傅野:《国家救赎》,福州:福建教育出版社,2013年。

彭勇:《天朝落日》,北京:东方出版社,2013年。

李春青:《趣味的历史》,北京:生活·读书·新知三联书店,2014年。

张宏杰:《坐天下很累》,北京:人民文学出版社,2015年。

张宏杰:《中国国民性演变历程》,长沙:湖南人民出版社,2013年。

何满子:《中古文人风采》,广州:花城出版社,2007年。

杜文玉:《夜宴》,北京:中华书局,2006年。

周航、王全吉:《浙江民间故事》,杭州:浙江文艺出版社,2007年。

高洪雷:《另一半中国史》,北京:人民文学出版社,2012年。

李仕权:《改革的教训》,北京:中信出版集团,2015年。

[美]顾立雅:《孔子与中国之道》,高专诚译,郑州:大象出版社,2000年。

[美]贾雷德·戴蒙德:《枪炮、病菌与钢铁》,谢廷光译,上海:上海世纪出版集团,2006年。

吴稼祥:《公天下》,桂林:广西师范大学出版社,2013年。

辛德勇:《制造汉武帝》,北京:生活·读书·新知三联书店,2015年。

蒋星煜:《中国隐士与中国文化》,上海:上海三联书店,1988年。

邓特云:《中国救荒史》,上海:上海书店出版社,1984年。

周宁:《孔教乌托邦》,北京:学苑出版社,2004年。

胡适:《中国文化的反省》,上海:华东师范大学出版社,2013年。

[加拿大]卜正民:《哈佛中国史》,李仁渊、张远等译,北京:中信出版集团,2016年。

白云涛:《天朝,失去的历史机会》,北京:人民出版社,2015年。

李零:《我们的中国》,北京:生活·读书·新知三联书店,2016年。

程志华:《中国儒学史》,北京:人民出版社,2017年。

[俄]维克多·瑞布里克:《世界古代文明史》,师学良、刘军译,上海:上海

人民出版社，2010 年。

[美] 埃里希·弗洛姆:《人类的破坏性剖析》，李穆等译，北京：世界图书出版公司，2014 年。

[美] 阿尔伯特·克雷格:《哈佛极简中国史》，李阳译，北京：中信出版集团，2016 年。

[美] 大卫·克里斯蒂安:《极简人类史》，王睿译，北京：中信出版集团，2016 年。

[美] 诺曼·梅勒:《裸者与死者》，蔡慧译，上海：上海译文出版社，1988 年。

[法] 雷纳·格鲁塞:《蒙古帝国史：活着就为征服世界》，龚钺译，北京：商务印书馆，2016 年。

冯敏飞:《中国盛世》，北京：新华出版社，2014 年。

冯敏飞:《家天下是如何倒掉的》，北京：新华出版社，2015 年。

冯敏飞:《危世图存》，北京：新华出版社，2016 年。

徐光冀:《中国出土壁画全集》，北京：科学出版社，2012 年。

杨建峰:《中国人物画全集》，北京：外文出版社，2011 年。

马德程:《南宋社会生活史》，台北：中国文化大学出版部，1982 年。

劳干:《古代中国的历史与文化》，台北：联经出版公司，2006 年。

杜正胜:《古典与现实之间》，台北：三民书局，1996 年。

柯文:《在中国发现历史》，台北：稻香出版社，1991 年。

陈佳荣:《中国历代之兴治盛衰乱亡》，香港：学津书店，1989 年。

梁柏力:《被误解的中国》，香港：花千树出版公司，2011 年。

李凯源:《历代帝王罪己诏译注》，香港：欧亚经济出版社，1999 年。

李明倩:《威斯特伐利亚和约与近代国际法》，北京：商务印书馆，2018 年。

面朝大海阅春秋（后记）

> 附近一个人也没有。不过只要一燃起灯火，坐在桌前信笔写来，孤独之感便立刻消失了。我不是一个人。我可以从这间湫隘小屋里和千万人，和全世界说话。

这是俄国作家康·巴乌斯托夫斯基写的，描述他在海边丛林独居的情形。我非常喜欢这段话，曾多次引用，但不曾设想我也会如此。

前几年，女儿大学毕业出国深造前夕，我问她打算将来在哪儿发展，她说回国，到厦门。于是，我即着手在厦门置房。我从小跟着父母颠沛流离，直到改革开放，父亲"纠正错案"，恢复高考后侥幸考上师专，才开始有比较安定的生活。毕业分配回闽西北乡下中学任教，与同事合住一间教室。他那半边兼物理仪器室，我这半边兼化学仪器室，以两排装仪器的橱子相隔。两年后调县政府部门工作，但结婚都住破旧的平房。后来调市里，先后住过三套新房，都是四周楼房林立，有如坐井观天，我总觉得不理想。我觉得理想的住房应当依山傍水，至少居其一。

这次购房时我工作忙，全权委托妻女。她们没让我失望，选了海景房（也因为岛内房价高）。这房子位于海沧大道边，正对火烧屿、大兔屿及厦门本岛，蓝天白云，绿岛碧水，海滨公园，海沧大桥，对岸高楼林立，还有行进中的汽车、邮轮与飞机，阳光月光不邀而至，直抵床头书桌，人倒是难见一个。

装修完房子，我又在所供职的单位退居二线，便带着户口迁海沧。女儿女婿及外孙女住岛内，妻子退休过去当"保姆"，我基本独居。在这孤独的海边，除了为《厦门文学》杂志作特约编辑之外，其他时间沉湎于历史当中。我常在阳台读书、改稿、喝茶，俯瞰潮涨潮退、花开花落的海湾，春去秋来，真像康·巴乌斯托夫斯基那样孤寂地生活与写作。

在这座现代都市海滨隐居式读写历史有一点特别的好处，就是时常提醒不忘改革开放的现实。厦门从一个每天与金门炮来炮往的内战前线，到最早 4 个经济特区之一，再到被列为国家 11 个中心城市之一，去年"金砖峰会"还迎来一大批国际贵宾，举世瞩目，无疑得益于改革开放。

海沧更是在改革开放中崛起。我没研究厦门历史，但不时有人告诉我所居这一带在十几二十年前多荒凉。前两年迁来时，只见楼前海水中打桩，不知何故，稍后才知在建海滨公园。如今，每到傍晚便人山人海，孩童居多，蹚水、掘沙、拾贝、游戏，充满欢乐。有时烈日当空还有人到那曲桥上游览拍照。妻感叹：买房的时候没想到会变这么漂亮。我则跟小外孙女打趣说：那是外公家的后花园。海沧生活区与工业区截然分开。生活区街道纵横交错，平坦笔直，有种北方都市的大气。初到乍来，我与妻骑自行车到处逛，有时迷路。妻灵机一动说："跟着飞机走！"南来北往的飞机都从海沧大桥、从我家楼前上空飞过，跟着飞机走错不了！所经国内国际航班多，用老岳母的话说是"比我们县城的公交车还多"，让飞机导航真方便！

我是改革开放的直接受益者。我生来跟着父母享受"贱民"待遇，小学四年级时被从镇上驱迁到小山村，我随父亲到砖瓦窑场卖苦力，弟弟随母亲到同母异父哥哥处，再没有团圆。好不容易复学，又不让升初、高中。都是父母求亲告友，等人家开学一两个月后我才侥幸补入。邻居曾当面劝告我父亲说："这么大一个儿子还读什么书？我们贫下中农子女读了书都没什么用，你们'四类分子'子女还想有什么用？不如让他跟你下田，随便帮你赚几个工分也好哩！"父亲没有听从。侥幸读完高中，我作为"回乡知识青年"回到生产队下田劳动，那真是绝望。如果没有改革开放，我现在很可能仍然在某个山乡的贫贱中挣扎，哪敢奢望诗意地栖居？在师专读书的时候，父亲给我的信中常说要感激邓小平，同学好友戏言这信可以拿到《人民日报》发表。夏虫不可以语于冰，我们父子这种感激之情是有些人难以理解的。

我曾经从事地方志工作，那时便有个想法——就是老同学萧春雷在我第一本书《人性·自然·历史》跋中所写："敏飞曾经说过，他试图通过对一个县的政治、经济、社会习俗等方面的深刻了解，作为开启更广大的中国文化与社会的钥匙。"从此，不论职业如何变换，我业余多半读史，十来年专注于史。

我曾对"中兴"现象作专题探讨，认为中兴是中国历史上改革成功的典范，没有改革就没有复兴可言。著名历史学家马勇为我的《危世图存——中国历史上的15次中兴》一书写序，称："这部书在某种意义上说就是《旧制度与大革命》的中国版，或者说是中国例证、中国范式。"马老师将我写的那15次对于旧制度的大改革，与《旧制度与大革命》所写法国那场对于旧制度的大革命相比较，从而说明改革比革命好。梳理完这么一通历史，我感受最深的是慈禧后来所说一句话："误国家者在一私字，困天下者在一例字。"只要统治者不"私"不"例"，国家何愁不长治久安？民众何愁不安居乐业？现代世界日新月异，改革开放就显得更为重要。

这座现代海滨城市还常提醒我不可忘记世界。中国传统文化有一些显而易见的问题，其一是顽固地自视为"天朝"，而越远的地方是越不文明的"夷狄"。我不能像诸多前辈那样跪着写自己家乡或国家的历史。我曾在《家天下是如何倒掉的》中写道："美国当代著名历史学家斯塔夫里阿诺斯说，他是'站在月球上看世界历史的'。比照来说，看中国历史则当立足于世界。"换言之，应当像康·巴乌斯托夫斯基那样"坐在桌前"写。坐在我现在的桌前，可以望见海上行驶中的邮轮与空中像公共汽车一样多的飞机。

我深信：改革与开放是人类社会永恒的主题。

我曾经质疑自己：躲在这孤寂的书房，经常整天没出家门，电视机是我迄今唯一不会用的家电，那么多活生生的人不去寻欢作乐，却整天苦思冥想千百年前那些"死人"的言行举止，有什么意义？这让我思考了好些年。

20年前我曾写过一篇短文《超越时空的"指使"》，感慨陈子昂"前不见古人，后不见来者。念天地之悠悠，独怆然而涕下"那首诗，第一次引用康·巴乌斯托夫斯基那段文字，并引述一段史料：御史谢济世弹劾河东总督田文镜，雍正却"疑有指使,交刑部严讯"。刑部刑讯:"你受何人指使?"谢济世答:"孔子、孟子。"刑讯官大怒:"孔子、孟子怎么指使你!"谢济世说:"我读孔孟的书,他们指使为臣要尽忠直谏。"结果,"世宗怜其骏,谪军前效力"。由此,我感到孔子、孟子等人变活了。后来读《诗经》《乐章集》,并写相关小说,更是觉得孔子、柳永等人变鲜活。其二,2004年初北京《中国盛世》新书发布会上,我坦言"读史写史虽不能延长人的寿命,但可以增加人生的厚度",中新社记者上官云还以此拟新闻标题。再就是近两年,我觉得不应提倡"读史明智",而应该提倡"读史明势",不仅明了今天怎么来,且明了今后怎么去。而大致明了人类的过去、现在与将来,还有什么孤寂可言?

我毕竟不是历史科班出身,常自嘲"无知无畏",努力以勤补拙,多下些笨功夫。大段引文较多,一是不敢掠人之美,二是想调节阅读视觉,再就是想"拉大旗作虎皮"——人微言轻啊!我心底里有挥之不去的虚怯。马勇老师热情鼓励说:"你是以作家身份去写史,人家不会用史学家的标准要求你!"深感欣慰。也请读者朋友多指教!

福建省文艺发展基金为本书创作提供了资助,三明市文联为此提供了具体帮助,特此鸣谢!

本书自序原先是篇"命题作文"。2018年1月5日,中共中央总书记习近平到中央党校讲课,提及秦二世而亡的教训,《学习时报》责编曹颖新老师特约写一篇相关文章。为此,我既感到荣幸又感到紧张。两千年来,秦二世而亡被多少人谈过,拾人牙慧容易,另辟蹊径很难。思考了几天,我将自己这些年来所关注的创世、盛世、危世与末世串联起来看,似乎豁然开朗,更清晰地看到短命王朝与长寿王朝的基本原因所在,我写了《强而无韧的秦王朝》。这篇文章2月5日见报后获得好评,《作家文摘》等媒体作了转载。不久,《学习时报》又刊发了本书中《"妇人之仁"与"明主之仁"》一节,还约好写写北魏与东晋之亡。此外,《都市》文学月刊发了本书《隐士之多与少》《武则天那无字碑该补何字》(合题《隐士·女皇》)两节。继《危世图存》之后,马勇老师又为本书写了序。著名出版家聂震宁先生、文学批评家白烨先生、《文艺报》总编辑梁鸿鹰先生、厦门大学谢泳教授四位老师热情撰写了荐言。"华夏人文历史"是久仰的品牌，让我跻身，深感荣幸。华夏出版社社长兼总编辑黄金山老师、历史编辑室主任杜晓宇老师都是出身于中国社会科学院的历史学者，亲自参与讨论本书修改定稿，给了诸多建设性意见；本书责编刘伟老师还热情帮我查找、提供了大量资料。福建省文艺创作（泰宁）基地则为我回乡生活与写作提供了便利。对此，一并鸣谢！

2018 年 10 月 8 日厦门海沧彼岸